Sebastian Schinkel, Ina Herrmann (Hg.)
Ästhetiken in Kindheit und Jugend

Edition Kulturwissenschaft | Band 100

Sebastian Schinkel, Ina Herrmann (Hg.)

Ästhetiken in Kindheit und Jugend

Sozialisation im Spannungsfeld von Kreativität, Konsum und Distinktion

[transcript]

Bibliografische Information der Deutschen Nationalbibliothek

Die Deutsche Nationalbibliothek verzeichnet diese Publikation in der Deutschen Nationalbibliografie; detaillierte bibliografische Daten sind im Internet über http://dnb.d-nb.de abrufbar.

© 2017 transcript Verlag, Bielefeld

transcript Verlag | Hermannstraße 26 | D-33602 Bielefeld | live@transcript-verlag.de

Umschlagabbildung: Bureau Momboûr, Essen
Printed in Germany
Print-ISBN 978-3-8376-3483-9
PDF-ISBN 978-3-8394-3483-3

Gedruckt auf alterungsbeständigem Papier mit chlorfrei gebleichtem Zellstoff.
Besuchen Sie uns im Internet: *http://www.transcript-verlag.de*
Bitte fordern Sie unser Gesamtverzeichnis und andere Broschüren an unter:
info@transcript-verlag.de

Inhalt

Vorwort 9

SEBASTIAN SCHINKEL, INA HERRMANN
Ästhetiken des Alltags im Aufwachsen.
Einleitung 11

Dinge, Konsum, Geschmack

HEINZ HENGST
Das Verschwinden der Blockflöte.
Zum Wandel ästhetischer Präferenzen und Praktiken 39

BURKHARD FUHS
Kindergeschmack.
Überlegungen zu Ästhetik und Bildung in der Kindheit 55

TOBIAS EFFERTZ
Die dunkle Seite kindlicher Konsumkultur.
Kindermarketing und seine ökonomischen Kosten 77

LUDWIG DUNCKER
Die Kommerzialisierung kindlichen Sammelns.
Beobachtungen zum Aufwachsen von Kindern in der Welt der Dinge 95

AIDA BOSCH
Dinge, Leiblichkeit und Weltzugang.
Fragen zur Ästhetik und Aisthesis von Kindheit und Jugend 111

Mode, Körper und Geschlecht

BRITTA HOFFARTH
Der maskierte Körper.
Kosmetische Praktiken in der weiblichen Adoleszenz 129

SARAH DANGENDORF
Schön sein.
Zur Bedeutung des Aussehens für junge Mädchen 149

STEFFEN EISENTRAUT, ALEXANDRA KÖNIG
Jugendliche Geschmacksallianzen.
Ein soziologischer Streifzug durch die Geschäfte 165

BETTINA KLEINER
Eigensinnige Inszenierungen.
Ästhetische Umdeutungspraktiken von lesbischen, schwulen, bisexuellen
und Trans*Jugendlichen im schulischen Alltag 183

STEFAN WELLGRAF
Der Boxerstil.
Zur Genese und Ästhetik agonaler Stilisierungen 199

Medien und Kommunikation, Gestaltung und Spiel

SANDRA FLEISCHER, ROBERT SEIFERT
Die Ästhetik von Kinder- und Jugendmedien in einem globalisierten
Medienmarkt 219

BERND DOLLE-WEINKAUFF
Comic, Manga und Graphic Novel in der zeitgenössischen Kinderkultur 237

WOLFGANG REISSMANN
Ins „Bildern" kommen.
Zur Veralltäglichung interpersonaler Bildkommunikation 251

VIKTORIA FLASCHE
Das gläserne Jugendzimmer?
Ikonische Selbstentwürfe zwischen digitalen und analogen Räumen 269

VERENA HUBER NIEVERGELT
Zwischen Anleitung und Eigenkreation.
Überlegungen zur Ästhetik selbstgemachter Dinge im schulischen Kontext .. 287

CHRISTINE HEIL
Display(s) der Selbstkonstruktionen.
Vermittlungsräume zwischen Jugendästhetiken und Kunstinstitutionen
aus Perspektive der Kunstpädagogik 303

PAULINE VON BONSDORFF
Transformations of the everyday.
The social aesthetics of childhood 319

Autor*innen 335

Vorwort

Der Sammelband „Ästhetiken in Kindheit und Jugend" geht aus einer interdisziplinären Tagung unter diesem Titel hervor, die von den beiden Herausgeber*innen vom 9. bis 11. April 2015 am Kulturwissenschaftlichen Institut Essen (KWI) ausgerichtet wurde. Diese Tagung war als ein interdisziplinäres Forum konzipiert, das heterogene Ansätze, empirische Zugänge und Erkenntnisstile aus Kultur- und Erziehungswissenschaft, Soziologie und Europäischer Ethnologie, Kunst-, Literatur-, Medien- und Wirtschaftswissenschaft zusammengebracht hat und eine fachübergreifende Diskussion zu divergenten Blickweisen auf dieses nur grob umrissene „gemeinsame" Forschungsgebiet ermöglichen sollte.

Ohne aus einer spezifischen fachlichen oder theoriegeschichtlichen Richtung einen Begriff von Ästhetik vorab zu bestimmen, sollte alltagsästhetischen Phänomenen in Kindheit und Jugend, den Praktiken, Materialitäten, Semantiken und Diskursen, in einer offenen theoretischen und empirischen Diversität nachgegangen werden. Die mitunter recht kontroversen Diskussionen im Austausch über Positionen aus unterschiedlichen Fachlogiken, Theorieströmungen und Methodenschulen wurden dabei als äußerst fruchtbar und gewinnbringend angesehen, wie auch die Zusammenstellung der Beiträge zu diesem Sammelband erkennen lässt.

Wie kommen Ästhetiken in Kindheit und Jugend zur Geltung? Welchen Sinn ordnen Kinder und Jugendliche selbst ihren ästhetischen Präferenzen und Praktiken und zu? Welche sozialen Funktionen oder Problematiken sind hinsichtlich ästhetischer Darstellungsweisen und Orientierungen rekonstruierbar? Wie werden pädagogische oder marktwirtschaftliche Angebote und Diskurse von Kindern und Jugendlichen adaptiert, transformiert oder auch ignoriert? Mit welchen Gestaltungsspielräumen, Ermöglichungen oder Zwängen leben Kinder und Jugendliche hinsichtlich ästhetischer Ausdrucks- und Erscheinungsweisen?

Ästhetische Präferenzen und Praktiken sind durch eine alltagsweltliche, insbesondere auch mediale Sozialisation begründet, und entsprechende Orientierungsprozesse im Aufwachsen sind nicht isoliert von gesellschaftlichen Entwicklungen und Strukturen zu betrachten. Im deutschsprachigen Raum waren die Sozial- und Kulturwissenschaft auch im Zuge der Institutionalisierung einer „neuen Kindheitsforschung" und durch Impulse der britischen Cultural Studies für die Jugendforschung seit den 1970er-Jahren sensibilisiert für eine zunehmende Ästhetisierung und Kommodifizierung der Alltagswelt. Der Blick richtete sich kulturkritisch auf die Expansion des Warenangebots für Kinder oder auf kulturtheoretische und sozialstrukturelle Hintergründe ästhetischer Alltagsphänomene in der Jugendphase. Diese Aufmerksamkeit für eine Ästhetisierung des Alltagslebens konzentrierte sich während der 1990er-Jahre auf eine Erforschung der sich ausdifferenzierenden jugendlichen (Musik-)Szenen und ihre Stilbildungen sowie Moden. Auf Kinder wurde vorrangig unter dem Leitbegriff der ästhetischen Bildung in Erziehungskontexten geschaut. Der vorliegende Sammelband avisiert dagegen Forschungsperspektiven zu aktuellen Entwicklungen der alltagsweltlichen Geschmacksbildung und Ausdrucksweisen von Kindern und Jugendlichen unter besonderer Berücksichtigung der Verflechtungen von Ästhetiken und Ökonomien.

Dieses Projekt wäre ohne die erhaltene Unterstützung, gerade auch finanzieller Art, kaum möglich gewesen. Aus diesem Grund möchten wir nochmals ganz herzlich der Kulturstiftung Essen danken, die den größten Anteil des Tagungsbudgets beigesteuert hat. Wir danken auch dem Kulturwissenschaftlichen Institut Essen und dessen Geschäftsführer Herrn Dr. Norbert Jegelka für die gelungene Kooperation sowie Frau Britta Weber für die ebenso angenehme wie umsichtige Unterstützung im Vorfeld der Tagung. Deren Planung und Durchführung wäre ebenfalls nicht möglich gewesen ohne die finanzielle Unterstützung durch das Methodenzentrum Qualitative Bildungsforschung (MzQB), das im Januar 2016 in das neu gegründete Interdisziplinäre Zentrum für Bildungsforschung (IZfB) der Universität Duisburg-Essen integriert wurde. Unser Dank gebührt auch dem Dekanat der Fakultät für Bildungswissenschaften und den Professorinnen Jeanette Böhme und Anja Tervooren, die unser Vorhaben von Beginn an mit Interesse unterstützt haben, sowie unseren Kolleg*innen, die sich für Moderationen zur Verfügung gestellt haben. Eine besonders wichtige Person für die Organisation war Beate Täsch. Danke schön!

Ina Herrmann und Sebastian Schinkel, im Herbst 2016

Ästhetiken des Alltags im Aufwachsen

Einleitung

SEBASTIAN SCHINKEL, INA HERRMANN

Eine Auseinandersetzung mit ästhetischen Darstellungs- und Wahrnehmungsweisen ist für Kinder und Jugendliche in den Wohlstandsgesellschaften der Gegenwart hochgradig bedeutsam. Gemessen an der Relevanz von ästhetischer Orientierungssuche und entsprechenden Positionierungen ist es daher erstaunlich, wie wenig sich im deutschsprachigen Raum mit dieser Thematik – wenigstens hinsichtlich der Kindheit – bildungs- und kulturwissenschaftlich befasst wird. Die Bedeutsamkeit ästhetischer Positionierungen im Alltagsleben (durch die Wahl der Kleidung und Accessoires, durch Make-up, technische Geräte, Film-, Spiele- und Musikpräferenzen etc.) kann einerseits als Anzeichen einer sehr erfolgreichen Kommerzialisierung von Kindheit und Jugend gedeutet werden. Andererseits zeugt sie aber auch von einem Gespür, mit dem sich Kinder und Jugendliche die Alltagswelt, in der sie leben, mit sich allmählich entwickelnden Gestaltungsansprüchen zu eigen machen. Weit entfernt davon, lediglich „Opfer" einer bunten, mitunter auch schrillen Waren- und Medienwelt zu sein, experimentieren sie mit dem Vorhandenen und Verfügbaren wie auch mit Bildern und Fantasien des Fernen und Unverfügbaren. Sie schaffen dabei ihre „eigenen", mehr oder weniger „alterstypischen" ästhetischen Ausdrucksweisen zwischen Vorgegebenem und Eigensinn, Marktkonformität und Kreativität, Konventionalität und ihrer Überschreitung – nicht zuletzt auch durch vermeintlich oppositionelle Stile.

Der vorliegende interdisziplinäre Band bündelt dazu aktuelle Forschungsperspektiven unter besonderer Berücksichtigung der Verflechtungen von Ästhetiken und Ökonomien. Der Plural „Ästhetiken" im Titel soll auf die offene Disparität eines Phänomenbereichs verweisen, der zunächst aus einem alltagstheoretischen Wissen heraus bestimmt ist, ohne in seinen Konturen deutlich eingegrenzt zu sein. Erster Ausgangspunkt ist kein theoriegeschichtlich fundierter Begriff von Ästhetik, sondern das Alltagsproblem, sich individuell in sozialen Zusammenhängen ästhetisch zu positionieren und entsprechend wahrgenommen und eingeschätzt zu werden; innerhalb des eigenen Bewusstseinshorizonts und stets auch darüber hinaus – auch dann, wenn dieser Umstand gar nicht bewusst registriert wird.

„Der Geschmack, das ästhetische Urteilsvermögen, das man an den Tag legt, trägt stets zu den Urteilen bei, die andere über einen fällen, da er auf individuellen Stil und Lebensführung verweist. [...] Dies geschieht unabhängig davon, ob es sich um eine bewusste Selbstinszenierung handelt: die Geschmacksentscheidungen, die man bei anderen beobachtet, bilden wichtige Anhaltspunkte, von denen auf Persönlichkeit, Bildung und Interessen geschlossen werden kann." (Illing 2006: 13)[1]

Dieses Problem einer Exponiertheit des Selbst nach ästhetischen Kriterien und der Herausbildung eines „eigenen" Geschmacks wird im sozialen Zusammenleben schon früh erlernt und spätestens im Schulalter auch explizit relevant gemacht – wobei dem reflexiven Nachdenken darüber eine Praxisgeschichte des Präferierens und Beurteilens während der ersten Lebensjahre vorausgeht, die in diversen sozialen Konstellationen, einschließlich massenmedialer, habituell eingeübt worden ist.

Seit den 1970er- und 80er-Jahren ist sowohl der ästhetische Diskurs in der Philosophie neu belebt worden (vgl. Kleimann 2002: 9) wie auch das Interesse an einer „Aktualität des Ästhetischen" im Überschneidungsbereich von Kultur-, Sozial- und Erziehungswissenschaft gewachsen (vgl. Mollenhauer/Wulf 1996). Diese waren im westdeutschen Raum auch im Zuge der Institutionalisierung einer „neuen Kindheitsforschung" und durch Impulse der britischen Cultural Studies für die Jugendforschung sensibilisiert für Perspektiven auf das Alltagsleben und seine Ästhetiken. So richtete sich der Blick etwa auf eine europäische Kulturgeschichte der Kindheit und ihrer Kleidung (vgl. Weber-Kellermann 1979, 1985), auf die drastische Expansion des Warenangebots für Kinder (vgl. Bauer/Hengst 1980; Hengst 2013) oder die sozialstrukturellen Hintergründe jugendkultureller Ausdrucksformen (Hein 1984; Breyvogel/Krüger 1987; Baacke u.a. 1988). Besonders auch der Jugend des Ruhrgebiets, damals eine Region im radikalen Strukturwandel, wurde sozialwissenschaftliches Interesse entgegengebracht, wobei zentral an die Arbeiten des Centre for Contemporary Cultural Studies in Birmingham mit

---

1   Der Begriff des Geschmacks ist aus der Geschichte der philosophischen Ästhetik weitgehend verdrängt worden – im Versuch, die Ästhetik auf eine objektivere Grundlage zu stellen, wie Frank Illing mit Bezug auf Ute Frackowiaks Studie zur Begriffsgeschichte des Geschmacks (1994) anmerkt. „Vorläufig soll hier darunter eine ästhetisch begründete Präferenz für oder gegen bestimmte Objekte verstanden werden, die auf einem individuellen Vermögen beruht." (Illing 2006: 12)

einer Verschränkung von kritischer Sozialtheorie und qualitativer Sozialforschung angeschlossen wurde (vgl. Hall/Jefferson 1976; Willis 1977; Hebdige 1979).

Diese Aufmerksamkeit für das Alltagsleben in einem Zeitabschnitt seiner intensiven Ästhetisierung konzentrierte sich während der 1990er-Jahre zunehmend auf eine Erforschung sich ausdifferenzierender jugendlicher (Musik-)Szenen und daran gebundene, nicht zuletzt auch geschlechtliche Stilisierungen. Auf Kinder wird seitdem vorrangig unter dem Leitbegriff der ästhetischen Bildung in Erziehungskontexten geschaut, indem insbesondere über Musik, bildende und darstellende Künste nach ästhetischen Erfahrungen und Bedürfnissen von Kindern gefragt wird (Mollenhauer 1996; Bullerjahn/Erwe/Weber 1999; Neuß 1999; Müller u.a. 2002; Mattenklott/Rora 2004; Dietrich/Krinninger/Schubert 2012).

In den vergangenen beiden Dekaden sind neben den „Neuen Medien" bzw. *social media* (vgl. Richard/Krüger 1997; Richard/Krüger 2010; Richard u.a. 2010) auch die „klassischen" Alltagsthemen Kleidung und Mode wieder verstärkt fokussiert worden, allerdings vorrangig bezogen auf die Jugend oder den Übergang in die Jugend (vgl. Gaugele/Reiss 2003; König 2007a; Dangendorf 2012; Thomas/ Calmbach 2012; Weis 2012). Insbesondere über diesen Themenbereich wird vor allem im US-amerikanischen Raum inzwischen aber auch ein neuer konsum- und wirtschaftskritischer Diskurs zur „Kommodifizierung" der Kindheit geführt (vgl. Seiter 1995; Feil 2003; Cook 2004; Schor 2004; Pugh 2009).

Der vorliegende Sammelband fokussiert vor diesem Hintergrund zum einen marktwirtschaftliche und mediale Tendenzen. So wirft z.B. das gegenwärtige Gendermarketing für Kinder und Jugendliche hochaktuelle Fragen zu einer „Sozialisierung des Geschmacks" wie auch einer Sozialisation durch den Geschmack auf (vgl. Steinberger 2013; Betrifft Mädchen 2014) – erwähnt seien dazu nur die Überraschungseier eines Süßwarenherstellers in pink angefärbter Verpackung mit dem Hinweis „Neu & nur für Mädchen". Wenn hier die Verflechtungen von Ästhetiken und Ökonomien in den Mittelpunkt gestellt werden, so sind die Perspektiven zum anderen nicht auf Marktwirtschaft und Medien, auf das Warenangebot und seine Nutzungsweisen beschränkt. Vielmehr verweist der Begriff der Ökonomien, ebenfalls in einem offenen Begriffsverständnis, auf verschiedene Aufmerksamkeits- und Anerkennungsökonomien in unterschiedlichen Bereichen der Alltagswelt. Dabei sind auch die alltäglichen Mikropraktiken der Expressivität des Selbst und einer Selbstvergewisserung von Interesse, die durch Positionierungen im Hinblick auf soziale Zugehörigkeiten, Abgrenzungen und ein entsprechendes „borderwork" (Thorne 1993) bedeutsam (gemacht) werden. Denn die Beglaubigung und Bearbeitung sozialer Differenzen ist auf ihre Darstellung und Wahrnehmung angewiesen, sodass ästhetische Mittel genutzt werden, um das Aufzeigen von Zugehörigkeiten und ein entsprechendes Grenzmanagement auch „beiläufig" zu leisten.

Neben Statusbekundungen durch Warenwerte ist dabei auch an Körperrepräsentationen, z.B. in Bezug auf Alterszugehörigkeit und persönliche Reife im Aufwachsen zu denken (vgl. Breidenstein/Kelle 1998). Entsprechende Differenzbearbeitungen werden in Kindheit und Jugend besonders auch im Hinblick auf Geschlecht und Sexualität evident (vgl. Tervooren 2006), deren kategorischen Ein- und Abgrenzungen gesellschaftlich omnipräsent sind, im alltäglichen Nahraum wie auch der Medienlandschaft prägnant vorgelebt und im Alltag mit ästhetischen Mitteln in Szene gesetzt werden. Grenzgänge und „Grenzverletzungen" der dominierenden symbolischen Ordnung durch ästhetische Attribute können gerade auch in Kindheit und Jugend, z.B. auf dem Schulhof, vergleichsweise scharf sanktioniert werden. In weniger „essentiellen" Fragen sind ästhetische Grenzgänge und ein Spiel mit Grenzen im Kindes- und Jugendalter hingegen beliebt und verbreitet, wenn nicht sogar ein strukturelles Merkmal des Aufwachsens, indem Neues und gerade auch Grenzen ausgetestet werden (nicht ohne ästhetische Grenzen gesellschaftlich auch nachhaltig zu verschieben).

Im Fokus stehen also nicht primär Fragen der ästhetischen Bildung und Erziehung, auch kein Konzept des Schönen, sondern das alltägliche Erleben und Bearbeiten einer sozialen Grammatik des sinnlichen Wahrnehmens und praktischen Darstellens, des Unterscheidens und Verknüpfens, des Einordnens und Bewertens innerhalb einer symbolischen Ordnung mit individuell divergierenden Präferenzen und Erscheinungsweisen. Aus kultursoziologischer Sicht kann diesbezüglich von Orientierungsanforderungen und einem Orientierungswissen gesprochen werden, das für Kinder und Jugendliche überaus bedeutsam ist, weil es die stummen Regeln der sozialen Welt aufzuschlüsseln hilft und nicht zuletzt (mit Pierre Bourdieu ausgedrückt) ein inkorporiertes kulturelles Kapital bildet, das vor allem unter Gleichaltrigen Anerkennung und Distinktionsgewinne verspricht (vgl. Bourdieu 1983, 1999; Thornton 1997; Swain 2003; Gebesmair 2004).

Individuelle ästhetische Positionierungen – rezeptive und produktive – lassen sich in dieser Perspektive als Kulturtechniken und Taktiken des Darstellens und Adaptierens von sozialer Orientierung auf der Grundlage geschmacklichen Empfindens begreifen. „Kulturtechniken" deshalb, weil ein entsprechendes Orientierungswissen auf ein Gespür für Ausdrucks- und Wahrnehmungsweisen angewiesen ist, das tentativ und überwiegend beiläufig eingeübt wird. „Taktiken" in dem spezielleren Sinn, als dieses Gespür auch situationsangepasste Improvisation und Camouflage ermöglicht – besonders auch dann, wenn sich Selbst- und Körperrepräsentationen auf sozial unsicherem Terrain bewegen.

Das Verständnis des Ästhetischen ist hier jedoch nicht allein auf Themen eines „angesagten" oder „akzeptablen" Geschmacks und ein entsprechendes „Insider"-Wissen bezogen, sondern auf ein breites Spektrum des alltäglichen Erlebens und

Agierens. Vor dem Hintergrund seiner griechischen Wortherkunft verweist der Begriff der Ästhetik zunächst einmal auf das sinnlich Wahrnehmbare, auf unterschiedliche Ausdrucksmöglichkeiten und Wahrnehmungsweisen, die durch ein Erfahrungswissen der alltäglichen Sozialisation begründet sind. So sind die „Ästhetiken" im Titel nicht nur mit Blick auf die feinen oder auch größeren sozialen Unterschiede, auf regionale oder situationsspezifische Differenzen im Plural gefasst, sondern auch hinsichtlich einer sinnlichen und medialen Diversität. Sie werden nicht nur visuell und akustisch ausagiert und rezipiert (vgl. Diaconu 2005), sondern können in kulinarischen Trends, olfaktorischen Akzenten (wie einer speziellen Parfümierung) oder auch taktilen und kinästhetischen Stilen zur Geltung kommen (etwa Tätowierung oder Piercing als taktile Erfahrungen; eine ästhetisch überformte Motorik jugendspezifischer Bewegungsstile etc.).

Um den disparaten Phänomenbereich des Ästhetischen im Alltag begrifflich zu fassen, geht auch der Kulturwissenschaftler Kaspar Maase vom griechischen Wort *aísthēsis* aus, also dem sinnlichen Wahrnehmen, und schließt sowohl an evolutionstheoretische wie an „klassische" philosophische Ästhetikdebatten an. Dabei sucht er das Ästhetische zwischen der Engführung auf hochkulturellen Kunstgenuss und einer beliebigen Ausdehnung auf alles sinnliche Erleben zu bestimmen. Maase greift dazu den Begriff des „Artifizierens" von Ellen Dissanayake auf, der eine alltägliche Praxis des „making special" bezeichnet, des „Zu-etwas-Besonderem-Machens", durch die „zu allen Zeiten und an allen Orten Erfahrungen mit Alltäglichem (d.h. mit alltäglichen Gegenständen, Materialien, Bewegungen, Geräuschen, Wörtern, Äußerungen, mit der Umgebung, sogar mit Ideen) in etwas *Nicht*alltägliches verwandelt werden" (Dissanayake 2001: 217; zit. nach Maase 2007: 96; siehe auch Dissanayake 1995). Ästhetische Erfahrung resultiert in dieser Perspektive aus angestrebten (wie auch unwillkürlichen) Momenten einer „Verbesonderung".

„Notwendig für ästhetische Erfahrung ist eine ‚außergewöhnliche', aus dem Strom der Eindrücke herausragende sinnliche Wahrnehmung, die vom Wahrnehmenden mit Bedeutungen verbunden und in der emotionalen Gesamtbilanz als angenehm, erfreulich, lustvoll empfunden wird." (Maase 2008b: 44)

In seinem Verständnis von ästhetischer Erfahrung als sinnlicher Aufmerksamkeitssteigerung und Vergegenwärtigung jenseits der funktionalen Wahrnehmungsroutinen des Alltags verweist Maase unter anderem auf die philosophischen Ästhetikkonzepte von Martin Seel (2000) und Bernd Kleimann (2002). Adressiert werden jeweils Wahrnehmungsweisen einer gesteigerten Präsenz, „Fokussierung und Intensität der Wahrnehmung, sinnliche und reflexive Offenheit für die Einmaligkeit des Gegenwärtigen" (Maase 2008a: 18), durch die grundsätzlich alles zum Gegenstand ästhetischer Erfahrung werden kann.[2] Die „Domäne des Ästhetischen" sei kein eigener Bereich neben anderen, so Martin Seel, „sondern eine unter anderen Lebensmöglichkeiten, die von Zeit zu Zeit ergriffen werden kann, wie man von Zeit zu Zeit von ihr ergriffen wird." (Seel 2000: 44) In der ästhetischen Erfahrung treten wir aus einer alltagspragmatisch funktionalen Orientierung heraus und „begegnen dem, was unseren Sinnen und unserer Imagination hier und jetzt entgegenkommt, um dieser Begegnung willen" (ebd.: 45).[3]

Mit seinem Interesse an Alltagsvergnügen und Populärkultur ist Maase allerdings skeptisch, inwiefern Seels philosophische *Ästhetik des Erscheinens* trotz ihrer dezidierten Alltagsbezogenheit konzeptuell adaptierbar ist, um geschmackliche Präferenzen und ästhetische Praktiken des Alltagslebens angemessen erfassen und beschreiben zu können.

„Das leicht Meditative des Ansatzes kontrastiert deutlich mit dem Tempo wie mit der eher gemischten und geteilten Aufmerksamkeitsstruktur des Alltags; auch will die Anwendung auf Genres populärer Kunst und Vergnügung, die von sinnlicher (Über-)Fülle, Überwältigung und Beschleunigung geprägt ist, schwierig scheinen." (Maase 2008a: 19)

Bernd Kleimann, der explizit an die Ästhetik Seels anschließt, öffnet den Blick in systematischer Weise über die rezeptive Seite der Erfahrung hinaus auf die anderen Dimensionen des Ästhetischen, deren Zusammenhang er als „ästhetisches Weltverhältnis" beschreibt.

„Unter dem Begriff des ästhetischen Weltverhältnisses subsumiere ich das Ensemble aller Praktiken, Gegenstände und Strukturen, die für den Bereich des Ästhetischen konstitutive Funktion besitzen. Ausschlaggebend ist dabei der Gedanke, daß sich das Feld des Ästhetischen konstituiert, indem wir zur Welt (und zu uns) in ein besonderes Verhältnis treten, dessen Interesse der *sinnlich-sinnhaften* Seite der Welt gilt und das den theoretischen Rahmen abgibt, in dem die oft versprengten, historisch etablierten Zentralkategorien der Ästhetik

---

2   Maase grenzt die ästhetische Erfahrung im Alltag vom Bereich der Kunst dadurch ab, dass erstere nicht von professioneller Aufmerksamkeit geleitet sei (Maase 2008b: 45) – obwohl es im Alltäglichen durchaus das Merkmal der Kennerschaft und Ausdifferenzierungen in Genres gebe (ebd.: 50). In der Differenz zum professionellen Kunstbereich sieht Maase mit Blick auf die Populärkultur aber ohnehin keine strikte Trennung; er fasst ästhetische Erfahrung in Alltag und Kunst vielmehr als Idealtypen auf (Maase 2014: 60).

3   „Diese Konzentration auf das momentane Erscheinen der Dinge aber ist stets zugleich eine Aufmerksamkeit für die Situation der *Wahrnehmung* ihres Erscheinens – und damit eine Rückbesinnung auf die unmittelbare *Gegenwart*, in der sie sich vollzieht. Die ästhetische Aufmerksamkeit für ein Geschehen der äußeren Welt ist so zugleich eine Aufmerksamkeit für uns selbst: für den Augenblick hier und jetzt." (Seel 2000: 38f.)

als miteinander verbundene Momente sichtbar werden. Demgegenüber ist weder die Kunst noch die ästhetische Erfahrung, weder das Schöne noch das ästhetische Urteil allein für sich genommen geeignet, die ästhetische Sphäre in ihrer Komplexität zu erschließen. Vielmehr bedarf es der Betrachtung des systematischen Zusammenhangs, in den sie eingelassen sind: eben des ästhetischen Weltverhältnisses." (Kleimann 2002: 10)

Kleimann differenziert die Sphäre des Ästhetischen in „vier irreduzible, aber miteinander verschränkte Dimensionen", die jeweils für sich „einen strukturell eigengesetzlichen Bereich" darstellen: (1) die *performative* Dimension der Erfahrung, (2) die *gegenständliche* Dimension der ästhetischen Phänomene und – da sich das ästhetische Weltverhältnis „nicht in der Unmittelbarkeit der ästhetischen Gegenstandserfahrung erschöpfe – (3) eine *reflexive* Dimension der ästhetischen Kommunikation, „in der sich die Erfahrenden des Erlebten kritisch vergewissern", sowie (4) eine *normative* Dimension, die eine „Rechtfertigungsproblematik auf der Ebene des ästhetischen Verhaltens" betrifft (ebd.: 16ff.).[4]

Der ästhetischen Erfahrung als „Vollzugsform der ästhetischen Welterschließung" gebührt für Kleimann der „explanatorische Vorrang" unter den vier Dimensionen, da sie „den Anfang eines jeden ästhetischen Erlebnisses ausmacht" (ebd.: 17). Um den Erfahrungsbegriff hier zu präzisieren, unternimmt Kleimann in Abgrenzung zur oft herangezogenen griechischen Wortherkunft des Ästhetischen eine Klärung des Verhältnisses von Wahrnehmung und Erfahrung. Er widerspricht dabei der gängigen Lesart, dass wir uns die Welt durch Erfahrungen erschließen, wohingegen uns die Welt durch Wahrnehmungen bereits erschlossen sei. Im Verhältnis von Routine und Reflexivität hätten Erfahrungen in dieser Lesart „den Part einer Innovation von lebensweltlichen Sichtweisen, während Wahrnehmungen auf der Basis eingespielter, automatisierter Einstellungen die erschlossene Welt sensorisch vergegenwärtigen" – was offensichtlich falsch sei (ebd.: 21). Wahrnehmung und Erfahrung sind miteinander verschränkt, so Kleimann, wobei Erfahrungen notwendig Wahrnehmung einschließen, nicht alle Wahrnehmungen jedoch auch

---

4 Für die „impliziten Regeln" der normativen Dimension, „anhand derer die rezeptiven und produktiven ästhetischen Verhaltensweisen [...] beurteilt werden", verwendet er auch den Begriff der ästhetischen Rationalität (ebd.). Als Philosoph zielt Kleimann auf einen Begriff der ästhetischen Rationalität bzw. Vernünftigkeit mit einer disziplintypischen Verbindung von Ethik und Ästhetik, wohingegen es sozial- und kulturwissenschaftlich mit Blick auf Geschmack und Genießen ratsam erscheint, von lebensweltspezifischen Rationalitäten im Sinn unterschiedlicher Begründungslogiken und -modi auszugehen, die nicht unbedingt auch diskursiv vermittelbar sind. Eine entsprechende Begründung könnte dann auch einfach der Spaßfaktor sein, der aufgrund eines gemeinsamen Erfahrungsraums der Sozialisation geteilt wird.

erfahrungswirksam sind. „Infolge von Wahrnehmungen erschließen wir uns erfahrend die Welt, und durch *erfahrungsgeleitete* Wahrnehmung versichern wir uns ihrer Erschlossenheit." (Ebd.)

Wahrnehmung begreift Kleimann mit Anklängen aus der Sprechakttheorie als basale „sensorische Akte", Erfahrungen hingegen „als komplexe Episoden des Erlebens", die „kognitive, emotive, evaluative und volitive Momente einschließen". Solche Episoden des Erlebens könnten, „oft durch Wahrnehmungen angestoßen, zu einer Veränderung des Orientierungswissens führen". Der Erfahrungsbegriff beinhaltet also zum einen diesen Modus, in dem die Erfahrung im handelnden „Umgang mit Dingen, Personen und Situationen" als Bruch in den „sedimentierten Routinen" auftritt – als neue Erfahrung. Zum anderen verweist der Begriff nach Kleimann aber auch auf ein handlungsleitendes Orientierungswissen, auf bereits inkorporierte „Bestände eines impliziten Weltwissens, an dem sich das Tun und Lassen, Denken und Fühlen ausrichtet" (ebd.: 22f.). Erfahrung ist dann nicht nur auf der Seite des Bruchs mit dem Gewohnten verortet, sondern auch eine Möglichkeitsbedingung von Routine, Vertrautheit und Versiertheit (vgl. Hörning 2001).

Wird ausschließlich auf das Neue, auf den Bruch mit Routinen und das Außeralltägliche im Alltag fokussiert, so bleibt die Auffassung des Ästhetischen an eine Idealisierung der Kunst in der Moderne gebunden, die der Soziologe Andreas Reckwitz als „gesellschaftliches Regime des Neuen" im Rahmen eines historischen „Kreativitätsdispositivs" beschreibt (vgl. Reckwitz 2012: 38ff.). Ästhetiken des Alltags im Aufwachsen sind aber vielleicht eher durch ein changierendes Verhältnis von Besonderung und Anpassung, von Experimentieren und Routinisierung charakterisierbar, wobei das anforderungsvolle Navigieren (müssen) zwischen Auffallen und Unauffälligkeit als ein zentrales Merkmal ästhetischer Orientierung in Kindheit und Jugend begriffen werden kann. Ein Orientierungswissen ist durch die permanenten Veränderungen im Aufwachsen dauerhaft im Umbruch – oder besser: im Umbau – und gerade deshalb auf ein bereits vorhandenes Erfahrungswissen im Fluss der Veränderungen angewiesen, z.B. ein bereits erworbenes Wissen zu normativen ästhetischen Kriterien in unterschiedlichen Lebensbereichen.

In seinen Überlegungen zu einer alltagstauglichen Adaption des Ästhetikbegriffs bezieht sich Maase auch auf die Kultursoziologie Gerhard Schulzes, der mit Blick auf die deutsche Gegenwartsgesellschaft eine „Ästhetisierung des Alltagslebens" beschreibt (Schulze 1992: 33f.). Im jahrzehntelangen Wohlstand nach dem zweiten Weltkrieg habe sich ein fundamentaler Mentalitätswandel von einer „Überlebensorientierung" zur „Erlebnisorientierung" vollzogen. Durch die starke Zunahme von Wahlmöglichkeiten unter weitgehend gesicherten Lebensbedingungen gewinne die Handlungsform des Auswählens gegenüber der existenziellen

Grundversorgung nicht nur an Bedeutung, sondern werde auch zu einem subtilen Zwang „Unterscheidungen nach ästhetischen Kriterien vorzunehmen" (ebd.: 55). Die „Gestaltungsidee eines schönen, interessanten, subjektiv als lohnend empfundenen Lebens" sei zur vorherrschenden Lebensauffassung geworden: „Das Erleben des Lebens rückt ins Zentrum." (Ebd.: 37, 33)

Kaspar Maase sieht „eine historische Schwelle um 1900", an der sich „die Hinweise auf ästhetisch ausgerichtetes Handeln im Alltag" auch der „einfachen Leute" verdichten (Maase 2008a: 11; vgl. König 2007b).[5]

„Hier stehen wir am Anfang einer Entwicklungslinie, die direkt zur Ästhetisierung der Lebenswelt führte und mit ihrem Massencharakter die ästhetische Erfahrung der Gegenwart geprägt hat. Eine neue Qualität gewann sie im ‚goldenen Zeitalter' (Hobsbawn) von den 1950ern bis zur Mitte der 1970er-Jahre; auf Grundlage der dauerhaften Stabilisierung der Einkommen über dem Armutsniveau wurde es zur Norm, Konsum- und Unterhaltungsangebote nach Maßstäben der Schönheit auszuwählen: sinnlicher Reiz, emotionale Intensität, Stärke des Erlebens." (Maase 2008a: 12)

Die emotionale Qualität des konkreten Erlebens bemisst sich dabei an subjektiven Kriterien „schöner Erlebnisse". Was individuell als schön, super oder cool empfunden wird, sei im Sinn einer „Ästhetik von unten" in der Tradition von Gustav Theodor Fechner (1876) eine empirische Frage (Maase 2008b: 44). Mit Blick auf Alltagsvergnügen und Populärkultur könne nicht ausdrücklich genug darauf hingewiesen werden, dass „Gefallen nicht nur durch Gefälliges ausgelöst wird und Vergnügen keineswegs immer auf angenehmen Eindrücken und Empfindungen beruhen" (Maase u.a. 2014: 12; vgl. Schulze 1992: 39).

Aus der „Erlebnisorientierung" resultieren nach Gerhard Schulze auf handlungstheoretischer Ebene vermehrt „alltagsästhetische Episoden" der Lebensgestaltung. Beide Begriffe – „Erlebnisorientierung" und „alltagsästhetische Episode" – verhielten sich „zueinander wie Wollen und Handeln" (Schulze 1992: 98). Unter

---

5 Reckwitz identifiziert drei „Ästhetisierungsschübe" in der europäischen Moderne und setzt bei der Entstehung des Bürgertums um 1800 an: „Neben dem Kunstfeld finden genuin ästhetische Praktiken im Rahmen der bürgerlichen Gesellschaft einen zweiten Ort: in den ästhetischen Subkulturen, die aus dem Bürgertum hervorgehen und eng mit jenen ästhetischen Diskursen vernetzt sind, für die das Ästhetische eine antibürgerliche und antirationalistische Gegenkraft darstellt. Um 1800 sind dies die Romantiker, es folgen während des 19. Jahrhunderts die Bohèmekulturen, die sich um 1900 im Ästhetizismus und den Lebensreformbewegungen verdichten." Seit 1900 setze mit der inkludierenden Populärkultur „ein zweiter, massiver Ästhetisierungsschub" ein (Reckwitz 2015: 32ff.).

einer Episode begreift Schulze zielgerichtete Handlungsstränge im Strom des Alltagshandelns, die sich als abgegrenzte Sinneinheiten auch zeitlich überlagern oder ineinander verschachtelt sein können, wie bspw. eine Bahnfahrt als Unterepisode einer Reise. „Alltagsästhetisch" sei eine Episode unter spezifischen Bedingungen, nämlich erstens der vorgegebenen Möglichkeit etwas auszuwählen: die „äußeren Umstände müssen dem Subjekt Alternativen erlauben". Zweitens sei die „alltagsästhetische Episode" in einer spezifischen Weise zielgerichtet: Das Subjekt müsse „mit der Handlung eine Erlebnisabsicht" verbinden, bei der das Handeln auf einen „psychophysischen Zustand" abzielt – auch wenn „sich innenorientierte und außenorientierte Sinngebung nicht gegenseitig ausschließen, sondern in Mischungsverhältnissen auftreten können" (ebd.: 99).[6]

„Meist ist die Erlebniserwartung unmittelbar an die Handlungssituation gebunden, etwa beim Spazierengehen, Reisen, Musikhören, Lesen usw. Ein Sonderfall ist innenorientierter Konsum. Dabei begibt sich der Handelnde entweder in eine professionell für Erlebniszwecke hergerichtete Situation (Kino, Kulturzentrum, Disco, kulturelle Veranstaltungen, Fernsehen, Radiohören), oder er kauft einen Gegenstand (Kleidung, Auto, Möbel, Sportartikel und anderes) mit dem Wunsch, etwas damit zu erleben. [...] Subjektiv manifest wird innenorientierte Sinngebung durch Zielbeschreibungen mit Worten wie ‚interessant', ‚spannend', ‚faszinierend', ‚gemütlich', ‚entspannend', oder generell ‚schön', ‚angenehm' usw." (Schulze 1992: 99)

Als drittes Kriterium nennt Schulze schließlich die Alltäglichkeit, wobei er mit seinem Fokus auf die dominierende Erlebnisorientierung in der Gegenwartsgesellschaft gerade das Gewöhnliche, auch Beiläufige, *Nicht*-Besondere akzentuiert und damit in ein Spannungsverhältnis zu den angeführten philosophischen Konzepten einer besonderen Vergegenwärtigung des Augenblicks tritt.[7]

---

6   Vor dem Hintergrund evolutionstheoretischer Studien schreibt Maase, es könne dann von ästhetischer Erfahrung gesprochen werden, wenn der Wahrnehmungsakt „eine Empfindung des Wohlgefallens" auslöse und dieser „Empfindungseffekt" zudem „um seiner selbst willen gesucht" werde (Maase 2007: 99; vgl. Stöckmann 2009). Reckwitz bezeichnet dies idealtypisch als „Selbstreferenzialität sinnlicher Wahrnehmung", entgegen einer zweckrationalen Ausrichtung (Reckwitz 2015: 25), und betont ebenfalls „eine spezifische Affiziertheit" der Sinne (2012: 23f.; vgl. Böhme 2001: 36ff., 77ff.).

7   Auch Reckwitz, der von einem Begriff ästhetischer Praktiken ausgeht (Reckwitz 2015: 22), ist der Auffassung, dass gerade „jene Konstellationen gesellschaftstheoretisch eigentlich interessant" seien, „in denen die Verfertigung ästhetischer Wahrnehmung in einer sozial regulierten Form, routinisiert oder gewohnheitsmäßig erfolgt" (ebd.: 25f.). Siehe dazu auch aktuelle Positionen in der US-amerikanischen Philosophie (vgl. Light/ Smith 2005; Saito 2007).

„Alltagsästhetische Episoden sind Handeln von jedermann zu jeder Zeit. Damit ist gleichzeitig ausgesagt, was nicht Gegenstand dieser Untersuchung ist: singuläre ästhetische Sinnkonstruktionen. Gewöhnliches und Außergewöhnliches sind als Regionen in einem zweidimensionalen Raum beschreibbar, dessen eine Dimension die Besonderheit einer Sinnkonstruktion im Verhältnis zur individuellen Lebenspraxis darstellt – die Achse der viel gesuchten, selten erreichten einmaligen Erlebnisse – und dessen andere Dimension Exzentrizität abbildet: Besonderheit der individuellen ästhetischen Praxis im Verhältnis zum Kollektiv. Alltagsästhetik ereignet sich in jener Sinnregion, die weder individuell noch kollektiv aus dem Rahmen fällt." (Schulze 1992: 99)

Wenige Jahre vor der Studie zur Erlebnisgesellschaft hatte auch Rüdiger Bubner von einer „Ästhetisierung der Lebenswelt" geschrieben. Der Philosoph Bubner argumentiert ritualtheoretisch mit Bezug auf das Fest als das vormals religiös verankerte Außeralltägliche. Das Fest bildete einen Rahmen für „die außergewöhnlichen Momente in unserem Leben, in denen dieses selbst, ästhetisch verwandelt, vor uns tritt" (Bubner 1989: 143). Seine These einer Ästhetisierung der Lebenswelt verbindet er mit dem „Abbau des theologischen Deutungsrahmens" einer außenorientierten Sinnstiftung. An die Stelle der klassischen Funktion des Festes trete „die typisch moderne Tendenz, die Lebenswelt selbst in der Unmittelbarkeit ihrer Vollzüge ästhetisch zu genießen" (ebd.).

„Es handelt sich überhaupt um die Aufhebung ästhetischer Vergegenwärtigung des Lebens in *Ausnahmesituationen*. An die Stelle tritt nach und nach eine Ästhetisierung der *unmittelbaren* Alltagsvollzüge selber. Nichts, das den Alltag sinnstiftend übersteigt, ist nämlich übriggeblieben, um im Modus zyklischer Erinnerung in ihn einzugreifen und ihm die grundsätzliche Richtung zu weisen. [...] Ersatzweise greift jene Ästhetisierung der Lebenswelt Platz, die unter Verzicht auf umfassende Deutungsrahmen den Alltag als solchen geradewegs ästhetisch verwandelt. [...] In der Moderne, wo jeder Tag bunt und keiner grau sein soll, schwindet das ehemalige Kompensationsverhältnis." (Ebd.: 148)

Steht in den zuvor genannten philosophischen Zugängen primär eine reflexive „Selbstbesinnung" in Bezug auf unser Verhältnis zur Welt im Fokus – eine Vergegenwärtigung des Besonderen im Erleben, die „eine Aufmerksamkeit für uns selbst: für den Augenblick hier und jetzt" impliziert (vgl. Seel 2000: 38f.) – wird die Suche nach dem Erleben von Präsenz aus kulturtheoretischer Perspektive auf das Sinnproblem in der Moderne zur individuellen Stellung in der Welt zurückgewendet. Auch Gerhard Schulze verbindet die Ästhetisierung des Alltagslebens mit dem biografischen Erfordernis und Projekt der Sinnstiftung durch sich selbst, durch das eigene gelebte Leben, wodurch das Subjekt selbst „besonders" werden soll. Es sei daher unzureichend, „den Wandel der Lebensauffassungen als zunehmende Suche nach Amüsement zu beschreiben" (Schulze 1992: 38).

„Die hautnahen Erfahrungen im täglichen Umgang mit der Umwelt bilden einen Rahmen für den Aufbau von Identität, der meist unbemerkt bleibt. Abgelenkt von der Unüberschaubarkeit der Möglichkeiten, sich selbst als Person zu entwerfen und zu variieren, übersieht man, daß auch Freiheit den Charakter einer Bedingung hat. Gerade die mit der Verschränkung der materiellen Lebensverhältnisse verbundene Ausuferung der Wahlmöglichkeiten enthält einen Anreiz zur Selbstkonstruktion des Subjekts, der wie ein Sachzwang wirkt: Erlebe dein Leben!" (Ebd.: 55f.)

Wie die Anthologie *Ästhetik und Gesellschaft* (Reckwitz/Prinz/Schäfer 2015) zum „Stellenwert ästhetischer Praktiken und Prozesse der Ästhetisierung in der westlichen Gegenwartsgesellschaft" vor Augen führt, sind „Ästhetisierungsprozesse und die Verheißungen wie Dilemmata, mit denen sie sich verknüpfen, [...] kein isoliertes Phänomen unserer unmittelbaren Gegenwart, sondern von den Sozial- und Kulturwissenschaften das gesamte letzte Jahrhundert hindurch in verstreuten Kontexten thematisiert worden" (ebd.: 9f.). Dennoch wird von vielen Autor*innen ein qualitativer Sprung der „Expansion des Ästhetischen" seit den 1970er-Jahren gesehen und mit sozio-ökonomischen Transformationsprozessen zu erklären gesucht, wobei die „Kulturalisierung der Ökonomie" zu einem „ästhetischen Kapitalismus" und die Digitalisierung von Kommunikations- und Informationstechnologien zusammen mit einem Wandel der Selbst-Kultur im Zentrum der Erklärungen stehen (Reckwitz 2012: 36ff., 2015: 38f.).

In der Sphäre der Produktion lässt sich eine ausgeweitete kapitalistische Logik der fortwährenden ästhetischen Innovation mit einer „Expansion von (Aufmerksamkeits-)Märkten" nachzeichnen (ebd.), die „gezielt auf eine ‚immaterielle Arbeit' an Zeichen und Gefühlen setzen" (Reckwitz 2012: 36; vgl. Welsch 1993).[8]

---

8 Auch der Philosoph Gernot Böhme bezeichnet den Wandel der Produktionssphäre in der Spätmoderne seit den 1970er-Jahren mit Bezug auf die Kritische Theorie als „Umschlag von der Kulturindustrie in die *ästhetische Ökonomie*" (Böhme 2016: 99). Es sei das Verdienst von Wolfgang Haug, „gezeigt zu haben, dass im fortgeschrittenen Kapitalismus der Tauschwert der Ware eine eigene, eine ästhetische Qualität anhängt. Es ist die Aufmachung, das Arrangement würde Adorno sagen, das der Ware auf dem Markt seine Attraktivität verleiht. Die Phase der ästhetischen Ökonomie zeichnet sich nun dadurch aus, dass die ästhetische Erscheinung der Ware nach dem Kauf nicht etwa als Verpackung weggeworfen wird und die Ware nur noch durch ihren Gebrauchswert in Erscheinung tritt (so hatte Haug noch die Verhältnisse gesehen). Vielmehr gebiert die Warenästhetik einen neuen Gebrauchswert, nämlich den Inszenierungswert. [...] Der Kapitalismus ist als ästhetische Ökonomie zu bestimmen, insoweit er wesentlich ästhetische Werte produziert, d.h. solche Waren, die zur Inszenierung des Lebens dienen." (Ebd.: 100; vgl. Horkheimer/Adorno 1997; Haug 1971)

Damit einher geht ein Wandel des Konsums nach der Maßgabe, „sich aus Versatz-stücke von Dingen und Erlebnissen seinen individuellen Lebensstil zusammen-zustellen" (Reckwitz 2015: 39; vgl. Featherstone 2007). Reckwitz sieht dieses „äs-thetisch-expressive Subjekt der Spätmoderne" allerdings nicht einseitig durch die ökonomischen Verhältnisse der Gegenwart determiniert, sondern innerhalb einer historischen Entwicklungslinie von „Modellen der Subjektivität", die „bis in die Tradition der Romantik zurückreichen und seit den 1980er Jahren auch über den Weg der Massenmedien und der psychologischen Beratung zirkulieren" (Reckwitz 2015: 40; vgl. Illouz 2006; Bröckling 2007).

„Es handelt sich um eine Kultur des Selbst, das im Kern nach Selbstverwirklichung und -entfaltung trachtet und das die einzelnen Segmente seines Alltags – persönliche Beziehun-gen, Freizeit und Konsum, Beruf – in den Dienst dieses expressiven Ideals stellt." (Reckwitz 2015: 40)

Das „Projekt des schönen Lebens", wie Gerhard Schulze (1992: 35) schreibt – oder vielleicht treffender formuliert: des gelungenen Lebens – ist allerdings auf ein „Reflexionsprogramm" angewiesen, da das Erfolgskriterium im Subjekt selbst liegt. Daraus resultiert nach Schulze in der Vielfalt der möglichen Perspektiven auf die verschiedenen Segmente der alltäglichen Lebensgestaltung ein Orientierungs-bedarf, ein „Bedarf an Kriterien der Selbstbewertung". Da der Blick auf sich selbst nicht einfach gegeben ist und die möglichen Perspektiven anderer auch nicht per-manent reflektiert werden können, sei es einfacher, „sich gängiger, sozial einge-übter Formen der Selbstanschauung zu bedienen" (ebd.: 52f.). Hinsichtlich der Dimensionen Reflexivität und Normativität (siehe oben zu Bernd Kleimann) ist es daher naheliegend, sich bevorzugt im Rahmen der milieuspezifisch geltenden, teils auch massenmedial vermittelten Anerkennungs- und Relevanzstrukturen zu verwirklichen – sich im nahen sozialen Umfeld kommunikativ rückzuversichern und bei allem Streben danach, auch etwas Besonderes zu erleben, nicht aus dem Rahmen dessen zu fallen, was dort als anerkennbar gelten kann.

Damit ist ein Spannungsverhältnis von Individualisierung und sozialer Anpas-sung, von ästhetischer Orientierungssuche und erfahrungsbasierter Routinisierung in der „Selbstkonstruktion des Subjekts" skizziert, das zwischen Kreativitätsan-spruch und vorgefertigten Angeboten, der Zunahme von Optionen der Selbstopti-mierung und einem damit einhergehenden beschleunigten Wandel von Verhaltens- und Wahrnehmungsstandards im Alltag auszutarieren ist. Eine Vielfalt an An-schauungsbeispielen bietet dazu die alltägliche Präsentation des Selbst durch die eigene Körperlichkeit: angefangen bei einem kulturellen Wandel von Hygiene-standards über die Oberflächengestaltung der Haut (Körperbehaarung, Make-up und Frisur, kleinere- oder größere Eingriffe zur kosmetischen Korrektur, Tätowierungen etc.) bis hin zu spezifischen Bewegungs- und Ernährungsweisen, Sport und Wellnessprogrammen in der alltäglichen Lebensführung sowie plastischen Modifikationen des Körpers.

Was heißt es für das heutige Aufwachsen, wenn eine möglicherweise auch phylogenetisch verankerte Empfänglichkeit für ästhetische Urteilskriterien auf der Grundlage sozialer Wertmaßstäbe[9] auf eine Welt der kapitalistischen Wertschöpfung durch die Ästhetisierung sozialer Güter trifft, deren Verwertbarkeit mal mehr, mal weniger auf einen „Inszenierungswert" des Selbst zielt – und das als wichtig wahrgenommen wird? Welche sozialen Funktionen oder Problematiken sind hinsichtlich ästhetischer Darstellungsweisen und Orientierungen im konkreten Alltagsleben rekonstruierbar? Welchen Sinn ordnen Kinder und Jugendliche ästhetischen Präferenzen und Praktiken vor dem Hintergrund ihrer Identitätsbildung zu? Wie werden pädagogische oder marktwirtschaftliche Angebote und Diskurse von Kindern und Jugendlichen adaptiert, transformiert oder auch ignoriert? Mit welchen Gestaltungsspielräumen, Ermöglichungen oder Zwängen leben Kinder und Jugendliche hinsichtlich ästhetischer Ausdrucks- und Erscheinungsweisen?

DIE BEITRÄGE

Der Band zu Ästhetiken in Kindheit und Jugend ist in drei Sektionen unterteilt. Die erste Sektion *Dinge, Konsum, Geschmack* kreist um den gesellschaftlichen, insbesondere auch den technologischen Wandel der vergangenen Jahrzehnte und die komplexen Auswirkungen auf die zwischenmenschlichen wie auch die Selbstverhältnisse, den tiefgreifenden Wandel der alltäglichen Dingwelt sowie das Verhältnis von Subjektivitäten und Materialitäten. Dabei stehen zum einen die Kom-

---

9   Im Hinblick auf evolutionstheoretische Überlegungen zu ästhetisierten Verhaltens- und Rezeptionsweisen erläutert Maase: „Der Nutzen von scheinbar biologisch überflüssigen Tätigkeiten wie Schmücken, Darstellung von nicht Wirklichem, Singen usw. wird in höchst unterschiedlichen Funktionszusammenhängen des (Über)Lebens in einer frühen Entwicklungsphase der Gattung homo gesucht, seit sich vor rund zwei Millionen Jahren das moderne menschliche Gehirn zu bilden begann." (Maase 2008b: 52) „Der Grundgedanke ist stets, dass verbreitete Phänomene wie die Beurteilung von Elementen der menschlichen Umwelt unter dem Gesichtspunkt der Schönheit [verstanden als ‚ästhetisch reizvoll'; die Verf.] und die Gestaltung nach Maßstäben der Schönheit fest verknüpft sind mit jenen Verhaltensdispositionen und psychischen Strukturen, die sich in der Frühzeit des modernen Menschen als Selektions- und Überlebensvorteile erwiesen haben, die vielfach auch genetisch verankert wurden und als natürliches Erbe tradiert werden." (Maase 2007: 94f.; vgl. Neumann 1996; Thornhill 2003)

merzialisierung des Alltagslebens auf der Grundlage seiner Ästhetisierung und zum anderen Akzente sozialer Ungleichheit im Fokus, die über Geschmacksfragen im Alltagsleben zur Geltung gebracht und bearbeitet werden.

Vor dem Hintergrund einer Transformation der Medienlandschaft seit den 1970er- und 80-Jahren wendet sich der Soziologe HEINZ HENGST in seinem Beitrag dem historischen Wandel ästhetischer Präferenzen und Praktiken in der Kindheit zu. In der globalisierten Populärkultur seien „jugendkulturelle" Eindrücke und Erfahrungen zu einem altersübergreifenden Aspekt der Sozialisation geworden. Neue Technologien und Vermarktungsstrategien mit andauernder Produktdifferenzierung lassen dabei eine strikte Unterscheidung zwischen Rezeption und Produktion im kulturindustriellen Markt fragwürdig werden. Das multimediale Angebot von „Narrationen" verschmilzt zunehmend mit einer mediatisierten Dingwelt und bietet den Nutzern Aktivitäten mit neuen Kontrollmöglichkeiten, durch die „Skripte" spielerisch ausgestaltet werden können, sowie Mitwirkmöglichkeiten in der Produktentwicklung. Dieser partizipative Markt wirke allerdings auch verschleiernd auf das Fortbestehen sozialer Ungleichheit. Gerade am Beispiel des Musikgeschmacks und Musikmachens lassen sich sowohl das inkludierende Potential neuer Technologien als auch ein Wandel sozialer Distinktion zu einem Habitus flexibler Interessiertheit und Vielseitigkeit zeigen.

Dem Thema des Geschmacks von Kindern und seiner skeptischen Kontrolle durch Erwachsene nähert sich der Erziehungswissenschaftler BURKHARD FUHS durch eine Auseinandersetzung mit den verschiedenen Wissenschaftsdisziplinen, in denen alltägliche Verhaltensweisen von Kindern zum Forschungsgegenstand gemacht werden. Trotz einer massiven Aufwertung des Status von Kindern als handlungsfähige Akteure mit eigenen, zu respektierenden Intentionen und Perspektiven seit den 1970er-Jahren, die vor allem durch die neue Soziologie der Kindheit auch theoretisch begleitet wurde, bleibe das Verhältnis zum kindlichen Eigensinn gerade in Geschmacksfragen zwiespältig und in der sozialwissenschaftlichen Kindheitsforschung zudem marginal. Erkenntnisinteresse und Deutungshoheit werden damit anwendungsorientierten Zugängen wie der Ernährungswissenschaft oder der betriebswirtschaftlichen Marktforschung überlassen, die primär von Interesselagen der „Erwachsenenwelt" ausgehen und auf Intervention abzielen. Fuhs plädiert für eine verstärkte kritisch-reflexive Auseinandersetzung mit den Geschmackserfahrungen und Geschmacksurteilen von Kindern.

Aus der makrosozialen Perspektive eines Ökonomen auf die Ästhetisierung der Alltagswelt, an der die rasante Ausweitung des Warenangebots mit Werbung und Marketing maßgeblich Anteil haben, befasst sich TOBIAS EFFERTZ mit grundlegenden Zusammenhängen und Fakten zum Kindermarketing in Deutschland und erläutert die hohe Wirksamkeit auf das Konsumverhalten von Kindern sowie damit einhergehende Problematiken. Durch die sozialgeschichtlich gewachsene Autonomie, verbunden mit gestiegenen Taschengeldbeträgen und Einfluss bei Familienanschaffungen, sind Kinder in Hocheinkommensländern in vielen Marktbereichen zu relevanten Marktakteuren, teilweise sogar zur wichtigsten Zielgruppe von Werbung und Marketing mancher Industriebranchen geworden. Neben den wirtschaftlichen Problemlagen wirft das an Kinder gerichtete Kindermarketing auch grundsätzliche ethische Fragen auf; es führt nachweislich zu gesundheitlichen Schäden für Kinder und Jugendliche, die sich ein Leben lang weiter auswirken können.

Mit Blick auf das geradezu zeitlose Faible vieler Kinder Dinge zu sammeln stellt der Erziehungswissenschaftler LUDWIG DUNCKER an zwei empirischen Studien im Abstand von knapp 20 Jahren eine zugenommene Kommerzialisierung der kindlichen Dingwelt heraus. Die kindliche Tätigkeit des Sammelns versteht er als ästhetische Ausdrucksweise persönlicher Interessen mit einer Verbindung zur eigenen Biografie. Es seien spezifische ästhetische Reize der Dinge, die bei Kindern auf eine Resonanz treffen. Als ästhetische Erfahrung unterbreche das Interesse an einzelnen Dingen und ihrer Inbesitznahme die Kontinuität der gewohnten Abläufe des Alltags zugunsten einer ästhetischen Hingabe für die besonderen Merkmale wie auch die Wiederholbarkeit am Sammelobjekt, deren Kriterien und Relevanz sich Erwachsenen nicht immer erschließe. Als Spiegel der Konsumgesellschaft zeigt sich im Zeitvergleich, dass der Anteil von Dingen, die industriell speziell für kindliche Konsumwünsche hergestellt werden, markant angestiegen ist, wohingegen das Interesse an weggeworfenen oder nutzlos gewordenen Dingen auffällig gesunken ist.

Mit dem Wandel einer immer stärker elektronisch technologisierten Dingwelt und den sich verändernden sinnlich vermittelten Weltverhältnissen im Aufwachsen beschäftigt sich die Soziologin AIDA BOSCH. Vor dem theoretischen Hintergrund kultursoziologischer und -philosophischer Klassiker fragt sie aus leibphänomenologisch geprägter Perspektive nach den Veränderungen der Sozialisation in Kindheit und Jugend. Sie betont die Bedeutsamkeit ästhetischer Strukturen für die Persönlichkeitsentwicklung, durch die emotionale Energien und Wahrnehmungsweisen innerhalb einer spezifischen kulturellen Ordnung geformt und Handlungsmöglichkeiten eröffnet werden. Den persönlichen Beziehungen zur Dingwelt und ihrem konstitutiven Anteil an menschlichem Handeln kommt dabei fundamental Bedeutsamkeit zu. Der Umgang mit Dingen bietet vielseitig sinnliche Zugänge zur Welt – die sinnliche Erfahrung der Welt kann durch intensive Spezialisierungen im physischen Gebrauch vor allem der neuen Technologien aber auch an Unmittelbarkeit einbüßen. Zu fragen sei daher nach den Zusammenhängen eines Wandels der Dingwelt und der Bildung von Emotionalität, Sozialität und Identität im Aufwachsen.

Die zweite Sektion *Körper, Mode und Geschlecht* versammelt Beiträge um das Themenfeld der Selbstinszenierung, sozialer Klassifizierungen und der Beglaubigung von Zugehörigkeiten mit einem Fokus auf Körperlichkeit und deren Stilisierung durch Gestik, Kleidung, Kosmetik oder Accessoires. Dabei sind weniger strikte soziale Ausschlüsse, als Marginalisierungen, Verunsicherungen und auch soziale Bedrohungsszenarien maßgeblich, aus denen Bedürfnisse und Strategien subjektiver Vergewisserung und Absicherung resultieren.

Die Erziehungswissenschaftlerin BRITTA HOFFARTH fokussiert im Rahmen ihres Beitrags kosmetische Praktiken in der weibliche Adoleszenz im Sinn spezifischer Maskierungen, welche gerade nicht als Schönheitspraktiken, sondern vielmehr als positionierende Körpertechniken etabliert werden. Dabei werden – in Anlehnung an die jeweiligen, von kosmetischen Praktiken und Techniken entliehenen Begriffe Make-up, Lidschatten, Contouring, und Highlighting – Körpertechniken, intersektionale Inszenierungen und Masken begrifflich-historisch sowie theoretisch hergeleitet und empirisch manifestiert. Am Beispiel von YouTube-Tutorials sowie Auszügen aus Gruppendiskussionen, die im Rahmen eines Ferienprojekts für Mädchen im Alter von 15 Jahren erhoben wurden, werden differente Zusammenhänge (bspw. derjenige von Natürlichkeit und Künstlichkeit als Momente der inszenierten Körper) aufgezeigt und unter Rückgriff auf den Maskenbegriff theoretisiert.

Der anschließende Beitrag der Kulturwissenschaftlerin SARAH DANGENDORF nimmt Inszenierungspraktiken resp. den Umgang mit Schönheit frühadoleszenter Mädchen in den Blick und verortet dieses Schönheitshandeln – mit Bezug zu den Ausführungen Michel Foucaults – als nicht-diskursive, jedoch durch den Diskurs maßgeblich beeinflusste Praktiken. Ausgehend von der Annahme, dass (körperliche) Schönheit regelmäßig als ein ästhetisch hoch bewertetes Äußeres verstanden wird, verbleibt die jeweilige Wahrnehmung von Schönheit jedoch kulturell divers, dynamisch und zudem abhängig von subjektiven resp. individuellen Perspektiven und spezifischen Kontexten. Den jeweiligen „Sinngebungen adoleszenter Mädchen" geht Dangendorf empirisch fundiert unter Rückgriff auf teilstandardisierte Interviews nach und stellt anhand eines Exkurses zu exemplarischen Beauty- und Fashion-Videos der Plattform YouTube einen Diskursvergleich an.

Die beiden Soziolog*innen STEFFEN EISENTRAUT und ALEXANDRA KÖNIG gehen in ihrem Beitrag denjenigen Prozessen nach, welche im Kontext jugendlicher „Shoppingtouren" in Form von Verhandlungen und Präsentationen ausgesuchter bzw. gekaufter Kleidung beobachtbar werden. Grundlegend ist dabei die quantitativ hohe Relevanz von Kleidung bzw. Mode für Jugendliche. Die kollektive Praxis des Einkaufens wird hier als Modellierung, Verhandlung sowie Austesten von Grenzen des eigenen Geschmacks innerhalb von Peerbeziehungen erfasst. Empirisch rekurrieren sie auf einen explorativ-qualitativen Ansatz, der neben der teilnehmenden Beobachtung des Shoppingverhaltens jugendlicher Kleingruppen auch ergänzende Interviews umfasst. In Abgrenzung zu den Arbeiten Pierre Bourdieus, der Geschmack als sozialstrukturell weitgehend fixiert auffasst, wird Geschmack im Hinblick auf soziale Aushandlungsprozesse herausgestellt und entsprechend diskutiert.

Die im performativen Handlungsraum des Schulalltags stattfindenden resp. vorzufindenden körperlichen Stile sowie die verschiedenen modischen Inszenierungen fokussiert die Erziehungswissenschaftlerin BETTINA KLEINER am Beispiel von (schul-)biografischen Interviews mit lesbischen, schwulen, bisexuellen und Trans*Jugendlichen. Unter Bezugnahme auf Judith Butlers Konzept der Performativität wird das Zusammenspiel von körperlichen Akten, Kleidung und weiteren Accessoires im Kontext der (De-)Konstruktionen von Geschlecht empirisch fundiert beschrieben. Kleiner greift auf Auszüge der Interviewerzählungen zurück, die sich auf Erfahrungen innerhalb des Schullalltags und dort erlebte Ausgrenzungen und Handlungsmöglichkeiten beziehen. Zentral sind dabei maßgeblich die zum Ausdruck gebrachten bzw. irritierten Geschlechternormen und eine daraus evozierbare Kontingenz geschlechtlicher Ordnungen.

Im letzten Beitrag dieser Sektion stellt der Kulturwissenschaftler STEFAN WELLGRAF die männlichen Selbststilisierungen durch eine unter Berliner Hauptschülern oft verwendete Kämpferpose der Boxgeste in den Mittelpunkt. Um deren Bedeutsamkeit für die Jugendlichen aufzuschlüsseln, verschränkt er ethnografische Beschreibungen und biografisches Kontextwissen aus der eigenen Feldforschung mit einem Hintergrund kultur- und sozialwissenschaftlicher Studien zum Boxsport und populärkulturellen Verweisen. Seine kulturelle Bedeutung erhalte das Boxen hier als Metapher für das Leben, wobei das Leben in der marginalisierten sozialen Lage als ständiges Kämpfenmüssen begriffen werde. Verbunden mit Narrativen wie dem, sich in einer als feindlich wahrgenommenen Umwelt „durchzuboxen", können diese Praktiken und Semantiken als schichtspezifische kulturelle Formen der Verarbeitung von Exklusionserfahrungen verstanden werden, die sich in ihrer Widersprüchlichkeit sowohl als Geste der Rebellion wie auch als Ausdruck einer zeitgemäßen Subjektivierungsweise durch individualisierte Selbstdisziplinierung, körperliche Selbstoptimierung und eine ästhetisierende Selbstpräsentation verstehen lassen.

Die dritte Sektion *Medien und Kommunikation, Gestaltung und Spiel* enthält die meisten Beiträge und befasst sich mit dem technologischen und damit einhergehenden medialen und populärkulturellen Wandel in Verbindung mit anthropologischen Grundlagen und kulturhistorischen Entwicklungen der Rezeptions- und Gestaltungsweisen in der zwischenmenschlichen Kommunikation und der Interaktion mit Artefakten. Im Fokus stehen die spielerischen Weltzugänge, vom Stofftier bis zu Onlinespielen, und damit verbundene ästhetische Produktionsweisen vom Basteln, Bauen und Arrangieren von Spielzeug bis zu künstlerischen und kommerziellen Bildungs- und Unterhaltungsangeboten.

Die Medienwissenschaftler*innen SANDRA FLEISCHER und ROBERT SEIFERT geben mit ihrem Beitrag einen Einblick in die ästhetische Formatierung der Massenmedien für Kinder und Jugendliche in einem globalisierten Medienmarkt. Den Medien komme eine zentrale Rolle in der gesellschaftlichen Etablierung bestimmter, auch global funktionierender Ästhetiken zu, wobei in der Medienaneignung und -sozialisation ein Mediengeschmack der Nutzer*innen durch das vorhandene Angebot mit geformt werde. Indem bestimmte ästhetische Ausprägungen immer wieder bedient werden, würden sich Wahrnehmungsgewohnheiten und -standards manifestieren. Der Zusammenhang von Medienindustrie, Medienrezeption und der Herausbildung einer alltäglichen, global vereinheitlichten medialen Ästhetik wird anhand von Beispielen aus den Bereichen Film, Comic und Computerspiel dargestellt.

Ausgehend von der Geschichte des Printmediums Comic und seiner Ausdifferenzierung in unterschiedliche Gattungen im Verlauf des vergangenen Jahrhunderts vollzieht der Literaturwissenschaftler BERND DOLLE-WEINKAUFF die historischen und geografischen Herkünfte und die Verschiebungen von Rezipient*-innengruppen dieser populären Literaturform nach und diskutiert die Relevanz des Comics für die Zielgruppe Kinder vor dem Hintergrund einer generell abnehmenden Bedeutung des Printmediums. Im zunehmend differenzierten Spektrum des Comics seien Kinder spätestens seit den 1990er-Jahren zwar noch immer eine beträchtliche, allerdings nicht mehr die vorherrschende Adressatengruppe, wobei Angebote für Kinder noch immer teils hohe Auflagen erzielen und durch Ausleihe und Tausch auch weit mehr Kinder als den Erstkäuferkreis erreichen. Mit Blick auf die Entwicklung der Vermarktung in Medienverbünden mit Begleitangeboten und Merchandising sowie auf Fan-Kulturen setzt Dolle-Weinkauff abschließend einen Fokus auf die Entwicklung und Konjunktur der populären Mangas seit den 1990er-Jahren.

Der Medienwissenschaftler WOLFGANG REISSMANN fragt in seinem Beitrag nach den Veränderungen der zwischenmenschlichen Kommunikation, wenn vermehrt im Modus des Bildlichen kommuniziert wird und Bilder zu selbstverständlichen Trägern der alltäglichen Interaktion werden, wie z.B. bei Messengerdiensten für Smartphones. Dabei betrachtet er nicht nur das spezifisch Neue dieses Medienwandels, sondern auch anthropologische und kulturhistorische Dimensionen in der Entwicklung nonverbaler und insbesondere visueller Kommunikation, der hinsichtlich Gestik und Gebärde eine grundlegende phylogenetische Bedeutsamkeit für die verbale Sprachentwicklung zugesprochen wird. Wenn interpersonale Bildkommunikation, auch ohne begleitende verbale Sprache, vor allem auch im jugendlichen Gebrauch selbstverständlich werde, sei davon auszugehen, dass die Wahrnehmung und Artikulation von Selbst, Anderen und weiterer Welt davon nicht unberührt bleiben. Reißmann analysiert entsprechend den Wandel der Kommunikation und ihrer Möglichkeiten, wenn wir „ins Bildern kommen".

An diese Zunahme der Kommunikation durch Bilder im Alltagsleben knüpft auch die Erziehungswissenschaftlerin VIKTORIA FLASCHE mit Ihrem Beitrag zu Profilbildern Jugendlicher auf Facebook an. Ausgehend von einer in Jugendstudien diagnostizierten Omnipräsenz sogenannter *social media* in allen Lebensbereichen und vor dem Hintergrund eines generationalen Wandels der medienspezifischen Sozialisation fokussiert sie die Frage nach einer digitalen Selbstkonstitution durch bildliche Selbstrepräsentationen, die sie als „ikonisch-performative Stilisierungen des Selbst" fasst. In der empirischen Annäherung durch strukturale Bildanalysen solcher Profilbilder wählt sie einen raumtheoretischen Zugang zur Ausdifferenzierung unterschiedlicher Weisen der ikonischen Selbstdarstellung im Profilbild, welches keineswegs notwendig ein menschliches Abbild darstellt, sondern bspw. auch das Emblem eines Fußballvereins enthalten kann. Im Fokus steht die Auswahl eines bestimmten Bildes als Selbstdarstellung und dessen bildliche Logik.

Die Kulturwissenschaftlerin VERENA HUBER NIEVERGELT fokussiert in ihrem Beitrag die Ästhetik der Dinge – als bewusst oder latent wahrgenommene Alltagsbegleiter von Kindern, Jugendlichen und Erwachsenen – im Kontext schulischer Bildung am Beispiel des „Selbermachens" oder „Do-it-yourself". Grundlage ihrer Auseinandersetzung mit ästhetischen Aspekten des Unterrichts im Fach „Textiles und technisches Gestalten" bildet einerseits die zunehmende Relevanz kultureller Vorstellungen und Praktiken im aktuellen Lehrplan der schweizerischen Volksschule, andererseits die Darstellung eines Spannungsfelds, das sich zwischen freien Gestaltungsspielräumen und Zwängen verorten lässt. Hierzu werden von Huber Nievergelt verschiedene Zeitschriften, die sich den Aspekten, Varianten und Spielarten des Selbermachens widmen, in Anlehnung an diskursanalytische Verfahren ausgewertet und kontrastiv gegenübergestellt.

Aus kunstpädagogischer Perspektive geht CHRISTINE HEIL der Frage nach, wie Vermittlungsabteilungen in Kunstinstitutionen interaktive oder partizipative Angebote für Jugendliche entwickeln, um diese als Adressat*innen zu gewinnen. Am Beispiel des Formats „Source Display" (2014) an der Tate Britain in London diskutiert Heil die Suche nach Möglichkeiten der Einladung und Beteiligung von Jugendlichen. Dazu seien mediale Formen und Erlebnisweisen musealer Inhalte und Thematiken nötig, die von Jugendlichen als attraktiv und neuartig angesehen werden. Museale Displays, als die Gesamtheit der medialen Umsetzung des Präsentierens, sollen Jugendlichen daher ein Foren für die Erfindung und Entdeckung neuer Formen der Selbstrepräsentanz geben. Diese „Displays der Selbstkonstruktion" werden auch hinsichtlich der Frage thematisiert, wer von einer deutlicheren Beteiligung Jugendlicher profitiert. Im Kern wird folglich ein Spannungsfeld eröffnet, das sich zwischen der Repräsentation bestehender Kulturformate und der potentiellen Veränderung der Formate wie ihrer Inhalte durch die Partizipation Jugendlicher eröffnet.

Im letzten und einzigen englischsprachigen Beitrag des Sammelbands befasst sich die Kunstwissenschaftlerin und Philosophin PAULINE VON BONSDORFF mit dem ästhetischen Weltverhältnis in der frühen Kindheit. Sie nähert sich der alltäglichen Ästhetik des kindlichen Spiels über zwei Analogien zur Kunst: erstens hinsichtlich der Wiederholung von Imagination als „scripted performances" mit Bezug auf die darstellenden Künste und zweitens hinsichtlich der Kreativität des kindlichen Spiels in Bezug auf die Hervorbringung fiktionaler Welten in den erzählenden Künsten. Zur Erläuterung ihres phänomenologischen Zugangs nutzt sie autobiografische Fallbeispiele zur spielerischen Interaktion und Transmission der spielerischen Welterschließung und -erweiterung über drei Generationen. In der Diskussion einer Verhältnisbestimmung von Kunst und kindlichem Spiel hebt sie auch die habituelle Ausprägung des Spielgeschmacks bevor, ähnlich einem spezifischen Sinn für Humor.

LITERATUR

Baacke, Dieter/Volkmer, Ingrid/Dollase, Rainer/Dresing, Uschi (1988): Jugend und Mode. Kleidung als Selbstinszenierung. Opladen: Leske + Budrich.

Bauer, Karl W./Hengst, Heinz (1980): Wirklichkeit aus zweiter Hand. Kindheit in der Erfahrungswelt von Spielwaren und Medienproduktion. Reinbek: Rowohlt.

Betrifft Mädchen 2014 = Betrifft Mädchen, Jg. 27, Heft 1: pink.

Böhme, Gernot (2001): Aisthetik. Vorlesungen über Ästhetik als allgemeine Wahrnehmungslehre. München: Wilhelm Fink.

Böhme, Gernot (2016): Ästhetischer Kapitalismus. Berlin: Suhrkamp.

Bourdieu, Pierre (1983): Ökonomisches Kapital, kulturelles Kapital, soziales Kapitel. In: Kreckel, Reinhard (Hg.): Soziale Ungleichheiten. Göttingen: Schwartz, S. 183-198.

Bourdieu, Pierre (1999): Die feinen Unterschiede. Kritik der gesellschaftlichen Urteilskraft. Frankfurt am Main: Suhrkamp. [Orig. frz. 1979].

Breidenstein, Georg/Kelle, Helga (1998): Geschlechteralltag in der Schulklasse. Ethnographische Studien zur Gleichaltrigenkultur. Weinheim/München: Juventa.

Breyvogel, Wilfried/Krüger, Heinz-Hermann (Hg.) (1987): Land der Hoffnung, Land der Krise. Jugendkulturen im Ruhrgebiet 1900-1987. Bonn/Berlin: Dietz.

Bröckling, Ulrich (2007): Das unternehmerische Selbst. Soziologie einer Subjektivierungsform. Frankfurt am Main: Suhrkamp.

Bubner, Rüdiger (1989): Ästhetische Erfahrung. Frankfurt am Main: Suhrkamp.

Bullerjahn, Claudia/Erwe, Hans J./Weber, Rudolf (Hg.) (1999): Kinder – Kultur. Ästhetische Erfahrungen, ästhetische Bedürfnisse. Opladen: Leske + Budrich.

Cook, Daniel T. (2004): The Commodification of Childhood: The Children's Clothing Industry and the Rise of the Child Consumer. Durham: Duke University Press.

Dangendorf, Sarah (2012): Kleine Mädchen und High Heels. Über die visuelle Sexualisierung frühadoleszenter Mädchen. Bielefeld: transcript.

Diaconu, Mădălina (2005): Tasten – Riechen – Schmecken. Eine Ästhetik der anästhesierten Sinne. Würzburg: Königshausen & Neumann.

Dietrich, Cornelie/Krinninger, Dominik/Schubert, Volker (2012): Einführung in die Ästhetische Bildung. Weinheim/Basel: Beltz Juventa.

Dissanayake, Ellen (1995): Homo Aestheticus: Where Art Comes from and Why. Seattle/London: University of Washington Press.

Dissanayake, Ellen (2001): Kunst als menschliche Universalie. In: Hejl, Peter M. (Hg.): Universalien und Konstruktivismus. Frankfurt am Main: Suhrkamp, S. 206-234.

Featherstone, Mike (2007): Consumer Culture and Postmodernism. 2. Auflage. London u.a.: Sage. [Orig. 1991].

Fechner, Gustav T. (1876): Vorschule der Aesthetik. 2 Bände. Leipzig: Breitkopf & Härtel.

Feil, Christine (2003): Kinder, Geld und Konsum. Die Kommerzialisierung der Kindheit. Weinheim/München: Juventa.

Frackowiak, Ute (1994): Der gute Geschmack. Studien zur Entwicklung des Geschmacksbegriffs. München: Wilhelm Fink.

Gaugele, Elke/Reiss, Kristina (Hg.) (2003): Jugend, Mode, Geschlecht. Die Inszenierung des Körpers in der Konsumkultur. Frankfurt/New York: Campus.

Gebesmair, Andreas (2004): Renditen der Grenzüberschreitung. Zur Relevanz der Bourdieuschen Kapitaltheorie für die Analyse sozialer Ungleichheiten. In: Soziale Welt. Zeitschrift für sozialwissenschaftliche Forschung und Praxis, Jg. 55, Heft 2, S. 181-204.

Hall, Stuart/Jefferson, Tony (Hg.) (1976): Resistance Through Rituals: Youth Sub-Cultures in Post-War Britain. London: Hutchinson.

Haug, Wolfgang F. (1971): Kritik der Warenästhetik. Frankfurt am Main: Suhrkamp.

Hebdige, Dick (1979): Subculture: The Meaning of Style. London u.a.: Methuen.

Hein, Peter U. (1984): Protestkultur und Jugend. Ästhetische Opposition in der Bundesrepublik Deutschland. Münster: Lit.

Hengst, Heinz (2013): Kindheit im 21. Jahrhundert. Differenzielle Zeitgenossenschaft. Weinheim/Basel: Beltz Juventa.

Hörning, Karl H. (2001): Experten des Alltags. Die Wiederentdeckung des praktischen Wissens. Weilerswist: Velbrück.

Horkheimer, Max/Adorno, Theodor W. (1997): Kulturindustrie. Aufklärung als Massenbetrug. In: Horkheimer, Max/Adorno, Theodor W.: Dialektik der Aufklärung. Philosophische Fragmente. Frankfurt am Main: Fischer, S. 128-176. [Orig. 1944].

Illing, Frank (2006): Kitsch, Kommerz und Kult. Soziologie des schlechten Geschmacks. Konstanz: UVK.

Illouz, Eva (2006): Gefühle in Zeiten des Kapitalismus. Adorno-Vorlesungen 2004. Frankfurt am Main: Suhrkamp.

Kleimann, Bernd (2002): Das ästhetische Weltverhältnis. Eine Untersuchung zu den grundlegenden Dimensionen des Ästhetischen. München: Wilhelm Fink.

König, Alexandra (2007a): Kleider schaffen Ordnung. Regeln und Mythen jugendlicher Selbst-Repräsentation. Konstanz: UVK.

König, Gudrun M. (2007b): Konsumkultur. Inszeniere Warenwelt um 1900. Wien u.a.: Böhlau.

Light, Andrew/Smith, Jonathan M. (Hg.) (2005): The Aesthetics of Everyday Life. New York: Columbia University Press.

Maase, Kaspar (2007): Nützlich? Angenehm? Schön? Überlegungen zur Ästhetik im Alltag. In: Eibl, Karl/Mellmann, Katja/Zymner, Rüdiger (Hg.): Im Rücken der Kulturen. Paderborn: mentis, S. 89-111.

Maase, Kaspar (2008a): Einleitung: Zur ästhetischen Erfahrung der Gegenwart. In: Maase, Kaspar (Hg.): Die Schönheiten des Populären. Ästhetische Erfahrung der Gegenwart. Frankfurt am Main/New York: Campus, S. 9-27.

Maase, Kaspar (2008b): Die Erforschung des Schönen im Alltag. Sechs Thesen. In: Maase, Kaspar (Hg.): Die Schönheiten des Populären. Ästhetische Erfahrung der Gegenwart. Frankfurt am Main/New York: Campus, S. 42-57.

Maase, Kaspar (2014): Geschmack und Qualität. Probleme der Wertung populärer Kultur in Alltag und Wissenschaft. In: Maase, Kaspar/Bareither, Christoph/Frizzoni, Brigitte/Nast, Mirjam (Hg.): Macher – Medien – Publika. Beiträge der Europäischen Ethnologie zu Geschmack und Vergnügen. Würzburg: Königshausen & Neumann, S. 50-67.

Maase, Kaspar/Bareither, Christoph/Frizzoni, Brigitte/Nast, Mirjam (2014): „Gefällt mir!" Empirische Kulturforschung im Feld ästhetischer Praktiken und Märkte: Eine Einleitung. In: Maase, Kaspar/Bareither, Christoph/Frizzoni, Brigitte/Nast, Mirjam (Hg.): Macher – Medien – Publika. Beiträge der Europäischen Ethnologie zu Geschmack und Vergnügen. Würzburg: Königshausen & Neumann, S. 7-16.

Mattenklott, Gundel/Rora, Constanze (Hg.) (2004): Ästhetische Erfahrung in der Kindheit. Theoretische Grundlagen und empirische Forschung. Weinheim/München: Juventa.

Mollenhauer, Klaus (1996): Grundfragen ästhetischer Bildung. Theoretische und empirische Befunde zur ästhetischen Erfahrung von Kindern. Weinheim/München: Juventa.

Mollenhauer, Klaus/Wulf, Christoph (Hg.) (1996): Aisthesis/Ästhetik. Zwischen Wahrnehmung und Bewußtsein. Weinheim: Deutscher Studien Verlag.

Müller, Renate/Glogner, Patrick/Rhein, Stefanie/Heim, Jens (Hg.) (2002): Wozu Jugendliche Musik und Medien gebrauchen. Jugendliche Identität und musikalische und mediale Geschmacksbildung. Weinheim/München: Juventa.

Neumann, Eckhard (1996): Funktionshistorische Anthropologie der ästhetischen Produktivität. Berlin: Dietrich Reimer.

Neuß, Norbert (Hg.) (1999): Ästhetik der Kinder. Interdisziplinäre Beiträge zur ästhetischen Erfahrung von Kindern. Frankfurt am Main: GEP.

Pugh, Allison J. (2009): Longing and Belonging: Parents, Children, and Consumer Culture. Berkeley u.a.: University of California Press.

Reckwitz, Andreas (2012): Die Erfindung der Kreativität. Zum Prozess gesellschaftlicher Ästhetisierung. Berlin: Suhrkamp.

Reckwitz, Andreas (2015): Ästhetik und Gesellschaft – ein analytischer Bezugsrahmen. In: Reckwitz, Andreas/Prinz, Sophia/Schäfer, Hilmar (Hg.): Ästhetik und Gesellschaft. Grundlagentexte aus Soziologie und Kulturwissenschaften. Berlin: Suhrkamp.

Reckwitz, Andreas/Prinz, Sophia/Schäfer, Hilmar (Hg.) (2015): Ästhetik und Gesellschaft. Grundlagentexte aus Soziologie und Kulturwissenschaften. Berlin: Suhrkamp.

Richard, Birgit/Grünwald, Jan/Recht, Marcus/Metz, Nina (2010): Flickernde Jugend – rauschende Bilder. Netzkulturen im Web 2.0. Frankfurt am Main/New York: Campus.

Richard, Birgit/Krüger, Heinz-Hermann (1997): Welcome to the Warehouse. Zur Ästhetik realer und medialer Räume als Repräsentation von jugendkulturellen Stilen der Gegenwart. In: Ecarius, Jutta/Löw, Martina (Hg.): Raumbildung – Bildungsräume. Über die Verräumlichung sozialer Prozesse. Opladen: Leske + Budrich, S. 147-166.

Richard, Birgit/Krüger, Heinz-Hermann (Hg.) (2010): inter-cool 3.0: Jugend, Bild, Medien. Ein Kompendium zur aktuellen Jugendkulturforschung. München: Wilhelm Fink.

Saito, Yuriko (2007): Everyday Aesthetics. New York: Oxford University Press.

Schor, Juliet B. (2004): Born to Buy: The Commercialized Child and the New Consumer Culture. New York: Scribner.

Schulze, Gerhard (1992): Die Erlebnis-Gesellschaft. Kultursoziologie der Gegenwart. Frankfurt am Main/New York: Campus.

Seel, Martin (2000): Ästhetik des Erscheinens. München u.a.: Hanser.

Seiter, Ellen (1995): Sold Separately: Children and Parents in Consumer Culture. New Brunswick: Rutgers University Press.

Steinberger, Petra (2013): „Ich. Will. Rosa. Gender-Marketing für Kinder". In: Süddeutsche Zeitung Online, 19. Oktober 2013.

Stöckmann, Ernst (2009): Anthropologische Ästhetik. Philosophie, Psychologie und ästhetische Theorie der Emotionen im Diskurs der Aufklärung. Tübingen: Max Niemeyer.

Swain, Jon (2003): Needing to be „in the know": Strategies of subordination used by 10-11-year-old schoolboys. In: International Journal of Inclusive Education, Jg. 7, Heft 4, S. 305-324.

Tervooren, Anja (2006): Im Spielraum von Geschlecht und Begehren. Ethnographie der ausgehenden Kindheit. Weinheim/München: Juventa.

Thomas, Peter M./Calmbach, Marc (2012): Jugendliche Lebenswelten. Perspektiven für Politik, Pädagogik und Gesellschaft. Heidelberg: Springer Spektrum.

Thorne, Barrie (1993): Gender Play: Girls and Boys in School. New Brunswick: Rutgers University Press.

Thornhill, Randy (2003): Darwinian aesthetics informs traditional aesthetics. In: Voland, Eckart/Grammer, Karl (Hg.): Evolutionary Aesthetics. Berlin u.a.: Springer, S. 9-35.

Thornton, Sarah (1997): The social logic of subcultural capital. In: Gelder, Ken/Thornton, Sarah (Hg.): The Subcultures Reader. London/New York: Routledge, S. 200-211.

Weber-Kellermann, Ingeborg (1979): Die Kindheit. Eine Kulturgeschichte. Frankfurt am Main: Insel.

Weber-Kellermann, Ingeborg (1985): Der Kinder neue Kleider. 200 Jahre deutscher Kindermoden in ihrer sozialen Zeichensetzung. Frankfurt am Main: Suhrkamp.

Weis, Diana (Hg.) (2012): Cool aussehen. Mode & Jugendkulturen. Berlin: Archiv der Jugendkulturen.

Welsch, Wolfgang (1993): Ästhetisierungsprozesse. Phänomene, Unterscheidungen, Perspektiven. In: Deutsche Zeitschrift für Philosophie, Jg. 41, Heft 1, S. 7-29.

Willis, Paul (1977): Learning to Labour: How Working Class Kids Get Working Class Jobs. Farnborough: Saxon House.

Dinge, Konsum, Geschmack

Das Verschwinden der Blockflöte

Zum Wandel ästhetischer Präferenzen und Praktiken

HEINZ HENGST

„FRAU ROSE   Deine Buben sind bemerkenswert musikalisch, Johann Wilhelm.
Sie spielen sehr begabt Blockflöte. Spielt eurem Papi zum
Abschied etwas vor, Buben.

DIE BUBEN   Jawohl, Mami.

Adolf-Friedrich öffnet die Mappe, verteilt die Blockflöten.

FRAU ROSE   Nimm Platz, Johann Wilhelmlein.

*Möbius nimmt am runden Tisch Platz. Frau Rose und Missionar Rose setzen sich aufs Sofa.
Die Buben stellen sich in der Mitte des Salons auf.*

JÖRG-LUKAS   Etwas von Buxtehude

ADOLF-FRIEDRICH   Eins, zwei, drei.

Die Buben spielen Blockflöte.

FRAU ROSE   Inniger, Buben, inniger.

Die Buben spielen inniger. Möbius springt auf.

MÖBIUS   Lieber nicht! Bitte, lieber nicht!

Die Buben halten verwirrt inne.

MÖBIUS   Spielt nicht weiter. Bitte... Spielt nicht weiter."

(Friedrich Dürrenmatt, *Die Physiker*)

Haben Sie schon mal von einem Tag des Klaviers, der Klarinette, der Violine,
des Cellos, der Trompete oder der Tuba gehört? Sicher nicht. Es gibt sie nicht.
Aber den Tag der Blockflöte, genauer, den „internationalen Tag der Blockflöte",
den gibt es, seit 2007. Es ist der 14. Januar. Niemand weiß so recht, wie es zu

diesem Gedenktag kam. Er firmiert im Internet unter „kuriose Feiertage", neben dem „Tag des Unkrauts". Ernstgenommen wird er vor allem von den Lobbyisten der Blockflöte. Diese bemühen sich aus verständlichen Gründen, die Blockflöte am Leben zu halten. Das ist auch nötig. Die Zahl der Blockflötenschüler (unter 18 Jahren) hat in den letzten Jahren in Deutschland drastisch abgenommen, ist seit 1995 fast halbiert worden. In der Hitliste der liebsten Instrumente deutscher Kinder sind Klavier und Geige an der Blockflöte vorbeigezogen. In Frankreich wurde die Blockflöte aus dem staatlichen Lehrplan gestrichen. Im „Streiflicht" der Süddeutschen Zeitung konnte man lesen:

„Als Nietzsche sagte, ohne Musik wäre das Leben ein Irrtum, da hat er nicht die Blockflöte gemeint. Die Blockflöte gilt gemeinhin als großer Irrtum, was damit zu tun hat, dass Generationen von Kindern gezwungen wurden, sie zu spielen. Also mit kleinen Fingern auf noch kleinere Löcher zu zielen und damit irgendwann in der Schulturnhalle vor Publikum zu stehen..." (Süddeutsche Zeitung, 27.1.2015).

Der Protagonist in Hans-Ulrich Treichels Roman *Tristanakkord* hat in der Grundschule, „wie wohl die meisten seiner Mitschüler auch, die Blockflöte weniger als Musikinstrument und mehr als Disziplinierungsinstrument erlebt".

„Blockflöte spielen, das hieß sich nachmittags bei der Lehrerin einfinden, mit sauberem Hemd, sauberen Fingern und dem festen Vorsatz, aufrecht und gerade zu sitzen. Wer nicht aufrecht sitzt, hatte die Lehrerin gesagt, der ist von vornherein für die Blockflöte verloren. [...] Blockflötenunterricht war, so die Lehrerin, ,Wegbereitung'. Der Unterricht bereite dem jungen Menschen den Weg sowohl ins Leben wie auch zu sich selbst. Und natürlich auch zur Blockflöte." (Treichel 2000: 24f.)

Die Kritik am Blockflötenunterricht ist alt. Theodor W. Adorno hat bereits 1930 in einem Brief an Ernst Krenek seinen Unmut am gemeinschaftlichen Musizieren und an der Liebe zur preiswerten, einfach zu spielenden Blockflöte zum Ausdruck gebracht und vor „Blockflötenwarten" gewarnt (Adorno 1984: 805).

Eines dürfte nach diesen Bekundungen klar sein: Wir haben es hier nicht mit einem Imagewandel bei den Kindern zu tun. Die Blockflöte war kein Element der Kultur *der* Kinder, sondern eines der Kultur *für* Kinder. Blockflöte spielen war in aller Regel Pflichtflöterei und taugte nicht als guter Einstieg in ein dauerhaftes Interesse an (eigenen) musikalischen Praktiken. Man wollte den Kindern die Flötentöne beibringen. Das Verschwinden der Blockflöte aus der Kinderkultur ist nicht damit zu erklären, dass die Kinder sie abgewählt haben. Dahinter steckt unter anderem ein zunehmendes Gespür der Erwachsenen dafür, dass die Blockflöte ein Instrument ist, das man nicht den Kindern überlassen sollte, weil es zu schwer zu handhaben ist. Jedenfalls sagt Peter Holtslag, Professor für Blockflöte an der Hamburger Musikhochschule, die Blockflöte sei eines der heikelsten Instrumente für Kinder, da die Produktion eines wirklich guten Klanges große Anforderungen an die Feinmotorik von Fingern, Zunge, Mund und Atem stelle. Reinpusten und einen Ton herausbekommen, so Holtslag, kann jeder – aber einen befriedigenden Klang zu entwickeln, ist hohe Kunst. Die Kinder, meint Holtslag, haben anspruchsvolle Ohren und reagieren sehr direkt. „Sie können nicht in Worte fassen, was ihnen nicht gefällt. Sie mögen es dann einfach nicht." (Peter Holtslag, Die Welt, 10.1.2014) Für den guten Blockflötenklang sorgen Spezialisten wie (der 2014 verstorbene) Frans Brüggen, Dorothee Oberlinger oder Michala Petri.[1]

I

Trotz dieser Einleitung: Es wird daraus kein Beitrag über Blockflöten oder Musik. Der eigentliche Titel ist auch hier (wie so oft) der Untertitel. Der Wandel, den ich thematisieren werde, ist die Integration ehemals distinkter altersspezifischer Kulturen und Ästhetiken in die globalisierte Popularkultur. Was typisch für heutige Kinder und Jugendliche ist, so meine Überzeugung, kann als solches nicht hinreichend kenntlich gemacht werden, wenn man nicht auch Veränderungen des Erwachsenseins in den Blick nimmt. Die Vernachlässigung der Frage nach Ähnlichkeiten in den Dispositionen, den Habitus und kulturellen Praktiken der Angehörigen der verschiedenen gleichzeitig lebenden Generationen läuft Gefahr, das, was bei Kindern an Denken, Fühlen und Tun beobachtet wird, als (exklusiv) Kindertypisches oder – wie die Blockflöte – nahezu exklusiv Kindern Verordnetes zu betrachten. Es gibt unter Bedingungen raschen und umfassenden kulturellen Wandels vieles, was zwar ohne Zweifel für Kinder gilt, aber auch auf Erwachsene zutrifft. Das traditionelle Differenzdenken (in Altersgruppen, Altersstufen und Generationen) ist im Zusammenhang mit Medien und neuen Technologien selbst problematisch geworden. Von Sozialwissenschaftler*innen wird unter anderem ein Wandel vom Fordismus zum Postfordismus, und damit verbunden das Ende der Stan-

---

1   Es ist vor allem der Neuen Musik zu verdanken, dass alte, teils vergessene Instrumente wieder ins Zentrum der Aufmerksamkeit gerückt sind. In der Neuen Musik geben alte Instrumente den Ton an. Zu nennen ist vor allem die Laute, aber auch eine „entstaubte" Blockflöte. Frans Brüggen, Dorothee Oberlinger und Michala Petri widmen viele ihrer Interpretationen der historisch inspirierten Aufführungspraxis, spielen aber ebenso zeitgenössische Musik. Der italienische Avantgarde-Komponist Luciano Berio hat 1966 für Frans Brüggen „Gesti", ein Stück für Altflöte, geschrieben. Das wohl populärste Blockflötenstück ist Led Zeppelins „Stairway to Heaven".

dardkindheit und der Standarderwachsenheit konstatiert. Mitgedacht wird bei den grundlegenden Veränderungen immer eine Entdifferenzierung der kulturellen Unterschiede in den Orientierungen und Praktiken der gleichzeitig lebenden Generationen: der Zeitgenossen. Ein implizites Konzept solcher Diagnosen ist „differenzielle Zeitgenossenschaft" (vgl. Hengst 2004, 2013).

Der Historiker Eric Hobsbawm notiert eine kulturelle Verjüngung, eine Universalisierung der Jugendkultur. Dieser Gedanke besagt, dass am Ende des 20. Jahrhunderts jeder in diese Jugendkultur hineinwuchs. Hobsbawm schreibt:

„Die Jugendkultur wurde zur Matrix der kulturellen Revolution im weiten Sinn einer Revolution der Verhaltensweisen und Gewohnheiten, der Freizeitgestaltung, und der kommerziellen Kunst, die immer mehr die Atmosphäre prägte, in der die städtischen Menschen lebten." (Hobsbawm 1995: 414)

Jugend wurde nicht mehr (oder nicht mehr primär) als vorbereitendes Stadium für das Erwachsensein betrachtet. Sie wurde zu einem dominierenden Faktor in den entwickelten Marktwirtschaften, und zwar deswegen, „weil jede neue Erwachsenengeneration nun als Mitglied einer selbstbewussten Jugendkultur sozialisiert war und die Merkmale dieser Erfahrung verinnerlicht hatte" (ebd.: 409f.).

Lange bevor Kinder an raffinierteren Materialien ein literarisches, musikalisches oder theatralisches Selbst entwickeln können, machen sie Bekanntschaft mit der populären Jugendkultur. Und die in allen zeitgenössischen Gesellschaften zu beobachtende Verlängerung der Jugendzeit erschwert ebenfalls ein altersspezifisches Profil kultureller Orientierungen. Die ästhetischen Vorlieben und Praktiken der Erwachsenen von heute – und damit die der Eltern und Lehrergeneration(en) – sind, so kann man sagen, insgesamt jünger geworden. Das äußert sich zum einen in einer Erweiterung der Interessen- und Aktivitätenspektren, und zum anderen im Schwinden des Gefühls, bestimmten Kunstformen verpflichtet zu sein. Es bedeutet, dass der klassische Kanon nur noch bei den ganz Alten eine (exklusive) Heimat hat.

Berechtigt ist die Frage, ob der Begriff der Jugendkultur nicht zu eng gefasst ist, falsche Assoziationen provoziert. In der einschlägigen Literatur ist von einer Popularkultur die Rede, die in Gegenwartsgesellschaften zur Basis- und Leitkultur geworden ist. Man spricht auch von einer Quasi-Kanonisierung der Popularkultur. Fakt ist, dass wir es mit einem Phänomen zu tun haben, das (wirkmächtig nicht nur in die kulturellen Orientierungen und Praktiken hineinspielt, sondern) für die Gesamtheit der Erfahrungen der Zeitgenossen von den frühesten Lebensjahren an konstitutiv ist.

II

Ich konzentriere mich hier auf die Explosion kultureller Artefakte und speziell auf den Wandel der Aisthesis in den vergangenen Jahrzehnten, auf bestimmte Transformationen der Sinnlichkeit und die Veränderung kultureller Vorlieben und Praktiken durch technologische Innovationen. Mir ist klar, dass dieser Wandel auf Entwicklungen aufbaut, die schon sehr viel früher eingesetzt haben. Wolfgang Schivelbusch (1979) verlegt den Beginn dieser Entwicklung, die er als Industrialisierung der Sinnlichkeit und des Bewusstseins beschreibt, in seiner *Geschichte der Eisenbahnreise* in die Mitte des 19. Jahrhunderts. Technische Durchbrüche von anhaltender Bedeutung waren im 20. Jahrhundert die fotografische Wiedergabe der Bewegung (Film und Fernsehen), die mechanische Schallaufzeichnung und -wiedergabe (Grammophon, Schallplatte, Tonband, Tonkassette) und die unmittelbare Übertragung von Schall und Bild über große Entfernungen (Radio und Fernsehen). Was danach passierte, ist selbstverständlich weit mehr als eine Verlängerung und technische Verbesserung dieser Durchbrüche. Und in meinem Beitrag geht es um das Neue – die Modellierung der Sinnlichkeit und des Bewusstseins durch die globale Kulturindustrie. Es erschien mir aber sinnvoll, wenigstens kurz anzumerken, welchen Herausforderungen der menschliche Wahrnehmungsapparat bereits vorher, vor allem im Lauf des 20. Jahrhunderts ausgesetzt war.

In den Sozial- und Kulturwissenschaften mehren sich Hinweise auf diese Zusammenhänge. Nicht zu übersehen ist in der einschlägigen Literatur eine verstärkte Aufmerksamkeit für die Bedeutung der Objektwelt, und damit verbunden eine veränderte Gewichtung von Rezeption und Produktion. Was den ersten Punkt betrifft: Es ist von postsozialen Beziehungen die Rede. Die zeitgenössischen Konsumformen leisten den Transfer zwischenmenschlicher Qualitäten in die Dingwelt. Und zweitens besagt eine immer häufiger anzutreffende Interpretation, dass Rezeptionsformen produktiver geworden sind. Alwin Tofflers Begriff des Prosumenten hat die Runde gemacht, ein Begriff, der für produktive Konsumtion steht und uns darauf hinweist, dass die Zwei-Welten-Lehre Arbeit – Konsum bzw. Arbeitszeit – Freizeit kaum noch zu halten ist (vgl. Toffler 1980).

Die Kultursoziologen Scott Lash und Celia Lury (2007) lehnen Termini wie Rezeption und Publikum ab, weil diese so etwas wie ein finales Stadium im Umgang mit eindeutig feststellbaren kulturellen Objekten unterstellen. Produkte, so ihre These, zirkulieren nicht mehr als identische, bereits fertige, statische Objekte, die durch die Absichten derer bestimmt sind, die sie produziert haben. Sie entziehen sich vielmehr deren Kontrolle. Sie zirkulieren, vermehren und verändern sich im Gebrauch, durch Zufälle ebenso wie durch Planung. „In changing, cultural entities themselves become reflexive in their selfmodification over a range of territories, a range of environments …" (Lash/Lury 2007: 4f.). Die englischen Autoren favorisieren den Begriff „entanglement", weil die Dinge weiterexistieren und im Gebrauch verändert werden (ebd.: 136).

Vor Scott Lash und Celia Lury hat bereits Karin Knorr Cetina (1998, 2005) auf Objekte verwiesen, die unfertig, unvollständig sind. Sie nennt sie Wissensobjekte. Es sind Dinge, die ständig in etwas anderes explodieren oder mutieren, und die ebenso durch das, was sie gegenwärtig nicht sind (aber vielleicht einmal geworden sein werden), definiert werden, wie durch das, was sie (schon) sind. Mit solchen Objekten, so Knorr Cetina, haben nicht nur Experten zu tun; sie spielen vielmehr zunehmend in den (profanen) Alltag hinein. „Wenn zum Beispiel Objekte im Alltagsbereich hochtechnisiert werden", argumentiert sie, „dann werden auch einige Merkmale, die diese Objekte in Expertenkreisen haben, in das tägliche Leben übergreifen – und eine Ware oder ein Werkzeug in einen epistemischen Alltagsgegenstand verwandeln." Die neuen Objekte, so Knorr Cetina, haben eine duale Struktur. Das heißt, sie sind zugleich Produkte, die man nutzt, und Objekte weiterer Forschung und Entwicklung: Autos, Computer, Mode, Werbung, Finanzmärkte (Knorr Cetina 2005: 588).

Knorr Cetina gibt Hinweise auf alltagsrelevante Bereiche. Der erste ist (naheliegend) die Welt der Computer, die neue Beziehungsmöglichkeiten offeriert und Objekte mit einer dualen Struktur bereitstellt. Der zweite ist der Bereich der Freizeit und des Konsums. Die duale Struktur des neuen Objekttyps rührt – vor allem in der Konsumwelt – nicht selten daher, dass Objekte aufeinander verweisen, in schier endlose Bezugsketten eingebunden sind. Die Konsumgüter, von denen wir uns die Erfüllung von Wünschen, ein erfüllteres Leben erhoffen, verweisen uns unaufhörlich auf weitere Objekte (ebd.: 585ff.). Lash und Lury betonen ebenfalls das Eingebundensein von Objekten in endlose Bezugsketten. Aber sie setzen einen anderen Akzent. Ihnen geht es vor allem um den Nachweis, dass bei der Realisierung dieser Bezugsketten materielle Dinge mediatisiert und Medienangebote materialisiert, verdinglicht, zu Dingen werden.

III

Bevor ich auf diesen Punkt genauer eingehe, möchte ich einen Forschungsansatz ins Spiel bringen, der die internationale kultursoziologische Diskussion seit Anfang der neunziger Jahre sehr stark prägt. Auch hier geht es um eine Reaktion auf die Explosion des kulturellen Angebots. Während sich Lash und Lury von der Kritischen Theorie und den (klassischen) Cultural Studies absetzen, weil beide den veränderten kulturellen Verhältnissen nicht gerecht würden, geht es im Rahmen dieses Ansatzes darum, Bourdieus Theorie der Distinktion mit den neuen sozio-kulturellen Gegebenheiten zu konfrontieren.

Der US-Soziologe Richard A. Peterson prägte 1992 den Begriff „Omnivores" für Individuen und soziale Gruppen, deren musikalischer Geschmack sich durch eine besondere Bandbreite auszeichnet, deren kultureller Konsum sowohl Produkte der „legitimen" Kultur als auch der Popularkultur umfasst. Die Gegengruppe bilden die „Univores", Einzelne und soziale Gruppen, die lediglich an einem kulturellen Genre oder einigen wenigen Genres Gefallen finden. Es kommt also zu einer Grenzziehung, so die Argumentation, die nicht mehr entlang der Pole „high" versus „low", also vertikal, verläuft, sondern einer anderen Logik folgt: Während den Angehörigen der bildungsbegünstigten Milieus die Breite des Geschmacks (Vielseitigkeit, Mobilität, Toleranz) Distinktionsgewinn verschafft, dazu dient, ihrem Status Ausdruck zu verleihen, hat die Vorliebe für nur ein bestimmtes Genre in den bildungsferneren Bevölkerungsgruppen primär identitätsstiftende Funktion. Von Bedeutung ist für sie die Abgrenzung von anderen Geschmackskulturen. Dabei spielen insbesondere horizontale Variablen wie Alter, Geschlecht, Religion und Ethnizität eine wichtige Rolle (vgl. Parzer 2011).

Konstatiert wird von Repräsentanten der Omnivore-These also vor allem ein Strategiewechsel der höheren Statusgruppen. Während kulturelle Überlegenheit lange Zeit zum Ausdruck gebracht wurde, indem man die Distanz zu popularkulturellen Formen betonte, setzen Angehörige der höheren Statusgruppen heute immer stärker auf eine Strategie, die darin besteht, Elemente der Popularkultur in den eigenen Lebensstil zu integrieren. Das ist ihre Antwort auf die Explosion des kulturellen Angebots in den letzten Jahrzehnten.

Wenn sich mit Ästhetiken überhaupt noch moralische Ansprüche verbinden lassen, dann wohl kaum mit einer, die sich auf die Überlegenheit der Hochkultur gegenüber den populären Künsten beruft. „Nicht die Nähe zur Hochkultur, sondern die Tatsache, in vielen Kulturen zu Hause zu sein, macht sie (‚die Menschen in den Zentren der Macht und an der Spitze von Unternehmen') in den Augen der Öffentlichkeit zu legitimen Inhabern ihrer ‚Ämter'." (Gebesmair 2006: 885) Der Wiener Soziologe Andreas Gebesmair sieht in dieser ostentativen Toleranz aber auch eine kulturelle Praxis, die auf subtile Art und Weise soziale Ungleichheit verschleiert. Allerdings ist er davon überzeugt, dass es trotz aller Differenzen zwischen den Lebensstilen sozialer Gruppen zunehmende Gemeinsamkeiten und Überlappungen gibt, versteht sie als „Ausdruck einer klassen- und mittlerweile auch altersübergreifenden Popularkultur", in der die sozialen Grenzen zum Verschwinden gebracht werden (ebd.). Die Kritik am Omnivore-Ansatz, auf den ich hier nicht näher eingehen werde, ist breit gefächert. Interessant ist, dass neuere Studien auf die Bedeutung des Unterschieds zwischen Geschmacks- und Partizipationsstudien hinweisen, also darauf, ob „Geschmack" oder „Partizipation" (bzw. Praktiken) in den empirischen Studien zur Omnivorousness untersucht werden (vgl. Savage/Gayo-Cal 2009).

Ein Problem teilt diese Forschungsrichtung mit der allgemeinen Soziologie. Es ist ihre Kinder- und Kindheitsvergessenheit (Hengst 2013: 16ff.). Selbst dann, wenn jemand – wie Andreas Gebesmair – ausdrücklich die altersübergreifende Reichweite der globalen zeitgenössischen Popularkultur betont, blendet er Kinder als Adressaten und Akteure aus seinen Überlegungen aus. Wenn es aber wahr ist – woran niemand ernsthaft zweifeln kann –, dass die globalisierte Popularkultur von den frühesten Lebensjahren an wirkmächtig in die kulturellen Praktiken, in die alltägliche Kulturarbeit hineinspielt, dann ist es notwendig, Veränderungen der kulturellen Interessen, Dispositionen und Praktiken auch unter Bezugnahme auf die Jüngsten zu thematisieren – allerdings historisierend, mit dem Blick auf globale Entwicklungen, und unter Berücksichtigung anderer Generationen und Altersgruppen.

IV

Ich möchte hier exemplarisch Veränderungen ansprechen, mit denen Kinder seit den siebziger Jahren (tendenziell weltweit) konfrontiert sind und sich arrangiert haben. Es geht mir darum, deutlich zu machen, dass in diesem Zeitraum nicht nur in der Jugendkultur, sondern auch in der Kinderkultur ein bemerkenswerter Umbruch stattgefunden hat. Zwar hatte dieser Umbruch, anders als die neue Jugendkultur, keinen großen bzw. unmittelbaren Einfluss auf die gesamte Kultur. Man kann allerdings einen Sleeper-Effekt konstatieren, dessen genauere Analyse noch aussteht.[2] Fest steht: das Sensorium der Kinder wurde in/seit den siebziger Jahren durch neue Technologien und Vermarktungsstrategien, auf neue Weise herausgefordert.

---

2   Henry Jenkins, ein führender Vertreter der Konvergenzthese, hat darauf hingewiesen, dass die Kriterien, an denen er Konvergenz seit den neunziger Jahren festmacht, im Bereich der kommerziellen Kinderkultur längst zu einer Selbstverständlichkeit geworden sind. Die Kinder der siebziger und achtziger Jahre sind Vorboten eines kulturellen Wandels. Jenkins diagnostiziert einen „transmedia impulse", der kein Spezifikum der Kinderkultur ist, sondern das Herzstück der Konvergenzkultur darstellt. Aber dieser transmediale Impuls hat in der Kinderkultur Mainstreamcharakter angenommen (ist dort nicht auf irgendwelche Fangruppen beschränkt). „Transmedia storytelling is perhaps at its most elaborate, so far, in children's media franchises like Pokémon or Yu-Gi-Oh!" (Jenkins 2006: 132)

Ein Blick auf die entscheidenden Veränderungen macht deutlich, in welchem Maße die Aisthesis von dem damaligen Modernisierungsschub im Medienbereich betroffen war. Bereits zu dieser Zeit wird erkennbar, was später die Konvergenztheoretiker unter den Medienwissenschaftlern betonen, dass Innovationen im Mediensektor nicht zu einer Ersetzung alter durch neue Medien, sondern zu einer Erweiterung des Medienensembles führen, die die Konturen der einzelnen Medien und den Umgang mit ihnen ins Fließen bringt. Ich spreche von einem Phänomen, das seit den späten siebziger Jahren weltweit in der Kinderkultur zu beobachten ist: die Produktion und Vermarktung von „Scripts" im Medienverbund (vgl. Hengst 1990). Es handelt sich dabei nicht zuletzt um eine Reaktion auf die Explosion des Angebots an Kulturprodukten: In der Flut von Medien, Spielwaren und Freizeitartikeln scheint nur noch das eine Zeitlang massenhaft Aufmerksamkeit erregen zu können, was durch eine multimediale Präsentation aufgewertet wird. Für die Wahl dieses Ausschnitts spricht, dass man ihm exemplarischen Charakter attestieren kann, dass Medienverbundvarianten immer wieder neu und global inszenierte Konzentrate und Kondensate der Popularkultur sind.

Ich will hier nicht näher auf die Entwicklungsgeschichte der Medienverbünde seit den späten siebziger Jahren eingehen (vgl. Hengst 1994, 2014). Nur so viel: Es handelt sich dabei nicht um einen linearen Prozess, sondern um andauernde Produktdifferenzierung und die ständige Integration neuer Medien und Technologien. Besonders zu erwähnen ist in diesem Zusammenhang selbstverständlich das Internet. Es ist seit vielen Jahren eine der wichtigsten Größen in allen Medienverbünden. Für jeden populären Text, jedes Artefakt, jedes bekannte Magazin, jede Medienfigur existieren zum Teil aufwendig produzierte kommerzielle Websites. Dazu kommen Amateur-Websites, die oft von Kindern selbst betrieben werden, und deren Betreiber nicht selten anderen Kindern Ratschläge geben. Im Zusammenhang mit dem Medienverbund beschränke ich mich in diesem Beitrag auf ein paar Anmerkungen zu Veränderungen, die ich als „ludisch-narrative Fusionen" kennzeichnen möchte. Beim Zustandekommen dieser Fusionen spielt die technische Dimension eine entscheidende Rolle; denn eine wichtige Weichenstellung für den Wandel des Narrativen, den ich skizzieren möchte, war die Neugestaltung der Medienlandschaft in den siebziger und achtziger Jahren. Sie führte zu einer Vermehrung der narrativen Quellen, der Erzählmaschinen, nicht zuletzt via Medienverbund. Der Typus Medienverbund, der sich in diesem Zeitraum etabliert, ist eine Inszenierung für das gesamte menschliche Sensorium. Sie wäre ohne Innovationen auf der Materialseite, ohne neue Medien-Apparate, nicht möglich gewesen. Kassettenrecorder, Walkmen, Videospiele und Computer veränderten den Umgang mit den media mixes unter anderem dadurch, dass sie die Kontrollmöglichkeiten ihrer Adressaten, der Kinder, erweiterten. Die neu konfigurierte Medienlandschaft, das zeichnete sich sehr schnell ab, lässt sich mit den alten, textfixierten Modellen nicht mehr angemessen interpretieren. Geschichten, die im Medienverbund zirkulieren, sprechen nicht nur sämtliche Sinne und Wahrnehmungskanäle an. Der Umgang mit ihnen wird darüber hinaus auch immer (inter)aktiver. Ihre lebensgeschichtlich ersten Erfahrungen mit Geschichten machen die meisten Kinder nicht mehr (oder nicht mehr nur) mit den traditionellen Erzählquellen.

Das Ausmaß der Veränderungen in der Welt der Narrative wird besonders deutlich, wenn man den Formen der Integration von Spielzeugen in den Medienverbund Beachtung schenkt. Hier ist der Punkt erreicht, an dem die Aussagekraft von Begriffen wie Medienverbund, Medienmix und (selbst) Konvergenz an Grenzen stößt; denn mit den Spielzeugen treten dreidimensionale Artefakte, physische Objekte, auf den Plan, für die in den textfixierten Mediendiskursen kein Platz ist. Notwendig erscheint mir eine Erweiterung der Konvergenzthese, die betont, dass man nicht bei der Koexistenz alter und neuer, analoger und digitaler Medien in kulturellen Praktiken stehen bleiben darf, sondern immer auch mögliche Konvergenzen mit nichtmedialen Objekten und Aktivitäten im Blick haben muss (vgl. Hengst 2013).

In der Kindermedienkultur ist eine besondere Spielart erweiterter Konvergenz zu beobachten. Dan Fleming hat (1996) deren Essentials besonders überzeugend herausgearbeitet. Er spricht vom toyetischen, vom Spielzeugcharakter narrativer Medienproduktionen und – im Kontext des multimedialen Marketings – von einer gleichzeitigen „narrativisation" von Spielzeugen. Toyetisch sind Filme, die so konzipiert sind, dass sie Kinder zur spielerischen Inszenierung unter Einsatz von viel Spielzeug einladen. Das ist die eine Seite der Konvergenzbewegung, die andere besteht darin, dass die „toyification" von Filmen, Fernsehserien, Comics und Büchern mit einer nachhaltigen Veränderung der Spielzeuge korreliert: Fernsehserien und Kinofilme statten Spielzeuge mit Scripts (mit Geschichten) aus. Sie geben ihnen ein narratives Umfeld. Scott Lash und Celia Lury (2007) konstatieren ganz auf der Linie dieser dualen Konvergenzbewegung, aber ohne jede Bezugnahme auf die kommerzielle Kinderkultur, die „mediation of things" und die „thingification of media" als ein Charakteristikum der globalen Kulturindustrie. „In global culture industry, what were previously media become things. But also, what were things become media." (Lash/Lury 2007: 8) Norbert Bolz (2002) merkt an, dass die Leute Geschichten nicht mehr nur in Büchern und Filmen suchen, sondern vor allem in Konsumgütern, denen „story value" zuwächst. Er meint, dass sich um sie die Zukunft des Konsums drehe.

Ich habe angemerkt, dass die hier sehr knapp skizzierten Entwicklungen mit Veränderungen auf der Subjektseite korrespondieren. Wenn Film und Fernsehen toyetisch werden und den Spielzeugen eine narrative Komponente implantiert wird, dann verändert sich vor allem die Position derer, die in diese Welt hineingeboren werden. Ihre „Antworten" auf die medialen Angebote lassen sich mit den alten Rezeptions- und Nutzungsbegriffen nicht mehr überzeugend fassen. Die Zuschauer sind nicht mehr nur Zuschauer, die Spieler nicht mehr nur Spieler im herkömmlichen Sinn. Sie arbeiten an einer Balance zwischen Spielen und Medienrezeption im traditionellen Verständnis. Nicht abwegig ist unter solchen Bedingungen die These, dass es die Spieler sind, die die Zuschauer, Leser und Zuhörer am Leben halten, und nicht umgekehrt.[3]

V

Die aufgezeigten Entwicklungen sind nicht als plane Homogenisierung zu verstehen. Allerdings denke ich schon, dass sie eine (unverzichtbare) Basisannahme für die Diskussion über kulturelle Ähnlichkeiten und Unterschiede in Gegenwartsgesellschaften liefern. Die globalisierte zeitgenössische Popularkultur bietet über Einkommens-, Bildungs-, Alters- und Klassenschranken hinweg eine Plattform für die Teilnahme am kulturellen Leben. Asymmetrien, Disparitäten, Ungleichheiten und Marginalisierungstendenzen können heute nur unter Berücksichtigung dieser neuen Basis bestimmt werden.

Die bisherigen Überlegungen sollten gezeigt haben, dass Kinder nicht nur (weiterhin) Vorboten des Wandels unserer kulturellen Einstellungen, Orientie-

---

3   Im Prolog zum *Transmedia Manifest. The future of storytelling* von 2011 heißt es: „The art of storytelling has always been subject to change. Through the process of digitalization and the accompanying media convergence, we're now on the verge of a quantum leap. We are no longer viewers, listeners, readers, users, or players. Today we are 'experiencers', whose roles and behaviours change based on how we use and approach media." (www.transmedia-manifest.com) In seinem Beitrag zu einem Sammelband über *Expanded narration. Das neue Erzählen* schreibt Michel Reilhac, Exekutivdirektor von ARTE France Cinema: „Die Game-Kultur ist die maßgebliche Kultur. Sämtliche jungen Erwachsenen, die heute in ein aktives gesellschaftliches Leben treten, sind mit Spielen auf elektronischen Geräten jedweder Art aufgewachsen. Spielen ist zu einem Standard geworden. Es wird heute nicht mehr als eine Sache von Kindern angesehen. Die Spielkultur dringt in alles, was wir machen, ein. Alle Aspekte unseres Lebens haben irgendwie mit Spielen zu tun. Spielen ist also etwas, das anzuwenden die Geschichtenerzähler lernen müssen. Die Spiele selbst werden mehr und mehr mit dem Geschichtenerzählen im Hinterkopf konzipiert. Die Spieleunternehmen beschäftigen Drehbuchautoren, um neuen Spielen, die mehr und mehr von Charakteren leben, Tiefe in der Komplexität und der Emotionalität zu geben." (Reilhac 2013: 330f.)

rungen und Praktiken sind. Es sollte darüber hinaus deutlich geworden sein, dass ihre Vorsprünge – vergleicht man sie mit der Generation ihrer Eltern und Lehrer – nicht (mehr) allzu groß sind. Heute noch von Generationskluft (generation gap) zu sprechen, ist problematisch. Die Vierzigjährigen sind zwar keine „digital natives", doch sie sind auch keine „digital migrants". Viele von ihnen haben sich mit den neuen Technologien und der globalisierten Popularkultur arrangiert. Beide sind feste Bestandteile ihrer Interessen und Alltagspraktiken. Zur Charakterisierung der gegenwärtigen und der sich abzeichnenden Situation dürfte sich (deshalb) der Begriff „participation gap" besser eignen als das Label „digital divide".

Gravierendere als generationale Unterschiede konstatieren sowohl Vertreter aus dem Omnivorousness-Lager als auch Vertreter der zeitgenössischen Kinderkulturforschung. Ich habe Andreas Gebesmair erwähnt, demzufolge die ostentative Toleranz gegenüber popularkulturellen Orientierungen und Praktiken (auf subtile Art) dazu beiträgt, soziale Ungleichheiten zu verschleiern. Barry Thorne (2008), die sich mit den jüngsten Entwicklungen in der globalisierten Kinderkultur beschäftigt, beobachtet auch dort eine Verschleierungstendenz. Einerseits, so ihre Argumentation, fungiert die expandierte kommerzielle Kultur, in die die Kinder von heute eingebunden sind, wie eine globale Lingua franca. Darunter versteht sie eine Konfiguration aus „forms of knowledge, fantasy, and skills (such as video games playing) that kids carry across national and linguistic boundaries" (ebd.: 86). Andererseits trägt, Thorne zufolge, gerade die weite Verbreitung kommerzieller Produkte (Kleidung, Rucksäcke, Spielzeuge) dazu bei, Klassenunterschiede zu verschleiern. Fakt ist, dass sich parallel zur wachsenden Kommodifizierung und zur globalen Verbreitung der Popularkultur in den letzten Jahrzehnten die Beziehung zwischen Haushalten, Märkten und dem Staat vielfach gravierend verändert hat. Einkommensbasierte Ungleichheiten haben sich verstärkt und verfestigt. Die Wohlhabenderen arrangieren für ihre Kinder via Markt kulturelle Angebote und Bildungskontexte, die den Ärmeren verschlossen bleiben.

Ich will auf die weltweit wachsende Kluft zwischen Arm und Reich hier nicht näher eingehen, sondern ein Rahmenkonzept ins Spiel bringen, das vielleicht zu einer differenzierenden Lesart von Omnivorousness beitragen kann. In Analogie zu Basil Bernsteins Vorstellung von den zwei soziolinguistischen Codes kann man von zwei kulturellen Codes sprechen. Die Kinder aus den begüterteren und bildungsnäheren Schichten wachsen mit beiden Codes auf und verfügen sehr bald über die Fähigkeit des Code-Switching. Omnivores wären dann kulturelle Code-switchers, und Univores wären die, die nur einen Code beherrschen. Eine solche Interpretation von Omnivorousness bedeutet allerdings nicht, dass die, die sie praktizieren, Aktivitäten im Bereich der Hochkultur nachgehen. Omnivorousness steht zunächst einmal – und vor allem – für eine kulturelle Mobilität, die aus der Partizipation an heterogenen sozialen und kulturellen Settings resultiert.

In einer niederländischen Studie zum Thema Omnivorousness gibt es einige Hinweise darauf, wie man hochkulturelle Elemente diskutieren könnte. Die Studie – das ist eine ausgesprochene Rarität in der Jugendkulturforschung – fragt nicht nur nach dem Umgang Jugendlicher mit populärer Musik, sondern auch nach ihrem Verhältnis zur klassischen. Die Arbeit vermittelt unter anderem eine Idee davon, wie musikalische Vorlieben und Praktiken mit Peergroup-Beziehungen, Freundschaften, Schulbesuch und elterlichen kulturellen Praktiken interagieren. Ein interessantes, wenn auch nicht wirklich überraschendes Ergebnis der Studie liegt in der Erkenntnis, dass die wichtigste Einflußgröße, wenn Jugendliche hochkulturell aktiv sind, die Partizipation der Eltern an der Hochkultur ist. Die Autoren halten ausdrücklich fest: „Aside from parents' cultural participation, parents' education has no direct effect on students' culture: the entire effect of social background is mediated by parents' cultural participation" (Nagel/Ganzeboom/Matthijs 2011: 435f.).

Als Ergänzung dieses Befundes kann man Beobachtungen der dänischen Psychologin Jytte Bang (2014) lesen. Bang hat eine kleine Studie publiziert, die zeigt, dass bei der Erforschung hochkultureller Präferenzen und Praktiken von Kindern das Neben- und Gegeneinander von intergenerationalen Ähnlichkeiten und intragenerationalen Unterschieden ein wichtiges Untersuchungsfeld sein dürfte (ebd.: 189ff.).

VI

Abschließend möchte ich noch einmal betonen, dass es mir in diesem Beitrag vor allem darum ging, wenn schon nicht das Ende, so doch eine Tendenz der Marginalisierung der bloßen Rezeption zu skizzieren. Für diese Sichtweise findet man bei Scott Lash/Celia Lury, Karin Knorr Cetina, Dan Fleming und Henry Jenkins – mit unterschiedlichen Akzentsetzungen – diskutable Hinweise und Argumente. Die skizzierte Entwicklung kommt (selbstverständlich) auch im Umgang mit hochkulturellen Elementen und Praktiken zum Ausdruck. Ich belasse es hier bei einer Anmerkung zur Musik. Folgt man Heiner Klug, so entsteht gegenwärtig eine autonome bzw. autodidaktische Musik(lern)welt, in der, wenn auch langsam, eine Laien- oder Subkultur mit Unterstützung der Medien eine neue Grundlage für virtuoses und professionelles Musizieren schafft, während die traditionelle Musikausbildung ihr Monopol verliert, weil dieses auf „schriftlicher Codierung" basiert (Klug 2001: 196). Der Musikwissenschaftler Klug propagiert die „Führungsrolle der Klanglichkeit" in der Instrumentalpädagogik. „Inzwischen bieten neue Medien, die den Umgang mit musikalischer Komplexität erstmals mit dem direkten Zugriff auf klangliche Strukturen verbinden, zukunftsweisende Perspektiven." (Ebd.: 110) Wichtig ist Klug unter anderem die Aufhebung der strikten Trennung von Übung und Ausübung/Aufführung, die für die traditionelle Musikausbildung seit dem 19. Jahrhundert – nicht nur im Blockflötenunterricht – charakteristisch war. Zum einen vernachlässigt diese Trennung den Wandel der Aisthesis in den letzten Jahrzehnten, zum anderen die neuen Möglichkeiten, die die heutigen Medien für eine weniger asketische, selbstbestimmtere Musik(lern)kultur eröffnen.

LITERATUR

Adorno, Theodor W. (1984): Musikpädagogische Musik. Brief an Ernst Krenek. In: Ders.: Gesammelte Schriften, Band 18: Musikalische Schriften V. Frankfurt am Main: Suhrkamp, S. 805-814. [Orig. 1930].

Bang, Jytte (2014): The meaning of musical instruments and music technologies in children's lives. In: Schachtner, Christina (Hg.): Kinder und Dinge. Dingwelten zwischen Kinderzimmer und FabLabs. Bielefeld: transcript, S. 175-197.

Bolz, Norbert (2002): Das konsumistische Manifest. München: Wilhelm Fink.

Fleming, Dan (1996): Powerplay: Toys as Popular Culture. Manchester/New York: Manchester University Press.

Gebesmair, Andreas (2006): Von der „Kultur für alle" zur „Allesfresser"-Kultur – Unintendierte Folgen der Kulturpolitik. In: Rehberg, Karl-Siegbert (Hg.): Soziale Ungleichheit, Kulturelle Unterschiede. Verhandlungen des 32. Kongresses der Deutschen Gesellschaft für Soziologie, Band 2. Frankfurt am Main/New York: Campus, S. 882-897.

Hengst, Heinz (1990): Szenenwechsel – Die Scripts der Medienindustrien in der Kinderkultur. In: Charlton, Michael/Bachmair, Ben (Hg.): Medienkommunikation im Alltag. Interpretative Studien zum Medienhandeln von Kindern und Jugendlichen. München u.a.: K.G. Saur, S. 191-209.

Hengst, Heinz (1994): Der Medienverbund in der Kinderkultur. Ensembles, Erfahrungen und Resistenzen im Mediengebrauch. In: Hiegemann, Susanne/Swoboda, Wolfgang H. (Hg.): Handbuch der Medienpädagogik. Opladen: Leske + Budrich, S. 240-254.

Hengst, Heinz (2004): Differenzielle Zeitgenossenschaft. In: Geulen, Dieter/Veith, Hermann (Hg.): Sozialisationstheorie interdisziplinär. Stuttgart: Lucius & Lucius, S. 273-291.

Hengst, Heinz (2013): Kindheit im 21. Jahrhundert. Differenzielle Zeitgenossenschaft. Weinheim/Basel: Beltz Juventa.

Hengst, Heinz (2014): Am Anfang war die Biene Maja. Medienverbund und Japanisierung der kommerziellen Kultur. In: Weiss, Harald (Hg.): 100 Jahre Biene Maja – Vom Kinderbuch zum Kassenschlager. Heidelberg: Universitätsverlag Winter, S. 143-165.

Hobsbawm, Eric (1995): Das Zeitalter der Extreme. Weltgeschichte des 20. Jahrhunderts. München: Carl Hanser.

Jenkins, Henry (2006): Convergence Culture: Where Old and New Media Collide. New York/London: New York University Press.

Johnson, Steven (2005): Everything Bad is Good for You: How Popular Culture is Making Us Smarter. London: Penguin Books.

Klug, Heiner (2001): Musizieren zwischen Virtuosität und Virtualität. Praxis, Vermittlung und Theorie des Klavierspiels in der Medienperspektive. Essen: Die Blaue Eule.

Knorr Cetina, Karin (1998): Sozialität mit Objekten. Soziale Beziehungen in posttraditionalen Wissensgesellschaften. In: Rammert, Werner (Hg.): Technik und Sozialtheorie. Frankfurt am Main/New York: Campus, S. 83-120.

Knorr Cetina, Karin (2005): Postsocial. In: Ritzer, Georg (Hg.): Encyclopedia of Social Theory, Band 2. Thousand Oaks/London/New Delhi: Sage, S. 585-590.

Lash, Scott/Lury, Celia (2007): Global Culture Industry: The Mediation of Things. Cambridge/Malden: Polity Press.

Nagel, Ineke/Ganzeboom, Harry B.G./Kalmijn, Matthijs (2011): Bourdieu in the network: The influence of high and popular culture on network formation in secondary school. In: Kölner Zeitschrift für Soziologie und Sozialpsychologie, Jg. 63, Heft 4, S. 424-446.

Parzer, Michael (2011): Der gute Musikgeschmack. Zur sozialen Praxis ästhetischer Bewertung in der Popularkultur. Frankfurt am Main u.a.: Peter Lang.

Peterson, Richard A. (1992): Understanding audience segmentation: From elite and mass to omnivore and univore. In: Poetics, Jg. 21, Heft 4, S. 243-258.

Reilhac, Michel (2013): Einen Gang hochschalten. Wo stehen wir hinsichtlich des aktuellen Aufkommens des interaktiven Geschichtenerzählens? In: Kracke, Bernd/Riess, Marc (Hg.): Expanded Narration. Das neue Erzählen. Bielefeld: transcript, S. 325-339.

Savage, Mike/Gayo-Cal, Modesto (2009): Against the omnivore: assemblages of contemporary musical taste in the United Kingdom. CRESC Working Paper Series, Working Paper No. 72. Manchester: Centre for Research on Socio-Cultural Change.

Schivelbusch, Wolfgang (1979): Die Geschichte der Eisenbahnreise. Zur Industrialisierung von Raum und Zeit im 19. Jahrhundert. Frankfurt/Berlin/Wien: Ullstein.

Thorne, Barry (2008): "The Chinese Girls" and "The Pokémon Kids": Children Negotiating Differences in Urban California. In: Cole, Jennifer/Durham, Deborah (Hg.): Figuring the Future: Globalization and the Temporalities of Children and Youth. Santa Fe: School for Advanced Research Press, S. 257-292.

Toffler, Alvin (1980): Die dritte Welle. München: Goldmann.

Treichel, Hans-Ulrich (2000): Tristanakkord. Frankfurt am Main: Suhrkamp.

Kindergeschmack
Überlegungen zu Ästhetik und Bildung in der Kindheit

BURKHARD FUHS

> „Nur in der Gesellschaft wird es interessant, Geschmack zu haben"
> *Immanuel Kant, Kritik der Urteilskraft §2 (1790)*

Das Thema „Ästhetik und Kindheit" ist ein schwieriges Thema, weil über Ästhetik zum einen in unterschiedlichen Disziplinen wie Philosophie, Kunstwissenschaften, Kulturwissenschaft, Medienwissenschaften und Soziologie gerungen und gestritten wurde und wird. „Ästhetik und Kindheit" wird darüber hinaus aber auch deshalb zu einem problematischen Gegenstand, weil seit Kant ein logisches Erkenntnisvermögen strikt vom subjektiven Geschmacksurteil getrennt wird. Mithin sind Kinder, die von Erwachsenen in der Regel als Subjekte mit erst wenig rationaler Verstandeskraft imaginiert werden (vgl. Hülst 2012: 55), auf dem Gebiet der Ästhetik und des Geschmacks stets in Gefahr, hinsichtlich ihrer Urteilsfähigkeit abgewertet zu werden. In meinem Beitrag möchte ich mich in diesem thematischen Rahmen auf Geschmacksfragen konzentrieren.

Unter Geschmack – dies vorweg – soll in einem weiten Sinn ein ästhetisches Urteil verstanden werden, das eng mit dem Habitus verbunden ist (vgl. Bourdieu 1984). Geschmack verweist demnach auf die soziale Herkunft, auf milieuspezifische Präferenzen, und hat sich tief in die Lebensführung einer Person, in ihre Gewohnheiten (habits) und ästhetischen Wahrnehmungsmuster eingeschrieben. Geschmack unterliegt aber auch einem historischen Wandel – wie auch das Reden und das (philosophische, soziologische, psychologische) Nachdenken darüber (Frackowiak 1994). Der Geschmack wird somit zwischen dem ästhetischen Ausdruck sozialer Zugehörigkeit, an dem sich (mittels Distinktion) auch gesellschaftliche Ungleichheit abzeichnet, und individuellen sinnlichen Wahrnehmungserlebnissen und -erfahrungen verortet. Der Begriff des Geschmacks fragt nach den Vorlieben von Menschen bei der Wahl von Gütern, nicht nur im Sinn hochkultureller Angebote (Museen, Konzerte, Literatur, etc.), sondern auch hinsichtlich der Wahl von Alltagsgütern und der Gestaltung der alltäglichen Lebenswelt und Lebensweise. Geschmack als ästhetisches Urteil ist somit eine grundlegende Kategorie von Gesellschaft (Gadamer 1990: 41).

Für die weiteren Überlegungen wird in Bezug auf die Kindheitsforschung im Anschluss an Gerd Schäfer (2011) ein weiter, offener Ästhetikbegriff zugrunde gelegt (vgl. Fuhs/Naumann/Schneider 2010), der in Anknüpfung an das griechische Wort *aisthēsis* prinzipiell alles das bezeichnet, „was mit der sinnlichen Wahrnehmung zu tun hat". Ästhetik als „Aisthetik", verstanden im Sinne eines komplexen Wahrnehmungsprozesses, „ist ein Phänomen, das unsere ganzen Wahrnehmungs- und Gestaltungsformen durchzieht. Aisthetik ist die Ordnung der Wirklichkeit mit sinnlichen Mitteln. Damit ist es auch ein Phänomen, welches uns vom Beginn unseres Lebens an begleitet." (Schäfer 2011: 135)

In der Kindheit kommt der ästhetischen Wahrnehmung der sinnlich erfahrbaren Welt von Geburt an zentrale Bedeutsamkeit zu. Sie ist die Form, mit der Menschen und vor allem Kinder sich ein erstes Bild von der Welt machen. Ästhetische Erfahrungen verbinden immer Gefühl mit Verstand. Sie sind laut Schäfer körperliche, sinnliche, szenische und bildhafte Erfahrungen, die die Welt ordnen und verstehbar machen: „Aisthetische Erfahrung ist der Ausgangspunkt aller Erfahrung, die man neu macht" (ebd.: 145). Ästhetische Weltkonstruktionen stehen damit nicht als subjektives Gefühlsurteil im Gegensatz zum rationalen Denken, sondern bilden als Form „ästhetischen Denkens" dessen Grundlagen (ebd.: 156f.). Sie sind auch nicht rein subjektive Wahrnehmungen eines Individuums, sondern spiegeln kulturelle Prozesse und Muster. Ästhetische Erfahrungen sind stets in die sozialen Beziehungen eingebunden und werden in kommunikativen Prozessen zur Sprache gebracht. Für die ästhetischen Erfahrungen von Kindern spielen in diesem Kontext auch die Gleichaltrigenbeziehungen eine große Rolle.

Der an Schäfer angelehnte weite Ästhetikbegriff rückt die sinnliche Ordnung der Welt in den Mittelpunkt. „Ästhetische Kinderkultur" lässt sich in diesem Sinn eng mit dem Begriff der „ästhetischen Erfahrung" in Verbindung bringen. Gundel Mattenklott (2004: 11ff.) hat darauf hingewiesen, dass der Begriff der ästhetischen Erfahrung insbesondere für die Kindheit seit langem kontrovers diskutiert wird. Dabei wird vielfach auf John Deweys (1988) Ästhetikverständnis Bezug genommen. Für Theorien ästhetischer Bildung ist hier vor allem Deweys Konzept der Gewohnheit gewinnbringend. Gewohnheit (habit) als Grundlage des Wandels von Kultur (Buchner-Fuhs 2013: 536) wird von Dewey als eingeübte Muster des Handelns und Denkens verstanden, mit denen das alltägliche Leben bewältigt wird. Dewey betont allerdings auch, dass die ästhetische Erfahrung, wenn sie nicht nur als „ein kaltes und farbloses Wiedererkennen dessen, was bereits vorhanden ist" (Dewey 1995: 61) vorgestellt werden soll, „liebevoll" sein und „ein Element der Leidenschaft" (ebd.: 63) innehaben muss, um eine lebendige Wahrnehmung der Welt zu ermöglichen: „Es ist jedoch das Schicksal eines jeden Lebewesens, daß es das, was ihm angehört, in einer Welt, die es nicht in ihrer Ganzheit besitzt und auf die es keinen natürlichen Anspruch hat, nicht ohne Abenteuer gewinnen kann" (ebd.: 73). Jenseits dieses elementaren Ringens um die Bedeutung und Ordnung der Welt und ein Im-Leben-sein, lässt sich auf einer grundlegenden pädagogischen Ebene mit Dewey festhalten: Je mehr „habits" (Gewohnheiten) sich ein Kind angeeignet hat, desto besser kann es mit „fremden" und neuen Herausforderungen umgehen. Dabei kommt in der ästhetischen Erfahrung der Verbindung von Altem und Neuem, wie sie in der Intuition und der Inspiration gegenwärtig ist (ebd.: 312f.), für die Reorganisation des Bewusstseins im Strom der Erfahrungen eine ganz besondere Rolle zu. Gewohnheiten bilden sich seit der Geburt heraus und haben sowohl einen öffnendem wie auch einen schließenden Charakter.

„Gerade im Hinblick auf den Einfluss der Globalisierung und auf die Vielgestaltigkeit der Bildwelten erscheint heute eine ästhetische Offenheit von großer Bedeutung für die Bewältigung von Entwicklungs- und Lebensaufgaben. Es zeigt sich, dass die Globalisierung auch als eine Herausforderung an Ästhetik und ästhetisches Lernen zu begreifen ist" (Fuhs/ Naumann/Schneider 2010: 112).

Während die ästhetische Bildung als pädagogische Aufgabe in die Bildungspläne Einzug gehalten hat (Duncker u.a. 2010), wird die Frage nach dem „Geschmack der Kinder" (der Wahl und dem ästhetischen Urteilen von Kindern) bisher nicht hinreichend in das Blickfeld der Beschäftigung mit Kindheit gerückt. Die folgenden Überlegungen stellen eine vorsichtige Annäherung an das Thema dar und untersuchen, wie über Kindergeschmack nachgedacht wird. Dabei werden vor allem ausgewählte wissenschaftliche Zugänge betrachtet, in denen Geschmack eine Rolle spielt, und es wird herausgearbeitet, inwiefern die jeweiligen Geschmacksvorlieben in generationale Ordnungen eingebettet sind.

KINDERGESCHMACK ALS PROBLEM DER KINDHEITSWISSENSCHAFTEN

Der Geschmack von Kindern könnte (und müsste) ein zentraler Bereich der Erziehungs- und Bildungsdiskussion sein und sollte das Bild von Kindheit in der Diskussion grundlegend mitbestimmen. Doch die Frage, welchen Stellenwert der Geschmack von Kindern für die Kindheitsforschung haben könnte, spielt transdisziplinär kaum eine Rolle und wird nicht in der erforderlichen Weise reflektiert. Damit ist die Kindheitsforschung in Gefahr, den Geschmack von Kindern auf die Erwachsenenkultur in ihrer jeweiligen sozialen Herkunft zu reduzieren und eine nur eingeschränkte Sicht auf den Geschmack von Kindern zu entwickeln oder den eigenen Geschmack von Kindern gänzlich auszublenden. Unklar bleibt etwa, ob der Geschmack von Kindern einer eigenen Logik folgt. So gibt es deutliche Hinweise darauf, dass in der Lebenswelt von Kindern unterschiedliche soziokulturelle Logiken in die einzelnen Praxisfelder der Geschmackskultur von Kindern eingeschrieben sind, die sich nicht allein aus dem Erwachsenengeschmack ableiten lassen (dies wird in Konfliktbereichen von Erwachsenen mit Kindern, wie dem Medienkonsum, dem Essen oder der Kleidung, besonders sichtbar). Geschmack ist zumindest implizit stets Gegenstand von Bildung und Erziehung und damit Teil einer Differenz von Erwachsenen und Kindern, die durch Lernen „beherrscht" und im Sinne der Erwachsenen überwunden werden soll, wobei das Gewicht der familialen und schulischen Erziehung in unterschiedlichen Kulturen deutlich variiert (Bourdieu 1984: 18).

Die dem Geschmack zugemessene Bedeutung ist je nach gesellschaftlicher Anerkennung der kulturellen Praxen unterschiedlich, wobei nach Bourdieu ein enger Zusammenhang zwischen sozialer Herkunft und entsprechenden Positionierungen mittels des Geschmacks besteht (ebd.). Je unbedeutender eine Geschmackswahl für die Anzeige sozialer Positionierungen ist, so könnte umgekehrt angenommen werden, desto mehr individuelle Freiräume kommen den Akteuren zu. Hier bietet sich im Anschluss an Bourdieu für eine Perspektive auf Kindheit die These an, dass Kinder vor allem in den kulturellen Bereichen „frei" wählen können, die aus Sicht der Erwachsenen nicht positionierungsrelevant sind: Je irrelevanter ein kinderkulturelles Phänomen für die soziale Ordnung der Erwachsenen ist, desto weniger intervenieren sie demnach in die Geschmacksentscheidungen von Kindern, desto weniger nehmen sie allerdings auch die jeweilige kinderkulturelle Praxis wahr.

Sozialwissenschaftliche Zugänge

In der Kindheitssoziologie wird über das theoretische Konstrukt der „Kinder als Akteure" (Hungerland 2008: 84) die Perspektive von Kindern thematisiert. Eine Auseinandersetzung mit dem Geschmack von Kindern, ihren Vorlieben und Wahlentscheidungen, findet allerdings so gut wie nicht statt. Dass Kinder als Akteure gesehen werden, die ihre Kindheit in ihrem eigenständigen Handeln mit herstellen (im Kontext gesellschaftlicher, generationaler Bedingungen), ist zu einer Grundannahme der Kindheitsforschung geworden (Hengst/Kelle 2003: 9; Honig 2009). Dass der Akteursstatus in den letzten Jahren unter dem Begriff ‚agency' zunehmend kritisch diskutiert wurde, zeigt an, dass bei diesem Zugang zu Kindheit die

Gefahr „naturalistischer" Akteurskonzepte besteht, in denen die Grenzen der kindlichen Handlungsmöglichen aus dem Blick verloren werden und ein Akteursstatus als selbstverständlich gegeben vorausgesetzt wird. In der soziologischen Kindheitsforschung wurde in den 1990er-Jahren die Eigenständigkeit der Kinder (als soziale Gruppe) fast schwärmerisch ausformuliert:

„Die Familie hat ihr Monopol auf Umweltvermittlung verloren [...]. Die Autoritätsstruktur zwischen Eltern und Kindern hat sich nivelliert. [...] Der traditionell ‚Eigenwelt' genannte Erlebnis- und Handlungsraum von Kindern [...] verliert nicht nur in den urbanen Zentren, sondern auch auf dem Lande weitgehend [seine] territoriale Bindung [...]. Medienprodukte können Bedeutung als Materialien gewinnen, mittels deren in der Gleichaltrigenkultur kommuniziert, Gefühle artikuliert, Identitäten formuliert und Entwicklungsaufgaben bearbeitet werden. Markt und Medien werden so zu Szenen eines Wechselspiels von kulturindustrieller Steuerung und ‚Sozialisation in eigener Regie'. [...] Als Akteure nehmen Kinder ihre Lebensführung selbst in die Hand." (Honig 1999: 158f.)

Kinder werden hier als Menschen in ihrer eigenen sozialen Logik gesehen, die sich und ihre Lebenswelt innerhalb und im Wechselspiel mit der Konsum- und Mediengesellschaft selbst formen und gestalten. Während die Konsumindustrie und die populäre Massenmedienkultur in den 1980er-Jahren noch als eine Form der Entfremdung kritisch gesehen wurde (vgl. Bauer/Hengst 1980), werden heute die Warenwelt, Konsum und digitale Massenmedienkultur von Teilen der sozialwissenschaftlichen Kindheitsforschung eher positiv als Bereich der Emanzipation von Kindern aus generationalen Abhängigkeitsverhältnissen und als Form der Partizipation der Kinder (im Sinne einer consumer citizenship) als benachteiligte soziale Gruppe an der heutigen Gesellschaft gewertet (vgl. Hengst 2003).

„Kommerzialisierung ist in einem solchen Verständnis nicht nur keine Ausbeutung, sondern – ganz im Gegenteil – ein Befreiungsakt. Kinder erscheinen in diesem Diskurs als die letzte soziale Gruppe, der das Recht zugestanden wird, selbst zu entscheiden, was sie erfahren und wissen möchten." (Hengst 2013: 67)

Diese Wendung des Akteursstatus als kindliche Selbstständigkeit und kindlicher Eigensinn wird vor allem als Gegenwehr gegen Formen einer „Pädagogisierung" von Kindheit (Honig 1999: 85) verständlich. Sie ist in scharfer Abgrenzung zur psychologischen Entwicklungsforschung und zu den erziehungswissenschaftlichen Sozialisationstheorien formuliert worden (Honig 2009: 40).

Der Blick auf „Kinder als Akteure" richtete sich in der sozialwissenschaftlichen Kindheitsforschung nicht auf Fragen kindlicher Geschmacksurteile, sondern auf das Handlungskonzept „kindlicher Interessen". Diese wurden vornehmlich im isolierten Bereich der Freizeitaktivitäten untersucht (vgl. etwa Büchner/Fuhs 1994)

– einem Bereich, der von den Kindern stärker selbst gestaltet wurde als andere Lebensbereiche wie Familie und Schule. Dabei wurde davon ausgegangen, dass Kinder ihre Leben nicht mehr nach festen traditionellen Mustern entwerfen, sondern „ihren Alltag selbst aktiv gestalten, indem sie kulturelle Praxiselemente aus einer (unübersichtlichen) Fülle von Optionen auswählen und zu einer für sie selbst möglichst zufriedenstellenden Lebensform verbinden" (ebd.: 66). Dass Kinder Aktivitäten in ihrer „freien" Zeit nach subjektiver Zufriedenheit auswählen, könnte eigentlich hinsichtlich einer „Geschmackskultur", der ästhetischen Erfahrungen und einer ästhetischen „Ordnung der Welt" weiterverfolgt werden, doch dieser Weg wurde nicht eingeschlagen. Vielmehr wurden einzelnen Aktivitäten „handlungsorientiert" als Auflistung von Freizeitinteressen der Kinder untersucht (vgl. etwa die KIM-Studien) – und nicht als ästhetische Entscheidungen, die Wahlentscheidungen als Teil unterschiedlicher Geschmacksprofile von unterschiedlichen Kinderkulturen verstehbar machen würden.

Der Begriff des Interesses ist in diesem Zusammenhang nicht unproblematisch. Er lässt sich disziplinär zwischen Psychologie und Soziologie verorten – als „längerfristige und relativ stabile Beziehungen zu Objekten" einerseits (Oerter/ Montada 1995: 773) sowie als „Absichten und Ziele [...], deren Verwirklichung für eine Person oder Personengruppe nützlich und vorteilhaft sind" andererseits (Fuchs u.a. 1988: 356). Wenn es um Interessen geht, sind allerdings nicht alle Geschmacksurteile von Kindern in gleicher Weise forschungsrelevant: Der Begriff des Interesses funktioniert wie ein Filter im Sinn einer Vorauswahl der Relevanz des zu untersuchenden Handelns von Kindern. Ihr Geschmack ist nur dann auch relevant, wenn er mit längerfristigen und stabilen Verhaltensformen verknüpft ist (wie z.B. im Hinblick auf regelmäßige Freizeitaktivitäten).

Nicht nur in der Kindheitsforschung dient der Interessenbegriff zur Aus- und Eingrenzung bestimmte Geschmackskulturen in der Kindheit. Auch in den Diskussionen um die Familienerziehung kommt der Definition und der Bewertung von Kinderinteressen aus Erwachsensicht eine zentrale Bedeutung zu. So ermöglicht der Begriff, die subjektiven Befindlichkeiten von Kindern von „objektiven Interessen" zu unterscheiden, die von Erwachsenen zum Wohl der Kinder definiert werden können – etwa im Sinne einer Bildungsrelevanz. Während kindliche Präferenzen in der Freizeit eher akzeptiert werden, wie etwa beim Spielen (im Rahmen der normativen Erziehungsvorstellungen der Erwachsenen), sind kindliche Präferenzen, die für den Lebensweg der Kinder, den zukünftigen Status, ihr generelles Wohlergehen oder ihre Gesundheit als problematisch gelten, oder auch Präferenzen, die im Widerspruch zu den Kindheitsvorstellungen der Erwachsenen stehen, für Kinder nicht oder nur über Konflikte durchsetzbar. Diese erhalten dann auch nur wenig Beachtung hinsichtlich ihres vermeintlichen Akteursstatus.

Festzuhalten bleibt: Auch wenn die Gestaltung „freier" Zeit an Bedeutung für kindliche Bildungsprozesse gewonnen hat, werden hier die Interessenbekundungen und die Wahlentscheidungen von Kindern vor allem auf einem „Nebenschauplatz" der Bildungskämpfe untersucht und öffentlich diskutiert. In ihrer Zeitstudie betont etwa Laura Wehr die zeitlichen Hierarchien im Kinderalltag:

„Insgesamt lässt sich feststellen, dass die meisten Eltern ihren Kindern bei der Wahl ihrer Hobbys weitgehend freie Hand lassen und deren Teilhabe an institutionalisierten Freizeitangeboten in hohem Maße unterstützen." (Wehr 2009: 137)

In anderen Lebensbereichen, die stärker von Erwachsenen geplant und kontrolliert werden, und die von Erwachsenen als relevant für die Erfolgschancen von Kindern in ihrem zukünftigen Leben angesehen werden (wie die Nutzung von Neuen Medien, Pünktlichkeit und Disziplin in Hinsicht auf Schule und Lernen, Nach-Hause-Kommen, Anwesenheit in der Familie, Zu-Bett-gehen, Hausaufgaben erledigen) ist das Zeitregime der Erwachsenen deutlich rigider. Den Kindern bleiben dann für eigene Gestaltungsmöglichkeiten nur „Mikrofreiheitsräume" und kleine Fluchten im Alltag, wie das Lesen eines Buchs zwischen Heimkehr und Essenszeit (ebd.: 215) – ein Ausweichen in kleine Zwischenräume, die schon Hartmut und Helga Zeiher (1994) beschrieben haben. „Freie Zeit" von Kindern, darauf hat auch Heike Elskemper-Mader (1992) bereits aufmerksam gemacht, steht immer in einem Spannungsverhältnis zur schulischen Lernzeit.

„Gerade die Zunahme von organisierten Freizeitaktivitäten und vor allem der übermäßige Medienkonsum wirken sich nach Meinung zahlreicher PädagogInnen negativ aus und verhindern u.a. den Erfolg schulischer Unterrichtsbemühungen." (Ebd.: 220)

In der Kindheitsforschung wie der alltäglichen familialen Erziehungspraxis werden hinsichtlich der Wahrnehmung von Kindheit deutliche Ambivalenzen und Widersprüche sichtbar: Die Kinderperspektive zu berücksichtigen scheint einerseits seit den 1990er-Jahren fast selbstverständlich. Aber die Erhebung von „Befindlichkeiten der Kinder", die sich durch die Forschungen zieht, bedeutet nicht unbedingt, dass Kinder jederzeit ernst genommen würden. Die Kinderperspektive kann vielmehr auch für weitergehende Ziele der Erwachsenen instrumentalisiert werden:

„Bei genügend großer Zahl von Befragten und Beachtung sozialer Differenzierungen kann daraus [aus den Befindlichkeiten der Kinder; BF] ein mehr oder weniger ungeschminktes Abbild des Alltags der Kinder im Kontext von Familie, Kindergarten/Schule und Freizeit entstehen." (Deutsches Jugendinstitut 1992, Vorwort Wilhelmi)

Es wundert daher nicht, dass die Perspektiven der Kinder in quantitativen Maßstäben auf das für die Erwachsenen Wesentliche reduziert werden, etwa der (ex-
zessive) Medienkonsum, die (mangelhafte) Bewegungskultur, das (gesundheits-
schädigende) Essverhalten oder das (süchtig machende) Computerspielverhalten.

Dabei wird der Geschmack von Kindern empirisch besonders auch in solchen
Bereichen erhoben, die für wirtschaftliche Branchen markt- und werberelevant
sind (vgl. die Studie „Kinderwelten 2015" von SuperRTL). So heißt es auf der
Homepage des Fernsehsenders SuperRTL unter der Rubrik „Für Werbekunden"
in der Onlinedarstellung zur Fachtagung „Kinderwelten 2015":

> „Mit der frühen Markenbindung bei Kindern beschäftigte sich Dr. Uwe Lebok von K&A
> BrandResearch. Unter dem Titel ‚Freunde fürs Leben' zeigt er, wie Marken von Kindern
> schon ganz selbstverständlich über die Jugendzeit bis ins Erwachsenenalter mitgenommen
> werden und wie dieser Prozess unterstützt werden kann" (www.kinderwelten.tv, Abruf am
> 01.03.2015).

In der öffentlichen Auseinandersetzung um Kindheit lassen sich deutliche Widersprüche zwischen der (theoretischen und kindheitspolitischen) Proklamierung einer
eigensinnigen Kinderperspektive einerseits und der gesellschaftlichen Bedingtheit
einer Kindheitspraxis andererseits ausmachen, die als funktions- und interessen-
geleitetes Machtverhältnis zwischen den Generationen beschrieben werden kann.
Dies bedeutet für die sozialwissenschaftlich orientierte Kindheitswissenschaft, dass
der eigene theoretische Anspruch und gesellschaftliche Erwartungen auseinander-
fallen: Während es konzeptuell um eine „Entpädagogisierung" der generationalen
Ordnungen, um eine Emanzipation der „Kinder als kompetente soziale Akteure"
und als Forschungsperspektive darum geht, „Praktiken der Unterscheidung zwischen Kindern und Erwachsenen" zu untersuchen (Honig 2009: 50f.), relativiert
eine „angewandte Kindheitswissenschaft" diese Perspektive zugunsten der Hand-
lungsoptionen professioneller Pädagog*innen in institutionellen Settings. So gehe
es im Studiengang „Angewandte Kindheitswissenschaften" darum, „Bedingungen
von Kindern in deren Interesse zu gestalten" (Luber/Hungerland 2008: 62).

An einem Studienbeispiel aus diesem Kontext kann diese Perspektive veran-
schaulicht werden: In einer Kindertagesstätte geht es um ein dreijähriges Kind,
das sein Mittagessen nicht isst. Es wird ein Konflikt zwischen der Erzieherin und
dem Kind deutlich. Die Erzieherin definiert die Situation als Trotz und hat Sorge,
dass sich die Situation negativ auf das reguläre Setting auswirkt: Wenn die Kinder nicht zum Essen gezwungen werden, „dann isst bald keiner mehr das, was es
gibt" (ebd.). Im Studium sollen die Studierenden nun lernen, die Perspektive der
Kinder in den Prozess mit einzubeziehen (warum isst das Kind nicht: hat es keinen
Hunger, eine Allergie, Ekel oder andere Vorlieben?), um den Konflikt und die

Äußerungen des Kindes zum Ausgangspunkt für Veränderungen ihrer professionellen Praxis zu nehmen. Im Studienbeispiel wird ein Machtkampf durchgespielt, der weiterhin um die Norm zentriert ist, dass sich eine „gute Erzieherin" durchsetzen können muss. Die Durchsetzungsfähigkeit als professionelles Qualifikationsmerkmal und die Erwartungen von Eltern und Kolleg*innen setzen der Möglichkeit des Nachgebens und der Partizipation der Kinder enge Grenzen (ebd.: 64f.): „Die Frage ist jeweils, ob es sinnvoll bzw. notwendig ist, das Kind zum Essen zu zwingen" (ebd.: 63).

Während der theoretische Hintergrund eng an die Prämissen der Soziologie der Kindheit angeschlossen ist und traditionell ausagierte Machtverhältnisse sowie die Konstruktion von Kindern als „abhängige Menschen" hinterfragt werden, zeigen die Praxisbeispiele nichtsdestotrotz die nun lediglich „sanfter" praktizierten Machtverhältnisse in pädagogischen Institutionen auf. Dieser Widerspruch zwischen abstrakter Theorieperspektive aus der Soziologie der Kindheit einerseits und den Erfordernissen einer pädagogischen Praxis andererseits, die an eine generationale Machtordnung gebundenen bleibt, kann als ein zentrales Konstruktionsmerkmal der heutigen Kindheitssicht angesehen werden.

Deutlich wird diese Ambivalenz an vielen Stellen. Ein kleines Kuriosum soll an dieser Stelle exemplarisch noch erwähnt werden. Während Michael-Sebastian Honig seinen *Entwurf einer Theorie der Kindheit* (1999) als Auflösung traditioneller Kindheitskonstrukte entwirft, ist auf dem Einbandumschlag eine Zeichnung von Pablo Picasso zu sehen: Ein blinder Mann steht nackt vor einem nackten Mädchen und fasst es am Kopf an, während das Mädchen zu ihm aufblickt. Diese – durchaus problematische – Darstellung, deren kunsthistorische und erotische Implikationen an dieser Stelle nicht diskutiert werden können und sollen (vgl. Schultheiss 2012; Rauterberg 2013), verweist auf eine Generationen- und Geschlechterordnung zurück, von der sich das sozialwissenschaftliche Programm der Kindheitsforschung abgrenzt.

Deutlich werden sollte jedenfalls, dass die Perspektive der Kinder in der sozialwissenschaftlichen Kindheitsforschung nur eingeschränkt in den Blick genommen und wiederkehrend zugunsten „erwachsener Logiken" relativiert wird. Gänzlich ausgeblendet bleiben psychologische Aspekte des Geschmacks, die allerdings in biografischer Sicht und für das Verständnis individueller Präferenzen zentral sind. Als nächstes soll auf die Frage eingegangen werden, wie der kindliche Geschmack aus psychologischer Sicht untersucht wird.

Anmerkungen zu entwicklungspsychologischen Zugängen

Geschmack als umfassendes soziokulturelles Muster ist in allen Teilen der Lebenswelt präsent und strukturiert auch die Lebensführung von Kindern grundlegend.

Der Beginn der Geschmacksbildung liegt zunächst in der Ernährung und der Lebensmittelwahl. Das wissenschaftliche Wissen über den Geschmack von Kindern ist indes eher spärlich. Im einschlägigen Lehrbuch *Entwicklungspsychologie* von Rolf Oerter und Leo Montada ist die Geschmacksentwicklung erst in den letzten Jahren überhaupt zu einem eigenständigen Thema geworden. Noch in der dritten Auflage von 1995 kommen Stichworte wie „Geschmack", „Geruchssinn" oder „Vorlieben" von Kindern im Sachregister nicht vor. Immerhin heißt es im Kapitel zur Verhaltensausstattung, dass „bei Neugeborenen offenbar der Geschmacks- und der Geruchssinn" besonders „gut ausgebildet" seien (Oerter/Montada 1995: 184). Auch hätten Studien gezeigt, dass Neugeborene „süßen Geschmack" mögen, und dass der süße Geschmack – wie das Saugen generell – beruhigend auf Säuglinge wirkt (ebd.: 189). In der sechsten Auflage von 2008 finden sich dreizehn Jahre später die Stichworte „Geschmack" und „Geschmackssinn". Zum Geschmackssinn heißt es etwa:

„Besonders gut ausgebildet sind der Geschmacks- und der Geruchssinn. Neugeborene unterscheiden zumindest die Grundgeschmacksrichtungen und präferieren Süßes vor Salzigem oder Saurem [...]. Nach wenigen Tagen können Babys ihre Mutter am Geruch wiedererkennen." (Oerter/Montada 2008: 167)

Das Lehrbuch macht auch darauf aufmerksam, dass Riechen und Schmecken bei der Frage, was Kleinkinder von der Welt wahrnehmen, vergessen würden (ebd.: 414). Im Wesentlichen seien der Geruchssinn und der Geschmackssinn schon bei der Geburt angelegt, wobei sich der Geschmack in den ersten Monaten deutlich verändere:

„So akzeptieren und mögen Säuglinge mit vier Monaten salzigen Geschmack, den sie wenig früher noch verabscheut haben. [...] Spätere Geschmacksvorlieben sind allem Anschein nach durch frühe Erfahrungen mit bedingt und damit modifizierbar." (Ebd.: 415)

Auch wenn die Erkenntnisse der Entwicklungspsychologie auf den ersten Blick aus der neutralen Erforschung von Geschmacksrezeptoren resultieren, scheint hier ein implizierter Bezug zu alltagstheoretischen Diskursen und Problemlagen in der Gesellschaft (wie etwa dem Süßigkeitenkonsum) durch. Unser Geschmack hinsichtlich des Nahrungsangebots gründet in der frühesten Kindheit – darin besteht seitens der Forschenden kein Zweifel –, ist aber nicht unabänderlich festgelegt, sondern veränderbar. Daraus folgt, dass Lernprozesse in der frühen Kindheit auf dem Gebiet der Geschmackspräferenzen ins Pädagogisch-Instrumentelle gewendet werden können: Die frühen Geschmacksvorlieben, besonders das Süße (Zucker), das in der Pädagogik schon seit langem in der Kritik steht (vgl. Speichert 1982), erscheinen in der psychologischen Grundlagenforschung nicht als zwingend festgelegte Vorliebe, die im gesellschaftlichen Überfluss zu Fehlverhalten beim Essen, schlechten Zähnen, Übergewicht, Diabetes und „süßer Sucht" führen. Geschmack wird vielmehr pädagogisch an Fragen der Geschmacksbildung als Gesundheitserziehung anschließbar.

Pädagogische Popularisierung psychologischer Erkenntnisse

Während soziologische Diskussionen kaum in die alltägliche Geschmacksbildung Eingang finden, können in vielen Bereichen der alltäglichen Lebenswelt Einflüsse psychologischer Erkenntnisse vorgefunden werden, in popularisierter Form etwa auch in der Lebensmittelwerbung: Der Nestlé-Konzern betont auf seiner Werbe-/ Ratgeberseite *babyservice.de* z.B., dass bereits im Mutterleib und im Säuglingsalter Chancen auf eine bewusste Geschmacksbildung bestehen und wirkt in seiner Außendarstellung entsprechend darauf hin, die eigenen Industrieangebote mit einem Gesundheitsimage und positiven (nicht zuletzt distinktiven) Vorstellungen einer Bildung des Geschmacks zu verbinden.

„Wie entwickelt sich der Geschmackssinn? Im Grunde so, wie alles andere auch: durch Übung. Für Ihr Baby ist anfangs jede Speise neu, es muss sie kennenlernen und sich daran gewöhnen. Der Geschmack Ihres Babys entwickelt sich. Es heißt, dass Säuglinge lieber Süßes als Salziges mögen, dass über den Geschmack bereits im Bauch der Mutter entschieden wird, dass sich die Geschmackssinne mit Einführung der Beikost schulen lassen. Wie aber entwickelt sich Ihr Kleines nach und nach zum Feinschmecker? [...] Aber auch wenn das Baby mit einem festgelegten Geschmack geboren wird, ist immer noch alles offen. Seine Vorlieben und seine Abneigungen entwickeln sich, während es essen lernt. [...] Warum aber sollten Sie sich so viel Mühe mit der Geschmacksentwicklung machen? Ist es nicht so, dass das irgendwann von ganz alleine kommt? Ja, vielleicht. Aber je eher Sie damit anfangen, desto leichter machen Sie es sich. Denn aus Ihrem Baby wird ein Mensch, der sich leicht anpasst, und kein mäkeliges Kind, das immer nur im Essen herumstochert und nach Pommes verlangt. Ihr kleines Leckermäulchen wächst zu einem wahren Feinschmecker heran! Also, auf zu neuen Eindrücken – Sie werden sehen, es ist wirklich spannend!" (Nestlé, www.babyservice.de; Abruf am 17.02.2016)

In diesem Zitat werden einige grundlegende Themen der pädagogischen Auseinandersetzung mit dem Geschmack der Kinder angesprochen: Kinder haben einen Geschmack, der von dem der Erwachsenen abweicht; sie sollen einen erwünschten Geschmack von ihnen lernen, und dieser Prozess macht Mühe, ist schwer, braucht Übung und Gewöhnung. Als Ziel dieser Geschmackspädagogik wird der „Feinschmecker", der „sich leicht anpasst" angegeben. Als Gefahrenszenario wird im Gegenhorizont ein „mäkeliges Kind" entworfen, das keinen Appetit auf ein

„Feinschmecker"-Angebot hat, sondern „nur im Essen herumstochert und nach Pommes verlangt".

Der Eigensinn der Kinder liegt hinsichtlich ihrer Geschmackspräferenzen aus dieser Perspektive im angeborenen Grundgeschmack (zunächst süß) begründet, der sozusagen schon mit der Muttermilch in eine kulturelle Geschmacksbildung mündet, durch die der kindliche Geschmack kultiviert und in ein soziales Milieu eingewöhnt wird, wobei der eigene Wahlprozess im Produktangebot individualisierter Konsumkulturen konflikthaft verläuft und bei mangelnder Steuerung scheitern und auf einem (sozial) „niedrigen" Niveau stehen bleiben kann. Und obwohl Erwachsene (besonders Männer) in der Regel nicht die Prinzipien einer als gesund geltenden Feinschmeckerkultur umsetzen (zu viel Fett, Fleisch und Salz; sie sind tendenziell zu dick, haben zu wenig Ernährungswissen, zu wenig Kochkompetenz; vgl. Nationale Verzehrsstudie 2008), schauen Erwachsene auf die Kinder-Esskultur und auf den Kindergeschmack sehr kritisch und sehen sich als Eltern vielfach in der pädagogischen Pflicht.

„In der Familie lernen Kinder das Essen. Dabei entwickeln sie ihren Geschmackssinn, ihre Gewohnheiten, Vorlieben und Abneigungen. Besser: sie werden entwickelt – und zwar von den Eltern." (Cramm 2013: 8).

Hier wird, nebenbei bemerkt, aus ernährungswissenschaftlicher Sicht eine Grundannahme der Sozialisationsforschung übergangen, nämlich die eines produktiv realitätsverarbeitenden Subjekts (Hurrelmann 1983). Damit wird auch die soziale Position der Kinder im Verhältnis zu ihren Fürsorgepersonen abgewertet.

Da populäre Erziehungsideen von zeitgemäßen wissenschaftlichen Erziehungsdiskursen abweichen, stellt sich nun die Frage, wie in der Erziehungswissenschaft mit der Frage des Kindergeschmacks umgegangen wird.

Geschmackserziehung, ästhetische Bildung und Jugendschutz

Am Beispiel der Ernährung wurde deutlich, dass die Erziehungswissenschaft keineswegs in allen Bereichen, die die kindliche Erziehung zum Geschmack betreffen, überhaupt gefragt ist bzw. sich als Wissenschaft zuständig fühlt. Die soeben zitierte Dagmar von Cramm, Ernährungswissenschaftlerin, Kochbuchautorin und Mitglied im Präsidium der Deutschen Gesellschaft für Ernährung, bringt in einer Publikation der Stiftung Warentest den Prozess der Geschmackssozialisation auf den Nenner, dass Kinder sich geschmacklich nicht primär selbst entwickeln, sondern von ihren Eltern entwickelt werden. Der Geschmack der Kinder ist für die Autorin vor allem eine Frage der richtigen Geschmackserziehung: Es seien besonders die sogenannten „Kinderlebensmittel" („Zucker, Limo, Eistee, Pommes,

Burger, Gummibärchen, Chips, Pizza, Würstchen, Hähnchennuggets, Pudding, Kekse"), die ernährungswissenschaftlich problematisch sind (Cramm 2013: 21). Die Autorin gibt Eltern zwar den Rat, ihre Kinder in die Planung des Familienessens mit einzubeziehen, aber auf die Frage wer bestimmt, was es letztlich zu essen gibt, heißt es:

„Alle – aber wer kocht, ist Chef! [...] Gehen Sie nicht auf ‚Spaghetti, Pommes und sonst nichts‘ ein. Berücksichtigen Sie die gesunden Vorlieben Ihrer Kinder etwas häufiger im Speiseplan und kochen Sie ansonsten ruhig auch, was Ihnen selbst schmeckt." (Ebd.: 26)

Hier wird ein partnerschaftliches Modell der Erziehung in der Familie unter der Flagge der Gesundheit der Kinder dann außer Kraft gesetzt. Die Kinder werden scheinbar beteiligt, aber (mit Tricks und auch mit elterlicher Autorität) sollen die Erwachsenen das durchsetzen, was von der Ernährungswissenschaft und von der Pädiatrie als gesunder Geschmack für Kinder definiert wurde.

Ein Grundproblem dieser Art von Intervention ist allerdings der mangelnde Erfolg der vorgeschlagenen Maßnahmen. Solange das „richtige" (d.h. naturwissenschaftlich als „richtig" konstruierte) Ernährungsverhalten nicht als Bildungsprozess angesehen wird, der von allen Akteuren getragen wird, und setzt die Erziehung der Übergewichtigen als „Problemgruppe" nicht an der jeweiligen Familienkultur an, scheitern die „richtigen" Programme am „falschen" Alltag der anvisierten Zielgruppe. Pädagogisch sinnvoller wäre es, von den Zielen der jeweiligen Familienmitglieder auszugehen und deren Biografie und Lebenswelt in den Mittelpunkt zu stellen, anstatt sie als Störfaktor auszugrenzen.

Im gesellschaftlichen Diskurs über Fehlernährung und in der Interventionspraxis gibt es zurzeit keine dezidiert erziehungswissenschaftliche Position, da wir es mit einem Therapie- und nicht mit einem Bildungsbedarf zu tun hätten. Dementsprechend bleiben pädagogische Perspektiven auf Präventionsprogramme in schulischen und außerschulischen Kontexten verwiesen, die vom theoretischen und praktischen Ansatz bisher eher der Werbebranche als der Erziehungswissenschaft zugeordnet werden können. Eine solche Unterordnung der Erziehungswissenschaft unter andere Wissenschaftsdisziplinen, die geltende Normen für einem Bereich definieren, findet sich in verschiedenen Bereichen. Während etwa im Bereich der Behandlung von kindlicher Adipositas die Abnehmprogramme auf medizinisch-psychologische Maßnahmen setzen, werden diese von der Pädagogik nur begleitet. Die Erziehungswissenschaft erscheint dort, wo es um die Gesundheit geht, als eine betreuende, unterstützende Randdisziplin und trägt dabei weitgehend die Schleppe der dominierenden Naturwissenschaften. In das Zentrum pädagogischer Ernährungsbildung ist in den letzten Jahren vor allem die Prävention gerückt (vgl. Zwick/Deuschle/Renn 2011).

Neben diesem Diskurs zu Ernährung, Körper und Gesundheit lassen sich noch zwei weitere Bereiche aufweisen, in denen der Geschmack von Kindern für die Pädagogik als relevant erscheint. Da ist erstens der Jugendschutz, etwa im Bereich der Medien. Zielperspektive pädagogischer Arbeit ist diesbezüglich die Medienkompetenz geworden, die schon in der Frühpädagogik ansetzt – als Herausbildung von Kompetenz in den Dimensionen Medienkritik, Medienkunde, Mediennutzung und Mediengestaltung, wie von Dieter Baacke entworfen (Knauf 2010: 30). Medienkompetenz dient hier vor allem als Schutz vor den Gefahren der Medienwelt. Die Ziele zum Beispiel der frühen Medienbildung sind dementsprechend mit Begriffen wie Kenntnisse, Erfahrungen, Reflexion, Verarbeitung, „Absicht der Medien erkennen" und „Nutzung der Medien für eigene Anliegen" zu umschreiben (Fthenakis 2009: 19). Abgesehen von Ansätzen der Medienaneignung wird hier also vor allem eine rationale Immunisierung von Kindern angestrebt, nicht primär eine Geschmacksbildung.

Der Kindergeschmack wird in diesem Kontext eher als Problem gesehen. Die Entwicklung der Medien wurde im 19. und vor allem im 20. Jahrhundert von einer „Schmutz- und Schunddebatte" begleitet, die alle neuen Medien (Groschenhefte, Kino, Fernsehen, Comics, Internet) mit einer grundlegenden Kulturkritik überzogen hat und auch die Entwicklung einer kindlichen Massen- und Populärkultur unter den Generalverdacht der Schädlichkeit für Kinder gestellt hat (Fuhs 2011; Maase 2012). Dass vor allem die Bereiche von Erwachsenen als schädlich kritisiert werden, in denen Kinder einen eigenen Geschmack entwickelt haben, zeigt, dass nicht die Kritik an Medien insgesamt das Thema der Debatte ist, sondern ein von den Erwachsenen wahrgenommen Kontrollverlust im Bereich der Kinderkultur. Während Medienangebote als positiv gesehen werden, die von Erwachsenen für Kinder ausgesucht werden, stehen Medienangebote, die von Kindern selbst ausgewählt werden, generell im Verdacht potenziell schädlich zu sein. Kinder wählen, so die latente Furcht, wenn sie frei wählen dürfen, das Falsche: zu viel Zucker und Fett, schlechte Literatur, Computerspiele, die dumm und süchtig machen.

Der zweite Bereich, in dem der Kindergeschmack in der Pädagogik relevant gemacht wird, ist die ästhetische Bildung (Fuhs/Naumann/Schneider 2010). Hier ist vor allem die Frage der Partizipation von Kindern an Kunst und (Hoch-)Kultur in der heutigen Gesellschaft bedeutsam (vgl. Gaedtke-Eckardt 2011). Ästhetische Prozesse, die von Kindern gestaltet werden, können als Form der Aneignung und Erschließung von Welt verstanden werden (Duncker u.a. 2010: 133). Dabei werden drei pädagogische Aspekte mit der ästhetischen Bildungsarbeit verbunden: „sich mit dem Vorgefundenen auseinandersetzen", „in die Welt ästhetisch handelnd eingreifen" und „sich von der Welt ein Bild machen" (ebd.: 135).

Auf den Feldern der Kunst und Musik scheint – anders als in den Bereichen der Medien und der Gesundheit – neben den Prozessen der ästhetischen (Kunst-) Normierung eher Raum für Kinder zu sein, einen eigenen Geschmack auszubilden. Aber der Geschmack von Kindern bleibt auch hier nur Ausgangspunkt für Prozesse, die vornehmlich von Erwachsenen gesteuert und evaluierend gerahmt werden. Die Position der Kinder ist auch hier stets in der Gefahr, abgewertet zu werden, weil sie erst allmählich vom „Lustprinzip in das Realitätsprinzip" (Müller 2004: 70) übergehen, „nicht auf dem Niveau ästhetischer Reflexion" agieren (ebd.: 73) und sich ihre Fähigkeit, verfestigte kulturelle Formen zu „verflüssigen", noch nicht herausgebildet hat (ebd.: 70). Kinder werden hier also auf einer Stufe der ästhetischen Erfahrung verortet, die niedriger als die der (besonders auch hochkulturell gebildeten) Erwachsenen angesehen wird.

Damit wird ein grundsätzliches Problem in den Beziehungen der Generationen deutlich: Wenn es in „der Kunst" darum geht, festgefahrene Weltsichten für neue Erfahrungen zu öffnen, sind es nicht die Kinder, die aufgrund ihrer möglicherweise niedrigen Reflexionsmöglichkeiten sozusagen „ein Problem" haben, sondern die Erwachsenen, deren Wahrnehmung so verfestigt ist, dass sie sehr intensive ästhetische Erfahrungen benötigen, um neue Sichtweisen, Erlebnisse und Erfahrungen in der Welt zu machen. Während Kinder erst eine kognitive „Weltordnung" aufbauen und noch offen sind für alternative ästhetische Wahrnehmungen, sind Erwachsene deutlich stärker durch verfestigte Gewohnheiten gegenüber neuen Erfahrungen begrenzt.

DER GESCHMACK VON KINDERN: ÜBERLEGUNGEN ZUR ÄSTHETISCHEN BEDEUTUNG VON KINDERKULTUR

Ein Blick auf den Umgang mit dem Geschmack von Kindern zeigt, dass die Untersuchung der Ästhetik in der Kindheit und der pädagogische Umgang mit dem kindlichen Geschmack von den Interessen Erwachsener bestimmt werden. In den Wissenschaftsdisziplinen lässt sich eine doppelte Strategie in der Beschäftigung mit Ästhetik finden: Kindergeschmack ist einerseits Teil der Kinderkultur, die in kritischen Analysen als ein soziales, politisches, kindheitstheoretisches und methodisches Forschungsfeld gesehen wird, das gesellschaftstheoretisch (etwa als generationale Machtordnung oder auch im Sinn der UN-Kinderkonvention als sozialstrukturelle Ungleichheit) problematisiert wird. Andererseits werden in der jeweiligen Forschung stets auch „Erwachseneninteressen" verfolgt, und Kindheit wird segmentiert und eingebettet in den jeweiligen wissenschaftsdisziplinären Logiken, denen sich die Forschenden verpflichtet fühlen, konstruiert.

Vordergründig ist es eine Selbstverständlichkeit, dass Soziologen, Psychologen, Ethnologen, Ernährungswissenschaftler, Musik- oder Kunstwissenschaftler vom jeweiligen Standpunkt ihrer eigenen Wissenschaftsdisziplin ausgehen. Harte Abgrenzungen zu konkurrierenden Perspektiven im Bereich der wissenschaftlichen Bestimmung von Kindheit, wie sie etwa in der soziologischen Kindheitsforschung vorkommen (vgl. Hengst/Zeiher 2005; Honig 2009), sind aber ein Indiz dafür, dass in der Forschung neben der Abhandlung eines Kindheitsthemas immer auch die Verortung der eigenen Position in der Herkunftsdisziplin dominant ist. In den Konstruktionen des Kindergeschmacks durch Erwachsene wird (wieder einmal) deutlich, dass eine übergreifende Kindheitsforschung, wie sie in den 1980er-Jahren in Gang gekommen war, im Streit der Disziplinen und im Beharren unterschiedlicher Wissenschaftstraditionen untergegangen ist, und die Chance auf einen transdisziplinären Blick, der soziologische, entwicklungspsychologische, biografische, historische oder sozialisationstheoretische Perspektiven zu einer „neuen Kinderforschung" bündeln könnte, vertan wurde.

Aus pädagogischer Sicht scheint es, dass der Geschmack von Kindern vorrangig in zweierlei Hinsichten in der Erziehungs- und Bildungswelt der Erwachsenen Relevanz erhält. Erstens wird Geschmack normativ als ein Ziel von Bildung und Erziehung gesehen – als etwas, dass Kinder in Familie, Kindergarten und Schule erlernen sollen. Zweitens erscheint der ihnen eigene Geschmack aus Kinder- und Jugendschutzsicht als etwas Problematisches, das zu Gefährdungen von Kindern führt. Worin aber – dies zum Schluss in wenigen Strichen – könnte sonst eine Bedeutsamkeit des kindlichen Geschmacks aus kindheitstheoretischer Sicht liegen?

1. Geschmack als biografischer Anker

Geschmackserfahrungen, die Menschen in der Kindheit machen, sind bedeutsam für das gesamte Leben. Im Geschmack als soziale Einschätzung ästhetischer Erfahrungen, liegen wichtige Erinnerungen an frühe (positive wie negative) biografische Erfahrungen. Geschmackserinnerungen sind dabei zumeist mit komplexen Situationen verbunden, so etwa, wenn eine Großmutter zum Geburtstag stets einen bestimmten Kuchen gebacken hat, wenn jemand als Kind in der Familie eine bestimmte Musik zu Weihnachten gehört oder mit anderen Kindern zusammen eine bestimmte Fernsehsendung gesehen hat. Wenn man bedenkt, wie wichtig Erwachsenen ihre kindlichen Erinnerungen sind, die gerade auch über Geschmackserfahrungen erinnert werden – wie sehr sie daher als grundlegender Teil der eigenen Person erlebt werden – so verwundert es, dass die kindliche Geschmacksbiografie nicht wichtiger genommen wird.

2. Geschmack und Kinderkultur

Ein eigener kindlicher Geschmack grenzt Kinder nicht nur von Erwachsenen ab. Kinder entwickeln ihre Kinderkultur mit anderen Kindern stets auf der Grundlage von Geschmackserfahrungen. Geschmack ist in der Kindheit nicht nur individuell (dies auch), sondern stets auch Teil verbindender Erfahrungen, in dem sich Kinder gemeinsam die Welt erschließen. Kinderkultur ist stets auch eine ästhetische Kultur, die sich auf starken gemeinsamen Geschmacksurteilen gründet: Sei es beim Essen, in der Musik, beim Spielen oder in der Mediennutzung. Erwachsene verkennen leicht die zentrale Relevanz des Kindergeschmacks für die Kinderkultur, Einschlüsse und Ausschlüsse sowie Kinderfreundschaften.

3. Geschmack als Grundlage der Konsumkultur

Kinder haben Taschengeld und sind Konsumenten, die auf der Grundlage ihres Geschmackes aktiv als Käufer auftreten. Kinder beeinflussen aber auch das Kaufverhalten der Erwachsenen in nicht unerheblicher Weise (vgl. Feil 2003). Kinder sind oft durch ihre Begeisterungsfähigkeit und ihr klares Geschmacksurteil ein aktiver Part familialer Konsumentscheidungen. Es kann die These aufgestellt werden, dass Kinder für die Erwachsenen in der Kaufkultur eine „Stellvertreterrolle" innehaben können, weil sie sich für Werbung und Konsumdinge begeistern und somit die Lust am Kaufen für Erwachsene intensivieren können.

4. Kindergeschmack und Moderne

Als letzter Punkt soll die These aufgestellt werden, dass der Kindergeschmack in der Moderne auch eine historisch bedeutsame Rolle spielt. Nicht nur, dass sozialer, kultureller und technischer Wandel erst in einer generationalen Abfolge zu einem festen Bestandteil von Gesellschaft wird (erst die nächste Generation beherrscht eine neue Technik in selbstverständlicher Weise); die Kinder selbst beziehen mit ihrem Geschmack auch stets Stellung zum sozialen Wandel. Kindliche Positionierungen können kritisch gegenüber bestimmten Entwicklungen sein (etwa dem Umgang mit Tieren oder der Natur); er kann aber auch euphorische Zustimmung zum Neuen bedeuten. Im Kinderroman *Emil und die Detektive* von Erich Kästner aus dem Jahr 1929 lässt sich dies exemplarisch nachvollziehen. Die Kinder im Roman sind begeistert von der Großstadt und den technischen Errungenschaften ihrer Zeit: dem Licht, dem Auto, dem Telefon, dem Kino, der schnellen Eisenbahn, der elektrischen Straßenbahn (Richter/Fuhs 2015). Auch heute lässt sich bei Kindern eine Begeisterung für neue Kulturformate, für interaktive Angebote, für Tablets, Apps und Smartphones finden. Innerhalb des gesellschaftlichen Wandels sind Impulse kindlicher Geschmacksurteile historisch wichtig, auch, wenn sie von Erwachsenen als problematisch kritisiert werden, weil sie eine Faszination, die von diesen Neuerungen ausgeht, in besonderer Weise erfahrbar machen.

Der Kindergeschmack hat – dies als Fazit – eine wichtigere Rolle, als dies die Forschung der Erwachsenen erahnen lässt. Für die eigene Biografie, für die Familien- und Peerkultur und für die Wahrnehmung und Gestaltungen des sozialen, kulturellen und technischen Wandels sind Geschmackserfahrungen und Geschmacksurteile von Kindern eine unterschätzte soziale Einflussgröße. Insgesamt lässt sich feststellen, dass es für die Kindheitsforschung eine Chance wäre zu untersuchen, welche kulturelle Kraft von der Geschmackskultur von Kindern in biografischen, sozialen und sozialhistorischen Prozessen ausgeht.

LITERATUR

Bauer, Karl W./Hengst, Heinz (1980): Wirklichkeit aus zweiter Hand. Kindheit in der Erfahrungswelt von Spielwaren und Medienproduktion. Reinbek: Rowohlt.

Bourdieu, Pierre (1984): Die feinen Unterschiede. Kritik der gesellschaftlichen Urteilskraft. 3. Auflage. Frankfurt am Main: Suhrkamp.

Buchner-Fuhs, Jutta (2013): „Der technischen Wandel bewältigen". In: Johler, Reinhard/ Marchetti, Christian/Tschofen, Bernhard/Weith, Carmen (Hg.): Kultur_Kultur. Denken. Forschen. Darstellen. Münster u.a.: Waxmann, S. 530-539.

Büchner, Peter/Fuhs, Burkhard (1994): Kinderkulturelle Praxis: Kindliche Handlungskontexte und Aktivitätsprofile im außerschulischen Lebensalltag. In: Bois-Reymond, Manuela du/Büchner, Peter/Krüger, Heinz-Hermann/Ecarius, Jutta/Fuhs, Burkhard: Kinderleben. Modernisierung von Kindheit im interkulturellen Vergleich. Opladen: Leske + Budrich, S. 63-135.

Cramm, Dagmar von (2013): Familie in Form. Schlank werden, schlank bleiben. Berlin: Stiftung Warentest.

Deutsches Jugendinstitut (Hg.) (1992): Was tun Kinder am Nachmittag? Ergebnisse einer empirischen Studie zur mittleren Kindheit. Weinheim/München: Juventa.

Dewey, John (1988): Kunst als Erfahrung. 2. Auflage. Frankfurt am Main: Suhrkamp.

Duncker, Ludwig/Lieber, Gabriele/Neuss, Norbert/Uhlig, Bettina (Hg.) (2010): Bildung in der Kindheit. Das Handbuch zum Lernen in Kindergarten und Grundschule. Seelze: Klett/Kallmeyer.

Elskemper-Mader, Heike (1992): Zum Verhältnis von Schule und Freizeit: 8- bis 12jährige zwischen Anforderungen und Freiräumen – Anregungen für die schulische und außerschulische Praxis. In: Deutsches Jugendinstitut (Hg.): Was tun Kinder am Nachmittag? Ergebnisse einer empirischen Studie zur mittleren Kindheit. Weinheim/München: Juventa, S. 217-262.

Feil, Christine (2003): Kinder, Geld und Konsum. Die Kommerzialisierung der Kindheit. Weinheim/München: Juventa.

Frackowiak, Ute (1994): Der gute Geschmack. Studien zur Entwicklung des Geschmacksbegriffs. München: Wilhelm Fink.

Fthenakis, Wassilios E. (Hg.) (2009): Natur-Wissen schaffen, Band 5: Frühe Medienbildung. Troisdorf: Bildungsverlag Eins.

Fuchs, Werner/Klima, Rolf/Lautmann, Rüdiger/Rammstedt, Otthein/Wienold, Hanns (Hg.) (1988): Lexikon zur Soziologie. 2. Auflage. Opladen: Westdeutscher Verlag.

Fuhs, Burkhard (1996): Das außerschulische Kinderleben in Ost- und Westdeutschland. Vom kindlichen Spielen zur jugendlichen Freizeitgestaltung. In: Büchner, Peter/Fuhs, Burkhard/ Krüger, Heinz-Hermann (Hg.): Vom Teddybär zum ersten Kuss. Wege aus der Kindheit in Ost- und Westdeutschland. Opladen: Leske + Budrich, S. 129-158.

Fuhs, Burkhard (2011): Kindliche Massen- und Populärkultur als Herausforderung? In: merz | medien + erziehung. Zeitschrift für Medienpädagogik, Jg. 55, Heft 1, S. 24-30.

Fuhs, Burkhard/Naumann, Sophie A./Schneider, Susanne (2010): Überlegungen zur Ästhetik der Kinderkultur am Beispiel von Bilderbuch und Internet. In: ZfG. Zeitschrift für Grundschulforschung, Jg. 3, Heft 2, S. 111-123.

Gadamer, Hans-Georg (1990): Wahrheit und Methode. Grundzüge einer philosophischen Hermeneutik. Tübingen: J.C.B. Mohr.

Hengst, Heinz (2003): Was für Zeitgenossen. Über Kinder und kollektive Identität. In: Hengst, Heinz/Kelle, Helga (Hg.): Kinder – Körper – Identität. Theoretische und empirische Annäherungen an kulturelle Praxis und sozialen Wandel. Weinheim/München: Juventa, S. 333-346.

Hengst, Heinz (2013): Kindheit im 21. Jahrhundert. Differenzielle Zeitgenossenschaft. Weinheim/Basel: BeltzJuventa.

Hengst, Heinz/Kelle, Helga (Hg.) (2003): Kinder – Körper – Identität. Theoretische und empirische Annäherungen an kulturelle Praxis und sozialen Wandel. Weinheim/München: Juventa.

Hengst, Heinz/Zeiher, Helga (2005): Von Kinderwissenschaften zu generationalen Analysen. Einleitung. In: Hengst, Heinz/Zeiher, Helga (Hg.): Kindheit soziologisch. Wiesbaden: VS Verlag für Sozialwissenschaften, S. 9-24.

Honig, Michael-Sebastian (1999): Entwurf einer Theorie der Kindheit. Frankfurt am Main: Suhrkamp.

Honig, Michael-Sebastian (2009): Das Kind der Kindheitsforschung. Gegenstandskonstitution in den *childhood studies*. In: Honig, Michael-Sebastian (Hg.): Ordnungen der Kindheit. Problemstellungen und Perspektiven der Kindheitsforschung. Weinheim/München: Juventa, S. 25-52.

Honig, Michael-Sebastian/Lange, Andrea/Leu Hans Rudolf (1999): Aus der Perspektive von Kindern? Weinheim/München: Juventa.

Hülst, Dirk (2012): Das wissenschaftliche Verstehen von Kindern. In: Heinzel, Friederike (Hg): Methoden der Kindheitsforschung. Ein Überblick über Forschungszugänge zur kindlichen Perspektive. 2. überarb. Auflage. Weinheim/Basel: BeltzJuventa, S. 52-79.

Hungerland, Beatrice (2008): Was ist Kindheit? Fragen und Antworten der Soziologie. In: Luber, Eva/Hungerland, Beatrice (Hg.): Angewandte Kindheitswissenschaften. Eine Einführung für Studium und Praxis. Weinheim/München: Juventa, S. 71-90.

Hurrelmann, Klaus (1983): Das Modell des produktiv realitätsverarbeitenden Subjekts in der Sozialisationsforschung. In: Zeitschrift für Sozialisationsforschung und Erziehungssoziologie, Jg. 3, Heft 1, S. 91-103.

KIM-Studien = Medienpädagogischer Forschungsverbund Südwest (Hg.): KIM-Studie 1999-2014. Kinder und Medien. Basisuntersuchung zum Medienumgang 6- bis 13-Jähriger in Deutschland. Stuttgart: Medienpädagogischer Forschungsverbund Südwest.

Knauf, Helen (2010): Bildungsbereich Medien. Reihe Frühe Bildung und Erziehung, Göttingen: Vandenhoeck & Ruprecht.

Maase, Kaspar (2012): Die Kinder der Massenkultur: Kontroversen um Schmutz und Schund seit dem Kaiserreich. Frankfurt am Main/New York: Campus.

Mattenklott, Gundel (2004): Zur ästhetischen Erfahrung in der Kindheit. In: Mattenklott, Gundel/Rora, Constanze (Hg.): Ästhetische Erfahrung in der Kindheit. Theoretische Grundlagen und empirische Forschung. Weinheim/München: Juventa, S. 7-23.

Müller, Hans-Rüdiger (2004): Übergänge. Bildungsbewegungen im Geflecht symbolischer Ordnungen. In: Mattenklott, Gundel/Rora, Constanze (Hg.): Ästhetische Erfahrung in der Kindheit. Theoretische Grundlagen und empirische Forschung. Weinheim/München: Juventa, S. 61-76.

Nationale Verzehrsstudie 2008 = Max Rubner-Institut (Hg.) (2008): Nationale Verzehrsstudie II. Ergebnisbericht, Teil 1: Die bundesweite Befragung zur Ernährung von Jugendlichen und Erwachsenen. Karlsruhe: Max Rubner-Institut.

Oerter, Rolf/Montada, Leo (Hg.) (1995): Entwicklungspsychologie. 3. Auflage. Weinheim: Psychologie Verlags Union.

Oerter, Rolf/Montada, Leo (Hg.) (2008): Entwicklungspsychologie. 6. Auflage. Weinheim/Basel: Beltz PVU.

Rauterberg, Hanno (2013): Bilder des Begehrens. Pädophiliedebatte in der Kunst. In: DIE ZEIT, Nr. 50/2013. http://www.zeit.de/2013/50/fotografie-balthus-paedophilie-debatte [06.03.2016].

Richter, Karin/Fuhs, Burkhard (2015): Erich Kästners literarische Welten und ihre Verfilmungen. Baltmannsweiler: Schneider Hohengehren.

Schäfer, Gerd E. (2011): Was ist frühkindliche Bildung? Kindlicher Anfängergeist in einer Kultur des Lernens. Weinheim/München: Juventa.

Schultheiss, Dirk (2012): Pablo Picasso und Ernst Ludwig Kirchner – Hypersexualität und Pädophilie? In: Sexuologie. Zeitschrift für Sexualmedizin, Sexualtherapie und Sexualwissenschaft, Bd. 19, Heft 1-2, S. 43-54.

Speichert, Horst (1982): Süße Sachen. Ein Rezeptbuch für gesunde Naschereien. Reinbek: Rowohlt.

Wehr, Laura (2009): Alltagszeiten der Kinder. Die Zeitpraxis von Kindern im Kontext generationaler Ordnungen. Weinheim/München: Juventa.

Zeiher, Hartmut J./Zeiher, Helga (1994): Orte und Zeiten der Kinder. Soziales Leben im Alltag von Großstadtkindern. Weinheim/München: Juventa.

Die dunkle Seite kindlicher Konsumkultur

Kindermarketing und seine ökonomischen Kosten

Tobias Effertz

Der in diesem Beitrag zentrale Begriff des Kindermarketings ist etwa 10 Jahre alt (Effertz 2008) und bezieht sich auf sämtliche strategischen und operativen betrieblichen Maßnahmen zur Initiierung und Steigerung des Absatzes von Produkten und Dienstleistungen für Kinder als spezifische Zielgruppe. Kindermarketing als Phänomen ist aber deutlich älter. Schon lange vor der Einführung des Privatfernsehens in Deutschland erkannten Marktforscher in den 1960er-Jahren in den USA die Veränderung in den klassischen Familienstrukturen und Autonomiegraden der Kinder (McNeal 1992). Eltern, an denen sich Marketingstrategien bislang primär ausrichteten, fungierten zunehmend weniger als „Gatekeeper", die Kinder vor potenziell schädlichen Umwelteinflüssen bewahrten; vielmehr rückte das Kind selbst ins Zentrum der Ansprache von Marketing. Auch die deutsche Marktforschung und Marketingliteratur haben zwischenzeitlich verschiedene Begriffe wie etwa „Jugendmarketing", „Kindergartenmarketing", „Schulmarketing" oder „Kitamarketing" kreiert, mit denen sich entsprechende Maßnahmen für unterschiedliche junge Zielgruppen und „Settings", dem aktuell häufig genutzten Begriff für Umgebungen und Lebenswelten, beschreiben lassen.

Kindermarketing ist zu einem festen Bestandteil der Konsumkultur westlicher Gesellschaften geworden, die sich durch eine intensive Ästhetisierung des Alltagslebens charakterisieren lässt, an der Waren, Marken und Werbung maßgeblich Anteil haben (vgl. McNeal 1992; Featherstone 2007). Bereits relativ früh wurden aber auch mögliche Probleme erkannt: Kinder reagieren in der Regel unkritisch auf das Marketing, fragen das beworbene Produkt nach und müssen in der Konsequenz die dadurch entstehenden negativen Auswirkungen tragen. Der Fokus dieses Beitrags liegt deshalb auf den ökonomischen Kosten des Kindermarketings, die sich neben den gesundheitlichen Beeinträchtigungen der Kinder in hohen finanziellen Belastungen für die Gesellschaft äußern. Neben den ethischen Bedenken, dass Unternehmen mit ihren absatzpolitischen Maßnahmen und ihrer Produkt- und Markenkommunikation auf hoch problematische Weise in die Konsumentensozialisierung von Kindern hineinwirken, existieren damit auch ökonomische Argumente gegen ein auf Kinder ausgerichtetes Marketing der Industrie.

Dieser Beitrag soll einen kompakten Überblick über die verschiedenen Aspekte des Kindermarketings geben. Zunächst werden aus ökonomischer Perspektive die mit dem Kindermarketing verbundenen Probleme dargestellt, woraufhin ein grober Überblick über das Ausmaß des Kindermarketings in Deutschland erfolgt. In einem weiteren Kapitel werden die wesentlichen Gründe dargelegt, warum Kinder auf das Marketing der Industrie in teilweise sehr problematischer Weise reagieren. Der Beitrag schließt mit einigen zusammenfassenden Überlegungen und diskutiert Möglichkeiten rechtlicher Einschränkung, um diese Probleme des Kindermarketings zurückführen zu können.

DEFINITION UND GRÜNDE DES KINDERMARKETINGS

Der Begriff der betrieblichen Funktion des „Marketing" umfasst alle Aktivitäten, Konzepte und Strategien, die zum Ziel haben, den Absatz eigener Produkte und Dienstleistungen zu initiieren oder zu steigern. Meist wird dabei eine enge Sicht auf die Aktivitäten des sogenannten „Marketing-Mix", d.h. der Gestaltung und Nutzung der Absatzinstrumente Produkt, Preis, Promotion und Placement (die „4 Ps", McCarthy 1996) eingenommen. Diese umfassen alle gestalterischen Maßnahmen hinsichtlich *Produktvariationen* (etwa unterschiedliche Nudelformen, Hautpflegeserien oder Autotypen einer Marke), *Preisen* (durch Gewährung von Rabatten für unterschiedliche Zielgruppen), *Promotion* bzw. Werbung (in Form der Ansprache über Massenmedien, insbesondere auch neue, unkonventionelle Kommunikationsformen über YouTube oder Facebook) sowie dem *Placement*, der Art der Zuleitung des Produktes an die Kunden. Dementsprechend meint der Begriff „Kindermarketing" die unmittelbare Ausrichtung des Absatzes bzw. Verkaufs von Produkten und Dienstleistungen mit entsprechenden Mitteln und Maßnahmen „an den Eltern vorbei" direkt an Kinder.

Kindermarketing ist aus verschiedenen betriebswirtschaftlichen Gründen für Unternehmen sehr lukrativ. Zum einen verfügen Kinder und Jugendliche jährlich in Deutschland über ca. 25 Mrd. Euro an finanziellen Mitteln, bei Kindern sind dies durchschnittlich ca. 26 Euro Taschengeld pro Monat. Zieht man die aktuellen Zahlen der Kids-Verbraucher-Analyse heran, so ergibt sich daraus, dass allein durch das Taschengeld der 6- bis 13-jährigen Kinder etwa 15 % des Umsatzes auf dem deutschen Süßwarenmarkt generiert wird. Zweitens bewegen Kinder und

Jugendliche durch ihren Einfluss auf das Portemonnaie der Eltern etwa 70 Mrd. Euro pro Jahr.[1] Dieser Einfluss erstreckt sich nicht nur auf Süßigkeiten oder Lebensmittel allgemein, sondern auch auf größere Ausgaben und Anschaffungen wie etwa den Familienurlaub, Computer und andere elektronische Unterhaltungsgeräte und -medien oder sogar das neue Familienauto. Der Einfluss der Kinder erstreckt sich damit auch auf Produkte, die eigentlich originär den Konsumsphären der Erwachsenen zugeordnet werden. Ein weiterer wichtiger Gesichtspunkt auf Seiten der Industrie ist die Möglichkeit der Etablierung langfristiger Marken- und Produkttreue: Kinder und Jugendliche sollen möglichst früh an die eigenen Marken gebunden werden. Dadurch ist gewährleistet, dass junge Konsumenten möglichst loyal und langfristig regelmäßig Produkte nachfragen. Schließlich existieren einige Produktkategorien wie etwa Spielzeug, die sich ausschließlich an Kinder richten und damit nur in gewissen Zeitfenstern der Kindheit überhaupt vermarktbar sind, sowie weitere, wie die erwähnten Süßigkeiten, die sich überwiegend an Kinder richten. Nicht selten ist das Konsumverhalten von Erwachsenen ein direktes Resultat bereits in der Kindheit initiierter Konsummuster.

Der Marketingmix hat auch im Kindermarketing eine Vielzahl von Anwendungen erhalten: So gibt es etliche Varianten in einzelnen Produktkategorien, mit denen versucht wird, Kinder gezielt anzusprechen. Hierzu zählen spezifisch für Kinder umgestaltete Produkte wie Zahnbürsten oder Vollkornnudeln in Tierform, oder etwa Produkte, die mit einer zusätzlichen Funktionalität versehen wurden, deren Nutzen insbesondere von Kindern empfunden wird, z.B. Turnschuhe mit Blinklichtern. Ebenso ist es gängig, „Kinderversionen" bekannter Gesellschaftsspiele wie Kniffel oder Monopoly auf den Markt zu bringen. Es gibt eigene Spielzeugversionen für Jungen und Mädchen, etwa durch entsprechende Farbgestaltungen, beispielsweise Rosatöne bei Mädchen. Die Produktdifferenzierung lässt sich beliebig weiterführen: ähnlich der Personalisierung von Internetinhalten bekommen Kinder im Spielzeugfiguren- und Puppenbereich unterschiedliche Figurencharaktere offeriert, so etwa bei „LEGO Bionicle" (Bausets für Roboter, die mit japanischen Mangafiguren kombiniert werden) oder „Monster High", einer Produktlinie von Mattel neben der Barbiereihe, in der Töchter verschiedener Monster wie Frankenstein oder Graf Dracula als Spielfiguren verkauft werden. Ein weiterer großer Verwertungsbereich besteht darin, durch geschicktes Kombinieren und Transferieren unterschiedlicher Produktimages und -marken eines Pro-

---

1   Diese Zahl ergibt sich unter Zugrundelegung der Ausgaben für einzelne Konsumgüter aus der „Einkommens- und Verbrauchsstichprobe" des Statistischen Bundesamts und der gemessenen Einflussanteile von Kindern und Jugendlichen aus diversen Studien, etwa der Kids-Verbraucher-Analyse des Egmont-Ehapa-Verlags.

duktbereichs eine zusätzliche Nachfrage zu schaffen: aktuell konnte man dieses „Bundling" oder auch „Brand-Stretching" bei verschiedenen Lebensmitteln entdecken, die im Vorfeld des neuen *Star Wars*-Films mit entsprechenden Bildern und Logos versehen werden, um die bei Kindern und Jugendlichen vorhandene Begeisterung der *Star Wars*-Filmreihe auch auf Frühstücksflocken oder Joghurts übertragen zu können. All dies dient letztlich der besseren Nachfrageabschöpfung und stellt eine Produktdifferenzierung mit optimierten Preissetzungsmöglichkeiten dar. Es lassen sich insgesamt mehr Kinderfahrräder bei gleichzeitig geringen Zusatzkosten absetzen, wenn es Ausführungen in blau und rosa gibt, als wenn nur eine farbliche Version am Markt erhältlich wäre.

Die anderen Instrumente des Marketingmix sind ebenfalls deutlich identifizierbar. So ist bekannt, dass Kinder und Jugendliche besonders preissensibel sind und daher entsprechend auf Rabattaktionen reagieren. Flatrate-Parties, die für einen fixen Einstandspreis unbegrenzten Alkoholkonsum gewähren, erlangten bei Jugendlichen und jungen Erwachsenen einen hohen Bekanntheitsgrad und führten zu entsprechenden Alkoholintoxikationen. In den „sozialen Medien" und Plattformen wie bspw. Facebook kann man sich mit den Markenprofilen von Schokoriegeln vernetzen, über die wiederum das Netzwerk genutzt wird, um Kinder besser zu erreichen. Doch auch die Ansprache über klassische Massenmedien wie Fernsehen oder Außenwerbung existiert nach wie vor. Produktplatzierungen für die Kinder erfolgen bekanntermaßen auch in räumlichen Arrangements, wie den berüchtigt effektiven „Quengelzonen" im Supermarkt-Kassenbereich.

MIT KINDERMARKETING IN VERBINDUNG GEBRACHTE PROBLEME

In Deutschland sinkt der Anteil der Kinder an der Gesamtbevölkerung stetig ab.[2] Vor allem aus diesem Grund ist die Zielgruppe der Kinder durch Marketingmaßnahmen der Industrie stärker umkämpft, als dies noch vor 20 Jahren der Fall war. Damit wachsen auch die auf das Marketing zurückführbaren Probleme und Gefahren für Kinder. Bereits seit längerer Zeit ist bekannt, dass der Anteil übergewichtiger und als krankhaft fettleibig eingestufter Kinder und Jugendlicher in Deutschland deutlich angestiegen ist. Neuere Zahlen des Robert-Koch-Instituts

---

2 Dies ist leider trotz jüngst wieder ansteigender Geburtenzahlen noch der Fall, da die älteren Alterskohorten, der dann jugendlich und erwachsen werdenden Personen deutlich stärkere Anzahlen aufwiesen, als die Geburten der letzten Jahre. Vgl. hierzu die Bevölkerungsberechnungen des Statistischen Bundesamtes.

zeigen einen Anteil adipöser Jugendlicher von 10 %. Obwohl die Werbe- und Lebensmittelindustrie angesichts solcher Zahlen gerne ausführt, dass ein überwiegender Teil der deutschen Kinder normalgewichtig sei, wird dabei gerne vernachlässigt, dass im Altersverlauf die Prävalenz, das heißt der Anteil an übergewichtigen und fettleibigen Kindern, zunimmt. Mehr als die Hälfte der in Deutschland existierenden Adipositasfälle tritt bei Ärzten vor dem 20. Lebensjahr in Erscheinung. Vergleicht man frühere Zahlen mit den neueren Daten, bedeutet dies eine nochmalige Verschlechterung der Situation. Ebenso wurden lange Zeit hohe Prävalenzen an Alkohol- und Tabakkonsum bei Kindern und Jugendlichen als problematisch eingeschätzt. Der Tabakkonsum wurde bei Jugendlichen durch verschiedene Maßnahmen in den letzten 15 Jahren, vor allem den deutlichen Tabaksteuererhöhungen seit 2001, wirksam reduziert. Allerdings ließ sich in den letzten Jahren beobachten, dass seitens der Tabakindustrie in Deutschland über die erlaubten Kommunikationskanäle Kino, Außenwerbung, Eventmarketing und Sponsoring verstärkt auch jugendaffine Kampagnen durchgeführt wurden, die zwischenzeitlich wieder zu einem, wenn auch nur kleinen Anstieg jugendlicher Raucher führten. Die Diskussion um jugendliches Rauschtrinken ist spätestens seit dem Zenit des Alkopopkonsums im Jahr 2003 ein wichtiges, öffentlich diskutiertes Thema in Deutschland. Dabei hat sich seit der damals eingeführten Alkopopsteuer auf spirituosenhaltige Mixgetränke regulatorisch nichts weiter getan, sodass die Anzahl an Alkoholintoxikationen unter Jugendlichen in den vergangenen Jahren deutlich angestiegen ist.

Das wesentliche Problem dieses frühen gefährlichen Konsums liegt in der empirisch sehr gut belegten Tatsache begründet, dass dieser im späteren Leben umso nachhaltiger beibehalten wird (im schlimmsten Fall in Form einer Sucht), je früher er einsetzt (Effertz 2008). Aus ökonomischer Sicht ist dies verheerend, da aus diesen Konsumentscheidungen negative gesundheitliche Konsequenzen, und damit letztlich auch gesellschaftlich hohe Kosten resultieren. So ergeben sich bspw. 63 Mrd. Euro an gesellschaftlichen Kosten pro Jahr durch Adipositas (als krankhaft eingestufte Fettleibigkeit), 79 Mrd. Euro durch das Rauchen und knapp 40 Mrd. Euro durch schädlichen Alkoholkonsum (Effertz 2015a). Diese Kosten bestehen aus den sogenannten direkten Kosten, die zur Behandlung der mit den Konsumarten anfallenden medizinischen Aufwendungen durch Erkrankung, Unfall oder Pflegebedürftigkeit entstehen, sowie den indirekten Kosten, die den Produktivitätsverlust durch konsumbedingte Frühverrentung, Arbeitslosigkeit oder Mortalität messen. Die Tendenz der künftigen Kostenentwicklung fällt eher steigend aus, da diese Konsumweisen erst nach einer sogenannten „Latenzzeit" von unter Umständen mehreren Jahrzehnten zu Krankheitsbildern wie Lungenkrebs oder Schlaganfall führen können. Geht man hypothetisch davon aus, dass ein 15-jähriger Jugendlicher sein ganzes Leben lang adipös, Raucher oder in schädlichem Ausmaß Alkohol konsumierend bleibt, ergeben sich aus ökonomischer Perspektive trotz einer verkürzten Lebenserwartung hohe Belastungen für das Sozialversicherungssystem und enorme privat zu tragende Kosten für das Individuum und dessen Familie (ebd.).

Abb. 1: Geposteter Beitrag von Richkidsofinstagram.

Ein wichtiges weiteres Problem, das lange Zeit nicht ausreichend gewürdigt wurde, ist die Auswirkung eines stark ausgeprägten „Materialismus" auf die Gesundheit von Kindern. So macht Juliet Schor in ihrem Buch *Born to buy* (2004) auf die signifikanten Verbindungen zwischen einem hohen Grad an „Materialismus" und psychischen Erkrankungen wie depressiven Verstimmungen und sogenannten somatoformen Symptomen wie Bauchschmerzen und Unwohlsein bei Kindern aufmerksam. Aufgrund der Korrelation war anzunehmen, dass entweder ein „Materialismus" diese Beschwerden bei Kindern hervorruft oder aber Kinder mit diesen Beschwerden häufiger materialistische Konsumweisen an den Tag legen. Die Diskussion, ob Kindermarketing bzw. spezifisch an Kinder gerichtete Werbung materialistische Einstellungen befördert, die dann kausal das Wohlbefinden von Kindern beeinträchtigen, konnte lange Zeit nicht eindeutig geklärt werden. Beide Wirkrichtungen schienen möglich und plausibel. Gelebter „Materialismus" wurde häufig als „Coping"-Strategie von Kindern und Jugendlichen angesehen, um mit einem niedrigen Selbstwertgefühl und schwierigen sozialen Situationen umzugehen. In diesem Zusammenhang wird häufig auch von „Konsumsymbolismus" gesprochen, womit gemeint ist, dass bestimmte Konsumweisen zur Lösung von Problemen oder auch allgemein zur Interaktion im sozialen Kontext genutzt werden.

Marken und Produkte dienen dann der Kommunikation unter Peers, häufig gleichaltrige Bezugspersonen, die in der Sozialpsychologie als die „relevanten anderen" gelten. Einige neuere Veröffentlichungen zeigen aber auf, dass die gegenwärtige Konsumkultur materialistische Einstellungen begünstigt, die sich wiederum negativ auf das Wohlbefinden und damit in der Tendenz auch auf die Gesundheit auswirken (vgl. Pieters 2013; Kasser u.a. 2014).

Auch bei psychischen Erkrankungen zeigt sich, dass insbesondere in Jugend und jungem Erwachsenenalter ein hohes Maß inzidenter Fälle vorherrscht, d.h. dass die Wurzeln dieser starken gesundheitlichen Beeinträchtigungen in Kindheit und Jugend liegen. So erkranken etwa die Hälfte der an bipolaren Störungen und an Angststörungen Leidenden vor dem 18. Lebensjahr und der an somatoformen Störungen Leidenden vor dem 19. Lebensjahr (Jacobi u.a. 2004). Zusammenfassend lässt sich sagen, dass massive Gesundheitsrisiken und Anbahnungen späterer Krankheiten durch problematische Konsumstile in Kindheit und Jugend begründet sind. Daraus sollte eigentlich der Schluss gezogen werden, dass Kinder und Jugendliche besonders vulnerable Bevölkerungsteile sind, deren Schutz auch in dieser Hinsicht mit bestmöglichen Mitteln zu erfolgen hätte. Vor dem Hintergrund des sinkenden Kinderanteils in Deutschland, gewinnt dieses Argument auch aus einer ökonomischen Sicht zusätzlich an Wichtigkeit.

FAKTEN ZUM AUSMASS DES KINDERMARKETINGS IN DEUTSCHLAND

Insgesamt werden jedes Jahr ca. 3 Mrd. Euro an Lebensmittelwerbung allein in den Massenmedien verausgabt. 2014 waren die Werbeausgaben für Getränke mit 1,12 Mrd. Euro und für Spielwaren mit 184 Mio. Euro auf einem Höchststand. Aus Abb. 2, in der die Werbeumsätze für Lebensmittel im Jahr 2014 abgebildet sind, wird deutlich, dass vor allem Süßwaren beworben werden. Zugleich werden die meisten Lebensmittel inflationsbereinigt immer billiger, d.h. ihr Preis steigt deutlich weniger stark als der von anderen Gütern. Aus ökonomischer Sicht lässt sich daraus eine tendenziell ständig größer werdende Nachfrage nach Lebensmitteln folgern. Abb. 3 zeigt die Anteile unterschiedlich gestalteter Fernsehwerbespots, die man als „an Kinder gerichtet" interpretieren kann. Einerseits wird mit „Promotional Characters" oder „Celebrities" (das sind Idole der Kinder wie etwa Sportler oder berühmte Comiccharaktere) geworben, andererseits mit Beigaben und Gewinnspielen („Premiums"). Die Werbung ist auch mutmaßlich an Kinder gerichtet, wenn Kinderschauspieler in den Werbespots zu sehen sind, diese flankierend zu Kindersendungen gesendet oder zu Tageszeiten ausgestrahlt wird, an denen besonders viele Kinder zusehen. Rechnet man alle diese mutmaßlichen Formen des Kindermarketings im Fernsehen mit ein, so sind lediglich 22 % der Lebensmittelwerbung nicht an Kinder gerichtet. Dies verdeutlicht die Dimension des Problems.

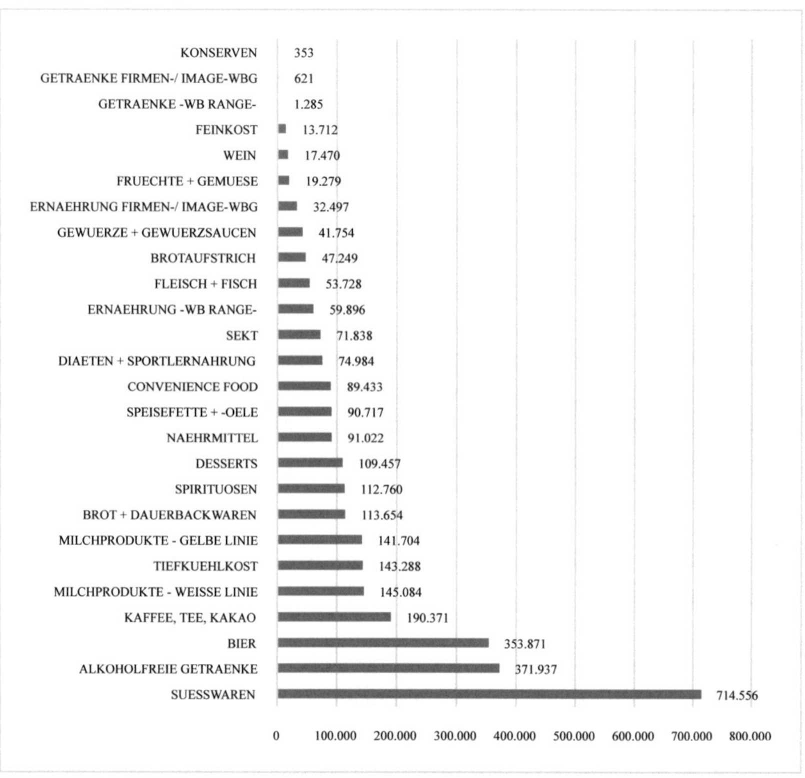

Abb. 2: Werbeausgaben der Nahrungsmittel- und Getränkeindustrie 2014 in 1000 Euro.

In einer Untersuchung der Fernsehwerbung stellen Effertz und Wilcke (2010) fest, dass Kinder durchschnittlich etwa 12.000 Fernsehwerbespots pro Jahr sehen und dabei die meisten beworbenen Produkte aus den Bereichen ungesunde Lebensmittel, Unterhaltung, Kosmetikprodukte oder Spielzeug stammen. Ungesunde Lebensmittel wurden dabei vor allem im Rahmen von Musik-, Sport- oder Kindersendungen sowie signifikant häufiger mit sogenannten Credentials, vor allem „Promotional Characters" beworben.

Selbstverständlich ist es kein Zufall, dass die meiste Werbung für Kosmetika und Schaumwein regelmäßig während der Sendung *Germany's next Topmodel* zu sehen ist und in den Fernsehkanälen Nick und Disney-Channel ununterbrochen Spielzeug- und Lebensmittelwerbungen gezeigt werden. Werbung wird grundsätzlich an die jeweilige Zuschauerschaft angepasst. Das ist bei Werbung, die an Kinder gerichtet ist, nicht anders. Der Anteil der Werbung für ungesunde Lebensmittel im deutschen Fernsehen hat besonders von 2010 mit 19,19 % auf 2013 mit 26,49 % mehr als deutlich zugenommen.

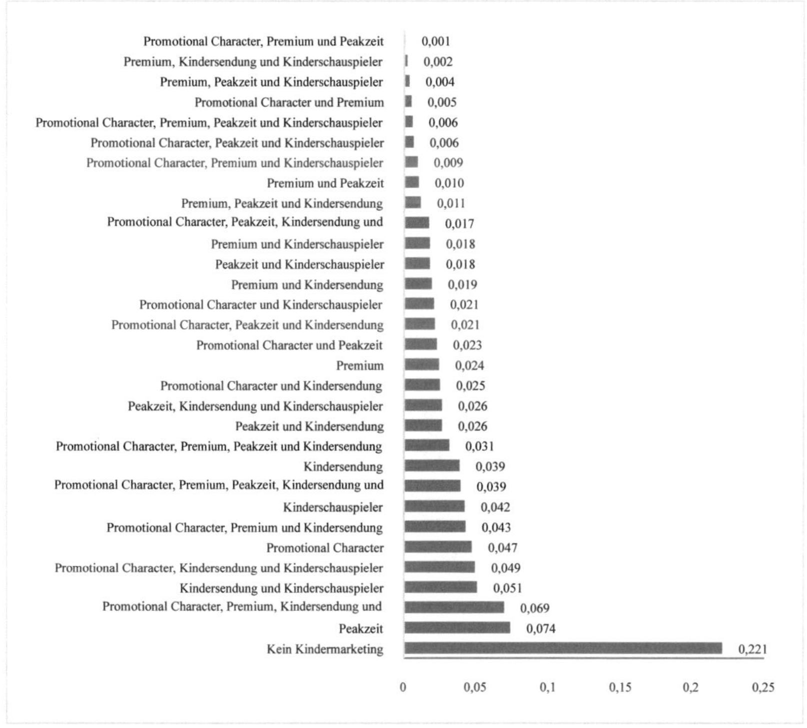

Abb. 3: Anteile unterschiedlicher Kindermarketingtechniken in der TV-Lebensmittelwerbung 2013.

Ebenso deutlich ist die Situation im Internet: große Teile der Lebensmittelindustrie hatten im Rahmen des EU Pledge, einer ursprünglich aus dem Jahr 2007 stammenden freiwilligen Selbstverpflichtung, versprochen, ab 2012 auf den eigenen Webseiten die Ansprachen an Kinder zu reduzieren. Eine eigene Auswertung von 209 Webseiten im August 2012 ergab allerdings, dass keine statistisch signifikanten Unterschiede hinsichtlich des Ausmaßes an Kindermarketingelementen zwischen Pledge-Unterzeichnern und anderen Unternehmen existieren. Im Gegenteil war auf Webseiten der Pledge-Mitglieder sogar eher mit Eventmarketing (das sind Ankündigungen von Veranstaltungen wie Konzerten oder Sportveranstaltungen, die vom Hersteller organisiert und durchgeführt werden) zu rechnen. Insgesamt 23,7 % der Webseiten wiesen einen Cartoon- oder Celebrity-Character auf, 24,2 % ein Computerspiel mit eingebetteten Markenlogos, 7,7 % Schulhilfsmittel wie einen Stundenplan zum Download, 42,5 % ein Gewinnspiel und 15,5 % Merchandising etwa durch Spielzeug oder Aufkleber, die man durch aktive Teilnahme und Umgang mit den Elementen der Webseite gratis zugesandt bekam – nach Erfassung der postalischen und E-Mail-Adresse für Werbezwecke. Schließlich sind aus ernährungswissenschaftlicher Sicht die Produkte der Pledge-Mitglieder deutlich ungesünder, als die anderer Unternehmen, da sie deutlich mehr Fett, Salz oder Zucker beinhalten, als ernährungswissenschaftlich empfohlen wird.

Abb. 4: Motiv aus der MAYBE-Kampagne von Philip Morris aus dem Jahr 2012.

Ziel der Werbung in der heutigen Zeit ist nicht nur eine „Aktualisierung", ein „Aufmerksamkeit erwecken wollen" von Herstellern, sondern die Kreierung eines „Image" für ihre Produkte. Ein Image entspricht dabei einem mit bestimmten Qualitäten versehenen Wahrnehmungs- und Vorstellungsbild eines Produkts. Der Prozess der Präferenzbildung bei Kindern für bestimmte Produkte ist dann gleichzusetzen mit einem Anpassungsprozess zwischen dem eigenen wahrgenommenen Persönlichkeitsbild, dem „Wunschselbst" des Kindes oder des Jugendlichen und dem vom Produkt verheißenen Image. In diesem Modell wird sich durch den Konsum eines bestimmten Produkts mit attribuierten Qualitäten einem „Wunschselbst" angenähert, wenn das Produkt entsprechende Qualitäten verheißt. Suggeriert die Werbung beispielsweise, dass Raucher einer bestimmten Marke besonders cool sind und „Coolness" zu erlangen ein Ziel des Jugendlichen ist, wird sie oder er ceteris paribus eher geneigt sein mit dem Rauchen zu beginnen. Es ist kein Zufall, dass gerade die globale Zigarettenwerbung immer wieder Qualitäten wie Unabhängigkeit, Freiheit, Attraktivität, vor allem beim anderen Geschlecht (wie in Abb. 4 dargestellt), Coolness, Glamour und sozialen Anschluss kommuniziert. Es sind Schlüsselbedürfnisse eines Kindes bzw. Jugendlichen in der Identitätsbildung. Dies ist ein wesentlicher Grund, weshalb gerade solche Werbung häufig erfolgreich ist und entsprechende Konsumreaktionen bei Kindern und Jugendlichen auslöst.

FUNKTIONSWEISE DES KINDERMARKETINGS

Es gibt viele Gründe, weshalb gerade Kinder besonders empfänglich für das Marketing der Industrie sind. Ein wesentlicher, zentraler Punkt ist die deutlich höhere Impulsivität von Kindern im Vergleich zu Erwachsenen, die sich darin äußert, dass Kinder sehr intensiv auf sich spontan ergebende oder offerierte Umweltreize reagieren, wie etwa Werbung oder durch Placement dargebotene Produkte. Die Ursache hierfür liegt vor allem in der Gehirnentwicklung der Kinder, insbesondere dem noch nicht vollends entwickelten präfrontalen Cortex der Großhirnrinde, der vielfach mit inhibitorischen, komplexen Denkvorgängen in Verbindung gebracht wird, die sich auf der Verhaltensebene in höherer Selbstkontrolle, aber auch durchdachten und anspruchsvollen Entscheidungen äußert. Abb. 5 zeigt die einzelnen Gehirnareale.

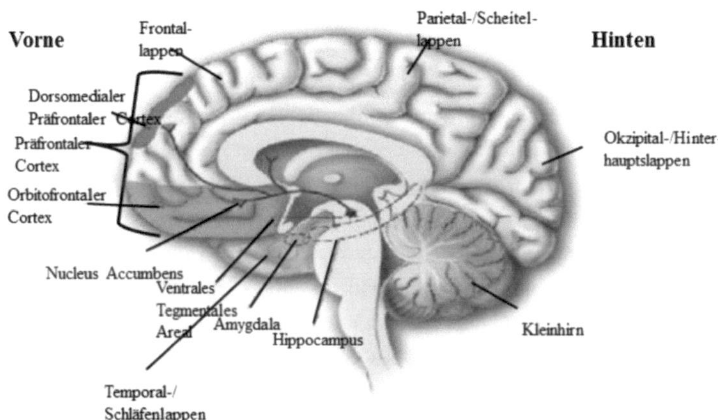

Abb. 5: Das menschliche Gehirn in Längsschnittbetrachtung.

Der präfrontale Cortex ist auch für eine stärkere Emotionskontrolle verantwortlich. Emotionen in der Werbung sind der Schlüssel im Kindermarketing. Osgood u.a.

(1957) hatten bereits relativ früh Emotionen in drei große Kategorien „Freude", „Erregung" und „Dominanz" geteilt, auf deren Erfassungsskalen sich sämtliche Gefühlszustände verorten lassen. Die Universität Miami stellt mit dem IAPS-Test bspw. emotional aufgeladene Bilder für wissenschaftliche Untersuchungen zur Verfügung, die dieser Kategorisierung folgen. Nachstehend sind in Abb. 6 aus der Bilderserie diejenigen zu sehen, die in den drei Kategorien bei Kindern – übrigens ungeachtet des kulturellen und sozioökonomischen Hintergrunds – hohe Werte erzielten.

Quelle: IAPS 2008

Abb. 6: Beispielbilder des IAPS mit einer hohen emotionalen Valenz.

Es ist daher nicht verwunderlich, dass in der an Kinder gerichteten Werbung sich häufig sprechende Tiere wiederfinden oder M&Ms eine so hohe Beliebtheit bei Kindern haben[3]: beides löst starke Emotionen aus. Emotionen lassen sich auch mit Produktmarken verbinden, die im Lebensmittelbereich dann zu eigenen Geschmackskomponenten werden. So wurde in einem Versuch in Kalifornien mit Kindern aus niedrigen Einkommensverhältnissen festgestellt, dass in McDonalds-Papier eingewickelte Möhren einen deutlich höheren Zuspruch fanden und auch besser schmeckten, als neutral verpacktes Gemüse (Robinson u.a. 2007).

Schließlich setzt spätestens mit Beginn der Pubertät auch eine starke Präferenz für riskante Konsumprodukte wie Alkohol, Tabak und Glücksspiele ein. Kinder, die seit jeher Erwachsene nachahmen und sich nun körperlich zum Erwachsenen hin entwickeln, versuchen verstärkt sich auch durch Konsum „erwachsene" Verhaltensweisen zu eigen zu machen. Dies geschieht insbesondere mit solchen Konsumgütern, die ausschließlich Erwachsenen vorbehalten sind. Eine fatale Eigen-

---

3 Das beim Anblick von M&Ms ausgelöste Dominanzempfinden ist eine Art übergeordnetes Aggregat, in der empirischen Sozialforschung auch „Faktor" genannt, welches bspw. Gefühle von „Kontrolle", „eigener Wichtigkeit", „Autonomie" und „Einflussnahme" gegenüber einem abgebildeten Umweltreiz, hier den M&Ms, beinhaltet.

schaft dieser Konsumgüter besteht darin, dass deren Risiko für die Gesundheit nicht nach einem Konsumerlebnis spürbar wird, sondern sich die Risiken kumulieren müssen, bis aus vielen sehr kleinen Risikozunahmen ernstzunehmende Gesamtrisiken entstehen. Hinzu kommt, dass der Konsum von Gütern wie Tabak und Alkohol mit dem Risiko einer Sucht oder Habitualisierung verbunden ist. Damit laufen zwei Prozesse sehr ungünstig „gegeneinander": Einmal eine zu spät einsetzende Erkenntnis, dass ein bestimmter Konsum zu gesundheitlichen Beeinträchtigungen führen kann, und zweitens eine mögliche Konsumabhängigkeit, die empirisch gut dokumentiert umso früher und nachhaltiger etabliert ist, je früher der Konsum beginnt. Damit finden sich viele v.a. ältere Personen in Lebenssituationen wieder, in denen sie aufgrund gesundheitlicher Einbußen gerne ihren Konsum einschränken oder beenden würden, dies aber aufgrund starker habitueller Fesseln, die in Kindheit und Jugend initiiert wurden, nicht mehr vermögen.

Daraus lässt sich wiederum ableiten, dass im Zeitfenster von Kindheit und Jugend ein bestmöglicher Schutz vor suggestiven Einflüssen, die gefährlichen Konsum begünstigen, erfolgen sollte. Empirisch zeigt sich nämlich, dass die Wahrscheinlichkeit mit gefährlichem Konsum wie Rauchen oder exzessivem Alkoholkonsum zu beginnen, nach dem 21. Lebensjahr nahe Null liegt, wenn bis dahin auf Rauchen und Alkoholkonsum verzichtet wurde. Schließlich erklärt sich die steigende Risikoaffinität auch aus neuroökonomischer Sicht: Kinder gelangen mit Erreichen des 10. bis 11. Lebensjahres in eine Phase des sogenannten „Synaptic Pruning". In dieser Phase werden sämtliche nicht genutzten Synapsen (also Verbindungen zwischen den Nervenzellen im Gehirn) eliminiert, um das Gehirn effizienter zu machen. Ebenso werden auch Teile des inneren „Belohnungssystems" umgebaut, das eine zentrale Rolle in der Erklärung menschlichen Verhaltens, v.a. des Lernens einnimmt (vgl. Effertz 2008). Kinder und Jugendliche versuchen, diesen Deprivationszustand verloren gegangenen Belohnungserlebens durch riskante Konsumerlebnisse zu kompensieren.

Ein in der Entwicklungspsychologie und Pädagogik häufig genutzter Begriff und Ansatzpunkt erzieherischen Handelns ist die „Resilienz" des Kindes, also die Widerstandsfähigkeit gegenüber schädlichen Einflüssen, die es zu stärken gilt. Zwar ist dies gezielt durchaus möglich; dennoch scheint es angebracht auch deutlich zu machen, dass sich ganz verschiedene Einflüsse auf potenzielle Verhaltenspräferenzen auswirken. So sind z.B. neben dem Elternhaus auch das weitere soziale Umfeld, Schule und Unterricht, Enkulturation der Kinder, politische Rahmenbedingungen und genetische Dispositionen wie inhärente Suchtentwicklungsneigungen bestimmende Faktoren dafür, ob ein Kind mit gefährlichem Konsum beginnt und diesen verstetigt. Das Ausmaß des Kindermarketings ist dabei kein zu vernachlässigender Faktor. Ein Kind aus sozial benachteiligten Verhältnissen wird eventuell weniger über ein Elternhaus verfügen, das adäquate Sozialisationsbedingungen bieten kann. Dies in vielen Fällen schon deshalb, weil Eltern mit niedrigem Einkommen zur Sicherung des Lebensunterhaltes die Kinder tagsüber eher ohne Betreuungsverhältnis sich selbst überlassen müssen. Gerade diese Kinder sind dann besonders anfällig für werbeinduzierte Wünsche, da das familiäre Umfeld diese nicht kompensieren kann. Und selbst wenn ein Kind über ein gewisses Maß an Widerstandskraft und Werbeskepsis verfügt: das ubiquitäre und stark frequentierte Kindermarketing funktioniert so gut, dass eine Konsumnachfrage bereits allein durch stetige Wiederholung erzeugt werden kann, je nachdem wie stark die anderen eben genannten Faktoren begünstigend oder hemmend daran mitwirken.

REGULIERUNG DES KINDERMARKETINGS

Insgesamt kann die vorherrschende Situation in Deutschland aus einer betriebswirtschaftlichen wie ökonomischen Logik heraus nicht überraschen: In Deutschland ist Kindermarketing grundsätzlich gesetzlich erlaubt. Es bestehen lediglich einige Einschränkungen, wie etwa das Verbot im Jugendmedienschutz-Staatsvertrag, Kinder direkt zum Kauf aufzufordern und der faktisch kaum greifbare §3 des Gesetzes gegen den unlauteren Wettbewerb, die Leichtgläubigkeit von schutzbedürftigen Verbrauchergruppen nicht auszunutzen. Tabakwerbung ist ebenfalls stark eingeschränkt, erreicht Kinder aber dennoch, etwa ab 18:00 Uhr in Kinovorstellungen oder ganz allgemein in der Außenwerbung, die in Deutschland als letztem EU-Land momentan noch uneingeschränkt erlaubt ist.

Weiterhin sind Kinder aus den dargestellten Gründen die wichtigste Zielgruppe des Marketings; auf eine Ansprache der Kinder zu verzichten stellt daher eine Gefahr für Absatz, Umsatz und Marktanteile dar, selbst wenn sich wirklich alle Unternehmen daran halten würden. Zahlreiche Urteile teils höchstrichterlicher Rechtsprechung (z.B. LG Kleve AZ8O6904, OLG Bremen AZ 2U68/04, OLG Frankfurt AZ 6U24/05, BGH AZ ZR 160/05) zeigen, dass eine Einschränkung des Kindermarketings, auch wenn sie nach wissenschaftlichen Erkenntnissen gerechtfertigt erscheint, nicht zu erwarten ist. Das durch Werbung erzeugte „Spannungsverhältnis zwischen Kind und Unternehmen" ist nach herrschender Rechtsauffassung gewollt. Damit besteht leider keine Möglichkeit in der jetzigen Situation durch die Rechtsprechung eine neue, die Kinder schützende Umwelt zu realisieren.

Bei freiwilligen, rechtlich nicht bindenden Selbstverpflichtungen, wie sie häufig von Seiten der Industrie angeregt werden, besteht der starke Anreiz zur Abweichung, um so gegenüber der Konkurrenz einen Wettbewerbsvorteil zu erhalten.

Es ist dabei auch nicht verwunderlich, dass die freiwilligen Selbstverpflichtungen meist Maßnahmen oder Ankündigungen enthalten, die für den Umsatz tendenziell belanglos sind. Würde ein Manager tatsächlich Maßnahmen beschließen, die den Umsatz nachhaltig schmälern: er würde seine Position wahrscheinlich nicht lange halten können. Das bei Aktionären wesentliche Ziel, den Unternehmenswert und damit den Wert des eigenen Aktienvermögens zu maximieren, ist allein schon aufgrund der heutigen Kapitalmarktstrukturen zwingend, da moralisches oder unmoralisches Handeln nicht gesondert entlohnt wird. Dadurch reduzieren sich freiwillige Selbstverpflichtungen zu einer recht unglaubwürdigen PR-Maßnahme, die zum einen suggerieren soll, hier handelten verantwortungsvolle Unternehmen, denen die Gesundheit der Kinder – zumindest auch – am Herzen liegt, aber zum anderen – viel wichtiger – rechtlich bindende Regelungen verzögert, da Selbstverpflichtungen seitens der Politik immer wieder als ausreichend angesehen werden.

Vielfach werden auch Warnhinweise vorgeschlagen, die, wie etwa für Tabakprodukte auf der Verkaufsverpackung angebracht, Kinder und Eltern auf mögliche negative Konsequenzen aufmerksam machen und dadurch den Konsum einschränken sollen. Leider zeigt sich, dass viele Warnhinweise die Attraktivität des Produktes durch die Etikettierung im Sinne einer „verbotenen Frucht" eher erhöhen (Effertz u.a. 2014) oder in der Werbung nicht wahrgenommen werden. Unternehmen können Warnhinweise im Zweifelsfall durch geschicktes flankierendes Design deutlich „entschärfen". Die allgemeine Effektivität von Informationskampagnen ist mehr oder weniger nichtig. Können tatsächlich einmal kleine signifikante Effektgrößen einer präventiven Wirkung auf gefährlichen Konsum bei Kindern gemessen werden, ist dies wenn überhaupt nur bei teuren, aufwendigen und lang anhaltenden Interventionen messbar. Daher könnte politisch im Prinzip auf alle Präventionsinitiativen zum Warenkonsum, die allein auf Informationsvermittlung beruhen, verzichtet werden. Es ist außerdem utopisch, den milliardenschweren Werbebudgets von Unternehmen mit Schulunterricht und vereinzelten Kampagnen entgegenwirken zu wollen.

Damit ist auch verständlich, warum sich die werbenden Industrien bevorzugt für eine Informationsvermittlung einsetzen: die Erfolgsaussichten, dass diese zu geringerem Nachfrageverhalten der Kinder und geringerem Umsatz führt, sind nahezu nichtig. Nach Ansicht der Industrie sind es die Eltern, denen die Verantwortung für den erfolgreichen oder weniger erfolgreichen Umgang ihrer Kinder mit Kindermarketing und Konsumangeboten obliegt. Wer bei einer solchen Sicht die negativen Konsequenzen am stärksten zu tragen hat, sind gemäß des bereits vorgestellten multifaktoriellen Modells sich in der Zeit kumulierender Einflüsse vor allem Kinder aus unteren sozialen Schichten, deren Resilienz vergleichsweise geringer ist.

Dabei wäre es relativ leicht, die Probleme des Kindermarketings zu lösen, indem die gezielte Ansprache von Kindern durch Werbung insbesondere für ungesunde Lebensmittel verboten würde. Dies alleine würde zu deutlichen Rückgängen bei Übergewicht und Adipositas von Kindern führen. Wichtig wäre dabei, ein Verbot der an Kinder gerichteten Werbung so auszugestalten, dass erstens sowohl auf die inhaltliche Ausgestaltungen der Werbung abgestellt wird, aber zweitens auch dann Werbung für ungesunde Lebensmittel zu verbieten, wenn diese von besonders vielen Kindern gesehen wird, denn Kinderwerbung findet letztlich dort statt, „wo Kinder sind".

Richtige Präventions- und Gesundheitspolitik zur Verhinderung der großen gesundheitlichen und damit auch ökonomischen Belastungen der heutigen Zeit muss bei den Kindern ansetzen und diese bestmöglich vor Einflüssen des Kindermarketings schützen. In einer kürzlich im Rahmen des „Gesundheitsmonitors" durchgeführten Befragung (Effertz 2015b) zeigte sich, dass mehr als zwei Drittel der Befragten einer Einschränkung des Kindermarketings eher oder sogar sehr zustimmen. Diese Zustimmung zeigte sich in allen sozioökonomischen Schichten und bei den Wählern aller politisch relevanten Parteien in Deutschland. Sowohl aus ökonomischer, aber auch politischer Sicht wäre eine deutliche Kursänderung für einen besseren Kinder- und Jugendschutz dringend erforderlich.

LITERATUR

Effertz, Tobias (2008): Kindermarketing – Analyse und rechtliche Empfehlungen. Frankfurt am Main u.a.: Peter Lang.

Effertz, Tobias (2015a): Die ökonomischen Kosten gefährlichen Konsums. Frankfurt am Main u.a.: Peter Lang.

Effertz, Tobias (2015b): Rolle und Akzeptanz der Prävention von schädlichen Lifestyle-Einflüssen in der Bevölkerung. In: Böcken, Jan/Braun, Bernard/Meierjürgen, Rüdiger (Hg.): Gesundheitsmonitor 2015. Gütersloh: BertelsmannStiftung.

Effertz, Tobias/Wilcke, Ann-Christin (2012): Do TV-Food-Commercials target children in Germany? In: Journal of Public Health Nutrition, Jg. 15, Heft 8, S. 1466-1473.

Effertz, Tobias/Franke, Marie-Kristin/Teichert, Thorsten (2014) Adolescents' assessments of advertisements for unhealthy food: An example of warning labels for soft drinks. In: Journal of Consumer Policy, Jg. 37, Heft 2, S. 279-299.

Featherstone, Mike (2007): Consumer Culture and Postmodernism. London u.a.: Sage.

Jacobi, Frank/Wittchen, Hans-Ulrich/Hölting, Christoph/Höfler, Michael/Pfister, Hildegard/Müller, Norbert/Lieb, Roselind (2004): Prevalence, co-morbidity and correlates of mental disorders in the general population: results from the German Health Interview and Examination Survey (GHS). In: Psychological Medicine, Jg. 34, Heft 4, S. 597-611.

Kasser, Tim/Rosenblum, Katherine L./Sameroff, Arnold J./Deci, Edward L./Niemiec, Christopher P./Ryan, Richard M./Árnadóttir, Osp/Bond, Rod/Dittmar, Helga/Dungan, Nathan/Hawks, Susan (2014): Changes in materialism, changes in psychological well-being: Evidence from three longitudinal studies and an intervention experiment. In: Motivation and Emotion, Jg. 38, Heft 1, S. 1-22.

McCarthy, E. Jerome (1996): Basic Marketing: A Managerial Approach. 12. Auflage. Homewood: Irwin.

McNeal, James U. (1992): Kids as Customers: A Handbook of Marketing to Children. New York: Lexington books.

Osgood, Charles E./Suci, George J./Tannenbaum, Percy H. (1957): The Measurement of Meaning. Urbana: University of Illinois Press.

Pieters, Rik (2013): Bidirectional Dynamics of Materialism and Loneliness: Not Just a Vicious Cycle. In: Journal of Consumer Research, Jg. 40, Heft 4, S. 615-631.

Robinson, Thomas N./Borzekowski, Dina L.G./Matheson, Donna M./Kraemer, Helena C. (2007): Effects of Fast Food Branding on Young Children's Taste Preferences. In: Archives of Pediatrics and Adolescent Medicine, Jg. 161, Heft 8, S. 792-797.

Schor, Juliet B. (2004): Born to Buy: The Commercialized Child and the New Consumer Culture. New York: Scribner.

Die Kommerzialisierung kindlichen Sammelns

Beobachtungen zum Aufwachsen von Kindern in der Welt der Dinge

Ludwig Duncker

Die Sammelaktivitäten im Kindesalter zählen zu den noch wenig untersuchten Gebieten in der Kindheitsforschung. Es gibt nur eine sehr überschaubare Anzahl von Studien, die nicht nur versucht haben, die phänomenologische Vielfalt kindlichen Sammelns zu beschreiben, sondern auch nach den Gründen und Motiven zu suchen, die erklären könnten, was Kinder an ihren Sammelstücken so fasziniert. Inzwischen gibt es in den Erziehungswissenschaften eine neue Diskussion über eine „Pädagogik der Dinge" (Nohl 2011), über „Kinder und Dinge" (Schachtner 2014) und den „Bildungswert der Dinge" (Dörpinghaus/Nießeler 2012). In diesen Diskursen bildet sich gleichsam ein „material turn" ab, in dem die Aufmerksamkeit gegenüber den Gegenständen, die im Zusammenhang des Aufwachsens von Kindern stehen, wieder eine stärkere Bedeutung zukommt. Seit der Schrift von Martinus J. Langeveld aus dem Jahr 1955, in der er „das Ding in der Welt des Kindes" thematisiert hat, waren die pädagogischen Relationen zwischen Kindern und ihrer gegenständlichen Umwelt – man muss fast sagen über Jahrzehnte hinweg – zugunsten anderer Aufmerksamkeiten weitgehend übergangen worden. Eher sozialisationstheoretisch profilierte Studien liegen von Ulf Preuß-Lausitz u.a. (1991) vor, die Kindheit im intergenerationellen Vergleich untersuchen, ohne jedoch auf generationsspezifische Aspekte des Sammelverhaltens von Kindern einzugehen.

Im Folgenden werden Ergebnisse zweier Studien vorgestellt, die an den Universitäten Leipzig und Gießen durchgeführt wurden. Es ging dabei darum, die Vielfalt kindlicher Sammelaktivitäten zu beschreiben und pädagogisch zu interpretieren. Die Studien stellen einen Beitrag zu einer pädagogischen Anthropologie dar, die versucht, jene Bedeutungen zu erfassen, die die Sammlungen für die Kinder selbst haben, welchen Stellenwert sie für die eigenständige Aneignung von Wirklichkeit sowie für die Entfaltung von Bildungsprozessen einnehmen. Es zeigt sich dabei, dass die Sammlungen der Kinder nicht als belanglose Nebensache abgetan werden dürfen, sondern interessante Einblicke in die Kindheit erlauben und dass sie für das Verständnis kindlichen Lernens wichtig sind.

In einem ersten Teil meiner Ausführungen sollen zunächst einige grundlegende Aspekte einer Anthropologie des Sammelns angesprochen werden, die es erlauben, Sammelaktivitäten als einen *Prozess der Selbstbildung* von Kindern zu verstehen. In einem zweiten Teil möchte ich dann genauer auf die *kommerziellen Einflüsse* eingehen, die sich im Sammelverhalten von Kindern in einer zunehmenden Deutlichkeit abbilden.

Grundlage meiner Ausführungen sind Befragungen von insgesamt über 630 Kindern im Grundschulalter. Die beiden Studien wurden im Abstand von knapp 20 Jahren durchgeführt. In Leipzig wurden im Jahr 1994 80 Kinder befragt (vgl. Duncker/Frohberg/Zierfuß 1999), in Gießen waren es in den Jahren 2012 und 2013 über 550 Kinder (vgl. Duncker/Hahn/Heyd 2014). Die Kinder wurden in Grundschulen angesprochen und für die Durchführung leitfadengestützter Interviews gewonnen. Auch wurden die Sammlungen fotografisch festgehalten und dokumentiert.[1] Durch den zeitlichen Abstand von knapp 20 Jahren zwischen den beiden Studien, denen ein fast identischer Leitfaden zugrunde lag, entsteht die Möglichkeit Vergleiche anzustellen. In Bezug auf die Kommerzialisierung kindlichen Sammelns lassen sich damit interessante Erkenntnisse gewinnen.

VOM BILDUNGSWERT DES SAMMELNS

Der Bildungswert des Sammelns kann in vier Dimensionen erfasst werden. Diese vier Dimensionen sollen hier in der gebotenen Kürze angesprochen werden und greifen im Wesentlichen Thesen auf, die ich an anderer Stelle detaillierter erörtert habe (vgl. Duncker 2014).

Sammeln als interessegeleitete Tätigkeit

In allen Gesprächen, die wir mit Kindern geführt haben, wird deutlich, dass das Sammeln aus eigenem Antrieb erfolgt und nicht etwa durch Erwachsene ange-

---

1 Alle Abbildungen dieses Beitrags sind dem Buchtitel Duncker/Hahn/Heyd (2014) entnommen.

ordnet wird. Sammeln ist also keine verordnete Tätigkeit, sondern erfolgt freiwillig und selbsttätig. Vermutlich würde eine Anordnung durch Erwachsene auch erfolglos bleiben. Es kommt niemand auf die Idee, einem Kind den Auftrag zu erteilen, dass es ab sofort bestimmte Dinge zu sammeln habe. Dinge, die nicht die Aufmerksamkeit eines Kindes wecken, werden nicht in seine Sammlung aufgenommen. Es entwickelt sich nicht jene Intensität und Leidenschaft, die das Sammelverhalten erst begründen. Aber gerade weil das Sammeln in hohem Maße eigenen Impulsen folgt, ist es als Thema für die Kindheitsforschung so aufschlussreich. Wir erfahren etwas über kindliche Aufmerksamkeiten, über ihre Wahrnehmungen und Wünsche, über ihre Vorlieben und Interessen. Sammlungen geben uns Auskunft darüber, was den Kindern in der Welt der Dinge wichtig erscheint, womit sie sich gerne beschäftigen, was sie gerne besitzen wollen. Sammlungen eröffnen uns deshalb gleichsam Fenster, die uns Blicke in die Innenseite der Kindheit erlauben.

Abb. 1

Der hohe Grad an Eigenständigkeit kindlichen Sammelverhaltens bedeutet aber nicht, dass Sammlungen nicht auch auf Nachahmungen beruhen können. Kinder lassen sich gerne anstiften von anderen Kindern, deren Sammlungen sie bewundern. Sie sind neugierig auf Dinge, die anderen Kindern wichtig sind. Aber der Aufbau eigener Sammlungen erhält in der Regel schnell eine individuelle Ausprägung. Die Sammelthemen werden variiert, erhalten eine eigenständige Weiterführung und Vertiefung. Die Bestände beginnen sich recht bald in Umfang, Qualität und Spezialisierung zu unterscheiden, sodass viele kindliche Sammlungen vielleicht thematische Ähnlichkeiten aufweisen, nie aber identisch sind. Sammlungen können deshalb als Spiegel eigenständiger kindlicher Individualität und als Ausdruck persönlichen Interesses gelten.

Der Erwerb ästhetischer Erfahrung

Wer Kinder danach fragt, warum sie sammeln, erhält unspezifische Antworten: „Weil's schön ist", „weil's Spaß macht". Genauere Auskünfte sind selten zu hören. Die Sprache versagt hier, die Kinder finden keine Worte, wie sie das Faszinierende ihrer Sammlungen und die Beschäftigung mit ihnen differenzierter formulieren könnten. Erst in der Beschreibung einzelner Sammelstücke und der Benennung besonderer Merkmale verwenden sie Begriffe, die etwas darüber mitteilen, wovon sie sich im Einzelnen angesprochen fühlen. Dies verweist darauf, dass es zunächst immer die *ästhetischen Reize* sind, die von den Dingen ausgehen und die auf ein spezifisches *Bedürfnis nach Resonanz* in der Wahrnehmung und die Aufmerksamkeit der Kinder stoßen. Es sind die Farben und Formen, die haptischen Eigenschaften und figuralen Erscheinungen, welche die Kinder ansprechen und den Wunsch auslösen, die Dinge in die Hand zu nehmen, sie intensiv zu betrachten und auch zu besitzen, schon allein deshalb, um sie jederzeit verfügbar zu haben und sich immer wieder neu an ihnen zu erfreuen. Der Besitz der Sammlung erfüllt die Kinder mit Stolz.

Abb. 2

Was den ästhetischen Reiz der Dinge ausmacht, bleibt für den erwachsenen Beobachter oft ein Geheimnis. Nicht immer ist es die „Lieblingsfarbe Glitzer", nicht immer das „weiche Fell" der Teddys, auch nicht die relative Größe, die einzelne

Sammelstücke zum Lieblingsobjekt machen. Es ist nicht einmal bei jeder Sammlung der Fall, dass ein Lieblingsstück benannt wird, weil, wie es ein Kind formuliert hat, „alle Stücke gleich schön" sind. Die Vielfalt der Sammelthemen zeigt eine prinzipiell unerschöpfliche Neugier der Kinder, die an noch so ausgefallenen Gegenständen Interesse finden können. Radkappen alter Autos und Füllerpatronen, Zuckertütchen und Bierdeckel, Streichholzschachteln und Kugelschreiber – nichts ist vor dem Zugriff kindlicher Aufmerksamkeiten sicher.

Man darf vermuten, dass im Sammelverhalten ein Bedürfnis nach ästhetischer Erfahrung zum Ausdruck kommt. Der Fund von Sammelobjekten löst Erlebnisse der Faszination aus, welche die Kontinuität und Stetigkeit gewohnter Abläufe im Alltag eines Kindes unterbrechen und ihm Gelegenheit bieten, staunend inne zu halten. Das Staunen ist als eine Form ästhetischer Hingabe zu verstehen. Zunächst bedeutet es eine gerichtete Aufmerksamkeit auf ein Objekt, auf eine Person oder auf eine Situation, die mit großer Intensität wahrgenommen wird. In der Hingabe an die Dinge der Sammlung wird für die Kinder eine erfüllte Gegenwart greifbar, deren Intensität auch Momente des Glücks und der Freude enthalten.

Sammeln ermöglicht die Wiederholung ästhetischer Erfahrung und die Bestätigung des Wunsches, das Beglückende der Begegnung noch einmal zu durchleben und auszukosten. Deshalb kann es auch sein, dass Sammlungen im Lauf der Zeit ihren Reiz verlieren. Wenn der ästhetische Reiz erlischt, kann auch das Interesse an dem Sammelthema verloren gehen und das Ende der Beschäftigung mit der Sammlung einleiten.

Wissenserwerb und forschendes Lernen

Sammelnde Kinder werden zu Experten in einem Fachgebiet. Sie erwerben ein Wissen über die Vielfalt und Erscheinungsformen ihrer Gegenstände. Sie lernen im genauen Betrachten ihrer Bestände die vielen kleineren und größeren Unterschiede der Dinge kennen. Schon die Entscheidung, welcher Gegenstand in die eigene Sammlung aufgenommen wird, setzt voraus, dass sie sich mit den Eigenschaften auseinandersetzen und Qualitätsmerkmale finden, die den Wert eines Sammelstücks bestimmen. Für einen erwachsenen Briefmarkensammler kann es bspw. wichtig sein, ob an einer Briefmarke eine Zacke fehlt oder nicht, für Kinder ist dies oft irrelevant. Für sie kann der Wert einer Briefmarke schon durch das abgebildete Motiv begründet sein, also die Lokomotive, das Tier oder die Blume.

Wissenserwerb beginnt mit dem genauen Betrachten und Untersuchen eines Sammelstückes. Dabei entstehen genaue Beschreibungen und die Entwicklung einer Fachterminologie, mit der sich die individuellen Merkmale oder auch die Gruppenzugehörigkeit der Dinge bezeichnen lassen. So haben Kinder in einer Stickersammlung bspw. „Stoffies", „Rundies", „Glitzis", „Bunties" und „Leuch-

ties“ unterschieden, womit sie Rubriken bilden, denen neue Erwerbungen zugeordnet werden können.

Abb. 3

Das Ordnen zählt deshalb zu den wichtigen Beschäftigungen im Umgang mit
den Sammlungen. Ordnungen werden in der Regel aus den vorhandenen Sammelstücken heraus entwickelt. Nur bei kommerziell gesteuerten Sammlungen sind die
Ordnungen meistens schon vorgegeben, bspw. durch ein Sammelalbum, in das
die erworbenen Klebebilder an der vorhergesehen Stelle eingefügt werden müssen.
Solche Sammlungen verlieren schnell ihren Reiz, wenn die Vollständigkeit hergestellt und das Album vollgeklebt ist. Eine Erweiterung ist dann nicht mehr möglich, das Thema ist abgeschlossen. Anders ist es bei thematisch offenen Sammlungen, in denen eine Abschließbarkeit kaum erreichbar ist. Hier entwickeln sich
Ordnungssysteme aus dem gefundenen Material heraus. Gemeinsame Merkmale
definieren Gruppenzugehörigkeiten. Kinder entdecken, dass es oft mehrere Möglichkeiten gibt, Gemeinsamkeiten zu bestimmen und Ordnungen herzustellen. Das
Ordnen wird deshalb zu einer kreativen Tätigkeit, die im spielerischen Umgang
Zusammengehörigkeiten erst stiftet. Die Herstellung einer Ordnung wird deshalb
als ein konstruktiver Akt erfahren. Vorgänge des Ordnens und Umordnens gehören immer zusammen. Eine gefundene Ordnung wird ab und zu aufgelöst, wobei
die Umordnung neue Zusammenhänge zwischen den Stücken der Sammlung herstellt und damit neue Bedeutungen generiert.

Der Erwerb von Kenntnissen über Sammelgebiete, das Benennen und Ordnen der Dinge, die Verständigung über Fachbegriffe, über Vorkommen und Fundorte kann als wissenschaftspropädeutisch bedeutsames, forschendes Lernen gelten.

Biografische und kulturelle Erinnerung

Wer mit Kindern Gespräche über ihre Sammlungen führt, kann feststellen, dass sie sich oft sehr genau daran erinnern, wie die einzelnen Dinge in die Sammlung kamen, von wem sie geschenkt, mit wem sie getauscht oder wo sie gefunden wurden. Die Kinder kennen die Entstehungsgeschichte und können mit zahlreichen Anekdoten aufwarten. Sie erzählen von der Mühe und Anstrengung beim Suchen oder vom glücklichen Zufall eines Fundes. Sammlungen tragen ihre eigene Geschichte in sich, die auch signifikante Lebensspuren der Kinder abbildet. Die einzelnen Sammelstücke spiegeln einen Ausschnitt biografischer Erfahrung, die durch die Präsenz der Sammelstücke erinnerbar bleibt. An jedem einzelnen Stück der Sammlung kann eine Erinnerung rekonstruiert werden, die wohl ohne die Sammelstücke nicht aufbewahrt würde. Insofern sind die Dinge der Sammlung gleichsam Zeugen einer Vergangenheit, die ohne die Gegenwart der Dinge selbst wohl kaum erinnerbar wäre.

Die Sammlungen bilden ähnlich wie ein Tagebuch eine Art Text, der die Vergangenheit nachlesbar macht, auch wenn die Lettern in ihren symbolischen Verweisen auf die Vergangenheit oft nur für den Besitzer selbst entzifferbar sind. Sammlungen bilden eine Art Zwischenfeld zwischen mündlicher und schriftlicher Überlieferung. Sammlungen, die eine Erinnerung festhalten, bewegen sich zwischen dem Anspruch an die objektive Darstellung vergangener Ereignisse, wie sie in Texten gefasst sind und den flexiblen, flüchtigen und auf die Gegenwart ausgerichteten Erzählungen oraler Überlieferung. Als Sammelstücke liegen die Dinge in einer phänomenologischen Greifbarkeit da, die Erinnerung hängt an ihnen und kann nicht einfach auf andere Sammelstücke übertragen werden. Darin markieren sie einen objektiven Anspruch. Andererseits bleibt die Erinnerung nur für den Eigner oder Kenner der Sammlung lesbar. Außenstehende Betrachter können den Subtext der Erinnerung nicht decodieren und bleiben auf die Erzählung des Insiders angewiesen.

Noch ein anderer Aspekt ist hier von Bedeutung: Das Sammeln erfordert zahlreiche Entscheidungen, was in die Sammlung aufgenommen werden soll und was nicht. Bei jedem einzelnen Stück muss geprüft werden, ob es in den Bestand der Sammlung integriert werden soll. In dieser Entscheidung ist gleichzeitig eine Entscheidung darüber enthalten, was erhaltenswert und tradierungswürdig ist, was wichtig oder eben vernachlässigbar ist. An Dinge, die weggeworfen werden, will man sich gar nicht mehr erinnern. Man belastet weder die Sammlung noch das eigene Gedächtnis gern mit Dingen, die wertlos erscheinen und weder für den Bestand der Sammlung noch für die eigene Lebensgeschichte belangvoll sind. Gesammelt werden Dinge, die für den/die Sammler*in bedeutsam sind und an die er oder sie sich gerne erinnern möchte.

Abb. 4

Zusammenfassend lässt sich im Durchgang durch die vier ausgewählten Dimensionen einer Anthropologie kindlichen Sammelns behaupten, dass es sich hier um eine *bildende und identitätsstiftende Tätigkeit* handelt, die Spiegel ist von einer eigenen *Kultur des Kindes*. Allerdings ist anzumerken, dass nicht alle vier Dimensionen in jeder einzelnen Sammlung in gleicher Weise und in derselben Intensität und Ausprägung zum Tragen kommen. Es gibt Sammlungen, in denen einzelne Dimensionen kaum erkennbar sind oder in denen auch einzelne Dimensionen ganz im Vordergrund stehen. Es wird zu überlegen sein, wie der kommerzielle Einfluss sich auf die verschiedenen Dimensionen auswirkt.

KOMMERZIELLE EINFLÜSSE AUF SAMMLUNGEN VON GRUNDSCHULKINDERN

Ich möchte nun in einem zweiten Teil auf die inhaltlichen Bestände der Sammlungen von Kindern eingehen, um daran kommerzielle Einflüsse zu verdeutlichen.

Es handelt sich hier um eine Sekundäranalyse der beiden Studien, die die kommerzielle Bedingtheit der Sammlungen erfassen und bewerten will. Es lassen sich sowohl in der Leipziger wie auch in der Gießener Studie folgende Gruppen von Sammelthemen unterscheiden:

- *Fundstücke aus der Natur*: Hierzu zählen bspw. die Sammlungen von Steinen, Muscheln, Schneckenhäusern, Mineralien, Blätter, die gepresst werden, Vogelfedern usw.
- *Eigene künstlerische Produkte und Trophäen aus Wettbewerben*: Hierzu gehören Medaillen, Urkunden, Pfadfinderabzeichen, Pokale, Tonarbeiten, eigene Bilder usw.
- *Nutzlos gewordene Dinge und Abfallprodukte*: Dies sind Kronkorken, Briefmarken, altes Geld, Postkarten, Klopapierrollen, Radkappen, Bierdeckel usw.
- *Alltagsgegenstände*: Gesammelt werden Bleistifte, Kugelschreiber, Knöpfe, Armbänder, Magnete, Becher, Radiergummis, Feuerzeuge, Angelzeug usw.
- *Gekauftes Spielzeug, Schmuck und Lektüre für Kinder*: Erworben werden z.B. Lego-Steine, Modellautos, Kuscheltiere, Murmeln, Barbiepuppen, Kinderzeitschriften, Comic-Hefte, Ohrringe, Luftballons
- *Für Sammelzwecke produzierte Waren und Fanartikel*: Hierzu zählen Sticker, Überraschungseierfiguren, Schlümpfe, Fußballkarten, Filly-Pferde, Pokemon-Karten, Alles über Take That, Sachen von Michael Schumacher, Lillifee-Sachen usw.

HÄUFIGKEITSVERTEILUNG VON SAMMELTHEMEN

Eine quantitative Darstellung ergibt die folgende Tabelle (Abb. 5). Anzumerken ist, dass die Gesamtzahl die Anzahl 630 übersteigt, weil viele Kinder gleichzeitig mehrere Sammlungen haben: Die beiden rechts hervorgehobenen Spalten (Zeilen 5 und 6) zeigen die Anteile der Sammlungen, die in hohem Maße unter kommerziellem Einfluss stehen und die deshalb nur käuflich erwerbbar sind. Alltagsgegenstände (Zeile 4) kann man zwar auch kaufen, jedoch richten sich die Produkte nicht an Kinder, und sie werden auch nicht für Sammelzwecke produziert. Fasst man die professionell hergestellten Waren für Kinder (Spielzeug, Bücher und Zeitschriften für Kinder) sowie Produkte zusammen, die speziell zum Sammeln hergestellt und verkauft werden, so lässt sich eine deutliche Veränderung erkennen. Vergleicht man die Untersuchungen aus Leipzig und Gießen, so ergibt sich im Jahr 1994 ein kommerzieller Anteil von 49 % und im Jahr 2012/13 ein kommerzieller Anteil von knapp 73 %. Dies bedeutet einen Zuwachs von ca. 47 %.

		Leipzig 1994 N = 160 (in %)		Gießen 2012/13 N = 565 (in %)	
Sammelthemen **ohne** kommerziellen Einfluss	Fundstücke aus der Natur	27 (17 %)		81 (14 %)	
	Eigene Produkte/ Trophäen	2 (1 %)	**Summe 82 (51 %)**	14 (2,5 %)	**Summe 155 (27,5 %)**
	Nutzlose Dinge/ Abfalldinge	42 (26 %)		29 (5 %)	
	Alltagsgegenstände	11 (7 %)		31 (5,5 %)	
Sammelthemen **mit** kommerziellem Einfluss	Produkte für Kinder (Spielzeug, Lektüre, Schmuck)	25 (16 %)	**Summe 78 (49 %)**	143 (25 %)	**Summe 410 (72,5 %)**
	Kommerzielle Produkte zum Sammeln, Fanartikel	53 (33 %)		267 (47 %)	

Abb. 5

PÄDAGOGISCHE INTERPRETATION DER ERGEBNISSE – THESEN

Ich will versuchen, mit einigen Thesen die Bedeutung unserer Studien für die Kindheitsforschung zu interpretieren. Einige Beispiele aus unseren Gesprächen mit den Kindern sollen die Aussagen illustrieren.

Die vier Dimensionen einer Anthropologie des Sammelns lassen sich in kommerziellen wie in nicht-kommerziellen Sammlungen identifizieren.

Die im ersten Teil skizzierten vier Dimensionen einer Anthropologie kindlichen Sammelns beziehen sich auf kommerzielle wie auch auf nicht-kommerzielle Sammelthemen. Die Ausprägungen und der Grad der Intensität variieren jedoch auf beiden Seiten. Zumindest lässt das gewählte Untersuchungsdesign unserer Studien hier keine trennscharfe Unterscheidung zu. Unsere Einsichten in die Kultur des

Sammelns selbst beruhen, daran sei nochmals erinnert, auf leitfadengestützten Interviews, wobei während des Gesprächs die Sammlung oder wenigstens ein Teil von ihr gezeigt und aufgestellt wurde. Die Gespräche dauerten etwa zwischen 30 und 60 Minuten.

- In Bezug auf die Kategorie des *Interesses* lassen sich keine Unterschiede feststellen. Es gibt bezüglich käuflich erwerbbarer Sammelstücke nicht von vorn herein ein größeres oder geringeres Interesse. Schon allein die Tatsache, dass eine Sammlung angelegt und gepflegt wird, belegt das Interesse der Kinder am Thema.
- *Ästhetische Erfahrungen* werden sowohl im Kontext kommerzieller wie nicht-kommerzieller Sammlungen erworben. Staunen, ästhetische Hingabe an die Sammelstücke, das Betrachten, Aufstellen und Spielen mit den Gegenständen geschieht aufgrund ästhetischer Reize, die von den Dingen ausgehen und die bei den Kindern eine Resonanz auslösen. Dies betrifft Steine, Muscheln und Kronkorken ebenso wie Lego-Modelle, Barbiepuppen und Filly-Pferde. Für Kinder ist auch „Kitsch" keine negative Kategorie. Sie lieben „Glitzer", rosa und knallbunt. Plüsch und Plastik werden genauso angenommen wie Dinge, die aus natürlichen Materialien bestehen.
- Auch die Dimension des Erwerbs von *Spezialkenntnissen* taugt nur ansatzweise bei der Unterscheidung kommerzieller wie nicht-kommerzieller Sammlungen. Wir finden kindliches Expertentum sowohl bei Sammlern von Mineralien, Tierknochen und Pferdebildern als auch bei Modellautos, Prinzessin-Lillifee-Sachen und Micky-Maus-Heften. Auch Schlumpf-Sammler erwerben Kenntnisse über Anzahl und Aussehen der verschiedenen Schlümpfe und darüber, wie schwierig einzelne Figuren zu bekommen sind und welche Märkte es dafür gibt. Nicht einmal Fußballfans oder Barbie-Puppen-Sammlerinnen kann man ein Expertentum absprechen.
- Es bleibt die Kategorie der *Erinnerung* und des biografischen und kulturellen Gedächtnisses. Auch hier müssen wir ernüchtert feststellen, dass sowohl Fundstücke aus der Natur, Alltagsgegenstände und nutzlos gewordene Dinge ebenso Erinnerungen repräsentieren können wie kommerziell erworbene Sammelstücke. Die Puppe, die Oma geschenkt hat, die Karten, die der Freund großzügig beim Tauschen dazu gelegt hat, das Abonnement der Comic-Hefte, das der Vater spendiert hat, die Sticker, die vom mühsam gesparten Taschengeld gekauft wurden usw. sind ebenso Zeugen einer Vergangenheit wie alte Streichholzschachteln, Knöpfe oder Zugfahrkarten.

Wenn wir bezüglich der Kategorien einer pädagogischen Anthropologie des Sammelns eine Differenzierung zwischen kommerziellen und nicht-kommerziellen

Sammelthemen nicht vornehmen können, was lässt sich dann über deren Unterschied überhaupt sagen?

Der Anteil kommerziell gesteuerter Sammlungen ist deutlich gestiegen.

Im Vergleich beider Studien zeigt sich eine Mischung aus Kontinuität und Wandel. Im Spiegel der beiden Erhebungen im zeitlichen Abstand von knapp 20 Jahren ist bei Kindern im Grundschulalter ein deutlicher Anstieg kommerziell geprägter Sammelthemen zu verzeichnen. Der Anteil industriell verfertigter und speziell auf kindliche Konsumwünsche zielender Gegenstände ist im Vergleich der beiden Studien um knapp 50 % gestiegen. Der Anteil von Fundstücken aus der Natur und von Alltagsgegenständen ist dagegen annähernd gleich geblieben. Überraschend ist auch, dass Sammlungen, die aus weggeworfenen oder nutzlos gewordenen Dingen bestehen, sehr deutlich von etwa 25 % auf 5 %, also um vier Fünftel gesunken sind. Aktuell beträgt der Anteil kommerziell gesteuerter Sammlungen ca. 73 %, also knapp drei Viertel (!) aller Themen.

In der Kindheit spiegeln sich Chancen und Risiken einer Konsumgesellschaft.

Die Sammlungen der Kinder mit dem hohen Anteil kommerziell geprägter Themen können als Konsequenz daraus verstanden werden, dass Kinder in Deutschland in einer Konsumgesellschaft aufwachsen. Eltern beziehen ihre Kinder in ihren Wohlstand mit ein und kaufen ihnen Dinge, die Kinder sehen und begehren. Kinder nehmen die Angebote, die man kaufen kann, wahr und lassen sich von einer speziell an sie ausgerichteten Werbung ansprechen. Es fließt zum Teil unglaublich viel Geld in einzelne Sammlungen. Dies erschließt den Kindern neue Möglichkeiten, materielle und ästhetische Bedürfnisse zu befriedigen. Ob man jedoch von Wohlstandsverwahrlosungen sprechen kann, die aus einer Überschüttung mit materiellen Gütern resultiert, ließe sich aus unseren Studien nicht erhärten. Im Gegenteil, es gibt auch Kinder, die sich dem Konsumzwang, der sich sozial in Freundschaftsgruppen und auf Schulhöfen vermittelt, widersetzen und in ihren Sammlungen bewusst auf nicht-kommerzielle Themen setzen. So sammelt z.B. ein Junge Tierknochen, die er mit seinem Hund auf Spaziergängen aufspürt. Er findet die Dinge, die man nur kaufen muss, um sie zu haben, langweilig. Darauf könne man nicht stolz sein. Oder ein Mädchen, das Papierservietten sammelt, sagt: „Ich wollte auch eigentlich nichts haben, wofür man so viel Geld ausgeben muss". Es gibt meines Wissens noch keine Resilienzforschung, die die Widerständigkeit gegen die Einflüsse und Zumutungen der Konsumgesellschaft bei Kindern untersucht hat. Dass es diese Widerständigkeit gibt, haben wir in unseren Gesprächen immer wieder angetroffen.

Geschlechtsspezifische Bevorzugungen sind bei vielen Sammelthemen erkennbar.

Kinder reagieren nicht nur hinsichtlich des Geldausgebens unterschiedlich. Mädchen und Jungen entwickeln teilweise verschiedene Interessen. So haben wir in unseren Gesprächen mit über 630 Kindern keine Mädchen angetroffen, die Modellautos sammeln und keine Jungen, die Barbie-Puppen haben. Ich kann hierfür keine Erklärung anbieten, nur würde ich es ablehnen, dies ausschließlich als Folge einer Sozialisation zu deuten, die nur auf die Reproduktion von Rollenklischees zielt. Sammeln ist, wie es schon weiter oben formuliert wurde, eine selbstgesteuerte Tätigkeit, und es scheint Dinge zu geben, von denen sich Mädchen mehr angesprochen fühlen als Jungen und umgekehrt. Geschlechtsspezifische Stereotype bilden sich deshalb in zahlreichen Sammelthemen ab, aber nicht in allen.

Abb. 6

Abb. 7

Abb. 8

Es gibt auch Themen, die sowohl von Jungen wie von Mädchen gesammelt werden, wie z.B. Fundstücke aus der Natur. Themen, die in extremer Weise Rollenklischees transportieren (Star Wars-Figuren, Wrestling-Karten, Hot Wheels-Autos, Gormiti), sind extrem selten. Für eine Dramatisierung der Gender-Frage sehe ich deshalb, was das Sammeln betrifft, auf der Grundlage unserer Studien wenig Anlass. Um ein Beispiel zu nennen: Als Sammler von Gormiti-Figuren haben wir nur einen einzigen Jungen und kein Mädchen ausfindig gemacht.

Die Sammlungen lassen eine aktive Aneignung der Wirklichkeit erkennen.

Auch dort, wo Kinder den Angeboten der Warenwelt erliegen und ihre Sammelthemen an den käuflich erwerbbaren Produkten ausrichten, sind Kinder nicht bloß passive Objekte und willfährige Opfer raffinierter Markt- und Werbestrategien. Auch die gekauften Dinge werden im Kontext der Beschäftigung mit den Sammelstücken aktiv angeeignet und in spielerische Handlungen eingebunden. Der Spielraum für eigene Phantasie mag bei crossmedial vernetzten Sammelthemen eingeengter sein, vor allem dort, wo entsprechende Filme auch die „Scripts" der Beschäftigung mit den Figuren beeinflussen. Die weit überwiegende Mehrheit der Aktivitäten ist jedoch von einem vielfältigen Umgang mit den Sammelstücken geprägt.

Paul, 6 Jahre alt, sammelt Bulldogs und Traktoren. Er hat sehr viele davon, auch solche, auf denen man sitzen und mit ihnen fahren kann. Durch ein Fenster der Wohnung beobachtet er oft die Bauern bei der Arbeit auf dem Feld, beim Maisernten oder beim Mähdreschen, und spielt dann, „dass das auch echt wäre". „Das Wohnzimmer, der Flur und die Küche, das nehme ich immer als Felder".

Die aktive Aneignung zeigt sich auch daran, dass die käuflich erworbenen Sammelstücke in Spiele eingebunden werden, die nicht nur Kopien vorgegebener Bilder und Szenen darstellen, sondern auch eigenständig verändert und variiert werden. Die Sammelstücke werden eingebunden in Phantasien und symbolische Zwischenwelten, die weder eine direkte Abbildung der realen Wirklichkeit darstellen noch eine reine Imitation von Szenen, die durch Werbematerialien vorgegeben sind. Es besteht kein Automatismus, der besagt, dass der Besitz klischeeanfälliger Spielsachen und Sammelgegenstände zwangsweise auch das Programm eines marktgesteuerten Sozialisationsprozesses darstellt.

„Geschlossene" Sammlungen legen einen konsumorientierten Umgang nahe.

Sogenannte „geschlossene" Sammlungen, also solche, die nur eine abzählbare Menge an Elementen enthalten können, gibt es nur im Kontext kommerzieller Angebote. Kartenspiele, Fußballbilder, Sticker-Reihen sind Beispiele solcher geschlossenen Sammlungen. Wenn alle Karten da sind und alle Alben vollgeklebt sind, ist die Sammlung vollständig. Der Reiz solcher Sammlungen besteht im Gegensatz zu offenen Sammlungen darin, möglichst schnell alle Stücke beisammen zu haben. Deshalb sind hier die Tauschaktivitäten auch besonders intensiv. Mehrfach vorhandene Exemplare bilden eine Tauschreserve, mit der man eine eigene Ökonomie des Sammelns instrumentiert. Allerdings erlischt das Interesse an solchen Sammlungen dann recht schnell, wenn man sozusagen „fertig" ist. Deshalb sind Sammlungen, die von Supermarktketten angestiftet werden, relativ kurzlebig. Sie werden von Warenhäusern nur wenige Wochen werbestrategisch genutzt und verschwinden dann längere Zeit bis zur nächsten Aktion. Fußballbilder gibt es meist nur im Zusammenhang einer Europa- oder Weltmeisterschaft, überraschenderweise noch nicht bei Fußballturnieren der Frauenmannschaften. Fußballstar-Alben anzulegen ist wahrscheinlich die denkbar phantasieloseste Art zu sammeln. Kaufen, tauschen und die Bilder an der richtigen Stelle einkleben erfordert kaum eigene Anstrengung. Spielen und Variieren ist auch nur sehr begrenzt möglich, so etwa der Einsatz als Tauschwährung auf dem Schulhof. Solche Sammlungen leben vom Starkult und dem gesellschaftlichen Hype bei entsprechenden sportlichen Anlässen. Hier finden wir deshalb bei Kindern auch am Wenigsten einen eigenständigen und individuell geprägten Umgang mit der Sammlung.

Sammlungen sind Ausdruck einer relativ eigenständigen Kultur der Kindheit.

Von den soeben angesprochenen wenigen Ausnahmen abgesehen ist folgendes festzuhalten: Sammlungen von Kindern spiegeln einerseits die sozialen und kulturellen Einflüsse der Umwelt, in der Kinder aufwachsen, andererseits dokumentieren sie auch den eigenständigen Zugriff und die individuelle Autonomie. Das Bedürfnis nach Selbstbehauptung und Darstellung eigener Identität wird aber oft auch in solchen Sammlungen deutlich, die kommerziell geprägt sind. Eine Kultur der Kindheit entfaltet sich dialogisch im Kontext einer materialen Kultur, von der die Kinder umgeben sind. Im Spannungsfeld zwischen Nachahmung und Eigenständigkeit, zwischen Imitation und Abgrenzung, zwischen gleich sein und doch auch anders sein wollen spiegeln die Sammlungen die Begegnung und Auseinandersetzung mit einer Welt der Dinge, die für die Kinder zunächst einmal grundsätzlich interessant ist und die sie animiert, für sie Bedeutsames auszuwählen. Im Umgang mit den Dingen werden neue Bedeutungen gestiftet, es entstehen originelle Sammlungen, die eine bildende Aneignung sichtbar machen.

LITERATUR

Dörpinghaus, Andreas/Nießeler, Andreas (Hg.) (2012): Dinge in der Welt der Bildung – Bildung in der Welt der Dinge. Würzburg: Königshausen & Neumann.

Duncker, Ludwig (1993): Mythos, Struktur und Gedächtnis. Zur Kultur des Sammelns in der Kindheit. In: Duncker, Ludwig/Maurer, Friedemann/Schäfer, Gerd E. (Hg.): Kindliche Phantasie und ästhetische Erfahrung. Wirklichkeiten zwischen Ich und Welt. 2. Auflage. Langenau-Ulm: Vaas, S. 111-133.

Duncker, Ludwig/Frohberg, Michaela/Zierfuß, Maren (1999): Sammeln als ästhetische Praxis des Kindes. Eine Befragung Leipziger Grundschulkinder. In: Neuß, Norbert (Hg.): Ästhetik der Kinder. Interdisziplinäre Beiträge zur ästhetischen Erfahrung von Kindern. Frankfurt am Main: Gemeinschaftswerk der Evangelischen Publizistik, S. 63-82.

Duncker, Ludwig (2014): Vom Reiz der Dinge – Kindersammlungen in pädagogischer Sicht. In: Duncker, Ludwig/Hahn, Katharina/Heyd, Corinna: Wenn Kinder sammeln. Begegnungen in der Welt der Dinge. Seelze: Friedrich Verlag, S. 12-21.

Duncker, Ludwig/Hahn, Katharina/Heyd, Corinna (2014): Wenn Kinder sammeln. Begegnungen in der Welt der Dinge. Seelze: Friedrich Verlag.

Langeveld, Martinus J. (1955): Das Ding in der Welt des Kindes. In: Zeitschrift für Pädagogik, Jg. 1, Heft 1, S. 69-83.

Nohl, Arnd-Michael (2011): Pädagogik der Dinge. Bad Heilbrunn: Klinkhardt.

Preuß-Lausitz, Ulf u.a. (1991): Kriegskinder, Konsumkinder, Krisenkinder. Zur Sozialisationsgeschichte seit dem Zweiten Weltkrieg. 3. Auflage. Weinheim/Basel: Beltz.

Schachtner, Christina (Hg.) (2014): Kinder und Dinge. Dingwelten zwischen Kinderzimmer und Fablab. Bielefeld: transcript.

Dinge, Leiblichkeit und Weltzugang

Fragen zur Ästhetik und Aisthesis von Kindheit und Jugend

AIDA BOSCH

Im folgenden Text werden zwölf Thesen und Fragen zu ästhetischen Ordnungen und Strukturen der sinnlichen Wahrnehmung in der heutigen Kindheit und Jugend entwickelt. Der hier gewählte Ansatz ist ein postkonstruktivistischer, leib-phänomenologischer, der die sinnlich-körperliche Dimension des Austauschs zwischen Subjekt und Welt in den Blick nimmt und dabei an zeitgenössische theoretische Strömungen wie den „New Materialism" und „New Vitalism" anknüpft. Der Körperleib und die materiale Dimension der Dinge sowie die Interaktionen zwischen diesen beiden stehen dabei im Fokus (zur Semantik von Leib und Körper vgl. Plessner 1982). Der phänomenologisch beschriebene Zusammenhang, die Verschränkungen zwischen dem Körperleib und den Dingen der Umgebung sind hierbei zentral (vgl. Merleau-Ponty 1976; Abram 2012).

Der Begriff der Ästhetik wird in dem hier dargestellten Ansatz in einer Doppelbedeutung sichtbar gemacht: Wenn wir von *Ästhetik* sprechen, ist die sinnhaft gegliederte Struktur der Zeichen und Sinnesdaten in ihrer kulturell eingebetteten „Lesbarkeit" angesprochen, eine präkognitive symbolische Ordnung, die sinnlich erfahren werden kann. Mit dem verwandten Begriff *Aisthesis* wird der Prozess der leib-sinnlichen Wahrnehmung selbst angesprochen, ein Prozess, der vom wahrnehmenden Subjekt ausgeht, und der nicht nur auf Wahrnehmung oder gar kognitive Zeichendeutung reduziert werden kann, sondern ein präsentisches Element, ein sinnliches Erfühlen der Ordnung enthält – ein Prozess, der jeweils über die reine Wahrnehmung hinausgeht, indem er eine Ergänzung des Sicht- bzw. Hör- oder Tastbaren durch Abwesendes enthält, sowie Imaginationen, Bezüge und Assoziationen erfordert.

Zunächst wird im Folgenden auf den Prozess der Mimesis sowie die Rolle der Dinge für Kindheit und Jugend eingegangen. Anschließend werden auf der Basis von Begriffen kultursoziologischer und -philosophischer Klassiker wie Georg Simmel, Helmut Plessner, Vilém Flusser und Günter Anders Analyseperspektiven entwickelt, die danach fragen, welche Folgen neuere Entwicklungen in der Welt der Dinge für Prozesse der Sozialisation und für die Identität in der Kindheit und Jugend mit sich bringen.

1. Gesellschaftsbildung: Mimesis und Ästhetik

Für die Prozesse des Lernens und der Persönlichkeitsentwicklung in der Kindheit spielen sowohl menschliche Interaktionspartner wie auch die materialen Dinge der Umgebung eine wesentliche Rolle. Mimetische Prozesse sind für das Lernen von großer Bedeutung. Unter Mimesis verstehen wir den Prozess der kunstvollen Nachahmung in Handlung und Rede. Mimesis beruht auf der menschlichen Fähigkeit zur Empathie und hat einen sozialen wie auch einen ästhetischen Charakter; dieser Prozess ist ebenso gesellschaftsbildend wie auch entlastend für das menschliche Subjekt, insbesondere für das Kind. Von „signifikanten Anderen" (vgl. Mead 1973) lernt es durch Anschauung, Beobachten und Nachahmen: Gesten, Mimik, Laut- und Sprachäußerungen sowie angemessene alltägliche und zeremonielle Handlungen in bestimmten Situationen.

Die Ästhetik und Sinnlichkeit der Handlungen, die rhythmische Gliederung, der Klang der Stimme, optische Reize wie Farben und Formen, die Eleganz von Bewegungen, die sinnlichen Eigenschaften und Qualitäten – all diese ästhetischen Elemente von Handlungen verstärken ihren Reiz und damit auch den Anreiz zum Beobachten und Lernen. In mimetischen Prozessen, unterstützt durch die Ästhetik von Handlungen und Dingen, vermitteln sich kulturelle Wertmuster und Präferenzen, religiöse Deutungsmuster, Haltungen zu sich selbst als Person und zu Anderen, passende Reaktionen und angemessene Normen des Verhaltens in bestimmten sozialen Situationen, sowie Körperbeherrschung und motorische Fähigkeiten. Auch im spielerischen Erkunden der Umgebung und der eigenen Fähigkeiten spielt die Ästhetik eine große Rolle: Die sinnlichen Reize der Dinge der Umgebung locken an, sie zu untersuchen. Der ästhetische Reiz bestimmter Beschäftigungen wie Malen, Basteln oder Bauen stimuliert die Eigentätigkeit, die Entwicklung eigener Fähigkeiten, und damit auch das Selbstbewusstsein bzw. die Selbstwirksamkeit. Der ästhetische Reiz (in der Anschauung) und der performative Reiz (im Ausprobieren) des Rollenspiels stimulieren soziales Lernen.

Ästhetik ist so gesehen keine verzichtbare oder beliebige Zutat, kein Luxusgut, sondern ein grundlegendes Mittel des Austauschs mit der Umwelt, ein Mittel des Lernens und der Entwicklung der Person. Ästhetische Strukturen vermitteln Grundlagen der Kultur; ästhetische Muster bündeln, gliedern und gestalten noch ungerichtete emotionale Energien und fokussieren diese auf kulturelle Formen und

Handlungsmöglichkeiten. Mit der Entwicklung von Sinnlichkeit und Wahrnehmungsfähigkeit entwickelt sich die Person als kulturelles und soziales Wesen. Das Individuum lernt mit Hilfe von ästhetischen Strukturen Elemente der „objektiven Kultur" (vgl. Simmel 2006) aufzunehmen und damit seine „subjektive Kultur" weiterzuentwickeln. Ästhetik ist also keine zusätzliche Beigabe zu den wirklich wichtigen und „ernsthaften" Dingen, sondern ein grundlegendes Mittel des Austauschs mit der Welt, eine präkognitive Strukturierung oder Ordnung.

2. Materialität und Identität

Für den Aufbau von Identität sind nicht nur signifikante Personen, sondern auch Dinge relevant (siehe auch Bosch 2010; 2014). An den Dingen bilden sich in der frühen Kindheit der sachbezogene Weltzugang und die Strukturen des Denkens heraus (Piaget 2003). Die Dinge bieten der menschlichen Entwicklung Anlass und Anreiz für die Entwicklung der kognitiven Strukturen; darüber hinaus stellen die Alltagsdinge der Umwelt ein Gegenüber für den Leib zur Verfügung, um den eigenen Körper und die Gesetze der Materie kennenzulernen. Man kann mit und anhand von Dingen Forscherdrang und Kreativität entwickeln. Die Dinge bieten Zugang zu einer erfassbaren und erfahrbaren Welt, die eine gewisse Konstanz aufweist. Die vertrauten Dinge beschwichtigen Ängste durch ihre Kontinuität. Sie vermitteln als sogenannte „Übergangsobjekte" emotionalen Halt, wenn man sich ängstlich oder verlassen fühlt. Sie ermöglichen erste Zonen der Unabhängigkeit von den menschlichen Bezugspersonen, indem sie Räume der Kreativität eröffnen (vgl. Winnicott 1979). Bauklötze, Teddybären und Musikinstrumente bieten all diese Möglichkeiten des Zugangs zur Welt, zur eigenen Entwicklung, sowie einen Zugang zur Kultur, ihren Präferenzen und ihren Werten. Menschliche Identität, das Ich, ist in der Regel nicht scharf abgegrenzt, sondern dehnt sich auf nahe Personen, und eben auch auf Dinge aus, die man besitzt und die einem wertvoll sind (vgl. Habermas 1999).

In der Handlung gehen menschliche Akteure häufig eine leibliche Verbindung mit einem Ding ein, um die Handlung möglichst elegant und effektiv ausführen zu können (dies gilt z.B. beim Gebrauch von Werkzeugen oder bei der Benutzung von Ballettschuhen für den Spitzentanz, aber auch für viele andere Handlungen mit Dingen). Die Dinge des Menschen unterstützen bestimmte Handlungen, und sie stützen Identität. Dies gilt schon für Kinder, die zu bestimmten Lieblingsdingen oder Spielzeugen eine sehr starke Bindung entwickeln können. Der Verlust der eigenen Habe durch Diebstahl oder Brand kann auch noch im Erwachsenenalter eine traumatische Erfahrung sein. Der Mensch ist mit seinen Dingen auf die eine oder andere Weise verbunden. Warum tun wir uns immer noch schwer, anzuerkennen, welche Rolle die Dinge für unsere Identität spielen – warum können wir die alltäglichen Dinge nicht entsprechend wertschätzen (vgl. auch Böhme 2006)? Warum überwiegt in unserer Gesellschaft ein schneller achtloser Verbrauch vieler Dinge, die durch Marketing zunächst emotional besetzt werden, dann ihren Reiz aber schnell verlieren und keine lange Lebens- und Beziehungsdauer aufweisen?

3. Sinnlichkeit der Dinge

Die „klassischen", materialen Dinge und Spielzeuge der Kindheit bieten in der Regel einen kulturell erprobten, spezifisch geformten Zugang zur Welt. Doch welche Vermittlung zur Welt bieten die neuen Kommunikations- und Spielgeräte, die in die Kinderzimmer eingezogen sind? Sie bieten zunächst einmal unendlich viele Zugänge: Man kann alle möglichen Informationen oder Bilder erhalten; mit dem Gerät fotografieren und die gemachten Bilder nach Lust und Laune spielerisch manipulieren. Man kann Spiele spielen, Rätsel lösen, sein Gedächtnis trainieren, virtuelle Tiere halten, Häuser bauen und Monster ohne Ende töten.

Wenn man viel Zeit mit einem Gerät verbringt, das reizvoll ist und ohne Langeweile die Sinne vielfältig beschäftigen kann, dann schrumpft die Welt auf das Gerät zusammen, ein Gerät, das unendlich viele Verbindungen zur Welt aufbauen, und doch nicht die sinnlich erfahrbare Welt sein kann. Die Sinneserfahrungen werden durch das Gerät symbolisch vermittelt und nicht unmittelbar durch die Gegenstände; ihre Textur, ihre Oberfläche, ihr Geruch und ihre visuellen Eigenheiten werden nur in Simulation abgebildet. Die Neuen Medien betonen und fördern visuelle und akustische Erfahrungen (vor allem Bilder und Musik). Das Riechen und Schmecken, das leibliche Fühlen ist kaum vertreten. Es kommen zudem synästhetische Erfahrungen zu kurz – auch wenn die Kulturindustrie an diesem Manko bzw. an der Perfektionierung der technisch vermittelten Sinneserfahrungen arbeitet, sind sie doch nur ein technischer Ersatz für körperleibliche Präsenzerfahrungen. Nicht zuletzt aus diesem Grund sterben Live-Events nicht etwa aus: Ausstellungs- und Konzertbesuche, kulturelle Ereignisse und Events aller Art mit leiblicher Präsenz des Publikums sind beliebter denn je und erreichen regelmäßig Rekordzahlen (vgl. Schulze 2005).

Doch ist auch das technische Angebot der Kommunikation und Unterhaltung reizvoll, und konsumierende Wahrnehmung geht hier in der Regel mehr und mehr vor eigener schöpferischer Handlung. Es überwiegt ein manipulierender Zugriff auf die zeichenhaft repräsentierte Symbolwelt, die, anders als die „reale", materiale Welt, viel stärker und weitgehender manipuliert werden kann. Problemlösende Aktivität richtet sich auf die technischen Angebote der Programme aus und weniger auf „handfeste", materiale Probleme und Herausforderungen der dinglichen Umwelt. Handeln wird mehr und mehr durch Apparateprogramme gesteuert, bei Kindern wie Erwachsenen. Vilém Flusser hat diese Entwicklung interessanterweise schon vor der Entwicklung des Internets, anhand des Fotoapparates, skizziert (vgl. Flusser 1999).

Steht nun das Gerät zwischen Kind und Welt? Mit dem Smartphone hat man die Welt in der Tasche, zumindest ein symbolisches Abbild der Welt, sowie eine eigene, zusätzliche virtuelle Welt, die auf Imagination beruht. Was bedeutet das für die eigene Positionierung in der Welt? Was bedeutet das für das feine Gewebe zwischen Ich und Welt, für den Halt der Identität an der Materie, für Resonanzerfahrungen? Was bedeutet das für Emotionen wie Demut, Hingabe und Interesse, was für die Fokussierung und Zentrierung des Ich? In welche Richtung entwickelt sich die Aisthesis, die sinnliche Wahrnehmung der Welt in ihren symbolischen wie materialen Repräsentationen und Ausprägungen? In welche Richtungen werden Emotionen bewegt?

4. Leiblichkeit und Zeit

Die Sinne werden durch die neuen Kommunikationsmedien angeregt und beschäftigt, doch was ist mit dem Körper, mit dem Leib?[1] Während schnelle Reaktionen, Phantasie oder Intelligenz angesprochen werden, ist der Körperleib in der Gesamtheit nicht gefragt. Dieser ruht bei der Mediennutzung in der Regel und die nervliche, kognitive oder emotionale Spannung, die durch visuelle und akustische Reize erzeugt wird, kann kaum in motorische Bewegung umgesetzt werden. Der Körperleib ist den Prinzipien Wachstum, Entwicklung und vor allem rhythmischen Prozessen wie Herz, Kreislauf, Stoffwechsel, Aktivität und Ruhen, unterworfen, während die moderne industrielle wie auch die mediale Welt diese Rhythmik nicht kennt, sondern die Nutzung der Zeit unabhängig von den leib- und lebensweltbezogenen Rhythmen auszudehnen sucht (Schichtarbeit, Maschinennutzung etc.).

Die Moderne misst Zeit in linearen Einheiten und kurzgetakteten Prozessen, die sich aus ökonomischen und sozialen Gründen permanent beschleunigen (vgl. Rosa 2012). Die lineare Zeit der Moderne und die körperleibliche, rhythmische Zeit sind in der Lebenswelt und in der Lebensführung immer schwieriger zu vermitteln, aufgrund der Tendenz der medialen Welt Ereignisse, Information und Arbeit aus lokalen und zeitlichen Bezügen zu „entbetten". Das Internet als globales virtuelles Netz unterscheidet nicht zwischen den Jahreszeiten, zwischen Tag und

---

1 Wir nutzen hier eine begriffliche Unterscheidung von Helmuth Plessner, die es ermöglicht, zwischen dem Körper als kulturell geprägten Instrument und dem Leib als dem unmittelbar zentrisch Gegebenen analytisch zu differenzieren – in der Realität des Körperleibes wirken beide Elemente, leibliches Spüren sowie strategisches Nutzen des Körpers in der Regel zusammen (vgl. Plessner 1982; Gugutzer 2015).

Nacht, zwischen Wachheit und Müdigkeit; es kennt die Rhythmen des Körperleibes nicht, sondern funktioniert strukturell unabhängig davon. Der Nutzer lebt in seinem Körperleib gegen die Zeitlogik des Netzes und muss sich zwingen, dem Sog zu widerstehen und den Computer nach stundenlanger Benutzung auszuschalten, um zu schlafen, zu essen oder mit den Nachbarn zu sprechen.

Das Ich erfährt durch die Neuen Medien eine große mediale und räumliche Ausweitung, die enorm reizvoll ist und eine starke Sogwirkung entfalten kann – doch wie steht es mit der leiblichen Verankerung des Ich? Wieviel leibliche Verankerung ist nötig, um gesund zu leben? Das ist eine Frage, die noch nicht geklärt, in der Medizin und in der Sozialpsychologie noch nicht einmal diskutiert ist. Wie weit kann der Mensch die leibliche Verankerung, die Verankerung im Hier und Jetzt lösen, diesen Prozess, der seit der Erfindung der Schrift andauert und seitdem mit der Entwicklung der Medien enorm an Fahrt aufgenommen hat? Und wie elastisch ist diese Grenze? Die Zunahme an psychischen Erkrankungen wie Depression und Burnout könnte den Beobachter hier bedenklich stimmen.

Die Lebenswelt (vgl. Schütz/Luckmann 2003) wird durch die Neuen Medien umgebaut, ihre Reichweite, ihre Transzendenzen, ihre räumliche und zeitliche Strukturierung verändern sich enorm. Was bedeutet das für den Körperleib, für die Verankerung im Rhythmus des Lebens, im Hier und Jetzt, für das präsentische ästhetische Erleben? Haben sich damit nicht typische zeitgenössische Gesundheitsprobleme der Erwachsenenwelt, die durch körperliche Unterbeschäftigung bei gleichzeitig hoher neuronal-emotionaler Stressbelastung entstehen, nun schon in der Kindheit ausgebreitet? Beobachten wir nicht schon eine Zunahme von Zivilisationskrankheiten wie z.B. Diabetes oder Depressionen in der Kindheit und Jugend? Es ist bekannt, dass ein wachsender Anteil von Kindern als übergewichtig und/ oder muskulär unterentwickelt diagnostiziert wird. Bekommt der Körperleib die Zeit, die er benötigt, um die Grundlagen und eine gesunde Konstitution aufzubauen, eine lebensnotwendige Stabilität auszubilden? Oder wird der Leib zu früh behelligt mit einer Vielzahl starker, medial basierter kognitiver und emotionaler Reize, die Wachstumsenergien absorbieren, Stress erzeugen und die körperleibliche Entwicklung unter Umständen nachhaltig stören können?

5. Interaktion und Emotion

Die technischen Möglichkeiten der Kommunikation werden permanent verbessert. Spiele und Programme werden aufwändig programmiert, um sinnlich eindrückliche Erlebnisse mit dem Gerät zu generieren, um eigene Welten zu erschaffen, Welten, die einen großen Sog entwickeln können, den Benutzer faszinieren, seine

Aufmerksamkeit binden und ihn unter Umständen nicht mehr loslassen. Wie kann, wie soll die real-materielle Welt[2] noch mithalten mit den bunten, eindrücklichen symbolischen Erlebniswelten, die die Sinne reizen und die Emotionen steigern (vgl. hierzu auch Bosch 2015)? Nicht nur entsteht eine neue Konkurrenz zu den tiefen und manchmal sicher schwierigen menschlichen Bindungen in der Familie und zu gleichaltrigen Freunden, indem eine Vielzahl von Interaktionen auch über große räumliche Distanzen möglich wird, mit allen Vor- und Nachteilen. Die großen Vorteile dieser technischen Möglichkeiten wissen sicher alle Menschen zu schätzen, die Liebes- oder Familienbeziehungen auf Ferndistanzen führen müssen. Die sozialen Nachteile, soweit sie schon sichtbar sind, könnten in der technischen Steuerung und Rationalisierung der Kommunikation liegen: Mit dieser Technik lassen sich Menschen nicht nur über weite Distanzen, sondern es lassen sich auch eine sehr viel größere Anzahl an Kommunikationspartnern und Aufmerksamkeit erreichen. Die Technologie erlaubt es, sehr viel mehr Beziehungen gleichzeitig zu „führen", mit „Kommunikationsakten" zu bedienen, sich selbst zu präsentieren etc. Diese Möglichkeit der Rationalisierung von Kommunikation wirft Fragen nach der Entwicklung der Beziehungsqualität sowie Fragen der sozialen Risiken auf, die in der Öffentlichkeit auch schon aufgegriffen wurden.

Das Gerät ist dabei nicht nur das Medium, sondern auch Interaktionspartner und Aktant (vgl. Latour 2009); denn der Nutzer hat es unmittelbar erst einmal mit dem Gerät und nicht mit einem menschlichen Gegenüber zu tun. Die Kommunikation mit Geräten nimmt im Verhältnis zur direkten Interaktion mit einem menschlichen Gegenüber mehr und mehr Zeit ein. Das Gerät bekommt auch mehr und mehr Einfluss auf die Kindheit – wie formt es die Interaktionsfähigkeit? Welche Vorstellungen und Werte, welche Präferenzen stecken in den Geräten und Programmen, was wurde ihnen einprogrammiert und mitgegeben? Günter Anders staunte schon vor einigen Jahrzehnten über „den Grad der Leidenschaft, die Versunkenheit, die Unfähigkeit abzubrechen", die er bei Menschen im Umgang mit Spielautomaten im Casino beobachtete, und folgerte, dass die Apparate mehr sind als Partner-Substitute und Ersatzbefriedigung für Einsame (Anders 1980: 59f.). Vielmehr habe eine schleichende Inversion stattgefunden, und menschliche Be-

---

2   Auch die virtuelle Welt des Internets und der Computerprogramm ist eine reale Welt in dem Sinne, dass sie unter Umständen reale Folgen hat. Ein Teil der Handlungen ist zwar entlastet von Folgen in der alltäglichen Lebenswelt und dient dem Ausprobieren spielerischen Handlungen, oder unterliegt der Fiktion, durch Anonymität vor Folgen der Handlungen in der Lebenswelt geschützt zu sein. Ein anderer, großer Teil von Handlungen und von Kommunikation im Internet hat durchaus reale Folgen (z.B. Informationsaustausch per E-Mail, das Sammeln und Verbreiten von Informationen etc.).

ziehungen seien nicht mehr primär Beziehungen zu Menschen. Heute gelte vielmehr, „dass die Alltagswelt, mit der Menschen zu tun haben, in erster Linie eine Ding- und Apparatewelt ist, in der es auch Mitmenschen gibt; nicht eine Menschenwelt, in der es auch Dinge gibt und Apparate" (ebd.: 60). Günter Anders forderte konsequent die Einrichtung eines neuen Zweigs der Psychologie mit dem Titel „Dingpsychologie", mit der Begründung, dass heute „ein Großteil unserer emotionalen Energien unseren Apparaten gilt" (ebd.). Diese Feststellung gilt heute sicher viel mehr als noch vor einigen Jahrzehnten – Günter Anders nahm mit diesem Satz Entwicklungen vorweg, die heute vielfach Kindheit und Jugend prägen. Doch ist noch ungeklärt, auf welche Weise die Geräte das ästhetische Empfinden, die Emotionen und die Interaktionsfähigkeit formen: eine Frage, die einer differenzierten empirischen Forschung bedarf.

6. Perfektion und Identität

Das technische Gerät ist leistungsfähig, es hat eine glatte Oberfläche und macht den Eindruck der Perfektion, während sich die menschliche Existenz durch ihre Verletzlichkeit auszeichnet. Leben steht immer „auf der Kippe", ist verwundbar – und gerade das macht seine Schönheit aus (Weber 2014). Wie verändert sich der Schönheitsbegriff unter dem Eindruck der alltäglich gegenwärtigen Perfektion technischer Geräte und technisch erzeugter Bilder? Wie wirkt der Einfluss der glatten, scheinbar perfekten Geräte auf die Vorstellungen vom menschlichen Körper zurück? Das Verhältnis und die Wechselwirkungen zwischen Maschinen und dem menschlichen Körper sind interessant und spannungsreich seit Beginn der Industrialisierung, doch haben sie heute besonderes Interesse der Sozialwissenschaften aufgrund der neuen Qualitäten und der Allgegenwart der technischen Geräte verdient. In den vergangenen zwei Jahrzehnten hat ein qualitativer Sprung der technologischen Entwicklung stattgefunden und damit werden neue Fragen aufgeworfen: Was bedeutet (Mit-)Menschlichkeit im Zeitalter der Apparate? Was bedeutet diese Entwicklung für das menschliche Selbstbild und für Identität? Auf welche Weise wird der Umgang mit Verletzlichkeit eingeübt? Wie wirkt das Gerät, wie wirken die Bilder auf Emotionen zurück?

Technisch erzeugte Bilder und Geräte haben selbstredend keine Emotionen, können jedoch recht effizient und sinnlich eindrücklich Emotionen vermitteln. Das macht ihre Qualitäten, ihren Reiz und ihren Sog aus. Das gilt umso mehr, je weiter die technische Entwicklung von Bild- und Tonqualitäten in Fotografie, Film und Computerspielen voranschreitet, je mehr die Sinne gereizt, beeindruckt und überwältigt werden können. Die technischen Bilder erzeugen Emotionen eindrücklicher als jeder Text, und auch häufiger als die alltägliche Lebenswelt selbst es vermag. Aus diesem Grunde kann man im Anschluss an Vilém Flusser von der Paradoxie der magischen Wirkung der Bilder – mehr noch: vom „magischen Zeitalter" der technischen Bilder sprechen (Flusser 1999; vgl. hierzu auch Bosch 2015).

7. Vielfalt der kulturellen Quellen

Kinder und Jugendliche sind heute mit unendlich vielen ästhetischen Angeboten konfrontiert. Die neuen Kommunikationsmedien bieten Zugang zu ästhetischen Quellen aller Kulturen aus der Geschichte, zur Kreativität von künstlerischen Akteuren der ganzen Welt. Diese unglaublich reichen kulturellen Quellen werden vielfältig kombiniert und in der Kunst sowie in der populären Kultur verarbeitet. Die neuen Kommunikationsmöglichkeiten stellen die kulturellen Schätze, zumindest visuelle und akustische Abbilder davon, in immer besserer Informationsdichte, auch in Echtzeit zur Verfügung. Die von Walter Benjamin beschriebene „technische Reproduzierbarkeit" von Kunst, Kultur, Dingen und Menschen ist in den letzten Jahrzehnten in ihren technischen Möglichkeiten förmlich explodiert (Benjamin 2010). Damit schwinden die Distanzen zu den Dingen der Kunst und Kultur, der Raum schrumpft, der aneignende und der manipulative Zugriff werden gefördert und forciert. Wo sind die neuen Grenzen zwischen Zugänglichkeit, kreativer Aneignung, Manipulation und Missbrauch der Dinge zu ziehen? Schwindet die Aura der kulturellen Objekte, schwinden mit der Distanz auch der Respekt und die Demut vor der Welt, vor Menschen und Dingen?

Die Möglichkeiten zur Aneignung symbolischer und ästhetischer Muster sowie zur Kreativität sind einerseits größer denn je, eine Entwicklung, die wir gar nicht genug wertschätzen können. Vieles wird dadurch möglich, und wer möchte, dem stehen fast unendliche Anregungen und reiche Quellen für eigenes Schaffen und die eigene Entwicklung zur Verfügung. Doch wie können, wie werden diese Möglichkeiten genutzt? Es spricht vieles für eine Spaltung der Nutzungs- und Handlungsformen: Einerseits überwiegt in vielen Fällen eine passive Rezeption von Bildern, Filmen, Musik und Texten, von ästhetischen Produkten und Mustern. Die neuen Technologien generieren aber auch neue Möglichkeiten der Aneignung, der Neu-Kombination und -Komposition: Sampling, Collagen, computergenerierte Bild- und Sound-Bearbeitung etc. Das Netz ist voller Bilder, Videos, Gesang und Musik, die von Laien zum Teil auf hohem Niveau generiert und eingestellt werden.

Wir folgern: Der sinnliche Reiz der unendlichen Möglichkeiten der Kommunikationsapparate verführt vielfach zur Unterhaltung und zum passiven Konsum des Dargebotenen. Die Vielfalt der verfügbaren kulturellen Muster stimuliert aber auch Kreativität und dynamische Entwicklungen. Welche Nutzungsformen überwiegen, ist wohl abhängig von Milieu- und Gruppenzugehörigkeiten, von individuellen Dispositionen, und nicht zuletzt von der Gestaltung der Programme der technischen Systeme.

8. Kollektivität und Emotionen

Die Selektion der vielen Möglichkeiten des Netzes, der Ästhetiken und Symbole, erfolgt wie je meist in den Peergroups. Doch nach welchen Kriterien? Wie können sich die Selektionskriterien herausbilden, wie werden sie gefestigt? Die technischen Geräte repräsentieren eine neue Art von Kollektivität, die für den einzelnen Nutzer ihre Vorteile wie auch ihre Tücken hat: Die technisch erzeugte Welt ist so reizvoll in ihren unendlichen Möglichkeiten und Zugängen, in ihrer Steigerung des (virtuellen) Handlungspotentials, dass sie das Subjekt mehr und mehr involvieren, einbinden und geradezu verschlingen kann. Dann gehen Handlungs- und Entscheidungsfreiheit wieder verloren (z.B. bei Internet- oder Spielsucht).

Die technisch erzeugte Welt, auch die Kommunikation im Netz, unterliegen einer hohen Geschwindigkeit, die unter Umständen den Takt und den Rhythmus setzt. Die Ausbreitung von Informationen, von Gerüchten, von emotionalen Verdichtungen oder Wendungen kann sehr schnell gehen. Die kollektiven Emotionen im Netz, die Anerkennung und Wertschätzung der Vielen, die man dort erhalten und verlieren kann, sind äußerst reizvoll und gleichzeitig äußerst labil. Sie enthalten viele Risiken, gerade für eine Identität, die noch nicht gefestigt ist. Da es sich um ein kollektives Medium mit hoher Ausbreitungsgeschwindigkeit handelt, sind mächtige „emotionale Energien" (zu diesem Begriff vgl. Ciompi/Endert 2011) im Netz unterwegs. Die Identität von Kindern und Jugendlichen erfährt bei geschicktem „Selbst-Marketing" unglaubliche Steigerungsmöglichkeiten (likes und followers); sie wird aber auf ganz neue, vielfach sehr krasse Weise auch verletzbar. Die Einbindung in kollektive Prozesse wird großflächiger, fluider, schneller, unberechenbarer, dominanter und möglicherweise auch einflussreicher für die Herausbildung der Identität. Was bedeutet diese Entwicklung für noch nicht gefestigte Identitäten? Was bedeutet das für die Krisen, die notwendig mit dem Erwachsenwerden verbunden sind?

Die Notwendigkeit, sich die Welt und ästhetische Erfahrungen nach und nach zu erschließen und zu erobern, entfällt ein Stück weit, denn die Welt mit ihren Informationen und ihren ästhetischen Erscheinungsformen kommt ins Haus. Doch wo die Welt ins Haus kommt, ist das Subjekt immer auch in der Welt; Günter Anders spricht deshalb von „Auslieferungsgeräten" (Anders 1980: 218). Der Schutz des Privaten und Subjektiven löst sich tendenziell auf. Das Private und Subjektive selbst löst sich selbst tendenziell auf, und es müssen besondere Vorkehrungen und Vorsichtsmaßnahmen getroffen werden, um es zu erhalten. Welche Art von Kollektivität entwickelt sich daraus? Gibt es heute noch genügend geschützte Räume, um die Krisen der Adoleszenz zu überstehen? Gibt es noch genügend Schutz für das Individuum, um seine Eigenheiten zu entwickeln? Oder ist vielleicht der Druck des kollektiven Konformismus, der auf standardisierte, glatte, konsumierbare und paradoxerweise doch „individuelle" und „authentische" Ästhetiken und Muster zielt, größer denn je?

9. Dinge und Bindungen

Wir besitzen heute zu viele Dinge, deutlich mehr als wir brauchen (wonach richtet sich das, was wir „wirklich" benötigen?) Dieser Umstand fällt besonders auf, wenn man die materielle Kultur im internationalen Vergleich betrachtet (vgl. z.B. Hahn 2014). In den westlichen Industrieländern besitzen die einzelnen Haushalte ein Vielfaches der Dinge, die Menschen im Durchschnitt in den armen Ländern besitzen. In der großen Tendenz setzt sich der westliche Lebensstil mit wachsendem Wohlstand in den Schwellenländern weltweit durch, und damit auch ein verschwenderischer, ökologisch nicht tragbarer Lebensstil sowie der Besitz von mehr Dingen als wir nutzen können. Das gilt für Erwachsene und ihre Haushalte, und in ganz besonderer Weise gilt es auch für die Kinderzimmer. Kinder besitzen weit mehr Dinge und Spielzeuge, als sie wahrnehmen, wertschätzen, pflegen und wirklich kennenlernen können. Aufgrund des „Kindermangels" in der Gesellschaft und in den Familien, möglicherweise auch aufgrund eines Mangels an gemeinsamer Zeit in den Familien, werden heutige Kinder vielfach überschüttet mit Spielsachen und Dingen aller Art. Manches Kinderzimmer ist kaum mehr betretbar, da der verfügbare Raum mit einem dicken Teppich aus unbeachteten Dingen und Spielzeugteilen bedeckt ist. Auch an den Dingen lernt der Mensch zu interagieren mit einem Gegenüber, doch heute wird in der Kindheit eine „Promiskuität" im Umgang mit den Dingen eingeübt: Schnell gekauft, kurz beachtet, Interesse verloren, wieder weggeworfen? Dieser Lebensstil erzeugt, wie schon bekannt, ökologische Krisen und Katastrophen. Zu fragen wäre aber auch, welche Folgen dieses Verhältnis zu den Dingen für die Persönlichkeitsentwicklung sowie für die Entwicklung von sozialen Fähigkeiten und individuellen skills hat?

10. Verlust der Kindheit?

Die Kindheit als ausgedehnte, entlastete Lebensphase des Lernens und sich Entwickelns ist eine Errungenschaft der frühen Moderne. Die Ausbildungszeiten sowie die Latenz- und Adoleszenzphasen haben sich mittlerweile weit in das Erwachsenenalter hinein ausgedehnt. Dennoch spricht man seit den 1980er-Jahren wieder von einem „Verschwinden" der Kindheit (vgl. Postman 1986). Kinder und Jugendliche werden von der Wirtschaft und Werbung als Konsumenten angesprochen. Damit wird eine frühzeitige Konsumorientierung vermittelt, ebenso ein frühes Gendering und eine Sexualisierung der kindlichen und jugendlichen Lebenswelten. Kinder und Jugendliche werden heute im biologischer und im kulturellen Sinne früher erwachsen; die Pubertät tritt in der Tendenz früher ein. Die Gründe dafür sind nicht nur in der verbesserten Ernährung zu suchen, sondern auch in der früheren Ansprache und Konfrontation mit „erwachsenen" Thematiken und ihrer ästhetischen Vermittlung, insbesondere mit der visuellen Präsenz von Erotik und Sexualität. Auch werden Kriterien von Attraktivität und einer entsprechenden Selbstpräsentation und -inszenierung in der Kindheit immer früher zum Thema. Die allgegenwärtige visuelle Präsenz von Gewalt in der gegenwärtigen Kultur verändert ebenfalls die kulturelle Rahmung von Kindheit. Diese Veränderungen formen die ästhetischen Schemata der Kindheits- und Jugendkulturen und gewinnen mehr und mehr Einfluss auf die gegenwärtige Alltagskultur. In der Folge haben sich zwar die Ausbildungszeiten verlängert, doch kann nicht mehr unbedingt von einer „geschützten" und „beschützten" Kindheit gesprochen werden. Die Internetkommunikation, die im Prinzip keine eigenen Räume für Kinder und Jugendliche ausweist und lediglich in der privaten Verantwortung der Eltern stehende Schutz- und Filtereffekte bietet, verstärkt diesen Trend.

Während kulturelle Merkmale der Kindheit verschwinden, werden hingegen Erwachsene von der Werbung vielfach als ewig Junge bzw. Jugendliche angesprochen und zur Regression aufgefordert bzw. stimuliert. Die Grenzen zwischen den unterschiedlichen Lebensphasen weichen auf. Was bedeutet es für Gesellschaften insgesamt, wenn die nachwachsenden Generationen frühzeitig mit einer Kultur der Sexualisierung und der „visuellen Gewalt" in den öffentlichen Räumen (virtuelle Räume werden hier eingeschlossen) konfrontiert werden?

11. „Ästhetische Spaltungen" von Kindheit und Jugend?

Die Kinder der gebildeten Mittel- und Oberschichten werden in vielen Fällen umfassend gefördert, geistig, körper-leiblich und sinnlich-emotional. Dabei kommen verschiedene Programme und Fördermaßnahmen schon ab dem Babyalter zum Einsatz. In diesen Elternhäusern werden nicht selten „Medienzeiten" streng rationiert und nicht zu früh gewährt, um die Persönlichkeit der Kinder zu fördern und ganzheitlich aufzubauen. Hier finden sich Spielsachen aus hochwertigen Naturmaterialien, Musikinstrumente für die Kleinen, Kinderturnen, spielerisches Sprachenlernen, Musikunterricht sowie sinnliche Anregungen jeglicher Art. Es werden umfassende Grundlagen für die Persönlichkeitsentwicklung gelegt, bevor die Kinder mit den Kommunikationsmedien in Kontakt kommen und diesen „verfallen" könnten. Sie haben vorher die Möglichkeit, ihre Wahrnehmungen, Erfahrungen und Sinneswelten zu entwickeln und auszudifferenzieren. Sie bekommen die

Chance, trotz der rasanten und reizvollen Entwicklung der „Objektiven Kultur" (vgl. Simmel 2006) nicht nur passive Rezipienten, sondern aktive Subjekte zu werden, da ihre Wahrnehmungsfähigkeit, der Sinn für Ästhetik und ein feines Wahrnehmungsvermögen sowie Kreativität und mögliche Handlungsspielräume frühzeitig geschult werden.

Kinder aus weniger begünstigten und gebildeten Familien dagegen werden nicht selten von klein auf mit Hilfe der modernen Medien unterhalten und mit den Geräten „sozialisiert". Möglicherweise verfallen sie dem Reiz der Medien, die durch technische Mittel starke Sinnesreize, „Magie" (vgl. Flusser 1999) und emotionale Intensitäten erzeugen können. Sie haben dem Reiz der Unterhaltungsmedien vermutlich wenig Eigenes, weniger ästhetische und emotionale Substanz entgegenzusetzen, da sie vor allem lernen, passiv spannende Dinge (Adrenalin!) oder ansprechende Inhalte zu rezipieren. Insofern kommt es zu neuen ästhetischen Spaltungen, die man gut beobachten kann, wenn man im Fernsehen die verschiedenen Programme daraufhin betrachtet oder im Internet entsprechende Beobachtungen macht. Diese neuen Spaltungen verlaufen nicht immer, sondern lediglich in der statistischen Tendenz entlang der Schichtgrenzen. Es gibt auch spiel- oder internetsüchtige Kinder der mittleren und oberen Schichten so wie es Kinder aus benachteiligten Schichten gibt, die klassische, „materiale" Hobbys und Tätigkeiten pflegen. Dennoch ist zu fragen, ob sich hier nicht neue, *ästhetische Dimensionen sozialer Ungleichheit* abzeichnen, die Bildungs- und Persönlichkeitsentwicklungen sowie gesellschaftliche Chancen enorm beeinflussen und weitreichende und umfassende Folgen in Biografien hinterlassen werden.

12. Konklusionen

Computer und Internet sind nicht als Sozialisationsinstanzen erdacht und entworfen worden, doch ist ihnen diese Funktion zugewachsen – mit bislang noch zu wenig durchschauten Folgen für Kindheit und Jugend. Was passiert, wenn sich Aisthesis und Ästhetik der Kindheit mehr und mehr an der magischen Welt der technischen medialen Bilder orientieren, und wenn sich die mimetischen Prozesse der Sozialisation mehr und mehr auf die Geräte und die rasch zirkulierenden, häufig allzu reizvollen und verführerischen Bilder (Baudrillard 2012) ausrichten? Vermutlich sind wir dann trotz allen kulturellen Reichtums und trotz aller im Grunde sehr begrüßenswerten Vielfalt der Quellen dabei, gesellschaftliche Grundlagen zu gefährden.

Die gesellschaftliche Verantwortung für die nachwachsenden Generationen, für ihr körperleibliches und ihr psychisches Wohl kann nicht vor der medialen, visuellen Welt halt machen. Die Verantwortung für das leibliche und psychische Wohl der nächsten Generation kann auch nicht allein den Familien und Eltern-

häusern überlassen werden; diese sind technisch, situativ, kulturell oder strukturell nicht in der Lage, den notwendigen Schutzraum zu bieten. Familien existieren nicht in einem luftleeren kulturellen Raum, und Sozialisationsprozesse sind
immer gesellschaftlich gerahmt. Die Frage aber, auf welche Weise diese gesellschaftliche Verantwortung auf strukturgebende Weise umzusetzen wäre, ist bislang kaum angedacht worden. Wir sollten uns heute darüber verständigen, was
uns Kindheit und Jugend in Zukunft bedeuten, und was sie, neben den rein kognitiven Wissensbeständen der Curricula des Schulsystems, enthalten sollen. Der
„verborgene" Lehrplan von Kindheit und Jugend sollte mehr beinhalten als die
Anleitung zum Konsumieren von Bildern und Waren.

LITERATUR

Abram, David (2012): Im Bann der sinnlichen Natur. Die Kunst der Wahrnehmung und die
mehr-als-menschliche Welt. Klein Jasedow: thinkOya.

Anders, Günter (1980): Die Antiquiertheit des Menschen. Band 1: Über die Seele im Zeitalter der zweiten industriellen Revolution. München: C.H. Beck.

Baudrillard, Jean (2012): Von der Verführung. Berlin: Matthes & Seitz.

Benjamin, Walter (2010): Das Kunstwerk im Zeitalter seiner technischen Reproduzierbarkeit. 4. Auflage. Berlin: Suhrkamp. [Orig. 1936].

Böhme, Hartmut (2006): Fetischismus und Kultur. Eine andere Theorie der Moderne. Reinbek bei Hamburg: Rowohlt.

Bosch, Aida (2010): Konsum und Exklusion. Eine Kultursoziologie der Dinge. Bielefeld:
transcript.

Bosch, Aida (2014): Identität und Dinge. In: Samida, Stefanie/Eggert, Manfred K. H./Hahn,
Hans P. (Hg.): Handbuch Materielle Kultur: Bedeutungen – Konzepte – Disziplinen.
Stuttgart: J.B. Metzler.

Bosch, Aida (2015): Ambivalenzen der Bildkommunikation. Ist eine Vorherrschaft der
technischen Bilder unausweichlich? In: Liebau, Eckart/Zirfas, Jörg (Hg.): Arenen der
ästhetischen Bildung. Zeiten und Räume kultureller Kämpfe. Bielefeld: transcript,
S. 171-189.

Ciompi, Luc/Endert, Elke (2011): Gefühle machen Geschichte. Die Wirkung kollektiver
Emotionen – von Hitler bis Obama. Göttingen: Vandenhoeck & Ruprecht.

Flusser, Vilém (1999): Für eine Philosophie der Fotografie. 9. Auflage. Göttingen: European Photography.

Gugutzer, Robert (2015): Soziologie des Körpers. 5. vollst. überarb. Auflage. Bielefeld:
transcript.

Habermas, Tilmann (1999): Geliebte Objekte. Symbole und Instrumente der Identitätsbildung. Frankfurt am Main: Suhrkamp.

Hahn, Hans P. (2014): Materielle Kultur. Eine Einführung. Berlin: Reimer.

Latour, Bruno (2009): Das Parlament der Dinge. Für eine politische Ökologie. Frankfurt am Main: Suhrkamp.

Mead, George H. (1973): Geist, Identität und Gesellschaft. Frankfurt am Main: Suhrkamp. [Orig. engl. 1934].

Merleau-Ponty, Maurice (1976): Phänomenologie der Wahrnehmung. Berlin: Walter de Gruyter. [Orig. frz. 1945].

Piaget, Jean (2003): Meine Theorie der geistigen Entwicklung. Weinheim/Basel/Berlin: Beltz. [Orig. engl. 1970].

Plessner, Helmuth (1982): Mit anderen Augen. Aspekte einer philosophischen Anthropologie. Stuttgart: Reclam.

Postman, Neil (1986): Das Verschwinden der Kindheit. Frankfurt am Main: Fischer.

Rosa, Hartmut (2012): Weltbeziehungen im Zeitalter der Beschleunigung. Umrisse einer neuen Gesellschaftskritik. Berlin: Suhrkamp.

Schütz, Alfred/Luckmann, Thomas (2003): Strukturen der Lebenswelt. Konstanz: UVK.

Schulze, Gerhard (2005): Die Erlebnisgesellschaft. Kultursoziologie der Gegenwart. Frankfurt am Main/New York: Campus.

Simmel, Georg (2006): Die Großstädte und das Geistesleben. Frankfurt am Main: Suhrkamp. [Orig. 1903].

Weber, Andreas (2014): Alles fühlt. Mensch, Natur und die Revolution der Lebenswissenschaften. Berlin: Berliner Taschenbuch Verlag.

Winnicott, Donald (1979): Vom Spiel zur Kreativität. Stuttgart: Klett-Cotta. [Orig. engl. 1971].

Mode, Körper und Geschlecht

Der maskierte Körper

Kosmetische Praktiken in der weiblichen Adoleszenz

BRITTA HOFFARTH

> „Scrutinizing my face, she said, 'You know, a little blusher, a little eye shadow, they make you look and feel good. Don't you think cosmetics would make you look better?' I replied, 'I think they would make me look different'." (Peiss 2011: IX)

FOUNDATION: EINE VERORTENDE EINFÜHRUNG

Kosmetische Praktiken fügen dem Körper Schichten von Farben hinzu und heben dabei in ausgefeilter Weise spezifische Regionen der Körperoberfläche hervor, während sie andere kunstvoll verdecken. Die Techniken des Hervorhebens und Verdeckens werden nicht beliebig eingesetzt, sondern erhalten ihre historisch und sozial je spezifische Bedeutung erst im Kontext plausibilisierender und legitimierender Diskurse.

Das Zitat von Kathy Peiss suggeriert die Annahme, dass es sich bei Kosmetik um ein Praktikenbündel handele, welches auf eine Verbesserung des individuellen Aussehens, auf eine Verschönerung des Körpers abziele. Nina Degele führt hier bspw. den Begriff des „Schönheitshandelns" ein, der diese Idee zunächst aufgreift, jedoch nicht in erster Linie auf eine analytische Erfassung von Praktiken der Attraktivierung der Körper, sondern auf die Untersuchung von Praktiken sozialer Positionierung abzielt. Die Autorin zeichnet in ihrer Studie *Sich schön machen* (2004) empirisch nach, in welcher Weise kosmetische Praktiken wie das Schminken des Gesichts oder das Herrichten der Haare zwischen Figuren von Individualität und Sozialität changieren.

In meinem Beitrag möchte ich diese Perspektive zuspitzen und vorschlagen, Begriffe wie Schönheit (und in ähnlicher Weise Natürlichkeit) nicht als Analysebegriffe einzusetzen, sondern als zentrale Referenzpunkte eines Diskurses über die kosmetische Bearbeitung des Körpers und damit (auch) als Gegenstände der Analyse zu verstehen, welche genau dann den Blick auf das Moment der Positionierung verstellen, wenn sie als analytische Begriffe verwendet werden, mit denen das Geschehen beschrieben werden soll.

Ich schlage deshalb im Folgenden vor, kosmetische Praktiken nicht als Schönheitspraktiken, sondern als Körpertechniken der Positionierung innerhalb einer intersektionalen Ordnung zu verstehen, die im Moment der Positionierung jedoch uneindeutig bleiben, da sie sich nicht auf singuläre Positionierungen wie weiblich, heterosexuell oder schön reduzieren lassen, sondern darüber hinaus stets weitere Bedeutungen erzeugen. Begriffe wie „Schönheitshandeln", „Schönheitswahn" (APuZ 2007) oder auch „Schönheitspraxis" (vgl. Penz 2010), die suggerieren, dass es sich bei dem Motiv der jeweiligen Praktiken um Verschönerung handele, nehmen aus dieser Perspektive eine Verkürzung vor, welche weder der Komplexität der Praxis noch der widersprüchlichen Charakteristik sozialer Normen gerecht zu werden vermag.

Ich beginne im Folgenden mit einer skizzierenden Darstellung des Themas Körper innerhalb des Feldes philosophischer Zugänge, um zu zeigen, wie das akademische Sprechen über Materialität und Körperlichkeit im Speziellen strukturiert ist. Vor diesem Hintergrund erscheint die Frage des Handelns am Körper in besonderer Weise interessant, um zu klären, was überhaupt als Körper zu verstehen ist. Anschließend wird empirisches Material hinzugezogen, um die Produktivität und Uneindeutigkeit kosmetischer Körpertechniken herauszuarbeiten. Die Daten entstanden im Rahmen einer als Multi-Sited Ethnography (vgl. Marcus 1995) angelegten Studie zu kosmetischen Praktiken in der weiblichen Adoleszenz. Die am Material entwickelten Lesarten reichere ich durch Ergebnisse anderer Studien an, um zu verdeutlichen, dass sie nicht als singulär und zufällig zu verstehen sind, sondern kontingent auf soziale Ordnungen referieren, die für Körpertechniken und körperlichen Inszenierungen generell bedeutsam sind.

Mit dem Bezug auf die Figur der Maske kommt im Folgenden ein philosophischer Zugang zum Einsatz, um zu zeigen, dass sich die Erkenntnisse in zweifacher Hinsicht verallgemeinern lassen: Erstens in Bezug auf die Frage, inwiefern die Befunde über kosmetische Praktiken geeignet erscheinen, etwas über den Körper im Allgemeinen zu sagen und zweitens in Bezug auf die Frage, welche erziehungswissenschaftliche Bedeutung die Erkenntnisse in Hinsicht auf das Phänomen der Adoleszenz besitzen.

MAKE-UP: KÖRPERTECHNIKEN – BEGRIFFLICHES UND HISTORISCHES

Der Begriff der Körpertechniken greift Marcel Mauss' Vorschlag auf, von „Techniken des Körpers" (2010) zu sprechen. Mauss fokussiert dabei analytisch auf „die Weisen, in der sich die Menschen der einen wie der anderen Gesellschaft traditionsgemäß ihres Körpers bedienen" (ebd.: 199), die „physisch-psychisch-soziologische Verbindungen von Handlungsreihen" (ebd.: 218), die sich zu einem selbstverständlich scheinenden Ganzen eines – nicht natürlichen, sondern kulturell hervorgebrachten – Handlungsvollzugs zusammenfügen. Ähnlich wie Norbert Elias (1969) interessiert es Mauss, die Frage generationaler Vermittlung legitimer Körperpraktiken unter den Motiven von Erziehung sowie mimetischer Aneignung zu untersuchen. Mit dem Begriff der Technik versucht er, das Moment des Körperlichen als zentrale Dimension des Handelns zu benennen, wobei Technik im weiteren Sinne der antiken griechischen téchne zwischen Kunst und Fertigkeit eine „traditionelle, wirksame Handlung" (Mauss 2010: 205) beschreibt: Eine mimetisch oder sprachlich überlieferte Handlung, welche für andere in ihrer gestischen Bedeutung erkennbar ist, da sich in ihr bekannte soziale Ordnungen fortschreiben. Der Körper stellt für Mauss „das erste und natürlichste Instrument des Menschen" (ebd.: 206) dar, mit welchem er am Sozialen teilhat.

Von Körpertechniken zu sprechen, denen sich die (bereits Jahrtausende alte; vgl. Böhme 2006: 45) Kulturtechnik des Schminkens zurechnen lässt, macht es erforderlich, die Historizität des Körpers zu markieren, denn, so Philipp Sarasin, „der Körper" sei nur historisch zu verstehen.

„Wenn diese Körper nicht nur eine individuelle Geschichte haben, sondern auch als Körper überhaupt historischem Wandel unterworfen sind, dann sind Natur und Materie des Körpers, so wie wir sie wahrnehmen, vorstellen, repräsentieren und bearbeiten, keine verlässliche Referenz mehr außerhalb des Sprechens und Handelns." (Sarasin 2001: 11)

Eine historisierende Perspektive auf Verständnisse des Körpers eröffnet die Möglichkeit einer philosophischen Befragung jener Signifikationen, in welche „der Körper" je historisch und lokal eingespannt wird. Studien wie die Vigarellos (1988) oder Sarasins (2001) zu Hygienekulturen von der frühen Neuzeit bis in das 19. Jahrhundert lassen sichtbar werden, inwiefern Techniken der Körperpflege mit der modernen Subjektidee fusionieren: Auf eine eigene Identität verwiesen zu sein ist in der Moderne eng verknüpft mit der Idee, für einen Körper verantwortlich zu sein. Zugleich erlebe ich mich selbst an ihm: Indem ich mir diesen Körper aneigne, bearbeite ich mein Selbst im Rahmen menschlicher Perfektibilität.

Dekorative Körperpraktiken erhielten mit der post-aufklärerischen Auflösung der Ständegesellschaft und der damit einhergehenden Erosion sozialer Gewissheiten eine neue historische Bedeutung. „Das Schminken war bis ins 18. Jahrhundert ein Privileg der höfischen Kreise [Mittel- und Westeuropas, insbesondere Frankreichs, B.H.] einerseits und der Schausteller andererseits. […] Menschen beider Kategorien haben […] eines gemeinsam, nämlich, dass sie öffentlich nicht als Personen, sondern als Repräsentanten, sei es nun einer Herrschaftsfunktion oder sei es einer Rolle im Theaterstück, erschienen." (Böhme 2006: 47)

Das nun aufstrebende Bürgertum hob darauf ab, sich vom adeligen Diktat der Standesrepräsentation abzusetzen, was dazu führte, dass die Benutzung von „Tinkturen, Pomaden, Salben" (Gieske 2000: 97) im bürgerlichen „Zeichen von Natürlichkeit und Authentizität" (Böhme 2006: 47) in Verruf geriet. Zugleich entwickelte sich mit neuen medizinischen Perspektiven auf den Körper und einer gesellschaftlichen Naturalisierung und Dichotomisierung der Geschlechtskörper (vgl. Laqueur 1996) eine Vorstellung von Weiblichkeit, die sowohl das bürgerliche Ideal der Authentizität als auch das kosmetische Ideal des Adels in sich vereint – ein Paradox: „Das Gesicht und der ganze Frauenkörper sollen nun ‚natürlich' in Erscheinung treten, also gepflegt sein und wirken" (Gieske 2000: 101).

Das Schminken des Gesichts verweist daher im Übergang ins 19. Jahrhundert, nicht mehr in erster Linie auf die Zugehörigkeit zu einem gesellschaftlichen Stand, sondern nun besonders auf die Trennung der Geschlechter. Die Idee von Schönheit wird seither weitgehend an Vorstellungen von Weiblichkeit geknüpft, eine Idee, die von gesellschaftlichen Strukturveränderungen begleitet wird, etwa der geschlechtlichen Arbeitsteilung, in der postfeudalistischen Gesellschaft entwickelt, und der Unterteilung des gesellschaftlichen Lebens in private und öffentliche Sphären (vgl. Dausien/Walgenbach 2015: 34f). Der Schönheitsdiskurs bindet gewissermaßen die weibliche Hälfte des Menschengeschlechts an Heim, Herd und Reproduktion, jedoch insbesondere jene Individuen, die ökonomisch wie kulturell als bürgerlich zu verstehen sind. Damit ist die Vorstellung wie die Inszenierung als gepflegt, natürlich, schön zwar in wesentlicher Hinsicht einer Vorstellung vom natürlichen Geschlechterunterschied verpflichtet, transportiert allerdings – über einen Ausschluss anderer, weniger gepflegter, ökonomisch schlechter gestellter Weiblichkeiten – weiterhin milieubezogene Momente der Körperinszenierung.

Dieses Moment der Dispersion der Bedeutung von Repräsentationen des Körpers sowie der Techniken seiner Herrichtung soll im Folgenden anhand empirischen Materials und unter intersektionaler Perspektive verdichtet werden. Dabei wird deutlich, dass eine Annahme, „Schönheitshandeln" ziele auf die Herstellung und Reproduktion heteronormativer Geschlechterunterscheidungen, verkürzt ist und die Produktivität und Mehrdeutigkeit von Praktiken unterschätzt.

LIDSCHATTEN: ZUR ANALYSE INTERSEKTIONALER INSZENIERUNGEN DER KÖRPER

Der Begriff der Intersektionalität verweist auf eine Debatte (vgl. etwa Winker/ Degele 2009, Walgenbach u.a. 2007 oder Lutz u.a. 2010), die sich in den vergangenen Jahrzehnten wesentlich zwischen feministischer Rassismus- und Geschlechterforschung und -politik entwickelt hat. Es geht dabei um eine empirisch-analytische wie politisch-kritische Perspektive, die auf die Analyse und Behebung von Mehrfachdiskriminierungen abhebt. Im Forschungsfokus auf Körpertechniken schließt an diese Sensibilisierung die Frage an, in welcher Weise Praktiken der Inszenierung hinsichtlich intersektionaler Ordnungen produktiv werden, wie also Subjektivität in den dekorativen Praktiken, z.B. mit Bezug auf Verknüpfungen von geschlechtlichen, ethnischen und generationalen Zugehörigkeiten, hervorgebracht wird.

Eine intersektionale Betrachtung von dekorativen Techniken der Körper wird genau in dem Moment interessant, in dem deutlich wird, dass die performative Genese von Weiblichkeit Subjektpositionen hervorbringt, die zugleich auf z.T. unsichtbare Weise etwa klassistisch markiert oder ethnisiert werden.

Um zu illustrieren, welche Bedeutung die dekorative Arbeit am Körper in der weiblichen Adoleszenz der Gegenwart besitzt, greife ich im Folgenden Sequenzen eines innerhalb einer Multi-Sited Ethnography (vgl. Marcus 1995) entstandenen, heterogen angelegten Datenkorpus auf.[1] Die Daten wurden mittels der Situationsanalyse Adele Clarkes (2012) interpretativ analysiert. Die Methode hebt darauf ab, der Situiertheit des Phänomens in seiner Mehrdimensionalität und

---

1   Der Begriff der Multi-Sited Ethnography wird im beschriebenen Forschungsprojekt als Forschungshaltung interpretiert, welche verschiedene methodische Strategien der Datengenese einbezieht und damit möglichst verschiedene Facetten eines Gegenstands sowie verschiedene Narrative in seinem Kontext in der Erhebung der Daten mit berücksichtigt (vgl. Weißköppel 2005). Vor dem Hintergrund einer ethnografischen Methodologie wurden für die in diesem Beitrag aufgegriffene Studie verschiedene Erhebungsmethoden wie z.B. die teilnehmende Beobachtung, das biografische Interview oder die Gruppendiskussion zum Einsatz gebracht, um verschiedene Datensorten und damit verschiedene Perspektiven auf den Gegenstand kosmetischer Praktiken hervorzubringen. In die Analyse wurden darüber hinaus Transkripte von YouTube-Videos mit einbezogen, da diese im Diskurs über kosmetische Praktiken und besonders für Subjekte in der Adoleszenz eine zentrale Bedeutung bei der Distribution spezifischen Wissens einnehmen. Die Distribution von Bedeutungen in Bezug auf den Gegenstand (z.B. das Schminken) in verschiedenen „sites" – im Sinne von Marcus' „follow the metaphor" (1995: 108) – soll damit in Rechnung gestellt werden.

Komplexität Rechnung zu tragen, indem einer mehrperspektivischen Betrachtung seiner Kontextualität Raum gegeben wird. Verschiedene Elemente der analytisch relevanten Arena (dekorativer Körperpraktiken in der weiblichen Adoleszenz) sollen erfasst und in Beziehung zueinander gesetzt werden (vgl. Clarke/Keller 2011: 119). Die Kontingenz der Lesarten der Situationen damit methodisch in Rechnung zu stellen, hat in der Analyse von Praktiken die Konsequenz, dass die vorgeschlagenen Interpretationen nicht als fix an die Daten geknüpfte Bedeutungen zu verstehen sind, sondern die Deutungen lediglich als Impuls fungieren, mit dem eine spezifische, für das Erkenntnisinteresse relevante Lesart der Daten vorgeschlagen wird. Aus den Maps werden in der Interpretation gewissermaßen Sinn-Geschichten entfaltet.

Diese Analyse der Daten zu kosmetischen Praktiken lässt deutlich werden, inwiefern die Artikulation – im Sinne einer Verknüpfung – von Schönheit, Natürlichkeit und Weiblichkeit in gegenwärtigen Schminkpraktiken von Mädchen als gewissermaßen stratifikatorische Distinktionsstrategie im sozialen Raum relevant gemacht wird, wie in den folgenden Datensequenzen deutlich wird. Zunächst lässt sich an einem Ausschnitt eines YouTube-Videotranskripts mit dem Titel „Schul-Make-up für Anfänger: natürlich schön" zeigen, in welcher Weise „Natürlichkeit" zu einem Referenzpunkt der Inszenierung wird. Das Video beginnt mit den Worten:

„Heute zeig ich Euch diesen Look, der super für die Schule geeignet ist, Eure natürlichen Vorzüge hervorhebt und trotzdem nach nicht zu viel Make-up aussieht..." (YT 3-5)

Sowohl im Titel des Videos wie auch in der kurzen zitierten Sequenz wird somit das Konzept von Natürlichkeit aufgerufen. Der Begriff der Natur assoziiert hier Konzepte wie Ursprünglichkeit, Einfachheit oder Unaufwändigkeit, sozusagen einer Mühelosigkeit der Inszenierung. Die Geste des Schminkens macht dabei auf den zentralen Widerspruch aufmerksam, der dem modernen Natur-Begriff zu eigen ist: Natürlichkeit wird einerseits aufgerufen als Wesenheit, als Idee, etwas in seinem organisch gewachsenen Urzustand zu belassen, andererseits jedoch stellt sie sich als Effekt eines Inszenierungsaktes dar. Natürlichkeit markiert eine Wirkung, die in minutiösen Schritten der Hinzunahme von Farben und Hilfsmitteln erst hervorgebracht wird. Beim Unterschied zwischen natürlich geschminkt und ungeschminkt lässt sich vom „Resultat einer unsichtbaren Leistung" (Degele 2004: 210) sprechen. Der Zugriff auf den Körper bleibt in doppelter Weise unsichtbar, denn der Prozess des Schminkens bleibt verborgen und das Geschminktsein wird nur dadurch sichtbar, dass es sich selbst in unauffälliger Weise thematisiert. Die Leistung – Degele spitzt sie im Begriff der „Schönheitskompetenz" (ebd.: 211) zu – besteht hier darin, diese Technik der doppelten Unsichtbarkeit zu beherrschen.

Für Nina Degele führt sich in diesem Aufrufen von Natürlichkeit als Effekt einer notwendig unsichtbar bleibenden Intervention die im 19. Jahrhundert etablierte heteronormative Dichotomie von Weiblichkeit und Männlichkeit fort: „Mit der konstruierten Natürlichkeit der Erscheinung läuft eine vermeintliche Natürlichkeit der Geschlechterdifferenz immer mit." (Ebd.: 210)

An einem Ausschnitt aus einer Gruppendiskussion, die im Rahmen eines Ferienprojekts für Mädchen im Alter von 15 Jahren erhoben wurde,[2] lässt sich nun jedoch am Aufrufen des Konzepts des Natürlichen differenzieren, dass es nicht zentral um geschlechtliche oder schlicht attraktivierende, sondern auch ethnisierende und klassenbezogene Kategorisierungen geht.

M2: Es gibt ja auch so Tutorials (.) auf YouTube, manchmal guck ich mir die so an und versuch das dann so nachzumachen, wie das aussieht (lacht)

I: Und hat dich denn schon was überzeugt?

M2: Neee (lacht)

M1: lacht

M2: Das ist auch immer so viel (.) ich mag das eher natürlich (.) also n bisschen schon, aber (.) Ja. So natürlich.

[...]

M1: Oder wenn man so ganz viel Rouge drauf hat, wenn das so knallrot ist, so wie Clowns, das ist sieht doch auch schrecklich aus. Eklig.

M4: Ist generell bisschen, also (.) ist ja einfach so, dass es so bei uns so n bisschen tussig rüberkommt, wenn man so ganz viel drauf hat.

M1: Weil, das sieht doch einfach nicht aus, soll man lieber natürlich sein, so wie man ist. Das ist doch alles nur so (.) zugepeppt.

M4: Draufgeklatscht (.) ja, einfach draufgeklatscht. (MT 55-61)

In diesem kurzen Ausschnitt aus der Gruppendiskussion verhandeln die Teilnehmerinnen Natürlichkeit und Künstlichkeit als Momente des inszenierten Körpers. Interessant sind die dabei unthematisch bleibenden Differenzkategorien. Die Dichotomie natürlich/künstlich referiert nicht explizit auf Geschlecht, obwohl dies im Rahmen der Gruppendiskussion, die in einem pädagogischen Ferienangebot, das sich ausschließlich an Mädchen richtet, durchaus implizit Bedeutung erhält, da die Abwesenheit von Personen, die einem anderen Geschlecht zugerechnet werden könnten, den Möglichkeitsraum des Sprechens mutmaßlich mit strukturiert. Dar-

---

2   Die ethnografischen Daten wurden zwischen 2010 und 2012 in verschiedenen pädagogisch begleiteten Freizeit- und Ferienangeboten erhoben, die explizit Mädchen adressierten. Mit dieser geschlechtsbezogenen Fokussierung richtete sich das Erkenntnisinteresse speziell auf als weiblich markierte Lebenswelten, um das Desiderat einer Mädchenforschung als Jugendkulturforschung (vgl. Rohmann 2007) zu bearbeiten.

über hinaus greift die entschiedene Abgrenzung vom Künstlichen eines massiven Farbeinsatzes im Gesicht und die gleichzeitige Priorisierung des Natürlichen jedoch durchaus ein auf die Geschlechterinszenierungen bezogenes Normativ auf, wie mit dem oben skizzierten Abriss zu Körperpflege und -dekoration in der Moderne gezeigt wurde.

Jenseits dieses impliziten Moments einer geschlechtlich angemessenen Inszenierung entfalten sich zusätzlich andere Differenzszenarien, die etwa mit der Figur des Clowns oder der Tussi chiffriert werden. Diese möchte ich im Folgenden interpretativ entfalten, um zu verdeutlichen, inwiefern sich eine geschlechtliche Inszenierung des Körpers stets intersektional mit anderen Differenzkategorien verschaltet.

Dem Risiko, wie ein „Clown", „schrecklich" oder „eklig" auszusehen, setzt man sich aus, so die Diskussionsteilnehmerinnen, „wenn man so ganz viel Rouge drauf hat". Die Figur des Clowns chiffriert hier einen stark bemalten Körper, der sich aufgrund seines unmäßigen Bemaltseins sowie seines kindlichen Verhaltens lächerlich macht. Das Bild beschreibt eine Person, die kein eigenes Gesicht besitzt, sondern erst durch ein aufgetragenes Gesicht zur Erscheinung kommt, das ihre potentiell darunter liegenden eigenen Züge verfälscht. Insofern bleiben ihr erstens ein Status von Authentizität, die Möglichkeit eines Selbstseins und damit verbunden ein würdevolles Auftreten, und zweitens ein Status der Ernsthaftigkeit, Plausibilität und Glaubwürdigkeit, die Möglichkeit einer Anerkennung durch die Anderen potentiell verwehrt.

Während die Figur und ihre Bemalung innerhalb einer Arena oder auf einer Bühne kontextualisiert als Clown funktionieren können, sieht sie dekontextualisiert „schrecklich" aus, erschreckt andere als groteske und deplatzierte, lächerliche und damit misslingende Kopie, ruft sogar Ekel als besonders starke Abwehrreaktion hervor. Sich zum Clown zu machen, kann in diesem Fall auf die Einbuße der Kontrolle über die eigene Erscheinung sowie den Verlust geschlechtlicher Eindeutigkeit verweisen („der Clown" wird hier sprachlich als männlich markiert), zum anderen jedoch das Scheitern im adoleszenten Ringen um Anerkennung in widersprüchlich verfassten Anrufungs-Matrizen. Mit der Figur des Clowns wird im Gespräch über dieses Moment des Kontroll- und Anerkennungsverlusts hinaus jedoch noch eine weitere Deutungsmöglichkeit eröffnet, die sich jedoch nicht induktiv aus den Daten herleiten lässt, sondern sichtbar wird, wenn man weitere Studien hinzuzieht, welche den kulturgeschichtlichen Hintergrund zeitgenössischer Clownsdarstellungen berücksichtigen.

Aktuelle Untersuchungen zu den im 19. Jahrhundert in den USA und populären Minstrel oder sog. Black Facing Shows lassen in Bezug auf die Figur des Clowns, wie sie gegenwärtig aufgerufen wird, die Annahme zu, dass sie sich u.a.

auf rassistische Ursprünge zurückführen lässt.[3] Diese Studien verweisen darauf, dass die Merkmale des heute bekannten Clowns bereits in den Minstrel-Darstellungen auftauchen und damalige rassistische Stereotype aufgreifen und mit bereits seit Jahrhunderten in Europa populären Merkmalen des sog. weißen Clowns bzw. Pierrots vermischen und aktualisieren.

Eine rassismuskritische Perspektive geht von der Dominanz eines gesellschaftlichen Wissens aus, das rassistische Unterscheidungen plausibilisiert und legitimiert (vgl. Scharathow u.a. 2009: 11), in welchem sich Imaginationen von Selbst und Welt arrangieren. An der Figur des Clowns wird die latente, alltägliche Wirkmacht rassistischer Unterscheidungspraktiken deutlich, die den (weißen) Individuen nicht (nur und in erster Linie) strategisch zur Verfügung stehen, sondern vielmehr das Sprechen als Unterscheidungspraxis par excellence sichtbar werden lassen. Das lässt die Lesart zu, dass der Bezug der Jugendlichen auf den Clown als Metapher nicht nur die grundsätzliche Frage der Anerkennbarkeit stellt, sondern diese auch in das Licht (selbst)ethnisierender Zugehörigkeitsinszenierungen stellt, die im Wesentlichen unthematisch bleiben, sofern es sich um *weiße*, also im symbolischen Raum unmarkierte Repräsentationen handelt. Die Figur des Clowns ermöglicht den Teilnehmerinnen der Diskussion in einer indirekten Weise den Einsatz von Mechanismen von Abwertung und Abgrenzung, mit welchen eine legitime Positionierung im Sozialen möglich wird. Inszenierungen von Geschlecht verbinden sich, wie an der Figur des Clowns sichtbar gemacht wurde, mit rassistischen und, wie im Folgenden herausgearbeitet wird, Klassenordnungen, ohne dass diese immer vordergründig thematisch würden.

In ihren Aussagen benennen die Teilnehmerinnen der Gruppendiskussion anhand des Clowns, aber auch anderer negativer Abgrenzungsfolien, indirekt, welche Bedeutung ein misslungenes Make-up im Rahmen dieses mehrdimensionalen Anerkennungsregimes der Körperrepräsentationen besitzt. Der Begriff „zugepeppt", lässt sich übersetzen mit „verklebt" oder „versiegelt" und verweist auf eine unangemessen große Menge und fehlerhafte Platzierung des Stofflichen und zudem gewissermaßen den Verschluss der darunter liegenden Oberfläche, die, so der implizite Umkehrschluss, von den Mädchen zu vermeiden sei. Zudem aktualisiert der Begriff „tussig" die Abwertung eines spezifischen Weiblichkeitstyp, für den

---

3   Das sogenannte Blackfacing in den sogenannten Minstrel Shows wird in den USA des 19. Jahrhunderts zu einer Form insbesondere in *weißen* Arbeiter*innenmilieus populärer Unterhaltungskultur, in welcher *weiße* Darsteller mit gefärbten Gesichtern das rassistische Phantasma einer Schwarzen Kultur Amerikas auf der Bühne zur Aufführung bringen (vgl. Bean u.a. 1996; Lott 1996), um diese vor dem Hintergrund *weißer* Normalitätsdarstellungen zu diskreditieren.

die Diskussionsteilnehmerinnen an anderer Stelle beispielhaft die Prominente Daniela Katzenberger anführen, von der sie sagen, sie sei „furchtbar doll geschminkt" und „an der ist nichts echt" (MT 30-31). Der normative Gehalt der Aussage, etwas sähe „tussig" aus, liegt damit im Verweis auf eine sexualisierte Inszenierung des Körpers, die gleichzeitig als klassenbezogen – im Sinne von: mit wenig kulturellem Kapital ausgestattet – markiert ist. Diese Lesart lässt sich mit der folgenden Sequenz verdichten.

I: Wie ist das denn bei Euch? Was benutzt du?

M3:   Make-up, Kajal und Wimperntusche. Lipgloss, dieses hautfarbene (.) äh (.) wenn ich meine (.) Augen halt so (.) betone, dann beton ich meine Lippen nich, dasn bisschen zu irgend(.) als ob ich mich nicht schminken könnte so.

I: Wenn du beides betonen würdest?

M4:   Ja, ja, das ist ein bisschen auch billig, aber wenn ich meine Lippen betone, dann betone ich meine Augen halt nicht (.) und mach dann NUR Wimperntusche (--)
(MT 32-38)

Im Material wird durch die Phrase „billig sein" ein Motiv von Selbstökonomisierung verbildlicht. Unabhängig von ihrem diskursiven Kontext kann sie übersetzt werden mit „einfach, ohne großen Aufwand oder hohen Gegenwert in Besitz zu bringen". Damit verweist der Ausdruck auf ein asymmetrisches Verhältnis von Wert und Preis, auf mangelnde Exklusivität. Die Aberkennung von Exklusivität scheint jedoch dem spätmodernen Selbst-Verständnis zu widersprechen, nach dem das Individuum sich als einzigartig zu inszenieren verantwortlich ist. Identität als Eigenheit des spätmodernen Subjekts verweist paradigmatisch auf das Motiv der Exklusivität. Sich nicht als exklusiv zu inszenieren, kann also für die Mädchen einen weiteren Anerkennungsverlust bedeuten.

Der implizit artikulierte Wunsch, nicht billig aussehen zu wollen bedeutet zudem hier, dass die Mädchen sich selbst und ihre eigenen Inszenierungsstrategien in einer hegemonialen Ökonomie des Körpers lesen, in der sie sich für eine alters- und herkunftsangemessene Inszenierung von bspw. Katzenbergerschen Körpertechniken abgrenzen müssen. Damit verstehen sie es im Alter von 15 Jahren, den Körper als Kapital zu konstruieren. In der dieser Konstruktion inhärenten Logik wird letzterer zum Ausdrucksmittel symbolischen Kapitals im Kontext neoliberaler Aufrufungen zur Selbstbestimmtheit: „Verkaufe Dich nicht unter Wert!" – derweil sich „Wert" nach den askriptiven Zugehörigkeiten und der diesen (un)angemessenen Inszenierung bemisst.

Mit Bourdieu (1997) lässt sich also festhalten: Über eine angemessene Fertigkeit und Kenntnis zu verfügen, ob ich mich und wie ich mich schminke, fungiert als symbolisches Kapital einer Selbstinszenierung, welche die Balance hält zwischen den unterschiedlichen Facetten von Geschlecht, Alter, ethnischer Zuschreibung, sozialer Herkunft sowie ökonomischem Vermögen. Mit Verweis auf die Bourdieusche Formel der Konversion der verschiedenen Kapitalsorten (vgl. ebd.) kann man festhalten: Angemessen geschminkt zu sein stellt eine symbolische Investition in eine Selbstinszenierung dar, welche die Balance zu halten versucht zwischen Geschlecht, Alter, sozialer Herkunft und ökonomischem Vermögen. Mängel sind hier heikel: Man riskiert gewissermaßen sein Gesicht, seine Würde, seine Integrität.

Schminkpraktiken stellen insofern in der Unterscheidungsmatrix des sozialen Raums, in welcher sich das adoleszente Ringen um Anerkennung aufspannt, Praktiken zur Verfügung, die sowohl Bewältigungschancen als auch das Risiko des Scheiterns bergen. Das Schminken-Können impliziert neben der Beherrschung der Technik und dem Ausloten der Angemessenheit auch die Literacy des Schminkeffekts, das Lesen- und Unterscheiden-Können etwa von legitimer und illegitimer Umsetzung und das erfolgreiche Management des Durchschreitens von und Scheiterns an Statuspassagen.

Aus den bis hier vorgeschlagenen Lesarten der Datensequenzen lassen sich nun verschiedene pädagogisch relevante Schlüsse ziehen, von denen ich im Folgenden zwei für besonders relevant halte: Ohne dass sie immer expliziert würden, spielen verschiedene Differenzkategorien in den Sinngebungen dekorativer Praktiken eine zentrale Rolle. Hierbei ist ihre intersektionale Verknüpftheit beachtenswert: Weiblichkeit wird nicht schlicht als ein universales Weibliches thematisch, sondern formiert sich erst mit Bezug auf andere Differenzkategorien (als ethnisch markierte oder schichtspezifische Weiblichkeit). Das bedeutet auch, dass die in den Praktiken aufgerufenen Normen hinsichtlich der Differenzkategorien – etwa die Norm der geschlechtlichen Vereindeutigung – unter anderem im Widerspruch zueinander bedeutsam werden – etwa zur Norm der altersangemessenen Repräsentation. Die Verhandlung des Körpers geschieht also mit Blick auf verschiedene (und konkurrierende) Ordnungsregister und – so lässt sich darüber hinaus festhalten – in Form von Objektivierungen (vgl. Hoffarth 2015): Was „der (adoleszente) Körper" bzw. das Natürliche des Körpers ist, kann nur über diesen vergegenständlichende Praktiken hervorgebracht werden, ein Natürliches des Körpers ist also jenseits performativer Techniken der Naturalisierung, Bezeichnung, des Schmückens oder der Bearbeitung nicht auszumachen. Damit wird die Idee davon, dass da ein identifizierbarer Körper sei, fragwürdig, da jenes, was als Körper im Sozialen sichtbar wird, konstitutiv an das Handeln und damit Deuten gebunden ist und darüber hinaus nichts Substanzielles zu bezeichnen vermag.

Hier werden die zentralen Merkmale einer praxistheoretischen Perspektive deutlich, die wesentlich dadurch gekennzeichnet ist, dass sie die Priorität des Handelns und die Unmöglichkeit einer Essentialisierung des Materiellen des Körpers zusammen zu denken sucht. Sie liegen in der Gleichzeitigkeit von Produktivität und Unentschiedenheit der Praktiken: Handeln bringt immer mehr hervor, als intendiert ist oder unmittelbar sichtbar wird, dieses Mehr entzieht sich stets der Kontrolle durch die Akteur*innen (vgl. Mayer/Hoffarth 2014).

Im Folgenden soll die Bedeutung dieser Erkenntnisse anhand des Bildes der Maske vertieft werden, um deutlich zu machen, inwiefern das auf „den Körper" bezogene Handeln einer Idee des Körpers erst dadurch Ausdruck verleiht, indem es die Dichotomie von Oberfläche und Innerem performativ hervorbringt. Die erziehungswissenschaftliche Relevanz wird daran anschließend in Bezug auf die Frage diskutiert, welcher pädagogische Anspruch sich in Bezug auf Adoleszenz und die adoleszente Arbeit „am Körper" an die hier entfaltete Perspektive knüpft.

CONTOURING: DIE MASKE ALS THEORETISIERUNG DER UNBESTIMMTHEITEN

Den zuvor empirisch herausgearbeiteten Zusammenhang von Produktivität und Unentschiedenheit sowohl der Praktiken als auch der Ordnung möchte ich an dieser Stelle mit Bezug zur analytischen Figur der Maske diskutieren, da sich an ihr das ambivalente und produktive Verhältnis von Handeln und Körperlichkeit theoretisch verdichten lässt (und auch, wie gezeigt wird, bereits verdichtet wurde). Im Zentrum von Praktiken dekorativer Kosmetik steht – neben den Haaren und den Nägeln – wesentlich das Gesicht, sein Verdecken, Hervorheben, Dramatisieren und Entdramatisieren von Augen, Mund oder Wangen, die Bearbeitung seiner Markierungen und ihrer Bedeutung im Sozialen.

Das Gesicht symbolisiert dabei, so lässt auch die lange Kulturgeschichte seiner Bearbeitung schließen (vgl. Böhme 2006), stets mehr als allein die Oberfläche des Kopfes. Vielmehr wird an den Praktiken, die das Gesicht so prominent in ihr Zentrum rücken, deutlich, inwiefern es eine Grenze, die Schnittstelle zur Anderen wie zum eigenen Selbst darstellt.

In der Art und Weise, wie ich mich dem Gesicht – mit objektivierenden Techniken – nähere, steckt nicht nur die Methode selbst, sondern überhaupt auch das Erfordernis einer Methodizität der Begegnung. D.h., die Begegnung oder Berührung ist nie natürlich und gewissermaßen durch das Soziale unbelastet, sondern immer vermittelt, sie bedarf stets einer Rahmung, die nicht anders als sozial zu verstehen ist. Das Gesicht ist nie einfach da und spricht für sich selbst, es ist stets schon körpertechnisch vermittelt, zwischen das Gesicht und seine Bedeutung tritt stets ein je historisch und lokal situiertes Drittes in Form von Praktiken.

Die Art und Weise der Annäherung an das Selbst schließt dabei stets auch an Ordnungen an, die nicht vom Selbst ausgehen (können), sondern ihm äußerlich sind. In diesem Angehen des Gesichtes stecken verschiedene Widersprüche von Individualität – im Sinne einer Eigentümlichkeit – und Ordnung – im Sinne eines dem Singulären äußeren Moments, seiner Normalisierung.

Es gibt im (kosmetischen wie künstlerischen) Pinselstrich „eine subtile Aufmerksamkeit für physiognomische Differenzierung, bis in die feinste Schattierung der Haartracht hinein" (Mollenhauer 2000: 132), Hinweise auf den Versuch, nicht nur ein Eigentümliches, sondern ein Inneres äußerlich sichtbar zu machen. Was Mollenhauer für ein vom Renaissance-Maler Lorenzo Lotto geschaffenes Porträt festhält, lässt sich ebenfalls in den im Material dokumentierten Facetten der Kosmetik ausmachen: Das künstlerische Herausstellen physiognomischer Besonderheiten mit Pinselstrichen und Farbe verweist nicht auf ein individuelles Inneres, sondern auf seine Fiktion, die Existenz einer Innenwelt wird in der Betrachtung von der betrachtenden Person erfunden (vgl. ebd.: 134). Damit gehen Individualisierung und Normalisierung im Herrichten und Herzeigen des Gesichts eine unentschiedene Allianz ein.

Der Begriff der Maske vermag genau dieses Paradox von Besonderung und Universalisierung, von Authentizität und Inszenierung zu symbolisieren, impliziert doch das Konzept der Maske nach unserem Alltagsverständnis zunächst die Differenz zwischen der Maske und dem darunter liegenden, wahren Gesicht. Damit ist eine nicht unproblematische Differenz unterstellt.

„Jenseits der Kostümierung erachten wir Masken als Vermummung, Verstellung, Verbergung und Deformation unserer Persönlichkeit. Das Eigentliche sei hinter ihnen zu suchen. Relikte davon sind in der Skepsis gegenüber ‚übertriebener' Schminke, aufdringlichen Tattoos, provokanten Piercings und anderen Körpermodifikationen zu finden, die unsere Wahrnehmungskonvention durchkreuzen." (Meyer-Drawe 2007: 25)

Seinen historischen Ursprung hat diese westlich-europäische Vorstellung der Maske als Anderes der Identität und als zugleich mit Verbot und Begehren belegt im mittelalterlichen Christentum. Im Kontext von durch die Kirche reglementierten Karnevals-Festivitäten diente die Praxis der Maskierung hier der Überschreitung gebotener Repräsentationsformen. Masken drückten in diesem Zusammenhang „die Freude am Wechsel und der Umgestaltung aus, eine Verneinung der Konformität, eine Parodie auf den zivilisierten und disziplinierten Leib" (ebd.: 28). Im Kontext christlicher Weltdeutung wird so die „Maskierung [zum...] bloßen Gegenpart des Authentischen" (ebd.).

Wenn davon auszugehen ist, dass vor der Maske, vor der Prothese kein natürlicher Körper vorhanden ist, sondern die „Natur des Körpers" eine Schöpfung der modernen Körpertechniken darstellt, dann kann der Körper, den wir sehen, sowie der Leib, den wir spüren, nicht außerhalb einer Matrix, die Sichtbarkeit erst möglich macht, sichtbar oder spürbar werden. „Unter der Maske" ist kein Körper; die Maske ermöglicht vielmehr erst sein Sichtbarwerden, seine Intelligibilität.

Zwei theoretische Figuren des anthropologischen Ansatzes Helmuth Plessners verdichten dieses grundsätzliche Moment der Mehrdeutigkeit des menschlichen Körpers (vgl. Magyar-Haas 2016): Sowohl das Begehren nach Ent- und Verhüllung, das er die „ontologische Zweideutigkeit" (1972: 63) nennt, als auch das Moment der „exzentrischen Positionalität" (1975: 32), aus welchem heraus der Mensch in der Lage und gleichwohl genötigt ist, zu seiner eigenen leiblichen Verwickeltheit in die Welt in Distanz zu gehen (ebd.: 292), erscheinen als bedeutsame analytische Zugänge, mit denen das adoleszente Spiel mit Maskeraden, Körper, Farben und Selbstentwürfen genauer in den Blick genommen werden kann.

Ontologisch zweideutig ist der Mensch, weil er – psychisch doppeldeutig (vgl. 1972: 57) – einerseits nach Offenbarung seiner selbst drängt, einem Sich-Zeigen und Fixieren (vgl. ebd.) strebt, und andererseits vom Begehren nach einem Verbergen, von einer „Schamhaftigkeit" (ebd.: 58) getrieben ist, „von der Fixierung fort" (ebd.) strebt. Zwischen beiden bleibt er unentschieden und im steten Werden begriffen. Seine Exzentrizität hingegen ermöglicht es ihm und zwingt ihn, in Abstand zu gehen zu seinem leiblichen Hiersein und sich selbst als Körper zum Gegenstand der eigenen Betrachtung zu machen, sich selbst also immer auch fremd zu sein.

Diese beiden Figuren stellen das menschliche Handeln und seinen Bezug zu sich in den Zusammenhang eines spielerischen Umgangs mit der eigenen konstitutiven Unbestimmtheit. In der kulturell-praktischen Figur der Maskierung sowie der metaphorischen Figur der Maske wird genau dieses Moment begreifbar. Anhand Plessners Begriffen der unentscheidbaren Zweideutigkeit und der Exzentrizität lässt sich zeigen, dass das Verhältnis des Selbst zu sich und zur Welt körperleiblich vermittelt und zugleich gebrochen ist. Im Verbergen wie im Zeigen teile ich etwas mit, zeige ich mich – wer immer das ist – und zeige auf anderes, z.B. kategoriale Ordnungen, die meinem Körper erst Intelligibilität verleihen. In meiner Exzentrizität bin ich darauf angewiesen, mich in steter Weise erneut in ein Verhältnis zu meiner „riskante[n] Beziehung zu mir selbst" (Meyer-Drawe 2002: 363), meinem Selbst, „das sich nicht entkommen kann" (ebd.) zu setzen.

Mit diesen beiden Figuren Plessners wird nun der situierte Akt des Schminkens in einem größeren analytischen Rahmen verstehbar als eine Form (unter anderen) der Auseinandersetzung mit der Notwendigkeit, sich inszenieren zu müssen, dem Selbst Sichtbarkeit, Ausdruck verleihen zu müssen, um im Sozialen erscheinen zu können. Zugleich macht die Figur der Maske darauf aufmerksam, dass es im

Schminken nicht darum gehen kann, einer individuellen Innerlichkeit mimetisch ein Äußeres entsprechen zu lassen, sondern dass es vielmehr um ein Spiel mit der Illusion von Innerlichkeit und Individualität geht, welcher nicht zuletzt dadurch Sichtbarkeit verliehen wird, dass sie in ein Raster sozialer Ordnungen integriert erscheint.

HIGHLIGHTING: ADOLESZENZ ALS BALANCEAKT (JENSEITS EINER SOUVERÄNITÄT DER ARTISTIN)

Im Anschluss an diese theoretisch wie empirisch inspirierten Überlegungen scheint es nun einerseits interessant, Praktiken der Objektivierung des Körpers nicht allein aus der Perspektive der Normierung zu betrachten und damit allein ihren Ordnungscharakter hervorzuheben. Vielmehr rückt mit den Momenten von Unentscheidbarkeit und Uneindeutigkeit das Moment des Balanceakts in der Arena der Adoleszenz in den Blick, ohne damit allein benennen zu wollen, welche (normativen) Implikationen dies für die Individuen beinhaltet.

Im Horizont alltäglicher adoleszenter Erfahrungsräume ein Selbst zu sein, ist nicht als passives Werden, sondern grundsätzlich als riskantes Handeln zu verstehen. Unter der Plessnerschen Perspektive der „Masken- und Rollenhaftigkeit menschlichen Verhaltens" (Magyar-Haas 2016: 223) entfaltet sich in der Maskerade der Zwischenraum eines Verhältnisses zu sich selbst wie zur Welt und damit ein Möglichkeitsraum zwischen „aktuellem und potentiellem Sein" (ebd.). Das Ich, schreibt Meyer-Drawe, ist „nichts anderes als die Differenz der Masken, die die Artikulationen seiner Lebensformen darstellen, seiner Selbstbilder, in denen sich der Blick der anderen fängt und deren imaginärer Charakter in keinem letzten Bild zum Stillstand kommt. Es ist die Vakanz der Masken, die sowohl ein Interagieren von Menschen und Menschen als auch eine Verwicklung des Menschen in die Sinnenwelt [...] ermöglicht" (Meyer-Drawe 1991: 398). Oder, wie Norbert Ricken es formuliert hat, „Menschen sind sich immer als Differenz, nicht als Identität gegeben" (Ricken 1999: 13).

In Bezug auf kosmetische Körperpraktiken richtet der Maskenbegriff den Blick auf das Moment der Gleichzeitigkeit von Abdeckung und Hervorheben des Gesichts. Die Perspektive Plessners ermöglicht eine Deutung dieser doppelten Praxis als Spiel mit dem Begehren von mimetischem Zeigen und Verbergen und dem sich in ein Verhältnis-Setzen zur Welt, die mich anruft, im Rahmen der Intelligibilität sichtbar zu werden. In der weiblichen Jugend stehen neben anderen Praktiken auch jene der dekorativen Kosmetik zur Verfügung, mit denen sich in diesem Dazwischen eröffnenden Möglichkeitsraum erkundet werden kann. Dabei kann weder eine eindeutige Fixierung der durch die Praktiken hervorgebrachten Bedeutungen unterstellt – etwa in Bezug auf eine Inszenierung geschlechtliche Zugehörigkeit – noch eine beliebige Verfügbarkeit der eigenen Inszenierung angenommen werden. Die Bedeutungen, Wirkungen der Akte, so wird insbesondere in der Analyse der Referenzfigur des Clowns deutlich, sind nicht durch die Spielenden zu kontrollieren (vgl. Alkemeyer/Villa 2010), die Spielenden setzen sich dem Spiel selbst immer auch aus. Mit Bezug auf den Laclauschen und Mouffeschen Artikulationsbegriff (Laclau/Mouffe 2012) lässt sich hinzufügen: Eben weil Bedeutungen nicht zu fixieren sind, müssen sie immer wieder hergestellt werden – eben weil der Körper keinen natürlichen Grund bietet, muss dieser immer wieder aufgerufen und praktisch hervorgebracht werden.

Weibliche Adoleszenz entfaltet sich somit als ein sozialer Raum unter strukturellen Bedingungen, in welchem Spielräume von Identität und Sozialität in einer Weise ausgelotet werden müssen und ineinander überblenden, welche besonders durch ein Unentschiedenes (und damit auch die Möglichkeiten des Scheiterns) der Selbstrepräsentation gekennzeichnet sind. Wenn man mit Käte Meyer-Drawe davon ausgeht, dass Selbst- und Weltverhältnisse leiblich vermittelt sind (vgl. Meyer-Drawe 2008), stellt die tätige Herrichtung des Körpers, die erstens produktiv und zweitens uneindeutig bleibt, eine gewissermaßen unlösbare Aufgabe dar, der sich Aufwachsende ausgesetzt sehen. Die Unmöglichkeit, das eigene Selbst im Horizont vielfältiger und widersprüchlicher Anrufungen zu bestimmen fordert insbesondere in der Adoleszenz als Raum des Werden-Sollens zum Balancieren – wie Mollenhauer sagt: zwischen Rolle und Ich, aber auch Wirklichkeit und Möglichkeit – heraus.

Profane Praktiken wie die dekorative Kosmetik und YouTube-Tutorials werden unter dieser Perspektive zu analytisch besonderen Orten, an denen die Frage des Ich wie auch die Frage der Welt zum Thema werden. Es geht darum, sich zu zeigen, sich vor sich selbst zu zeigen und dieses Ich zugleich selbst unsichtbar zu machen, sich in Hinsicht auf Anrufungen der „Sinnenwelt" (s.o.) zu positionieren. Die Grundsätzlichkeit dieser Doppelbewegung wird in besonderer Weise deutlich in der Verhinderung „der Maskerade und des Spiels durch Festlegung, Fixierung und Reduktion der Person auf ein bestimmtes ‚So-Sein'" (ebd.) – ein Mädchensein, ein Jugendlichsein etc. – welche auch die Möglichkeit des Werdens verhindert.

Der Begriff der Persona – der, wie Kant bemerkte, auch Maske bedeutet (vgl. Meyer-Drawe 2007) – beschreibt die Mehrdimensionalität eines Selbst, das erst im Spiel zwischen den Dimensionen seine Form gewinnt. Sowohl die ontologische Zweideutigkeit, als auch das Moment der exzentrischen Positionalität, aus welchem heraus der Mensch in der Lage ist, zu seiner eigenen leiblichen Verwickeltheit in die Welt in Distanz zu gehen (vgl. ebd.), erscheinen als bedeutsame Figuren zum Spiel mit den Masken, Farben und dem Selbst.

Die Erkenntnisse in Hinsicht auf die Eigenwilligkeit von Körperlichkeit und Praxis lassen sich in erziehungswissenschaftlicher Hinsicht doppelt lesen: Erstens als Erinnerung an die intersektionale Relevanz des Körpers und seiner sozialen Gestaltung bzw. seiner Gestaltung des Sozialen; und zweitens als Reflexionsmoment für eine Pädagogik der Adoleszenz. Diese entfaltet sich als ein sozialer Raum unter strukturellen Bedingungen, in welchem Spielräume von Identität und Sozialität in einer Weise ausgelotet werden, welche besonders durch ein Unentschiedenes der Selbstrepräsentation gekennzeichnet ist und sich, wie bereits eingangs festgehalten, nicht schlicht auf Attraktivierungsstrategien reduzieren lässt.

Pädagogisch relevant erscheint vor diesem Hintergrund nicht eine normative Einschränkung der spielerischen Unbestimmtheit und Produktivität adoleszenter Praktiken – etwa eine autoritäre Reaktion wie das Verbot des Schminkens mit Hinweis auf die Zugehörigkeit zu einer Altersgruppe, die dann naheliegend erscheint, wenn die Gefahr gesehen wird, dass bestimmte Normen zu einem falschen Zeitpunkt zu bedienen versucht werden (vgl. Dangendorf 2012) – sondern vielmehr das Offenhalten von Spielräumen und die Vervielfältigung von Deutungsangeboten von Spielfiguren und Masken.

Zudem ergibt sich der Anspruch einer intersektionalen Sensibilisierung und damit der Reflexion von körperleiblichen Repräsentationsverhältnissen, um den Risiken von Vereinnahmungen und Fortschreibungen rassistischer und sexistischer Machtverhältnisse zu begegnen sowie das pädagogische Handeln, pädagogische Programmatiken und Begründungslogiken als konstitutiv in diese Verhältnisse verstrickt zu reflektieren.

LITERATUR

Alkemeyer, Thomas/Villa, Paula-Irene (2010): Somatischer Eigensinn? In: Angermüller, Johannes/Dyk, Silke van (Hg.): Diskursanalyse meets Gouvernementalitätsforschung. Perspektiven auf das Verhältnis von Subjekt, Sprache, Macht und Wissen. Frankfurt am Main/New York: Campus, S. 315-335.

APuZ 2007 = Aus Politik und Zeitgeschichte, Heft 18: Körperkult und Schönheitswahn. Frankfurt am Main: Bundeszentrale für politische Bildung.

Bean, Annemarie/Hatch, James V./McNamara, Brooks (1996): Editors Preface. In: Bean, Annemarie/Hatch, James V./McNamara, Brooks (Hg.): Inside the minstrel mask: Readings in nineteenth-century blackface minstrelsy. Hanover: Wesleyan University Press, S. XI-XIV.

Bourdieu, Pierre (1997): Ökonomisches Kapital, kulturelles Kapital, soziales Kapital. In: Bourdieu, Pierre: Die verborgenen Mechanismen der Macht. Hamburg: VSA, S. 49-80.

Böhme, Gernot (2006): Schminken: Die Person zwischen Natur und Maske. In: Janecke, Christian (Hg.): Gesichter auftragen. Argumente zum Schminken. Marburg: Jonas, S. 45-56.

Clarke, Adele E. (2012): Situationsanalyse. Grounded Theory nach dem Postmodern Turn. Wiesbaden: Springer VS.

Clarke, Adele E./Keller, Reiner (2011): „Für mich ist die Darstellung der Komplexität der entscheidende Punkt". Zur Begründung der Situationsanalyse. In: Mey, Günter/Mruck, Katja (Hg.): Grounded Theory Reader. Wiesbaden: VS Verlag für Sozialwissenschaften, S. 109-134.

Dangendorf, Sarah (2012): Kleine Mädchen und High Heels. Über die visuelle Sexualisierung frühadoleszenter Mädchen. Bielefeld: transcript.

Dausien, Bettina/Walgenbach, Katharina (2015): Sozialisation von Geschlecht – Skizzen zu einem wissenschaftlichen Diskurs und Plädoyer für die Revitalisierung einer gesellschaftsanalytischen Perspektive. In: Dausien, Bettina/Thon, Christine/Walgenbach, Katharina (Hg.): Geschlecht – Sozialisation – Transformationen. Leverkusen: Barbara Budrich, S. 17-53.

Davis, Kathy (2008): Surgical passing. Das Unbehagen an Michael Jacksons Nase. In: Villa, Paula-Irene (Hg.): Schön normal. Manipulationen am Körper als Technologien des Selbst. Bielefeld: transcript, S. 41-66.

Degele, Nina (2004): Sich schön machen. Zur Soziologie von Geschlecht und Schönheitshandeln. Wiesbaden: VS Verlag für Sozialwissenschaften.

Degele, Nina (2007): Schönheit – Erfolg – Macht. In: Aus Politik und Zeitgeschichte, Heft 18, S. 26-32.

Duttweiler, Stefanie (2003): Body-Consciousness. Fitness – Wellness – Körpertechnologien als Technologien des Selbst. In: Widersprüche. Zeitschrift für sozialistische Politik im Bildungs-, Gesundheits- und Sozialbereich, Heft 87, S. 31-45.

Eggers, Maureen M./Kilomba, Grada/Piesche, Peggy/Arndt, Susan (2005): Mythen, Masken und Subjekte. Münster: Unrast.

Elias, Norbert (1969): Über den Prozess der Zivilisation. Frankfurt am Main: Suhrkamp.

Fischer, Joachim (2000): Exzentrische Positionalität. Plessners Grundkategorie der Philosophischen Anthropologie. In: Deutsche Zeitschrift für Philosophie, Jg. 48, Heft 2, S. 265-288.

Freud, Sigmund (1991): Vorlesungen zur Einführung in die Psychoanalyse. Frankfurt am Main: Fischer.

Gieske, Sabine (2000): Schönheit und Schminken. In: Mentges, Gaby/Mohrmann, Ruth-Elisabeth/Foerster, Cornelia (Hg.): Geschlecht und materielle Kultur. Frauen-Sachen, Männer-Sachen, Sach-Kulturen. Münster u.a.: Waxmann, S. 93-109.

Hoffarth, Britta (2015): Zur Mehrdeutigkeit der Körper. Perspektiven für die Soziale Arbeit. In: Soziale Passagen, Jg. 7, Heft 2, S. 235-249.

Laclau, Ernesto/Mouffe, Chantal (2012): Hegemonie und radikale Demokratie. Zur Dekonstruktion des Marxismus. Wien: Passagen.

Laqueur, Thomas W. (1996): Auf den Leib geschrieben. Die Inszenierung der Geschlechter von der Antike bis Freud. München: dtv.

Lott, Eric (1996): Introduction: Blackface and Blackness. In: Bean, Annemarie/Hatch, James V./McNamara, Brooks (Hg.): Inside the minstrel mask: Readings in nineteenth-century blackface minstrelsy. Hanover: Wesleyan University Press, S. 3-34.

Lutz, Helma/Herrera Vivar, María T./Supik, Linda (Hg.) (2010): Fokus Intersektionalität. Bewegungen und Verortungen eines vielschichtigen Konzeptes. Wiesbaden: VS Verlag für Sozialwissenschaften.

Maasen, Sabine (2008): Bio-ästhetische Gouvernementalität. In: Villa, Paula-Irene (Hg.): Schön normal. Manipulationen am Körper als Technologien des Selbst. Bielefeld: transcript, S. 99-118.

Magyar-Haas, Veronika (2016): Das Wahren des Gesichts. In: Herwartz-Emden, Leonie/ Warburg, Wiebke/Baros, Wassilios/Schurt, Verena (Hg.): Lebensentwürfe junger Frauen zwischen Schule, Freizeit und Familie. Leverkusen: Barbara Budrich, S. 205-224.

Marcus, George E. (1995): Ethnography in/of the World System: The Emergence of Multi-Sited Ethnography. In: Annual Review of Anthropology, Jg. 24, S. 95-117.

Mauss, Marcel (2010): Soziologie und Anthropologie. Band 2: Gabentausch – Todesvorstellung – Körpertechniken. Wiesbaden: VS Verlag für Sozialwissenschaften.

Mayer, Ralf/Hoffarth, Britta (2014): Artikulation und (auto)biographischer Anspruch. In: Schäfer, Alfred/Thompson, Christiane (Hg.): Arbeit am Begriff der Empirie. Halle: Martin-Luther-Universität Halle-Wittenberg, S. 39-60.

Meyer-Drawe, Käte (1991): Das „Ich als Differenz der Masken". In: Wissenschaftliche Pädagogik, Jg. 67, Heft 1, S. 390-400.

Meyer-Drawe, Käte (2002): Das exzentrische Selbst. In: Straub, Jürgen/Renn, Joachim (Hg.): Transitorische Identität. Der Prozesscharakter des modernen Selbst. Frankfurt am Main/New York: Campus, S. 360-373.

Meyer-Drawe, Käte (2007): persona bedeutet auch maske. In: Der Blaue Reiter. Journal für Philosophie, Heft 24, S. 24-28.

Meyer-Drawe, Käte (2008): „Ich ohne Gewähr". Überlegungen zu Selbstbestimmung und Selbstentzug. In: Quadflieg, Dirk (Hg.): Selbst und Selbstverlust. Psychopathologische, neurowissenschaftliche und kulturphilosophische Perspektiven. Berlin: Parodos.

Mollenhauer, Klaus (2000): Fiktionen von Individualität und Autonomie. In: Dietrich, Cornelie/Müller, Hans-Rüdiger (Hg.): Bildung und Emanzipation. Klaus Mollenhauer weiterdenken. Weinheim/München: Juventa, S. 127-146.

Mollenhauer, Klaus (2008): Vergessene Zusammenhänge. Über Kultur und Erziehung. Weinheim/München: Juventa.

Müller, Hans-Rüdiger (2002): Exzentrische Positionalität. Bildungstheoretische Überlegungen zu einem Theorem Helmuth Plessners. In: Wigger, Lothar (Hg.): Forschungsfelder der Allgemeinen Erziehungswissenschaft. Beiheft 1 der Zeitschrift für Erziehungswissenschaft. Opladen: Leske + Budrich, S. 53-61.

Peiss, Kathy (2011): Hope in a jar. Philadelphia: University of Pennsylvania Press.

Penz, Otto (2010): Schönheit als Praxis. Über klassen- und geschlechtsspezifische Körperlichkeit. Frankfurt am Main/New York: Campus.

Plessner, Helmuth (1972): Grenzen der Gemeinschaft. Eine Kritik des sozialen Radikalismus. Bonn: Bouvier.

Plessner, Helmuth (1975): Die Stufen des Organischen und der Mensch. Einleitung in die philosophische Anthropologie. 3. Auflage. Berlin: De Gruyter.

Ricken, Norbert (1999): Subjektivität und Kontingenz. Markierungen im pädagogischen Diskurs. Würzburg: Königshausen & Neumann.

Rohmann, Gabriele (Hg.) (2007): Krasse Töchter. Berlin: Archiv der Jugendkulturen.

Sarasin, Philipp (2001): Reizbare Maschinen. Eine Geschichte des Körpers 1765-1914. Frankfurt am Main: Suhrkamp.

Scharathow, Wiebke/Melter, Claus/Leiprecht, Rudolf/Mecheril, Paul (2009): Rassismuskritik. In: Melter, Claus/Mecheril, Paul (Hg.): Rassismuskritik. Band 1: Rassismustheorie- und forschung. Schwalbach: Wochenschau Verlag, S. 10-12.

Vigarello, Georges (1988): Wasser und Seife, Puder und Parfüm. Geschichte der Körperhygiene seit dem Mittelalter. Frankfurt am Main: Campus.

Walgenbach, Katharina/Dietze, Gabriele/Hornscheidt, Antje/Palm, Kerstin (Hg.) (2007): Gender als interdependente Kategorie. Neue Perspektiven auf Intersektionalität, Diversität und Heterogenität. Opladen: Barbara Budrich.

Weißköppel, Cordula (2005): Kreuz und quer. Zur Theorie und Praxis der multi-sited-ethnography. In: Zeitschrift für Ethnologie, Bd. 130, Heft 1, S. 45-68.

Winker, Gabriele/Degele, Nina (2009): Intersektionalität. Zur Analyse sozialer Ungleichheiten. Bielefeld: transcript.

Schön sein

Zur Bedeutung des Aussehens für junge Mädchen

Sarah Dangendorf

Es ist schon seit Längerem keine Ausnahme mehr, dass sich Mädchen bereits vor dem Jugendalter schminken, enge Kleidung tragen und sich insgesamt hyperfeminin und „erwachsen" inszenieren. Die Diskurse frühadoleszenter Mädchen über ihren Umgang mit Schönheit fokussierend habe ich dieses Phänomen erforscht (Dangendorf 2012).[1] Dabei zeigte sich, dass was vor allem Erziehende als nicht-adäquates Schönheitshandeln für „Kinder" bewerten, von den Akteurinnen selbst als Anpassung an gesellschaftliche Erwartungen bzw. wahrgenommene Erwartungen der Eltern verstanden wurde. Ein attraktives, hier weiblich-idealisiertes Äußeres zeugte von Eigenverantwortung innerhalb einer umfassenden, nicht nur das Aussehen betreffenden Leistungsbereitschaft.

Inzwischen geht auf Heranwachsende im Zusammenhang mit Mode und Schönheit ein sehr großer Einfluss von Videos auf der Internet-Plattform YouTube aus. In meinem Beitrag möchte ich daher zum einen meine Forschungsergebnisse vorstellen und diese zum anderen in einem Exkurs zu dieser Plattform in Bezug setzen, um zu untersuchen, inwiefern sich die Schlussfolgerungen aus meiner Studie über die heranwachsenden Mädchen in Anbetracht aktueller, einschlägiger Videos bestätigen lassen.

---

1   Unter früher Adoleszenz wird hier eine Altersgruppe verstanden, die weder der von einer geringen Selbstständigkeit geprägten Kindheit noch bereits der Jugend zuzuordnen ist. Adoleszenz ist dabei ein Konzept, dass sich vornehmlich an der psychischen, sozialen und im Besonderen der Entwicklung der Identitäten und nicht primär an den körperlichen Prozessen orientiert. Die frühe Adoleszenz umfasst das Alter von ca. neun bis dreizehn Jahren.

DISKURSE ZU KINDHEIT UND VISUELLER SEXUALISIERUNG

In meiner Untersuchung habe ich mich mit den Diskursen über frühadoleszente Mädchen und ihre neuartigen, auffälligen Inszenierungen in den westlichen Kulturen bürgerlicher Prägung befasst. Im Mittelpunkt standen jedoch die Bedeutungen, die die Akteurinnen ihrem Äußeren selbst zuschreiben. Michel Foucault folgend, kann Schönheitshandeln meines Erachtens als nicht-diskursive Praxis verstanden werden, die indes durch Diskurse beeinflusst wird. Das Forschungsinteresse galt den „Wahrheiten", die die Inszenierungen hervorgebracht haben und den Zielen, die junge Mädchen mit ihren Handlungen verfolgen. Ausgehend von der Annahme, dass das veränderte Aussehen der Heranwachsenden eine bestimmte Ordnung ebenso verdeutlicht wie erschafft, wurde der Gegenstand vor allem mittels der Diskursanalyse Kellers (2005) untersucht, die eine sozialwissenschaftliche Interpretation der Sinngebungen zu Schönheit ermöglicht.

Zunächst zur Einbettung der Thematik und zu den Diskursen über das Aussehen junger Mädchen. (Körper)Schönheit wird in der Regel als ein ästhetisch hoch bewertetes Äußeres verstanden. Letztendlich entzieht sich der Begriff jedoch einer Definition, weil die Wahrnehmung von Schönheit kulturell verschieden, dynamisch sowie abhängig von individuellen Perspektiven und spezifischen Kontexten ist. Im Zusammenhang mit dem offenbar veränderten Schönheitshandeln junger Mädchen beziehen sich Schönheit und Attraktivität vor allem auf idealisierte Weiblichkeit. Damit sind alle diejenigen Zeichen gemeint, die in der heteronormativen Denkweise das Weibliche in Abgrenzung zum Männlichen darstellen und als solche allgemein identifiziert werden können. In Hinblick auf visuelle Sichtbarkeiten sind das z.B. der Busen, lange Haare, Make-up und hohe Schuhe.

Mit dem Anspruch, junge Mädchen schützen zu müssen, wird das auffällige Schönheitshandeln junger Mädchen in Medien und Alltag meist kritisch bewertet. Als Konsequenzen eines weiblich-idealisierten Äußeren bei Kindern und Jugendlichen gelten u.a. der Verlust der Kindheit, limitierte Geschlechterrollen, ein negatives Selbstbild, eine frühe, aktive Sexualität und die Konzentration auf das Aussehen zulasten anderer Lebensziele, weshalb häufig Interventionen gefordert werden (vgl. u.a. Durham 2008). Die Diskussion dieses Themas und die Art, wie darüber gesprochen wird, habe ich unter dem Diskurs der „visuellen Sexualisierung" subsumiert. In Anlehnung an die Definition der American Psychological Association (vgl. Zurbriggen u.a. 2007) bedeutet Sexualisierung, dass eine Person unangebracht, im übertriebenen Maß oder unfreiwillig mit Sexualität in Verbindung gebracht wird. Auf Frühadoleszente, die z.B. mit Schminke und figurbetonter Kleidung Stilmittel benutzen, die im Kontext von Sexualität interpretiert werden können, trifft dieses Verständnis entsprechend zu. Ein derartiges Erscheinungsbild bei Mädchen vor dem eigentlichen Jugendalter gilt in der dominanten Sichtweise als unpassend oder sogar unerlaubt.

Diese Abweichung von den Regeln sexuell konnotierten Aussehens geschieht jedoch nicht ohne Paradox: Auch in der Kindheit ist ein geschlechtlich eindeutiges und mädchenhaftes Äußeres mehrheitlich erwünscht, gleichzeitig sollen aber Assoziationen mit aktiver Sexualität durch eine zu weibliche Optik vermieden werden. So liegt den Selbst- und Fremdwahrnehmungen solcher Inszenierungen ein allgemeines Wissen zugrunde, das die hohe soziale Bedeutung von Schönheit, aber vor allem die Projektion und Zurschaustellung von Sexualität und Geschlecht betrifft. Letztere werden geradezu zwanghaft beim neuartigen Schönheitshandeln Frühadoleszenter mitgedacht, sind allerdings nur schwerlich mit der erwünschten Unschuld in dieser Lebensphase vereinbar. Begründet liegt diese Sichtweise in einem traditionellen bürgerlichen Kindheitskonzept, das ein Bild von Kindheit als Stadium des Unfertigen, Unschuldigen und besonders Schützenswerten transportiert (vgl. Ariès 1998). Entsprechend werden der Diskurs der visuellen Sexualisierung und eines illegitimen Äußeren erst durch den Widerspruch hervorgebracht, dass die Frühadoleszenten zwar mädchenhaft aussehen, es dabei aber nicht „übertreiben" sollen.

Emotional stark aufgeladen, beeinflusst das Kindheitskonzept auch die Diskurse über das Aussehen junger Mädchen. Dennoch sind die Perspektiven in Erziehung und Medien auf das „richtige" Äußere Heranwachsender keinesfalls eindeutig. So wird in der Erziehung heutzutage zwar in der Regel eine gemäßigte Haltung vertreten, die Schönheitshandeln erlaubt, solange es in einem Bereich des für Kinder Hinnehmbaren verbleibt. Besteht im privaten Umfeld aber ein hoher Anspruch an den eigenen Lebensstil, wird dieser auch von den Kindern reproduziert und repräsentiert, was mit einer verstärkten Aufmerksamkeit dem Aussehen gegenüber einhergeht. In den Medien wird – zumindest an der Oberfläche – ebenfalls eine derartige Vorstellung von Kindheit transportiert. Gleichzeitig fungieren sie aber auch als Katalysator für diejenigen Interessen junger Mädchen, die ihnen seitens der Erziehung nicht zugestanden werden.

Eine Widersprüchlichkeit der Diskurse über das adäquate Äußere von Mädchen vor dem Jugendalter ist offensichtlich. Einerseits wird die Sorge adoleszenter Mädchen um das eigene Aussehen nicht oder nur begrenzt akzeptiert; andererseits wird sie im privaten Umfeld wie auch in Medien forciert. Diese Diskrepanz ist auf die moderne Abgrenzung der Welt der Kinder gegenüber der Erwachsenenwelt zurückzuführen, wobei dieses „Othering" einem unhinterfragten Machterhalt letzterer dient (vgl. Alanen 2009). Allerdings unterscheiden sich Kindheit und Erwachsensein heutzutage vor allem in Fragen des Lebensstils (ähnliche popkulturelle Sozialisation, Freizeitinteressen, Erlebnisorientierung) zunehmend weniger voneinander. So existieren nebeneinander ein offizieller Diskurs, der das Schönheitshandeln der Mädchen einschränkt, und ein „unterschwelliger" Diskurs, der zu auffälligen Inszenierungen anreizt.

Allerdings muss in die Überlegungen mit einbezogen werden, vor welchem Hintergrund solche „Wahrheiten" von den Mädchen rezipiert werden. „Klassische" theoretische Konzepte begreifen die Adoleszenz in der Regel als eine essentielle Erfahrung, die gerade beim weiblichen Geschlecht häufig von Krisen geprägt ist und sich z.B. in Konflikten mit erwachsenen Bezugspersonen ausdrückt. Die heutige Lebenssituation Heranwachsender vor Augen, ist die Adoleszenz wohl nach wie vor keine durchweg selbstbestimmte Lebensphase. Doch sollten auch nicht der Wunsch nach gesellschaftlicher Teilhabe sowie die insgesamt stärkere Sichtbarkeit Jugendlicher, u.a. in den Medien, außer Acht gelassen werden. Zudem weisen aktuelle Jugendstudien darauf hin, dass die Adoleszenz heute vergleichsweise wenig von Krisenhaftigkeit geprägt ist (vgl. Zinnecker u.a. 2002; Jugend 2015). Beispiele dafür sind das mehrheitlich sehr harmonische Verhältnis zu den Eltern und eher konventionelle Lebensziele (z.B. der hohe Stellenwert des Berufs).

ERGEBNISSE AUS INTERVIEWS

Die Sinngebungen frühadoleszenter Mädchen zu Schönheit wurden mittels Interviews untersucht. Dabei war bei der Auswahl der Interviewpartnerinnen nicht ihr Äußeres entscheidend, weil die Grundannahme eines dominanten Diskurses zu visueller Sexualisierung bestand. Anhand mehrerer Auswahlfaktoren (Alter der Teilnehmerinnen, Wohnort, ethnisch-kultureller Hintergrund, sozioökonomischer Status, Schultypus) sollte eine möglichst hohe Varianz erreicht werden. Schlussendlich wurden 33 Interviews mittels eines teilstandardisierten Leitfadens durchgeführt. Für eine tiefere Auswertung auf Basis des „theroetischen Samplings" aus der Grounded Theory (Glaser/Strauss 2005) sind 15 Interviews für eine möglichst vielseitige Abdeckung verschiedener potenziell relevanter Faktoren ausgewählt worden. Eine hohe Bedeutsamkeit des individuellen Hintergrunds der Befragten in Bezug auf den Forschungsgegenstand bestätigte sich allerdings auch in der intersektionalen Analyse nicht. Dieser Befund wurde als Anzeichen für eine weitgehende Allgemeingültigkeit und die Dominanz des Diskurses gewertet.

Dennoch waren die Ergebnisse der Interviews überraschend. So machten die Interviews deutlich, dass eine eher rationale Sicht auf Schönheit als ein Mittel zum sozialen Erfolg bedeutsam ist. Der Stellenwert des Aussehens zeigt sich hier als elementares Wissen im Alltag, der von einem erwachsenen Diskurs zum selben

Thema abgesehen von zwei Konflikten kaum zu unterscheiden wäre.[2] So bilden die Sinngebungen der befragten Mädchen einen starken Kontrast zum genannten Kindheitsideal wie auch zu dem, was über ihr auffälliges Äußeres gemeinhin angenommen wird. Gutes Aussehen ist für die Frühadoleszenten sozial relevant, und seine Herstellung wird als eine übliche und verbindliche Anforderung betrachtet. Gleichzeitig können diese Bedeutungen jedoch auch nicht als ein Gegendiskurs verstanden werden – halten die Interviewten doch nicht nur an ihrer Rolle als Kind fest, sondern zitieren auch selbst die Sexualisierungs-Problematik.

Jürgen Link (2006) folgend wären die Sinngebungen der Frühadoleszenten damit als eine angestrebte Normalisierung interpretierbar. So wird das neuartige Aussehen von den Akteurinnen als „normal" gesetzt, um die Erlaubnis zu ihren Inszenierungen erteilt zu bekommen. Mit ihren nicht-diskursiven Praktiken streben die Akteurinnen die Erlangung sozialer Anerkennung an. Sie orientieren sich dabei an der dominanten, erwachsenen Überzeugung, nach der jede*r ständig Bewertungen ausgesetzt ist. Durch die Verbindung beider Diskurse – einem, der den Werten der Erziehung entspricht (Kind sein, Sexualisierung vermeiden) und einem, der ein möglichst attraktives Äußeres fordert (sozial bestehen müssen) – passen sich die Mädchen folglich den aus ihrer Perspektive unterschiedlichen Erwartungen an. Zugleich profitieren die Frühadoleszenten von beiden Diskursen: So verspricht „gutes", hier weiblich-idealisiertes Aussehen soziale Vorteile, während der Verweis auf die Kindheit weiterhin einen Rückzugsort bietet.

Das Festhalten an der Rolle als Kind lässt bezweifeln, ob der in den nicht-diskursiven Praktiken erkennbare hohe Stellenwert von Schönheit die befürchteten Auswirkungen auf die Heranwachsenden hat. Wie dargestellt, wird in der Regel argumentiert, dass das auffällige Äußere junger Mädchen gerade ein Hinweis auf das Verlassen des Schutzraums Kindheit sei. Doch ist den Befragten wichtig zu demonstrieren, dass sie den Werten ihrer Eltern weitgehend zustimmen. Einer der wesentlichen Gründe hierfür scheint die immense Bedeutung von Familie zu sein, ein Thema, dass die Interviewpartnerinnen immer wieder zur Sprache brachten. Auch die Gefahren des Diskurses der visuellen Sexualisierung werden durch den Status als Kind und die damit einhergehenden Verhaltensregeln begrenzt, was

---

2   Probleme bereitete den Interviewpartnerinnen, dass das Verständnis von Schönheit als Erfolgsgarant weder den Charakter einer Person noch die Norm „Gerechtigkeit" berücksichtigt. Diese Konflikte interpretiere ich vor allem als Ausdruck ihres Alters. So sind dem Thema Schönheit die oben genannten Schwierigkeiten immanent, Erwachsene begegnen ihnen aber vermutlich aufgrund von Gewöhnung und Pragmatismus meist weniger kritisch. Im Besonderen der Moraldiskurs spielt in der Kindheit zudem eine noch größere Rolle.

als eine probate Strategie hinsichtlich der angestrebten Normalität ihrer Schönheitspraktiken erscheint.

Nach diesen Erkenntnissen möchte ich zu den Vorgaben kommen, nach denen die Frühadoleszenten ihr Aussehen gestalten. Hierzu wurde in den Interviews deutlich, dass die Repräsentation einer aus Sicht der Akteurinnen zulässigen Identität maßgeblich ist. Nach Stuart Hall (1996) existieren Identitäten nicht abseits von Diskursen und werden erst durch diese hervorgebracht. Als kollektive, dynamische Produkte sind sie sowohl Zuschreibungen von außen, als auch selbst auferlegt. Die befragten Mädchen orientieren sich in ihren Praktiken an Schönheitsnormen, die in erster Linie die spezifische Darstellung von Geschlecht (wie ein Mädchen aussehen) und Alter (kein kleines Kind mehr, aber noch nicht ganz jugendlich sein) betreffen. Entscheidend bei der Konstruktion der richtigen Identität ist hier also die Abgrenzung entlang von Differenz – so ist ein Mädchen vor allem das, was ein Junge nicht ist (z.B. lange vs. kurze Haare, enge vs. weite Kleidung usw.). Vielfalt und Individualität in der Gestaltung erscheinen hier nur als Option unter Einhaltung grundsätzlicher Regeln. Dass frühadoleszente Mädchen sich innerhalb imitierter, gleich erkennbarer Identitäten bewegen, ist sicherlich zum großen Teil dem starken Wunsch nach Zugehörigkeit und Eindeutigkeit in diesem Alter geschuldet. Allerdings machen die Akteurinnen deutlich, dass ihre Identitätsarbeit sich nicht allein auf die Gegenwart bezieht, sondern auch zukünftige, begehrenswerte Identitäten mitgedacht werden.

Eine weitere notwendige Zuordnung neben Geschlecht und Alter sind die Idealtypen des „beliebten" und „normalen" Mädchens. Zwar sind diese Typen von den Interviewpartnerinnen nur indirekt benannt worden. Doch sie beschreiben am besten den in ihren Augen möglichen, sozialen Status – denn alles, was von den beiden Typen abweicht, würde eine Außenseiter-Position bedeuten – sowie dessen Herstellung über das Aussehen. Entsprechend wird an dieser Stelle die Verknüpfung von Aussehen und sozialer Identität bei den befragten Mädchen besonders deutlich. Die Interviewten zeigten Übereinstimmung mit mindestens einem der beiden Idealtypen, wobei je nach Situation einer der beiden angenommen und sichtbar gemacht wird. Dabei bedeutet „beliebt" die Erwartung an eine bestimmte Persönlichkeit und einen bestimmten Lebensstil, in dem Spaß und das Begehren nach Sichtbarkeit und Glamour mit den entsprechenden Implikationen für das Äußere (Make-up, auffällige, sehr modische Kleidung usw.) im Vordergrund stehen. Die Kategorie „normal" dagegen verspricht Unauffälligkeit im positiven Sinn; anstelle von Vergnügen ist hier der Versuch einer Herstellung von Sicherheit ausschlaggebend. Als Strategie für die Schönheitspraxis gilt dann die Vermeidung alles Anormalen, wobei auch dafür Wissen in Fragen des richtigen Aussehens erforderlich ist. Zwischen beiden Typen gibt es viele normative Gemeinsamkeiten in den weiblich-idealisierten Inszenierungen: Neben der Darstellung von Geschlecht und Alter sind das die Vorgabe einer schlanken Figur, eines sorgfältig gepflegten Äußeren, der Verzicht auf billige Kleidung sowie ein situationsangemessenes Styling.

In Anbetracht dieser, für die jungen Mädchen üblichen Anforderungen an das äußere Erscheinungsbild wäre der Eindruck einer Sexualisierung naheliegend. Sich von der empfundenen Notwendigkeit gut aussehen zu müssen zu distanzieren, scheint für die Akteurinnen indes schwierig, wenn man ihre Motive für ihr Schönheitshandeln betrachtet. Im Kern handelt es sich dabei wie erwähnt um die Hoffnung auf sozialen „Erfolg", der sich in bestimmte Werte ausdifferenzieren lässt, nämlich Liebe (Romantik), besondere Erlebnisse (Glamour), Normalität (Unbescholtenheit) und Professionalität (Anpassung). Vor diesem Hintergrund wird Schönheitshandeln also entweder als Weg zu Glück oder sozialer Sicherheit begriffen, beiden lassen sich auch in dieser Reihenfolge die oben genannten Typen des beliebten und normalen Mädchens zuordnen.

Zur Hoffnung auf Glück zählt die Aussicht auf Liebe und die auf besondere Erlebnisse, wobei sich beide jedoch aus eher erfahrungsfernen Imaginationen speisen. Das wird daran ersichtlich, dass die romantische Liebe – wenngleich im Zusammenhang mit der Bedeutung von Schönheit hochbewertet und als elementare Erfahrung herbeigesehnt – in den Schilderungen der Akteurinnen zu ihrem Alltag noch gar nicht vorkommt. In der Hoffnung auf Glamour zeigen sich die Neugier auf einen noch unbekannten Lebensstil und die Vorfreude der Mädchen auf Kompetenz im Ausfüllen ihrer Geschlechterrolle. „Sich schick zu machen" entspricht in den Augen der Akteurinnen offenbar ihrer Vorstellung von versierter Weiblichkeit. Darüber hinaus verstehen es die Interviewten als eine kulturelle Norm, bei besonderen Anlässen auch besonderen Wert auf das Äußere zu legen. Auch hier basieren ihre Überzeugungen weniger auf eigenen Erfahrungen oder konkreten Anforderungen, sondern scheinen auf Bilder des idealen Lebens in den Mediendiskursen und der Konsumkultur zurückzuführen sein. Erlebnisse sind dabei augenscheinlich ein zentrales Element erfolgreicher Selbstproduktion.

Im Vergleich zum Streben nach Glück über Romantik und Glamour hat die Hoffnung der Frühadoleszenten auf Sicherheit eine stärker alltagsbezogene Dimension, die mehr durch eigenes Erleben begründet scheint. Die Motive Normalität und Professionalität dienen dem Ziel, sozial zu bestehen. So streben die Interviewpartnerinnen aktiv gesellschaftliche Akzeptanz an, weil ihnen der Mangel an sozialem Erfolg Angst macht. Dabei muss Normalität als Unbescholtenheit verstanden werden, was besonders die Vermeidung von „Geläster" bedeutet, während bei der Professionalität Leistungen, hier vor allem auch in zukünftigen beruflichen Kontexten, ausschlaggebend sind. So zeigt im Besonderen das letzte Motiv das Denken in späteren Identitäten, welche bereits jetzt die vorbereitende Inkorporierung eines dafür notwendigen Wissens erfordern (z.B. für unterschiedliche Berufe, Situationen und Orte richtig angezogen zu sein).

Die Erlangung von Erfolg, wie es auch das Streben nach „Professionalität" zeigt, ist den Befragten zufolge von der eigenen Leistung abhängig. Eben dieses Denken scheint, die Interviewerkenntnisse zugrunde legend, der Schlüssel zu den neuartigen Inszenierungen der Frühadoleszenten zu sein. Meines Erachtens ist in ihrem Schönheitsdiskurs eine spezifische Subjektform erkennbar, die ich hier als „eigenverantwortliches" Subjekt bezeichne. Bei diesem ist die eigene Verantwortung dafür, was im Leben erreicht wird, der Mittelpunkt des Denkens und Handelns. Nach Reckwitz (2008: 9) ist das Subjekt nichts Individuelles, sondern eine „kulturelle Form", in die sich eingefügt wird, um sich „vorbildlich" zu verhalten. Die Subjektivierung, die sich bei den Mädchen zeigt, verkörpert in meiner Interpretation daher auch etwas für sie Erstrebenswertes, ermöglicht sie doch gesellschaftliche Partizipation mit Hilfe eines bestimmten Äußeren. Angesichts des Alters der Mädchen erscheint das bemerkenswert. Die Akteurinnen verfügen offenbar bereits über eine hohe Adaptionsfähigkeit und ziehen gewissermaßen „Macht" aus dem Umstand, sich schon gekonnt in der Gesellschaft zu bewegen.

Angesichts der Tatsache, dass Schönheit von den Frühadoleszenten als gesellschaftliche Anforderung begriffen wird, stellt sich jedoch die Frage, wie dieses Verständnis mit ihrer Rolle als Kind und ihrem Bemühen um Normalisierung des Aussehens vereinbar ist. Wie dargestellt, distanzieren sich die Befragten von jedem Verdacht der Sexualisierung. Mehr noch sorgen sie durch Umdeutungen der Aussagen ihrer visuellen Zeichen dafür, dass ihre Handlungen innerhalb des Vor-Sexuellen bleiben. Sichtbar als Produzentinnen von Bedeutungen in Erscheinung tretend, nehmen sie für ihre Inszenierungen z.B. eine Sexyness ohne Sexualität für sich in Anspruch. So bedeutet „Sexyness" bei ihnen vor allem Spaß und Coolness und steht abseits aktiver Sexualität, was im Kontext von Eigenverantwortung und Erfolgsorientierung nachvollziehbar erscheint. Eine weitere Umdeutung ist das Bestehen auf Weiblichkeit bei Beharren auf einem Gleichheitsdiskurs. Weil sich soziale Geschlechterdifferenzen an vielen Stellen abschwächen, scheint es den Befragten umso wichtiger, diese ästhetisch zu betonen. Eine geschlechtliche Eindeutigkeit im Aussehen ist für sie ein Glücksversprechen, z.B. die romantische Liebe betreffend. Zugleich positionieren sich die Akteurinnen zu einer Gleichberechtigung der Geschlechter, indem sie einfordern, dass Weiblichkeit keine Marginalisierung als Mädchen oder Frau bedeutet. Besonders wichtig war den Interviewpartnerinnen die Widerlegung eines der zentralen Argumente, mit denen im Sexualisierungs-Diskurs gegen eine umfangreiche Schönheitspraxis argumentiert wird. Leistung sei im Sinne schulischen und beruflichen Erfolgs alternativlos, und schönes Aussehen ohne diese Faktoren nahezu unbrauchbar. Innerhalb ihrer insgesamt eher „klassischen" Werte (z.B. Familie, Ehe und Wohnen betreffend) erscheint Schönheit damit als ein – wenngleich wichtiger – Aspekt innerhalb eines Bündels von Faktoren zur Erlangung gesellschaftlicher Anerkennung.

Diese Schlussfolgerungen aus den Interviews zusammenfassend, werden ihre Schönheitspraktiken von den Mädchen als gesellschaftliche Anpassung verstanden. Die Akteurinnen adaptieren damit früh Eigenschaften, die ihnen im System der Trennung zwischen den Altersgruppen noch nicht zugestanden werden. So wird im Erziehungsdiskurs nicht davon ausgegangen, dass Mädchen dieses Alters schon eine „vernünftige" Haltung zu Schönheit haben können. Dabei zeigen die Frühadoleszenten nicht nur, dass die erwachsenen Anforderungen auch für sie bereits Geltung haben, sondern begrenzen sich z.B. durch die oben genannten Umdeutungen auch selbst. Schönheit ist für die jungen Mädchen nicht nur eine Projektion für Glück, sondern auch in ihrem Alter bereits in einer Vielzahl von Kontexten relevant. Entsprechend hat auch die Bedeutung des Äußeren in dieser Altersgruppe zugenommen. Zwar prallen die damit einhergehenden Konflikte und Widersprüche nicht an ihnen ab. Die Mädchen selbst streben aber dennoch keinen Diskurswechsel an, sehen sich noch als Kinder und möchten diese Rolle, trotz ihres Strebens nach Partizipation, auch erhalten. Eigensinnig oder von Konflikten geprägt erscheinen sie deshalb nicht. Ihre Sinngebungen zu Schönheit deuten vielmehr an, dass die Heranwachsenden beiden Seiten gerecht werden wollen, sowohl den generellen gesellschaftlichen Anforderungen als auch den spezifischen Vorgaben durch die Erziehung innerhalb einer generationalen Ordnung. Ein auffälliges, weiblich-idealisiertes Äußeres erscheint damit in diesem Alter nicht als Zeichen von Sexualisierung, sondern eher als Versuch, es „recht" machen zu wollen.

EXKURS: BEAUTY- UND FASHION-VIDEOS AUF YOUTUBE

Ich möchte nun die oben vorgestellten Erkenntnisse anhand eines kurzen Exkurses zu aktuellen, einschlägigen Videos auf der Plattform YouTube als größtes Video-Portal in Bezug setzen. Dabei beziehe ich mich auf mehr als 70 ausgewählte Video-Blogs aus dem Segment „Beauty und Fashion", produziert jeweils von Mädchen, die annähernd derselben Altersgruppe wie die Interviewpartnerinnen entstammen (einige Bloggerinnen waren mit vierzehn bis fünfzehn Jahren etwas älter).[3] Zwar können Ergebnisse, die über ein Gesprächsformat erzielt wurden, aus

---

3 Allerdings steht außer Frage, dass eine vollständige Analyse der Videos womöglich andere Resultate hervorbringen würde.

vielerlei Gründen nur sehr bedingt mit den Inhalten von Videos abgeglichen werden, nicht zuletzt wegen der methodischen und methodologischen Herausforderungen, die eine Inhaltsanalyse der Filmbeiträge nach sich ziehen würde. Dennoch ist meines Erachtens ein Abgleich attraktiv: Beide Formate, Interviews und Videoanalysen, verbindet in diesem Fall, dass junge Mädchen als Akteurinnen Stellung zum Thema Schönheit beziehen. Darüber hinaus gestatten die Video-Produzentinnen einen sehr umfangreichen Einblick in ihren privaten Lebensstil. Spannend ist eine Reflektion der bisherigen Ergebnisse vor dem Hintergrund von einschlägigen YouTube-Videos aber vor allem deshalb, weil sie von einer Vielzahl von Heranwachsenden rezipiert werden und beim Thema Schönheit für Mädchen wohl als eines der Leitmedien gelten können.[4]

Die Charakteristika der Videos lassen sich verkürzt wie folgt beschreiben. Eine Zuordnung zum Themenkomplex Schönheit ist problemlos möglich, weil YouTube das Segment „Beauty- und Fashion" aufführt und die Bloggerinnen ihre Videos dort selbst einstellen. Bis auf wenige Ausnahmen sind die Videos der jungen Bloggerinnen bestimmten Kategorien zugeordnet (meist werden diese bereits im Titel genannt), die im Beauty- und Fashion-Bereich insgesamt populär sind. Dazu zählen z.B. „Hauls", in denen Einkäufe (meist Kleidung oder Drogerieprodukte) präsentiert werden, „Get ready with me"-Videos, die Schönheitsroutinen vom Reinigen über das Schminken, Frisieren und Ankleiden zeigen, „Tutorials", die sich der detaillierten Darstellung z.B. des Schminkprozesses widmen und „Lookbooks", in denen die eigenen Outfits einer bestimmten „Saison" vorgeführt werden. Die Videos von Mädchen im Jugendalter und jüngeren Alters weisen zudem häufig einen Bezug zu den Spezifika ihres Alltags auf, z.B. in den „Back to school"-Videos (hier wird das favorisierte Styling für den Schulalltag vorgestellt). Einen nahezu ebenso großen Stellenwert wie Schönheit haben außerdem verwandte „Lifestyle"-Themen wie Einrichtung, Kochen/Essen, Handarbeit/Basteln oder Ausgehen/Verreisen (Beispiele: „Room-Tour"- und „Follow me around"-Videos). In aller Regel sind die Videos mit einem beträchtlichen Know-how an Technik, Dramaturgie, Schnitt usw. gemacht. Was ihr Erscheinungsbild angeht, sind die Protagonistinnen in der Mehrzahl im üblichen Sinne weiblich-attraktiv, themati-

---

4   So ist die noch vor Facebook beliebteste Webseite bei Jungen und Mädchen im Jugendalter die seit 2005 existierende und zu Google gehörende Video-Plattform YouTube (JIM 2014: 25). Bei Kindern sind Videoportale, angeführt von YouTube, das zweitbeliebteste Internetangebot (KIM 2014: 34). Für Mädchen und Frauen als Rezipientinnen zählen Beauty- und Fashion-Videos zu den Favoriten. So gaben in einer Umfrage 42 % an, sich stark bzw. sehr stark für dieses Segment zu interessieren, während das bei den Jungen und Männern nur für 4,7 % galt (vgl. Rihl/Wegener 2015: 83).

sieren aber auch Probleme mit dem eigenen Aussehen, Zweifel an der Relevanz von Schönheit und bemühen sich teilweise um vglw. authentische Darstellungen ihrer selbst (z.B. ungeschminkt).

Wie aber verhalten sich die Inhalte der Videos zu den Bedeutungen, die junge Mädchen nach den Interviewergebnissen ihrer auffälligen Schönheitspraxis zugeschrieben haben? Hier fallen wie zu erwarten einige Unterschiede auf. Exemplarisch ist der Zugang zum Gegenstand: Während die Motivation der Interviewpartnerinnen, sich mit dem Thema Schönheit auseinanderzusetzen, im Kern eine „ernste" ist, steht bei den einschlägigen Video-Blogs das Vergnügen daran im Vordergrund. Sowohl die Sprache als auch das Gesagte zeugen von Enthusiasmus; statt kritischer Reflektion ist eher eine Über-Identifikation der jungen Bloggerinnen mit Schönheitsthemen festzustellen. Im Gegensatz zu den in Grundzügen „erwachsenen" Überzeugungen der interviewten Mädchen, entstammen die Video-Blogs auf den ersten Blick eher einer spaßorientierten „Girlie"-Welt.

Es wäre also naheliegend anzunehmen, dass in diesen Videos ein gänzlich anderer Diskurs ausschlaggebend ist. Bei näherer Betrachtung fördern die Video-Blogs jedoch einige, meiner Ansicht nach wichtige Gemeinsamkeiten mit den Erkenntnissen aus der Studie zutage. Neben einem immensen Können und Wissen über Schönheit und ihre Herstellung, bei der die Video-Bloggerinnen in ihrem Drang nach Detailliertheit und Perfektion die Aussagen der interviewten Mädchen noch übertreffen, sind z.B. die Motive „Glamour" und „Professionalität" auch hier erkennbar. Was in den Interviews in Anbetracht des Alters der Mädchen noch neu und ungewöhnlich wirkte, scheint hier bereits elementar und alltäglich zu sein. Weder Erlebnisorientierung noch der Wunsch, in professionellen Kontexten zu bestehen, sind in den Videos begründungsbedürftig, weil sie bereits fest in die Gegenwart der Protagonistinnen integriert sind (Beispiele sind die aufwendigen „Ausgeh"-Stylings sowie das stark situationsangemessene Schminken und Kleiden, z.B. für die Schule).

Trotzdem ist, ebenso wie in der Studie, auch bei den Video-Bloggerinnen eine starke Übereinstimmung mit den Diskursen der Erziehung bzw. ein Festhalten am Status „Kind" auffällig, der sich verglichen mit den Interviews jedoch weniger direkt äußert. So zeichnen sich fast alle einschlägigen Filmbeiträge durch eine in vielen Aspekten zum Ausdruck kommende Süßlichkeit und Nettigkeit aus. In den Videos dominieren generell rosa- und andere Pastell-Töne, sowohl was die Gestaltung bei der Postproduktion als auch die Farbgebung in den Räumen, in denen die Videos gedreht werden, anbelangt. In den Zimmern der Bloggerinnen sind zudem meist Kuscheltiere, Herzen als Deko-Elemente und Bastelarbeiten sichtbar – alles Hinweise auf eine eher kindliche Lebenswelt, von der sich die Protagonistinnen offenbar noch nicht ganz gelöst haben. Der Drang zur Verniedlichung und zum Nettsein findet sich ebenso in der Sprache, die die Video-Bloggerinnen nutzen. „Hallo ihr Lieben" oder „ihr Süßen" ist die standardisierte Begrüßungsformel, die am häufigsten genutzten Adjektive sind „süß" und „schön" sowie als englisches Pendant „sweet" oder „cute". So soll auf der Inhaltsebene offenbar der Eindruck von Unschuld und Niedlichkeit erweckt werden. Die Bloggerinnen behaupten häufig von sich, schlecht auf das Video vorbereitet und in ihren Themen eher unbedarft zu sein, wobei die von ihnen vorgestellten Praktiken in Sachen Schönheit, Mode und Lifestyle auf einen versierten Umgang hindeuten.

Die Anpassung an ihre Erziehung und das Bestehen auf der Kinder-Rolle zeigt sich m.E. vor allem in den Sinngebungen abseits des Themas Schönheit. Hier sind die Aussagen der Bloggerinnen denen der Interviewpartnerinnen nah; es wird die Schule in den Videos vglw. häufig angesprochen und auf die Notwendigkeit hingewiesen, gute Leistungen zu erbringen. Ein hoher Stellenwert wird auch gutem Benehmen und angemessenem Verhalten gegeben. So wird in den Beiträgen zum einen selten über andere gelästert oder sich über etwas beklagt; auch werden kaum Schimpfworte benutzt. Zum anderen äußern sich viele YouTube-Bloggerinnen zum „Feiern" mit Rauchen und Alkohol distanzierend und verurteilen generell eine „zu frühe" sexuelle Aktivität und das Sammeln von Erfahrungen abseits fester Paar-Beziehungen.

Entsprechend sind die eher „konservativen" Werte, die die frühadoleszenten Mädchen in den Interviews gezeigt haben, ebenso in den Videos der jungen Bloggerinnen auffindbar. Auch zum Thema Familie wird sich dort meist sehr positiv geäußert und häufig auf das gute Verhältnis zu den Eltern hingewiesen. Das Zuhause und Häuslich- sowie Gemütlichkeit spielen grundsätzlich eine zentrale Rolle in den Blogs zu Beauty und Fashion. Hierfür steht besonders das Thema Essen, z.B. durch die Vielzahl an vorgestellten Rezepten, die sich entweder um das Backen und Desserts oder um gesunde Ernährung drehen. Aber auch die von vielen Protagonistinnen präsentierte Freude am Dekorieren und Basteln und der häufig erkennbare Stolz auf den Besitz von Möbeln wie Schminktischen zeugen von einem bürgerlich-traditionellen Wertempfinden. Dabei machen die Video-Bloggerinnen genau wie die Interviewpartnerinnen immer wieder deutlich, dass sie von einem starken Leistungsdenken geprägt sind, welches verschiedene Sphären umfasst: Das Zuhause und die Familie, die Freundinnen und die Freizeit, vor allem aber auch die Schule und der spätere Beruf.

Der Befund aus den Interviews, dass gutes Aussehen mehr im Kontext von Anpassung als Auffallen relevant ist, ist also auch hier aktuell. Zwar werden in den Videos vordergründig vor allem positive Botschaften verbreitet – vom Druck, stereotypen Weiblichkeitsbildern zu entsprechen, ist wenig zu spüren. Gleichzeitig ist die alles überlagernde Süßlichkeit und Nettigkeit genau das, was an den Videos irritiert. So scheint es letztendlich doch zu einem hohen Maß antizipiertes Verhalten zu sein, welches die Inhalte der Videos bestimmt und das durch die Bloggerinnen vorgelebt wird. Dabei wird einiges von ihnen gefordert: Neben der Zeit, der Aufmerksamkeit und dem Geld, das die offensichtliche Freude an Schönheit und Lifestyle benötigt, sollen die jungen Mädchen – wie auch die Interviews gezeigt haben – gute Leistungen in der Schule erbringen und sich insgesamt angemessen benehmen. Gerade was vermeintlich traditionelle Beschäftigungen (bürgerlicher) Frauen betrifft (kochen, backen, basteln, das Zuhause schön machen), scheinen die YouTube-Videos über die Schlussfolgerungen aus den Interviews noch hinauszugehen.

FAZIT

Die Ausgangsfrage, ob sich die Erkenntnisse aus den Interviews auch in den YouTube-Videos junger Mädchen zum Thema Schönheit wiederfinden lassen, kann grundsätzlich bejaht werden, wenngleich eine tiefere Analyse notwendig wäre. Ungeklärt bleibt allerdings, was dieses im Schönheitsdiskurs sichtbare, offenbar neuartige Erleben von Frühadoleszenz als Lebensphase, in der bereits eine umfassende Anpassung an Leistungsanforderungen zu beobachten ist, herbeiführt. Einer der Gründe ist, wie bereits erwähnt, möglicherweise die zunehmende Ähnlichkeit der Lebenswelten von Erziehenden und ihren Kindern, die insbesondere auch durch Medien und Konsum vermittelt werden. So lösen sich die Spezifika der Altersgruppen stärker auf; Jugendliche und Erwachsene haben nicht nur in Fragen des Stylings zunehmend dieselben Interessen. Auch der Anspruch an Jugendlichkeit, also z.B. „up-to-date", attraktiv und leistungsfähig zu sein, gilt wahrscheinlich mehr denn je altersübergreifend. Gleichermaßen wird Verantwortungsbewusstsein und Erfolgsorientierung – in früheren Jahrzehnten Markierungen des Übertritts ins Erwachsenenalter – heute offenbar schon von Jugendlichen erwartet.

Hinsichtlich der Anforderung gut aussehen zu müssen ist eine Zunahme der Bedeutsamkeit zu vermuten. Den Äußerungen aus den Interviews folgend, scheint Schönheit für die heranwachsenden Mädchen eine eigene Ungleichheitskategorie darzustellen. Angela McRobbie (2009) nimmt an, dass der hohe Stellenwert des Aussehens auf den Umstand zurückzuführen ist, dass Frauen heute verstärkt positiv in Szene gesetzt werden. Dabei käme der Schönheit als Kontrollinstanz der neuen, weiblichen Subjektivierungsweise eine entscheidende Rolle zu. Auch abseits der optischen Repräsentation von Feminität, so McRobbie, werden Frauen zunehmend zurück in alte Werte gedrängt. Gleichzeitig würde von ihnen erwartet, dass sie berufstätig mit dem Ziel einer „Karriere", ökonomisch unabhängig und konsumfreudig sind. Jede Rolle müsste dabei souverän und glamourös ausgefüllt werden. Wie sich gezeigt hat, deuten auf diese Thesen auch die einschlägigen YouTube-Videos junger Mädchen hin.

Auf der anderen Seite spricht gerade ihr Alter dafür, dass die Konzentration auf das „Schöne" und „Nette" eine Berechtigung hat, vor allem in Anbetracht der vielfältigen Findungs- und Umbruchprozesse. Auch der Spaß an Schönheit und Lifestyle sollte nicht vergessen werden. Bei einem kritischen Blick besteht zudem immer die Gefahr, all das abzuwerten, was traditionell feminin konnotiert ist. Ein Mangel an Wissen und Kompetenz gerade in Schönheitsfragen, so haben die Aussagen von Frühadoleszenten gezeigt, können Sanktionen der Peergroup (und nicht nur dieser, auch Erwachsener) nach sich ziehen. So laufen Mädchen Gefahr, in ihrer Haltung zu Weiblichkeitsidealen immer den Kürzeren zu ziehen: Kritikwürdig sind hier sowohl Zustimmung als auch Ablehnung. Mit Blick insbesondere auf die YouTube-Videos und die Identitätsentwicklung Heranwachsender bleibt dennoch die Überzeugung, dass weniger Anpassung und Süßlichkeit im Sinne der Mädchen wünschenswert wäre.

LITERATUR

Alanen, Leena (2009): Generational Order. In: Qvortrup, Jens/Corsaro, William A./Honig, Michael-Sebastian (Hg.): The Palgrave Handbook of Childhood Studies. Basingstoke/New York: Palgrave Macmillan, S. 159-174.

Ariès, Philippe (1998): Geschichte der Kindheit. München: dtv.

Dangendorf, Sarah (2012): Kleine Mädchen und High Heels. Über die visuelle Sexualisierung frühadoleszenter Mädchen. Bielefeld: transcript.

Durham, Gigi M. (2008): The Lolita Effect: The Media Sexualization of Young Girls and What We Can Do About It. Woodstock/New York: Overlook Press.

Glaser, Barney G./Strauss, Anselm L. (2005): Grounded Theory. Strategien qualitativer Forschung. Bern: Huber.

Hall, Stuart (1996): Who Needs Identity? In: Hall, Stuart/Gay, Paul du (Hg.): Questions of Cultural Identity. London: Sage, S. 1-17.

JIM 2014 = Medienpädagogischer Forschungsverbund Südwest (Hg.) (2014): JIM-Studie 2014. Jugend, Information, (Multi-) Media. Basisstudie zum Medienumgang 12- bis 19-Jähriger in Deutschland. Stuttgart: Medienpädagogischer Forschungsverbund Südwest.

Jugend 2015 = Albert, Martin/Hurrelmann, Klaus/Quenzel, Gudrun/TNS Infratest Sozialforschung (2015): Jugend 2015. 17. Shell Jugendstudie. Frankfurt am Main: Fischer.

KIM 2014 = Medienpädagogischer Forschungsverbund Südwest (Hg.) (2014): KIM-Studie 2014. Kinder + Medien, Computer + Internet. Basisuntersuchung zum Medienumgang 6- bis 13-Jähriger in Deutschland. Stuttgart: Medienpädagogischer Forschungsverbund Südwest.

Keller, Reiner (2005): Wissenssoziologische Diskursanalyse. Grundlegung eines Forschungsprogramms. Wiesbaden: VS Verlag für Sozialwissenschaften.

Link, Jürgen (2006): Versuch über den Normalismus. Wie Normalität produziert wird. Göttingen: Vandenhoeck und Ruprecht.

McRobbie, Angela (2009): The Aftermath of Feminism: Gender, Culture and Social Change. London u.a.: Sage.

Reckwitz, Andreas (2008): Subjekt. Bielefeld: transcript.

Rihl, Alexander/Wegener, Claudia (2015): YouTube Stars. Zur Rezeption eines neuen Phänomens. In: TV Diskurs, Jg. 19, Heft 3, S. 82-85.

Zinnecker, Jürgen/Behnken, Imbke/Maschke, Sabine/Stecher, Ludwig (2002): null zoff & voll busy. Die erste Jugendgeneration des neuen Jahrhunderts. Opladen: Leske + Budrich.

Zurbriggen, Eileen L. u.a. (2007): Report of the APA Task Force on the Sexualization of Girls. http://www.apa.org/pi/women/programs/girls/report-full.pdf [15.12.2015].

Jugendliche Geschmacksallianzen

Ein soziologischer Streifzug durch die Geschäfte

Steffen Eisentraut, Alexandra König

Beim Bummel durch die Einkaufsstraße einer beliebigen Stadt sind sie schnell auszumachen: Modeketten wie H&M, Primark oder New Yorker. Das Straßenbild ist geprägt von jungen Menschen mit Einkaufstüten in den Händen. Der dabei aufkommende Eindruck, dass Kleidung und Shopping für Jugendliche eine hohe Relevanz besitzen, ist empirisch belegt: So zeigte die JIM-Studie (2011), dass Kleidung und Mode von 58 % der 12- bis 19-Jährigen als interessant bis sehr interessant eingestuft werden – mit deutlich geschlechtsspezifischem Unterschied (67 % der Mädchen und 48 % der Jungen). Fast jeder zehnte Jugendliche gibt an, täglich oder zumindest mehrmals pro Woche einen Einkaufsbummel zu unternehmen, wobei sich auch hier die Mädchen von den Jungen unterscheiden (12 % vs. 3 %). Differenziert wird zwar nicht, worauf sich die Einkaufstour richtet, doch ist zu vermuten, dass vor allem Kleidungsstücke betrachtet werden. Diesen Schluss legt die österreichische Studie „Jugend und Geld" nahe, die 1.852 Schüler*innen der neunten bis zwölften Jahrgangsstufe nach ihrem Konsumverhalten befragt. Demzufolge wird Geld am häufigsten für Mode und Accessoires (74 %) ausgegeben, gefolgt von Ausgehen (71 %) und Verpflegung (71 %) (Nußbaumer u.a. 2013: 11).

Bereits diese hohe Relevanz der Kleidung in der Jugend stößt die soziologische Neugier an.[1] Worin liegt die Bedeutung der Kleidung für einen Großteil der Jugendlichen begründet? Wie wählen sie ihre Kleidung aus? Beschäftigt man sich

---

1 Nicht nur ist die Mode relevant für Jugendliche, die Jugend ist auch bedeutsam für die Mode bzw. den Modewandel, wie etwa René König (1985: 31) für das 20. Jahrhundert konstatiert, genauer: „[D]er eigentliche Protagonist der Mode heute ist [...] die junge Frau aus fast allen Schichten."

mit der Kleidung, so ist die Eigenart dieses Artefakts in Rechnung zu stellen. Das Besondere an Kleidung ist, dass sie das Individuum, eng gebunden an den Körper, umhüllt. Sie ist wie eine „zweite Haut" (Holenstein u.a. 2010), die allerdings in der face-to-face-Interaktion überwiegend präsent ist. Diese äußere Hülle wird, spätestens im Zuge des sich durchsetzenden Authentizitätsideals der deutschen Romantik, als Hinweis auf das Innere, auf die Persönlichkeit des Trägers gedeutet (vgl. Sennett 1999: 102), d.h. zwischen der Kleidung und dem Selbst wird eine enge Verbindung gezogen – von Seiten der Betrachter*innen wie auch der Träger*innen. Simmel hat in seinen Ausführungen zur Philosophie der Mode (1905: 6) unter anderem am Beispiel der Kleidung aufgezeigt, wie die Mode dem „Bedürfnis nach sozialer Anlehnung" entgegenkommt, ebenso wie dem Bedürfnis, die eigene Einzigartigkeit zu unterstreichen, sich abzuheben von den anderen.

In aktuellen jugendsoziologischen Studien ist, gut 100 Jahre nach Simmels Essays zur Mode, das Markieren von Individualität und Zugehörigkeit ein wiederkehrendes Thema, etwa in Untersuchungen zu Jugendszenen und -kulturen (vgl. Hitzler/Niederbacher 2011). Der „eigene Geschmack", so zeigt etwa Elke Gaugele (2003), gilt als Leitmotiv vestimentären Handelns, als eine geschlechterübergreifende, „hochgradig ausdifferenzierte Individualisierungsstrategie" Jugendlicher (ebd.: 39). In einer eigenen Studie wird hingegen empiriebasiert die These einer „Individualisierung von Klasse" hergeleitet (König 2007). Demnach gilt zwar der „eigene Geschmack" als zentrales Erklärungsprinzip für ästhetische Praxis, zugleich sind Kleidungspräferenzen aber an Alter, Geschlecht oder soziale Position[2] gebunden bzw. wird soziale Ordnung über das vestimentäre Handeln hergestellt.[3] Eine zentrale These Pierre Bourdieus, Geschmack als ein Merkmal von Klasse zu fassen, findet sich somit bestätigt;[4] gleichwohl zeigt die Studie, über Bourdieu

---

2 Diverse Studien haben sich der Strukturiertheit ästhetischer Praktiken zugewandt. Penz (2010: 196) untersucht aus einer intersektionalen Perspektive Schönheitspraktiken in ihrer Abhängigkeit von kulturellem Kapital, beruflichen Anforderungen und Geschlecht. Bachmann (2008) hat sich über „Ethnographische Erkundungen der Alltagspraxis" dem „dressing gender" und der darin eingenähten symbolischen Gewalt genähert.

3 Identifiziert werden bspw. positionsspezifische Bewertungs- und Orientierungsschemata, etwa ein klassenspezifisches Wissen, welche Kleidungsstücke „assig" sind, welche Teile nicht zu einem passen – und welche Personen nicht zu einem passen.

4 In *Die feinen Unterschiede* zeigt Bourdieu (1999) die Gebundenheit ästhetischer Präferenzen und Praktiken an die soziale Position auf. Der Geschmack ist demnach Ergebnis der frühen Einverleibung der Klassenstruktur und Erklärung für ihre Reproduktion, „indem er Menschen ähnlicher Klassen zusammenführt und sie zur Ablehnung anderer Lebensstile und damit zur Ablehnung von Menschen aus anderen, insbesondere unteren Klassen bringt, gar diesen gegenüber Ekel auslöst" (Fuchs-Heinritz/König 2014: 39).

hinaus, dass unabhängig von der jeweiligen sozialen Position ein je „eigener", jugendspezifischer Geschmack verlangt und beansprucht wird. Nicht zuletzt dieses Ergebnis wirft die Frage auf, wie Jugendliche nun ihren Geschmack ausarbeiten, wenn die Vorstellung von der bloßen Übernahme familialer Schemata des Geschmacks, also die frühe Einverleibung sozialer Strukturen im Sinne Bourdieus, als Erklärung nicht ausreicht; wenn Jugendliche aufgefordert sind, einen „eigenen" Geschmack zu erarbeiten und über ihre Kleidung anzuzeigen, wer sie sind.

Unser Erkenntnisinteresse fokussiert entsprechend Prozesse der Verhandlung und Präsentation von Kleidung unter Jugendlichen. Die Peers sind in der Jugend insgesamt (vgl. Harring u.a. 2010; Krüger u.a. 2012) und in Bezug auf Konsum und Kleidung besonders relevant. So konstatiert Lange in seiner quantitativen Studie zum Jugendkonsum, dass knapp ein Drittel der Jugendlichen es „kaum abwarten" könne, „ihren Freunden das Gekaufte auch zu zeigen" und ein Fünftel bereits beim Kauf darauf achtet, dass „die Güter auch von den Freunden positiv bewertet werden" (2004: 127).[5]

Wir werden im Folgenden Jugendlichen an die Orte folgen, an denen sie ihre Kleidung auswählen – in Geschäfte wie H&M und New Yorker. Anfangs richtete sich das erkenntnisleitende Interesse auf die Weise, wie Jugendliche ihre Kleidung auswählen. Dafür schien es uns angemessen Jugendliche, die zu zweit oder zu dritt durch Geschäfte gehen, zu beobachten – in der Annahme, dass sie in der Interaktion mit den begleitenden Personen ihre Kriterien für passende und unpassende Kleidung formulieren und die Wahl für ein Kleidungsstück wechselseitig legitimieren. Die Analyse der Daten zeigt jedoch, dass solche Kriterien kaum verbalisiert werden – mehr noch: dass es teilweise gar nicht um den Kauf eines Kleidungsstücks geht. Was unser Datenmaterial jedoch zeigt, ist das Shopping als ein interaktiver Prozess, als eine gemeinsame Praxis unter Peers, bei der ein „eigener Geschmack" modelliert wird.

SHOPPING ALS GEMEINSAME (PEER-)PRAXIS

In der Jugendsoziologie wird die konkrete Praxis des Einkaufens trotz ihrer hohen Relevanz in der Jugend bisher vernachlässigt. Sensibilisierende theoretische

---

5   Problematisch an der zweiten Aussage ist, dass diese eine kategoriale Differenz zwischen „dem Bedürfnis nach sozialer Anlehnung" und dem nach „Differenzierung, Abwechslung, Sich-abheben" (Simmel 1905: 6) impliziert – und so die Aussage, die Bewertung der Freunde sei wichtig, der sozialen Erwartung eines „eigenen Geschmacks" zuwiderzulaufen droht.

Konzepte und Fragen verspricht die Konsumsoziologie, ist doch das Shopping eine spezifische Phase und Praxis des Konsums. Nach Hellmann geht es in den einschlägigen Arbeiten der Konsumsoziologie jedoch vor allem darum „herauszufinden, wozu sich die Leute eine bestimmte Sach- oder Dienstleistung gekauft haben und was sie damit, aus welchen Gründen, nach der Marktentnahme konkret anstellen" (Hellmann 2005: 11). Auch wenn Hellmann ausdrücklich betont, dass dies keineswegs bedeute, dass der Suche und Auswahl des Produkts (also dem, was *vor* dem eigentlichen Kauf passiert) keine Aufmerksamkeit zukommt (ebd.), lässt sich die symbolische Aneignung von (erworbenen) Konsumgütern als Schwerpunkt konsumsoziologischen Interesses benennen (Warde 2014: 282). Das Shopping, als eine spezifische Phase und Praxis des Konsums, in der es um das Ansehen, das Bewerten und das Entscheiden für oder gegen bestimmte Artikel geht, wird dagegen kaum untersucht – noch seltener als gemeinsame Praxis.

Die wenigen Studien, die es zum Shopping gibt, fokussieren auf unterschiedliche Aspekte: Einige wenden sich den Kompetenzen und den Anforderungen zu, die von Konsument*innen unter veränderten Bedingungen des Einkaufens verlangt werden – in den ersten Kaufhäusern (vgl. Voswinkel 2005), in den modernen Shopping Malls (vgl. Underhill 2004), beim Interneteinkauf (vgl. Grenz/Eisewicht 2012) etc. Eine breite Diskussion wurde in der Konsum- wie Arbeitssoziologie mit Blick auf den „mitarbeitenden Kunden" angestoßen (Voß/Rieder 2005; Blättel-Mink/Hellmann 2010), den die neue Angebotsstruktur anruft: der Kunde wird selbst zur Arbeitskraft, zu einer betrieblichen Wertquelle. Ist hier die arbeitssoziologische Perspektive leitend, so interessiert uns die Perspektive der Konsument*innen, ohne dabei die betriebliche Vernutzung mit einzubeziehen. Weitere Studien diskutieren Shopping als Teilhabe und Selbst-Präsentation im öffentlichen Raum (vgl. als Überblick dazu Hellmann 2005: 16). Ein breiter Strang von Untersuchungen liegt vor, die Kaufmotive zu identifizieren suchen und Käufer*innen-Typologien konstruieren (vgl. etwa Baumgartner 2002; Kroeber-Riel/Weinberg 2003; Ratneshwar u.a. 2000; Underhill 2009). Studien, in denen es um das Shopping als gemeinsame Praxis geht, bei denen das handlungsleitende Wissen untersucht wird, sind jedoch rar bzw. nehmen spezifische Settings in den Blick, wie etwa Truninger (2011) in der Untersuchung der kommerziellen Demonstration des „Thermomix" im Kreise von Interessentinnen.

Für eine erste Einordnung des von uns untersuchten Phänomens ist die in der Konsumsoziologie vorgeschlagene Unterscheidung zwischen „shopping with a goal" und „shopping as a goal" von Babin, Darden und Griffin (1994) interessant (vgl. auch Hellmann 2005: 14f.). Während „shopping with a goal" mit utilitaristischen Werten verbunden ist, trägt das „shopping as a goal" deutlich hedonistische Züge (Babin u.a. 1994: 647). Ähnlich ist die Unterscheidung zwischen „buying" und „shopping" von Underhill (2009), der jedoch differenziertere Kriterien benennt: Während das „buying" eine „simple, dutiful acquisition of whatever is absolutely necessary to one's life" darstelle (ebd.: 171), entfalten sich beim Shopping andere Sinn- und Erfahrungsdimensionen:

„The kind of activity I mean involves experiencing that portion of the world that has been deemed for sale, using our senses – sight, touch, smell, taste, hearing – as the basis for choosing this or rejecting that. It's the sensory aspect of the decision-making process that's most intriguing because how else do we experience anything? But it's especially crucial in this context because virtually all unplanned purchases – and many planned ones, too – come as a result of the shopper seeing, touching, smelling or tasting something that promises pleasure, if not total fulfillment." (Ebd.: 171f.)

Das sinnliche Erfahren sowie das Entwickeln von Freude und Genuss im Prozess des Shoppings sind demnach charakteristische Merkmale dieser Aktivität.[6]

Auch wenn die Begriffspaare nicht als zwei separate Modi des Shoppings, sondern als mehr oder weniger ausgeprägte Orientierungen innerhalb einer Praxis zu verstehen sind,[7] lässt sich festhalten, dass gerade die Kleidung, die in unserer Studie im Fokus steht, zum ziellosen Schaufensterbummel (im Sinne des „shopping as a goal") einlädt. Wir verwenden im Folgenden den breiteren Begriff Shopping (bzw. Shoppen), ohne damit die Praxis des gezielten Einkaufs auszuschließen.

Ob zielloser Bummel oder geplanter Einkauf, auffallend ist, dass das Shopping in der Konsumsoziologie wie auch der Jugendforschung randständiges Untersuchungsthema ist. Vor allem dem gemeinsamen Shoppen, dieser verbreiteten geteilten Praxis unter Jugendlichen, wird kaum nachgegangen. Unser Datenmaterial bietet Einblick in diese gemeinsame Praxis. Dabei steht im Folgenden nicht der individuelle Handlungsvollzug im Fokus, sondern die permanente wechselseitige Koordinierung und Anpassung der Handlungen zwischen Akteuren sowie die in-

---

6   An diese Befunde lässt sich eine Überlegung von Reckwitz anfügen, der für postmoderne Subjekte einen „individualästhetischen" Konsumstil beschreibt, der die Fähigkeit zu Genuss und individueller Stilisierung voraussetzt (Reckwitz 2006: 433).

7   Babin u.a. (1994: 653) identifizieren auf Basis einer Faktorenanalyse zwei distinkte Faktoren, zeigen anhand qualitativen Interviewmaterials mit Konsumenten jedoch auch, wie sich die Bewertungen von Shopping als Arbeit oder Spaß überkreuzen. Falk/ Campbell (1997: 6) zeigen, dass beim ziellosen, genussvollen Shoppen auch Anteile eines zielorientierten Verhaltens sichtbar werden, jedoch beim geplanten Einkaufen notwendiger Dinge seltener Genuss im Spiel ist.

teraktive Aushandlung darüber, welche Kleidungsstücke passend oder nicht passend sind.[8]

SHOPPING BEOBACHTEN – DER FELDZUGANG

Unsere Studie entstand im Rahmen eines zweisemestrigen Forschungspraktikums des BA-Studiengangs Soziologie an der Bergischen Universität Wuppertal. Die Datenerhebung wurde von den Studierenden durchgeführt.[9] Um an die gemeinsame Peer-Praxis des Shoppings und die dort stattfindenden interaktiven Prozesse „heranzukommen", wurde ein explorativ-qualitativer Ansatz gewählt, bei dem sowohl teilnehmende Beobachtungen als auch ergänzende Interviews zum Einsatz kamen. Entsprechend unserer Fragestellung suchten wir den „Ort des Geschehens" auf, d.h. wir begleiteten junge Menschen beim Shopping in Modehäusern, um den (gemeinsamen) Prozess des Suchens, Anprobierens, Vergleichens und Entscheidens zu beobachten. Vor Geschäften wie H&M, Primark und New Yorker wurden jugendliche Kleingruppen angesprochen und um Erlaubnis gebeten, sie bei ihrer Shopping-Tour begleiten zu dürfen. Im Anschluss an die Beobachtungen wurden Interviews geführt, die immanente und exmanente Nachfragen enthielten. In Erweiterung etwa der Nachfragetypen im narrativen Interview (Schütze 1983) beziehen sich immanente Nachfragen hier nicht nur auf vorhergehende Gesprächsinhalte, sondern auch die vorher beobachtete Situation. Ziel ist es, Sinnzuschreibungen der Akteure anzuregen. Die exmanenten Nachfragen gelten der Kontextualisierung der beobachteten Situation, indem der Anlass für die Shopping-Tour sowie die generelle Bedeutung von Kleidung und der gemeinsamen Praxis des Shoppens erfragt wurden.

---

8   Barnes (2001) lenkt den Blick von individuellen Handlungsvollzügen zu geteilten Praktiken: „Shared practices are the accomplishments of competent members of collectives. These are accomplishments readily achieved by, and routinely to be expected of members acting together, but they nonetheless have to be generated on every occasion, by agents concerned all the time to retain coordination and alignment with each other in order to bring them about." (2001: 24f.) Genau diese Wechselseitigkeit steht, eher aus interaktionistisch denn praxistheoretisch geprägter Sicht, im Interesse unserer Forschung, wenn wir uns dem gemeinsamen Shopping zuwenden. An dieser Stelle verzichten wir auf eine Diskussion der Gemeinsamkeiten und Unterschiede zwischen interaktionistischen und praxistheoretischen Ansätzen (vgl. dazu etwa Schmidt 2006).

9   Für die engagierte Mitarbeit möchten wir uns bei Katharina Burkert, Anna Clauberg, Vanessa Dick, Isabell Gurstein, Corinna Höffner, Tobias Kramer, Katharina Meisner, Svea Pludra und Svetlana Stepanova bedanken.

Die Entscheidung, die Untersuchung auf Gruppen von mindestens zwei Jugendlichen zu konzentrieren, war der Überlegung geschuldet, dass einerseits die Peers in Bezug auf Kleidung und Shopping relevant sind, und andererseits dieses Setting erlaubt, Interaktionen und das Sprechen über die Passung von Kleidungsstücken zum Selbst zu beobachten. Die Entscheidung für die genannten Modeketten basierte auf deren Beliebtheit unter Jugendlichen. Für den Feldzugang erwies es sich vorteilhaft, dass die studentischen Forscher*innen alle selbst nicht viel älter als die Beforschten sind. Forschungssubjekte sind vor allem Mädchen bzw. junge Frauen.[10] Das ist zum einen der Tatsache geschuldet, dass diese häufiger in den Geschäften in Gruppen anzutreffen waren und zum anderen, dass die Forschenden – bis auf eine Ausnahme – ebenfalls weiblich sind. In den meisten Fällen erhielten die Forscher*innen die Erlaubnis, die Angesprochenen im Geschäft begleiten zu dürfen. Die Beobachtungen beziehen sich vor allem auf die Rundgänge im Verkaufsbereich, teilweise wurden auch das Präsentieren der Kleidung vor den Umkleidekabinen und die dortigen Interaktionen beobachtet und protokolliert. Insgesamt liegen 15 Beobachtungsprotokolle (10 beobachtete Zweiergruppen, vier Dreiergruppen und eine Vierergruppe)[11] sowie 12 Interviews (vier Einzelinterviews, sieben Zweierinterviews und ein Dreierinterview) vor.[12] Entsprechend des Forschungsinteresses, wie es hier vorgestellt wird, werden wir im Folgenden vor allem Ergebnisse der Analyse der Beobachtungsprotokolle heranziehen, in der die Vollzugswirklichkeit des Shoppens im Fokus steht.[13]

---

10 Ein Paar wurde beobachtet und in zwei Dreiergruppen war jeweils ein Junge beteiligt. Gerichtet wird die Analyse im Folgenden auf die Mädchengruppen. Die Jugendlichen waren zum Zeitpunkt der Erhebung zwischen 15 und 22 Jahre alt.

11 Die Protokolle wurden zwecks besserer Lesbarkeit und größerer Einheitlichkeit für den vorliegenden Beitrag geringfügig redigiert.

12 Wir orientieren uns an dem Forschungsstil der Grounded Theory im Sinne von Anselm Strauss, d.h. an der pragmatistisch-interaktionistischen Methodologie, den Leitlinien zum Kodieren und dem kontrastiven Vergleich. Ein Theoretical Sampling konnte nicht realisiert werden, jedoch wurden die Beobachtungen und Interviews infolge der ersten Interpretationssitzung – und damit der Schärfung der theoretischen Perspektive – neu ausgerichtet.

13 In der Studie von König (2007) wurde mit Gruppendiskussionen und Interviews gearbeitet. Während auf Basis von Gruppendiskussionen vor allem das konjunktive Wissen rekonstruiert werden kann, entfaltet sich in den Interviews stärker die Idee des „eigenen Geschmacks" als handlungsleitendes Prinzip. Der analytische Mehrwert der Beobachtungen liegt unterdessen in der Aufklärung der *Genese* konjunktiven Wissens, zumindest der *situativen Herstellung* eines gemeinsamen Geschmacks.

Geschmack als soziale Praxis

Das Betreten einer vertrauten Welt

Die Forschenden platzierten sich am Eingang von ausgewählten Modeketten, die vor allem eine jugendliche Kundschaft mit einer preiswerten und schnell wechselnden Angebotspalette anlocken (vgl. Müller 1999). Kennzeichnend für die Geschäfte ist, dass die angebotenen Artikel auf engem Raum nahe beieinander stehen, Schilder den Weg weisen und Beratung kaum angeboten wird. Die von uns beobachteten Mädchengruppen betreten routiniert die Geschäfte, nehmen ihren Weg auf, ohne die Wegweiser studieren zu müssen. Auffallend ist, dass sich die Mädchen während des Rundgangs nur geringfügig voneinander entfernen, zumeist in Hörweite bleiben und miteinander interagieren. Sie ziehen von „Station" zu „Station", von Hosen zu Oberteilen, von Unterwäsche zu Accessoires, oder aber sie steuern direkt eine bestimmte Abteilung an, in der sie die angebotene Ware inspizieren.

Die Mädchen gehen direkt zu den Basics und suchen nach einem T-Shirt. (Protokoll 1)

Die Mädchen gehen sofort zu den Oberteilen in der Basic Abteilung. (Protokoll 3)

Aus den Interviews wissen wir, dass manche ein konkretes Ziel verfolgen, über das sie sich zuvor verständigt haben und von dem sie wissen, wo es erfüllt werden kann. Mit einem gezielten Zusteuern der passenden Abteilung ist dies allerdings nicht unweigerlich verbunden – ein Hinweis darauf, dass „shopping with a goal" und „shopping as a goal" durchaus in derselben Praxis auftreten.

Oftmals verfolgt nur eine der Beteiligten ein konkretes Einkaufziel. Aus Sicht der Debatte um den mitarbeitenden Kunden (vgl. etwa Blättel-Mink/Hellmann 2010) kann man die begleitende Person als zusätzliches „Personal" betrachten – nicht nur die Kundin arbeitet mit, sondern sie bringt gar eine Person mit, die Unterstützungsaufgaben übernimmt. So beraten die Freundinnen nicht nur, sondern laufen etwa auch zwischen Umkleide und Verkaufsraum hin und her, um der jeweiligen Freundin verschiedene Größen und Farben zu holen. Uns interessiert diese Konstellation nicht aus der Sicht der unternehmerischen Wertschöpfung; vielmehr wollen wir herausarbeiten, was die Akteure rund um die Kleidung verhandeln. Aus den Interviews wissen wir, dass die Mädchen die Beratung der Freundin bzw. den Spaß am gemeinsamen Shopping schätzen und sich häufig zum Einkaufsbummel treffen. Was aber geschieht hierbei?

Sehen, Fühlen, Abstimmen:
Kriterienkataloge und Feedbackschleifen

Was passiert, wenn vor einer Station Halt gemacht wird? Hier kreist der Blick nun
über die angebotenen Kleidungsstücke; einzelne Teile werden genauer betrachtet,
aus dem Regal, von der Stange genommen und mithilfe der Hände studiert. Das
visuelle und taktile Taxieren des Artefakts ist dabei nicht bloß ein sinnlich-genuss-
volles Erkunden, wie es Underhill für den Typus des „sensual shopper" (2009:
171ff.) beschreibt, der im Shopping nach „something that promises pleasure, if
not total fulfillment" (ebd.: 172) suche. Es geht auch um einen Abgleich mit Kriterien, die an die Artefakte angelegt werden. Diese Praxis könnte man auch als
ein tentatives Prüfen anhand eines *Kriterienkatalogs* bezeichnen, bei dem eine
Beziehung zwischen Akteur und Artefakt hergestellt (oder abgebrochen) wird.
Gleichwohl erfolgt dieser Prozess des Abgleichens nicht bloß als individuelle
Tätigkeit, vielmehr werden begleitende Personen hinzugezogen. Ein Beispiel dafür bietet Protokoll 1 zu Anna und ihrer Begleiterin, beide 15 Jahre, die vor einem
Ständer mit T-Shirts Halt gemacht haben:

Anna nimmt ein schwarzes T-Shirt aus dem Ständer und hält es vor sich hoch. Sie schaut
ihre Begleitung an und fragt: „Das hier?". Die Begleitung nickt. Anna fühlt nach dem Stoff
des T-Shirts und schüttelt den Kopf: „Der Stoff ist aber sehr dünn." Sie schaut fragend ihre
Freundin an. Die Begleitung fühlt auch den Stoff und kommentiert: „Ja dann guck mal
weiter." Anna geht zum nächsten Ständer. Sie nimmt ein weiteres schwarzes T-Shirt mit
V-Ausschnitt, schaut zu Begleitung: „Das ist besser." (Protokoll 1)

Was sich zwischen Anna und ihrer Begleiterin abspielt, kann als eine Art *Feedbackschleife* bezeichnet werden. Zunächst schaut sich Anna einen Ständer mit T-
Shirts an und sucht sich eines heraus, taxiert es. Eine erste Vorauswahl scheint
getroffen, ein Abgleich mit dem eigenen Kriterienkatalog erfolgt, der in diesem
Fall nicht zu einem Weghängen des Kleidungsstücks führt. Stattdessen wird die
Begleiterin um eine Einschätzung gebeten – zu dem Kleidungsstück an sich wie
auch, unterstrichen durch das Anhalten an den eigenen Körper, zur Passung zur
potenziellen Käuferin. Die Angesprochene signalisiert durch Nicken eine grundsätzliche Zustimmung. Damit bestätigt sie den ersten Auswahlschritt von Anna,
die daraufhin die Prüfung des Kleidungsstücks in Bezug auf weitere Kriterien
fortsetzt, indem sie den Stoff erfühlt. Dieser Schritt lässt Zweifel am Artefakt
aufkommen. Wieder bittet sie – durch fragenden Blick – um Feedback in Bezug
auf das verwendete Kriterium (Dicke des Stoffs). Die Begleitung vollzieht die
gleiche taktile Prüfung. In ihrer Antwort nimmt sie die Zweifel von Anna auf und
übersetzt diese in eine Handlungsaufforderung („dann guck mal weiter"), der

Anna nachkommt. Diese Sequenz zeigt den typischen Ablauf einer Feedbackschleife: Als erstes wählt eine Person ein Kleidungsstück nach visueller und taktiler Prüfung aus und stellt dieses dann der begleitenden Person vor, zumeist verbunden mit einer appellativen Frage. Damit nimmt die erste Person bereits eine Positionierung vor, stellt ihr Geschmacksurteil zur Diskussion. Die begleitende Person wird damit in den Prozess des Bewertens einbezogen, d.h. das Kleidungsstück wird nun nicht mehr nur mit eigenen Kriterien bzw. Erwartungen in Beziehung gesetzt, sondern auch mit denen der Begleiterin. Eine Bestätigung des ersten Urteils hat zur Folge, dass der Prüfprozess fortgesetzt und im Zuge dessen weiteres Feedback eingeholt wird. Unzählige Beispiele liegen uns vor, in denen die Feedbackschleife als gemeinsames tentatives Bewerten eines Artefakts erfolgt, über das Schritt für Schritt ein gemeinsames Urteil gebildet wird. Was aber geschieht, wenn keine Einigkeit hergestellt werden kann?

Aushandlung von Unstimmigkeiten

In unserem Material gibt es auch Sequenzen, in denen das ausgewählte und vorgestellte Stück nicht auf Zustimmung stößt. Wir wollen zwei Varianten vorstellen: Folgen wir zuerst Luisa (15 Jahre) und Patricia (16 Jahre):

Dann sieht Luisa eine grüne Lederhose, zeigt mit dem Finger auf diese und wendet sich Patricia zu. Patricia fragt Luisa skeptisch, ob sie denn diese Hose wirklich tragen will. Luisa sagt dann ganz schnell „Nein, die geht gar nicht." (Protokoll 2)

Auch diese Sequenz beginnt mit der nonverbalen Suche nach Feedback, indem Luisa auf eine grüne Lederhose zeigt und sich Patricia zuwendet. Der scheinbare Fund wird von der Begleitung allerdings negativ bewertet, indem Zustimmung verwehrt und die Wahl infrage gestellt wird. Luisa greift die spürbare Ablehnung von Patricia auf und antwortet mit einem eindeutigen Geschmacksurteil.[14] Auch hier sehen wir eine Feedbackschleife im Sinne einer situativen, wechselseitigen Orientierung. Im Gegensatz zum vorigen Beispiel wird in dieser Sequenz jedoch deutlich, dass die Auswahl eines Kleidungsstücks heikel ist. Denn mit der Selektion wird nicht nur das Artefakt zur Beurteilung freigegeben, sondern auch das

---

14 In dem anschließenden Interview wurde Luisa auf die grüne Lederhose angesprochen. Auf die Frage, warum sie diese nicht wollte, antwortet Luisa: „Ja ich weiß nicht, ich glaub, mir steht das nicht so (.) also persönlich find ich für mich das jetzt nicht so schön." Nicht das interaktive Geschehen, sondern allein die Passung zum Selbst wird hier als (legitimer) Grund für ihr Handeln angegeben. Die Beobachtungen zeigen hingegen die gemeinsame Herstellung des (eigenen) Geschmacks.

eigene Geschmacksurteil. Genau darauf zielt die Nachfrage von Patricia, die eben keine direkte Aussage über die präsentierte Lederhose trifft, sondern den ästhetischen Standpunkt von Luisa hinterfragt. Diese riskante Ebene verlässt Luisa, indem sie unverzüglich mit einem Urteil über das Kleidungsstück reagiert und damit dessen Beziehung zu sich selbst abbricht.

Schauen wir uns den umgekehrten Fall an, wenn eine Person ein Stück als passend für die Freundin auswählt, diese Einschätzung allerdings nicht geteilt wird. Claudia (16 Jahre) und Greta (17 Jahre) stehen vor einer Auswahl an Taschen.

Dort sieht Greta eine braune lederähnliche Tasche mit Fransen: „Guck mal, die wäre doch was für dich." schlägt sie vor. „Ja, die ist schön, aber sie hat nur einen Henkel und der ist zu kurz. Man kann die gar nicht auf der Schulter tragen. Das geht nicht!" Claudia nimmt die Tasche vom Haken und probiert sie zu tragen. Dabei hält sie die Tasche sehr unbeholfen, als ob sie nicht wüsste, was sie damit anstellen sollte. Dann hängt sie die Tasche wieder zurück und winkt ab: „Ach egal." (Protokoll 4)

Claudia bestätigt das Urteil von Greta („Ja, die ist schön"), stellt allerdings die Funktionalität in Frage und demonstriert dies an ihrem Körper in pointierter Weise. Eine Auseinandersetzung über ästhetische Fragen wird durch die Hinzuziehung des Kriteriums der Funktionalität umgangen.

Mehr Argumente muss Alina (17) vorbringen, um den Vorschlag ihrer Begleitung Sara (22), die einen passenden Poncho für die Freundin gefunden zu haben meint, abzuwehren:

„Der ist mir zu teuer!" „Aber der ist total dick." Alina guckt skeptisch, überlegt lange und sagt: „Na gut (.) aber nur, weil du es bist." Sie nimmt ihn mit zur Umkleidekabine. [...] Alina geht aus der Kabine raus, guckt nicht sehr überzeugt. Sara bestätigt noch einmal: „Ja, der Poncho ist total schön und passt zu deiner Hose." „Stell dir vor, ich finde jetzt was bei H&M..." Sara unterbricht sie: „Nein, findest du nicht mehr." [...] „Aber ich kann nichts dazu kombinieren und das hat so kurze Ärmel." (Protokoll 5)

Die Kosten, die Passung zur eigenen Garderobe, die noch nicht gesehenen Angebote in anderen Geschäften – all diese Argumente, die gegen den Kauf sprechen, wirft Alina in die Waagschale. An keiner Stelle führt sie an, dass ihr das Kleidungsstück nicht gefällt, sie also mit der ästhetischen Bewertung der Freundin nicht übereinstimmt. Sie stellt das Geschmacksurteil der anderen also nicht infrage, sondern zieht für ein ablehnendes Urteil andere Kriterien wie Preis und Funktionalität heran.

Auffallend ist an den Beispielen, wie sehr ästhetische Urteile als Teil des Selbst verstanden werden und wie eng die Kleidung mit der Person in Verbindung gebracht wird, es also um eine Passung zum Selbst geht. Deutlich wird dies, wenn wir das Beobachtungsmaterial zur Kleidung mit Studien zu anderen Konsumgütern vergleichen. So wird bspw. in der Studie von Manzo (2010) zu den „coffee geeks" sichtbar, dass bei einem Konsumgut wie Kaffee eine gewisse Distanz zum Selbst bestehen bleibt, wenn der Kaffee-Geschmack als ein durch Arbeit erworbener verstanden wird. Damit zeichnen sich die Akteure zwar auch aus, entfernen sich als „Expert*innen" aber stärker von der Idee des „natürlichen Geschmacks". Die von uns beobachteten Mädchen präsentieren sich hingegen kaum als Expertinnen, die über ein spezifisches Wissen verfügen. Zumindest wird ein Wissen über Kleidungsstücke, Stile und Stoffe kaum expliziert. Im Gegenteil, es wird vorausgesetzt, dass man irgendwie weiß, was guter Geschmack ist. Somit birgt die Ablehnung eines gewählten Kleidungsstücks immer die Gefahr, als Ablehnung der Person verstanden zu werden.

Geschmacksallianzen durch gemeinschaftliche Abwertungen

Bei den gemeinsamen Streifzügen der Freundinnen durch den Verkaufsraum wird neben den beschriebenen Feedbackschleifen, die vor allem die Kaufentscheidung unterstützen, noch eine andere typische Praxis sichtbar, die als ein gemeinschaftliches Abwerten von Kleidungsstücken gefasst werden kann. In dem folgenden Auszug beobachten wir wieder Claudia und Greta:

Dann kommt Claudia zu den Jacken auf der linken Wandseite. Sie grinst zunächst und winkt Greta zu sich her. Dann hebt sie einen hellblauen Windbreaker heraus: „Guck mal die Jacke!" und lacht. Greta antwortet sarkastisch: „Jaja, am besten noch die in lila!" und zeigt auf den Windbreaker in einer grellen lila Farbe. Beide schauen sich an und lachen laut. Claudia hängt den hellblauen Windbreaker schnell wieder zurück und folgt weiter den Kleiderständern entlang der Wand. (Protokoll 4)

Ein solches Austesten von Grenzen des Geschmacks, die gemeinsame Abgrenzung, ist wesentlicher Bestandteil der gemeinsamen Praxis des Shoppings. Dieses Phänomen begreifen wir als situative Herstellung einer *Geschmacksallianz*. Indem Claudia die Freundin grinsend zu sich winkt und ihre Aussage (und nicht Frage) durch ein Lachen markiert, wird der Freundin das eigene Urteil über die Jacke bereits signalisiert. Gleichzeitig wird mit der Aussage „Guck mal die Jacke" unterstellt, dass die Freundin intuitiv versteht, was gemeint ist – eine Gemeinsamkeit wird erwartet und bei Bestätigung zelebriert. Diese Sequenz lässt sich einerseits im Anschluss an Bourdieu als ein Aufeinandertreffen von habituell ähnlichen Personen (gleicher Klasse) begreifen, die mit der offensiven Abgrenzung gegenüber vermeintlich anderen Geschmackspräferenzen eine „Ablehnung anderer Lebensstile" (Fuchs-Heinritz/König 2014: 39) betreiben; andererseits muss die

Gemeinsamkeit, wie der Auszug zeigt, in einer schrittweisen Annäherung zunächst hergestellt werden. Auffallend ist in all den Beispielen zur Herstellung einer Geschmacksallianz, dass, wie schon in den Feedbackschleifen, die Geschmacksurteile kaum erläutert werden. Die Artefakte scheinen für sich selbst zu sprechen, Erklärungen erscheinen unnötig.

Das Selbst in der Geschmacksallianz

In vielen der zitierten Sequenzen findet sich das, was wir als das *Selbst in der Geschmacksallianz* verstehen: „Patricia fragt Luisa skeptisch, ob sie denn diese Hose wirklich tragen will" (Protokoll 2), Greta schlägt Claudia eine Tasche vor, mit den Worten: „Guck mal, die wäre doch was für dich" (Protokoll 4) und Anna wird aufgefordert, „dann guck mal weiter" (Protokoll 1). Auch wenn über Feedbackschleifen ein gemeinsames Geschmacksurteil (auch als Grundlage für die Kaufentscheidung) und über die Abwertung bestimmter Kleidungsstücke eine Geschmacksallianz hergestellt wird, so ist in den Interaktionen die Idee des individuellen Geschmacks und die Vorstellung der selbständigen Konsumentin grundlegend. Explizit wird dies zum Thema, wenn die Suche nach Feedback von der Begleitung verweigert wird. Folgen wir Luisa und Patricia zur Umkleidekabine:

Nach einigen Sekunden kommt Luisa raus und präsentiert Patricia die erste schwarze Hose. Dabei fragt sie Patricia, ob die Größe so geht. Patrica antwortet, dass Luisa das selber wissen müsse. Dann fragt sie Patricia, welche Größe sie denn nun besser anziehen solle. Patricia erwidert wieder, dass sie ihre Größe nicht kenne und sie so was selber wissen müsse. (Protokoll 2)

Zu wissen, was zu einem passt, ist eine soziale Anforderung. Die allzu offensiv ausgestellte Unsicherheit von Luisa wird von Patricia entsprechend negativ sanktioniert. Die Frage nach der Größe ist dabei nicht ausschließlich eine technische Frage, sondern auch eine der Passung zum Selbst. In diesem Fall wird die Antwort allerdings verweigert, mit dem Hinweis auf den selbstbestimmten Umgang mit Kleidung und dem Wissen darüber, das jede kompetente Konsumentin mitbringen müsse. Wir finden diese Erwartung auch in den Feedbackschleifen eingewoben, wenn hier die Deutungshoheit am Ende möglichst der potentiellen Trägerin zugewiesen wird – selbst wenn der Prozess hin zur Kaufentscheidung von Wechselseitigkeit geprägt ist. Dies schließt unmittelbar an das Ergebnis von König (2007) an, dass die Präsentation eines eigenen Geschmacks im Jugendalter zur sozialen Anforderung wird.

Insgesamt finden wir eine fein austarierte Balance zwischen dem Anspruch, dass einerseits jede*r einen eigenen Geschmack haben muss und wissen muss, was zu ihr/ihm passt, andererseits aber fortwährend gemeinsam abgestimmt wird, was als schön und passend gilt. Genau dieses Wechselspiel wird in den Shopping-Touren erkennbar.

FAZIT

Zusammenfassend fügen wir einen Auszug aus einem Protokoll an, an dem die wichtigsten Befunde aufgespannt werden können:

Greta [...] steuert direkt enthusiastisch Richtung Bikinis, da sie dort ein geblümtes Bikini-oberteil gesehen hat. Sofort greift sie danach, nimmt ihn vom Kleiderständer und zieht ihn auseinander. Claudia tritt an sie heran: „Der ist richtig schön!" „Ja, finde ich auch." sagt Greta. Dann [...] sieht sie einen grauen Bikini, zeigt mit dem Finger auf ihn und sagt: „Der sieht richtig hässlich aus." Claudia nickt und sagt: „Ja, voll langweilig." Und geht direkt an den Bikinis vorbei Richtung Taschen an der Wand. Dort sieht sie eine braune lederähn-liche Tasche mit Fransen: „Guck mal, die wäre doch was für dich." schlägt sie vor. (Pro-tokoll 4)

Hier finden wir a) eine *Feedbackschleife*, bei der für das eigene Geschmacksurteil das Feedback der Begleitung eingeholt wird, b) die Bildung von *Geschmacksalli-anzen* über die gemeinsame Abgrenzung von Gütern des „schlechten Geschmacks" und c) die Hervorhebung individueller Einzigartigkeit, die wechselseitig bestätigt und hergestellt wird – wir bezeichnen dies als das *Selbst in der Geschmacksalli-anz*. Wird in der gegenwärtigen Diskussion im Anschluss an Bourdieu (1999) vor allem herausgestellt, dass Geschmack ein soziales Phänomen ist, welches durch die Einverleibung klassenspezifischer Schemata erklärt werden kann, so zeigt die Analyse der Beobachtungsmaterialien Geschmack und Geschmacksbil-dung als *sozialen Aushandlungsprozess*. Die Jugendlichen tarieren bei ihren ge-meinsamen Shoppingtouren aus, was guter und was schlechter Geschmack ist, was passt und was nicht. Dies mag innerhalb habitueller Grenzen geschehen und eine gewisse Ähnlichkeit des Geschmacks voraussetzen. D.h. die Jugendlichen bringen einerseits ästhetische Schemata, bestimmte Geschmacksvorlieben mit – dies wird von ihnen, als kompetenten jugendlichen Akteuren auch erwartet. An-dererseits werden diese bei den Shoppingtouren auch auf den Prüfstand gestellt und ggf. modifiziert. Es ist mehr als ein bloßes intuitives Verstehen unter Gleichen, sondern auch ein stetiges Finden, Annähern und modifizierendes Herstellen von Geschmack. Auf diese prozessuale Dimension von Geschmack macht unsere ex-plorative Studie aufmerksam.

Die Interviews zeigen, dass bei den Shopping-Touren nicht immer ein bestimmter Einkauf anvisiert wird, vielmehr der Spaß an der gemeinsamen Unternehmung zentral ist. Die Beobachtungen zeigen weiter, dass die gemeinsame Aktivität auch als eine zu verstehen ist, bei der die Jugendlichen Gemeinsamkeit herstellen und über die verschiedenen Konsumgüter hinweg eine Idee davon bekommen, was der jeweils legitime Geschmack ist. Die begleitende Person ist also mehr als bloß eine weitere „mitarbeitende Kundin" (bzw. Zuarbeiterin für die Kundin). Vor der Freundin kann ein „Fehlgriff", der stets etwas „selbst-gefährdend" ist, vorsichtig gewagt werden, sie kann die Passung zum Selbst einschätzen, ihr wird ein Feedback zur vorgezeigten Auswahl entlockt und mit ihr wird sich in der gemeinsamen Abgrenzung von Dingen des schlechten Geschmacks verbündet. In dieser Interaktion wird der „eigene Geschmack" modelliert, geprüft und korrigiert und eine Geschmacksallianz hergestellt. Auffallend ist dabei, dass in den Interaktionen die Geschmacksurteile kaum Begründungen erfordern. Entgegen der anfänglichen Erwartung werden die Urteile kaum erklärt, begründet oder legitimiert. Damit wird die Suche nach dem eigenen Geschmack zu einem äußerst sensiblen und anspruchsvollen Unterfangen.

LITERATUR

Babin, Barry J./Darden, William R./Griffin, Mitch (1994): Work and/or Fun: Measuring Hedonic and Utilitarian Shopping Value. In: Journal of Consumer Research, Jg. 20, Heft 4, S. 644-656.

Bachmann, Cordula (2008): Kleidung und Geschlecht. Ethnografische Erkundungen einer Alltagspraxis. Bielefeld: transcript.

Barnes, Barry (2001): Practice as collective action. In: Schatzki, Theodore/Knorr Cetina, Karin/Savigny, Eike von (Hg.): The Practice Turn in Contemporary Theory. New York/ London: Routledge, S. 17-28.

Baumgartner, Hans (2002): Toward a Personology of the Consumer. In: Journal of Consumer Research, Jg. 29, Heft 2, S. 286-292.

Blättel-Mink, Birgit/Hellmann, Kai-Uwe (2010) (Hg.): Prosumer Revisited. Zur Aktualität einer Debatte. Wiesbaden: VS Verlag für Sozialwissenschaften.

Bourdieu, Pierre (1999): Die feinen Unterschiede. Kritik der gesellschaftlichen Urteilskraft. Frankfurt am Main: Suhrkamp. [Orig. frz. 1979].

Falk, Pasi/Campbell, Colin (1997): Introduction. In: Falk, Pasi/Campbell, Colin (Hg.): The Shopping Experience. London u.a.: Sage, S. 1-14.

Fuchs-Heinritz, Werner/König, Alexandra (2014): Pierre Bourdieu. Einführung ins Werk. 3. überarb. und erw. Auflage. Konstanz: UVK.

Gaugele, Elke (2003): "Ich misch das so". Jugendmode: Ein Sampling von Gender, Individualität und Differenz. In: Gaugele, Elke/Reiss, Christina (Hg.): Jugend, Mode und Geschlecht. Die Inszenierung des Körpers in der Konsumkultur. Frankfurt am Main/ New York: Campus, S. 34-52.

Grenz, Tilo/Eisewicht, Paul (2012): Emotionen beim Reklamieren infolge von Online-Shopping. In: Soeffner, Hans-Georg (Hg.): Transnationale Vergesellschaftungen. Verhandlungen des 35. Kongresses der Deutschen Gesellschaft für Soziologie in Frankfurt am Main 2010. Wiesbaden: VS Verlag für Sozialwissenschaften.

Harring, Marius/Böhm-Kasper, Oliver/Rohlfs, Carsten/Palentien, Christian (Hg.) (2010): Freundschaften, Cliquen und Jugendkulturen. Peers als Bildungs- und Sozialisationsinstanzen. Wiesbaden: VS Verlag für Sozialwissenschaften.

Hellmann, Kai-Uwe (2005): Soziologie des Shopping: Zur Einführung. In: Hellmann, Kai-Uwe/Schrage, Dominik (Hg.): Das Management der Kunden. Studien zur Soziologie des Shopping. Wiesbaden: VS Verlag für Sozialwissenschaften, S. 7-36.

Hitzler, Ronald/Niederbacher, Arne (2011): Leben in Szenen. Formen jugendlicher Vergemeinschaftung heute. 3. Auflage. Wiesbaden: VS Verlag für Sozialwissenschaften.

Holenstein, André/Meyer Schweizer, Ruth/Weddigen, Tristan/Zwahlen, Sara Margarita (Hg.) (2010): Zweite Haut: Zur Kulturgeschichte der Kleidung. Bern u.a.: Haupt.

JIM 2011 = Medienpädagogischer Forschungsverbund Südwest (Hg.) (2011): JIM-Studie 2011. Jugend, Information, (Multi-) Media. Basisstudie zum Medienumgang 12- bis 19-Jähriger in Deutschland. Stuttgart: Medienpädagogischer Forschungsverbund Südwest.

König, Alexandra (2007): Kleider schaffen Ordnung. Mythen und Regeln jugendlicher Selbst-Präsentation. Konstanz: UVK.

König, René (1985): Menschheit auf dem Laufsteg. Die Mode im Zivilisationsprozeß. München/Wien: Hanser.

Kroeber-Riel, Werner/Weinberg, Peter (2003): Konsumentenverhalten. 8., akt. und erg. Auflage. München: Franz Vahlen.

Krüger, Heinz-Hermann/Deinert, Aline/Zschach, Maren (Hg.) (2012): Jugendliche und ihre Peers. Freundschaftsbeziehungen und Bildungsbiografien in einer Längsschnittperspektive. Opladen/Farmington Hills: Barbara Budrich.

Lange, Elmar (2004): Jugendkonsum im 21. Jahrhundert. Eine Untersuchung der Einkommens-, Konsum- und Verschuldungsmuster der Jugendlichen in Deutschland. Wiesbaden: VS Verlag für Sozialwissenschaften.

Manzo, John (2010): Coffee, Connoisseurship, and an Ethnomethodologically-Informed Sociology of Taste. In: Human Studies, Jg. 33, Heft 2-3, S. 141-155.

Müller, Jürgen (1999): Mode für die Massen – Modemacher H&M. In: Becker, Susanne/ Schütte, Stefanie (Hg.): Magisch angezogen. Mode. Medien. Markenwelten. München: Beck, S. 128-135.

Nußbaumer, Barbara/Hemedinger, Fritz/Lehner, Markus (2013): Jugend und Geld. Befragung oberösterreichischer Jugendlicher. URL: http://www.klartext.at/download/Studie Jugend_und_GeldFolder28.11.13.pdf [01.12.2015]

Penz, Otto (2010): Schönheit als Praxis. Über klassen- und geschlechtsspezifische Körperlichkeit. Frankfurt am Main/New York: Campus.

Ratneshwar, S./Mick, David G./Huffman, Cynthia (Hg.) (2000): The Why of Consumption: Contemporary Perspectives on Consumer Motives, Goals and Desires. London/ New York: Routledge.

Reckwitz, Andreas (2006): Das Subjekt des Konsums in der Kultur der Moderne: Der kulturelle Wandel der Konsumtion. In: Rehberg, Karl-Siegbert (Hg.): Soziale Ungleichheit, kulturelle Unterschiede. 32. Kongress der Deutschen Gesellschaft für Soziologie in München 2004. Frankfurt am Main/New York: Campus, S. 424-436.

Schmidt, Robert (2006): „Geistige Arbeit" als körperlicher Vollzug. Zur Perspektive einer vom Sport ausgehenden praxeologischen Sozialanalyse. In: Gugutzer, Robert (Hg.): body turn. Perspektiven der Soziologie des Körpers und des Sports. Bielefeld: transcript, S. 297-319.

Schütze, Fritz (1983): Biographieforschung und narratives Interview. In: Neue Praxis, Jg. 13, Heft 3, S. 283-293.

Sennett, Richard (1999): Verfall und Ende des öffentlichen Lebens. Die Tyrannei der Intimität. Frankfurt am Main: Fischer.

Simmel, Georg (1905): Philosophie der Mode. In: Landsberg, Hans (Hg.): Reihe Moderne Zeitfragen. Berlin: Pan Verlag, S. 5-41.

Truninger, Monica (2011): Cooking with Bimby in a moment of recruitment: Exploring conventions and practice perspectives. In: Journal of Consumer Culture, Jg. 11, Heft 1, S. 37-59.

Underhill, Paco (2004): Call of the Mall: The Geography of Shopping. New York: Simon & Schuster.

Underhill, Paco (2009): Why We Buy: The Science Of Shopping. Updated and Revised for the Internet, the Global Consumer and Beyond. New York: Simon & Schuster.

Voß, Günter/Rieder, Kerstin (2005): Der arbeitende Kunde. Wenn Konsumenten zu unbezahlten Mitarbeitern werden. Frankfurt am Main/New York: Campus.

Voswinkel, Stephan (2005): Selbstbedienung. Die gesteuerte Kundensouveränität. In: Hellmann, Kai-Uwe/Schrage, Dominik (Hg.): Das Management der Kunden. Studien zur Soziologie des Shopping. Wiesbaden: VS Verlag für Sozialwissenschaften, S. 89-109.

Warde, Alan (2014): After taste: Culture, consumption and theories of practice. In: Journal of Consumer Culture, Jg. 14, Heft 3, S. 279-303.

Eigensinnige Inszenierungen

Ästhetische Umdeutungspraktiken von lesbischen, schwulen, bisexuellen und Trans*Jugendlichen im schulischen Alltag

BETTINA KLEINER

Für Kinder und Jugendliche sind Körperstile[1], zu denen Bewegungen, aber auch Kleidung, Frisuren, Kosmetik und Accessoires gehören, zentrale Mittel der Identitätskonstruktion und der damit zusammenhängenden Differenzbearbeitung. In performativitätstheoretischer Perspektive stellen körperliche Akte, Gesten und modische Inszenierungen Medien der Konstruktion und Materialisierung wie auch der Dekonstruktion von Geschlecht und Begehren dar (vgl. Gaugele 2005: 305).

Am Beispiel von vier Auszügen aus schulbiografischen Interviewerzählungen lesbischer, schwuler, bisexueller und Trans*Jugendlicher untersucht dieser Beitrag, inwiefern und wie körperliche Stile und insbesondere modische Inszenierungen der Jugendlichen im schulischen Alltag Geschlechternormen in Frage stellen können und welche Effekte solche ästhetischen Überschreitungen haben.

Schule interessiert in dieser Perspektive weniger hinsichtlich der schulischen Leistung(sbewertung), sondern als performativer Handlungsraum (vgl. Zirfas 2014), der durch Normen hierarchisch und potenziell exklusiv strukturiert ist. Die Aufführung intelligibler Geschlechterverhältnisse/Performances stellt einen Bestandteil der schulischen Anerkennungslogik dar (vgl. Davies 2006: 433ff.). In der Schule setzen sich Jugendliche mittels Sprache und Mode in Szene (vgl. Hagedorn

---

1   Der Begriff „Körperstile" (Tervooren 2006: 65ff.) schließt meinem Verständnis nach körperliche Eigenschaften, Gesten, Bewegungen und Haltungen ebenso wie Frisuren, Accessoires, Bearbeitungen der Körper und Kleidung ein. Wenn die Rolle von Kleidung und Mode hier betont wird, dann, weil ihnen im Zusammenhang mit den angeführten Interviewerzählungen eine besondere Bedeutung zukommt.

2014: 21) und sind dabei zugleich Erwartungen, Zuschreibungen und Etikettierungen ausgesetzt. Handlungsweisen und Praktiken werden dabei anerkannt, sanktioniert und diszipliniert, aber auch neu verhandelt (vgl. Zirfas 2014: 195).

PERFORMATIVITÄT: MEDIEN DER (DE-)KONSTRUKTION VON GESCHLECHT UND BEGEHREN IN NORMZITATEN

Das Zusammenspiel von körperlichen Akten, Kleidung und weiteren Accessoires in De/Konstruktionen von Geschlechtern kann mithilfe von Judith Butlers Performativität der Geschlechter beschrieben werden. Butler radikalisiert mithilfe einer diskurs- und machttheoretischen Perspektive das sozialkonstruktivistische Verständnis der Konstruktion von Geschlechtern in dreierlei Hinsicht: Erstens erfasst ihr Verständnis von Konstruktion nicht nur das „soziale Geschlecht", sondern auch das sogenannte biologische. Die von ihr beschriebene „Unzahl von Akten, Gesten und Inszenierungen" (1991: 200) materialisiert sich in Geschlechtskörpern, womit Butlers Theorie eine Parallele zu Bourdieus Konzepten des Habitus und der Hexis aufweist (vgl. Bourdieu 1987: 97ff., 129). Zweitens, und damit zusammenhängend, sind diese Akte, Gesten und (Geschlechter-)Inszenierungen nach Butler deshalb niemals vollständig intentional und selbstbestimmt, weil sie wiederholt Normen zitieren, die „Subjektformierungen" zugleich ermöglichen und beschränken (Butler 1991: 205ff.). Solche Normen werden, mit einer Metapher Louis Althussers formuliert, durch „Anrufungen" transportiert, womit das diskursive Außen der sozialen Mitwelt, insbesondere die konkrete Wahrnehmung und Ansprache von Personen des sozialen Umfelds, eine entscheidende Rolle in Prozessen der Subjektkonstitution erhält (Butler 2006: 27ff.). Bezogen auf die (symbolische) Geschlechterordnung, innerhalb derer sich Subjekte als geschlechtliche konstituieren, kommt drittens Sexualität maßgebliche Bedeutung zu: Die heterosexuelle Hegemonie stiftet nach Butler Beziehungen der Kohärenz und Kontinuität zwischen zugewiesenem Geschlecht, erlebter Geschlechtsidentität und Sexualität – und zwar um den Preis des Ausschlusses derjenigen, die mit der Verflechtung von normativer Heterosexualität und rigider Zweigeschlechtlichkeit nicht konform gehen (können) (Butler 1991: 38).

Weil Butler hinsichtlich einer Aufrechterhaltung der Geschlechterordnung die Notwendigkeit der wiederholten Zitierung entsprechender Normen betont, beinhaltet die Performativität von Geschlecht Handlungs- und Veränderungsmöglichkeiten – darin unterscheidet sich Butlers Konzept der Ein- und Verkörperung gesellschaftlicher Normen von Bourdieus Sozialtheorie, die stärker eine Stabilität inkorporierter gesellschaftlicher Strukturen hervorhebt.[2] Solche Veränderungsmöglichkeiten liegen nach Butler in der konstitutiven Offenheit der Struktur jeder Wiederholung für Variation begründet, innerhalb derer Fehlaneignungen oder Verschiebungen – Resignifizierungen – hervorgebracht werden (Butler 2006: 152). Diese mit der Zitation einhergehende Potenzialität von Abweichungen und Fehlaneignungen produziert (kurzzeitig oder langfristig) geschlechtliche Varianzen und Inkongruenzen sowie individuelle und kollektive Veränderungen (vgl. Schirmer 2010: 240).

Körperliche Stile und Mode-Elemente ermöglichen in diesem Zusammenhang, sich zwischen oder über einzelne Subjektpositionen hinweg zu bewegen (vgl. Kaiser 2012: 21). Sie können Bestandteile einer ästhetischen Strategie der (geschlechtlichen) VerUneindeutigung werden (vgl. Engel 2002), die Normalität(svorstellungen) zu Geschlecht und Sexualität bzw. Begehren infrage stellen. Kleidung dient dabei nicht nur der Vermittlung zwischen Subjekt und Gesellschaft, zwischen Innen und Außen, sondern wirkt auch auf den Körper ein, etwa auf Gefühle und Haltungen (vgl. Gaugele 2005: 307; Lehnert 2013: 10). Kleidung als Medium der Geschlechterkonstruktion, so Elke Gaugele, wirke wie ein normativer Transmitter nach innen:

„Sie formt im Sinne einer Körpertechnik den Leib, die Haltung und Bewegungsmöglichkeiten und beeinflusst dabei immer auch die innere Haltung, die Gefühle und Psyche ihrer Trägerinnen. Doch ist das Textile auch ein leicht wandelbares Medium, das sowohl ein breites Spektrum an individuell-gestaltbaren Ausdrucksmöglichkeiten birgt als auch in seiner Wandelbarkeit eine Körpertechnik ist, die das Potenzial zur Dekonstruktion und Überschreitung der Geschlechterdifferenz hat." (Gaugele 2005: 307)

Kleidung ist in diesem Verständnis also nicht einfach ein Inszenierungsmittel für ein vorgelagertes stabiles Selbst, sondern formt ihrerseits das Subjekt, das da in Erscheinung tritt und die Geschlechtergrenzen bestätigt und/oder überschreitet. Welche Effekte haben also Überschreitungen von Geschlechtergrenzen mithilfe ästhetischer Praktiken auf die Umwelt und auf die Gefühle der im Folgenden sprechenden Personen? Und unter welchen Bedingungen gelingen oder scheitern solche Überschreitungen im schulischen Kontext?

---

2   Butler setzt sich in *Haß spricht* mit den Möglichkeiten und Grenzen von Bourdieus Konzeption des Habitus auseinander, indem sie Bourdieus Überlegungen mit Derridas Betonung des Bruchs und der Verschiebung im Rahmen von Wiederholungen konfrontiert (Butler 2006: 221ff.).

KLEIDER-NEU-ORDNUNGEN ALS SCHNITTSTELLEN VON ANEIGNUNG UND SUBVERSION

In den von mir in den Jahren 2008-2010 durchgeführten Interviews mit LGBTQ*-Jugendlichen[3] artikulieren sich ganz unterschiedliche, auf den Schullalltag und dort erlebte Ausgrenzungen und Handlungsmöglichkeiten bezogene Erfahrungen. Über diese Unterschiedlichkeit der einzelnen biografischen Fälle hinweg zeigte sich allerdings auch eine zentrale Gemeinsamkeit in den Interviewerzählungen: Während heteronormative Beschimpfungen auf Schulhöfen quasi zum Schulalltag gehören, sind LGBTQ*-Subjektpositionen und -Lebensweisen im Unterrichtsdiskurs und informellen Gesprächen in der Regel weder beiläufig und selbstverständlich (z.B. indem anhand von Literatur oder Filmen auch über schwule und lesbische Begehrensweisen oder über Geschlechtergrenzenüberschreitungen von Protagonist*innen gesprochen wird) noch in Form expliziter Thematisierungen vertreten.

Diese nur auf den ersten Blick widersprüchlich anmutende Lage – Abwertung in unbeaufsichtigten Räumen und relative Unsichtbarmachung in institutionell situierten Diskursen[4] – bringt eine Situation hervor, in der Aushandlungen von Normalität und Differenz auf die schulische „Hinterbühne" (vgl. Zinnecker 2001) verlagert sind. Dort stehen Jugendliche, die nicht mit Geschlechternormen konform gehen (können), Angriffen allein gegenüber. Die Möglichkeit des (Um)Gestaltens institutioneller Räume, wie etwa des diskursiven Unterrichtsraums, und die Aufmerksamkeit oder gar Anerkennung durch Lehrer*innen zeigen sich deshalb oft als wichtige Voraussetzung dafür, dass es den Jugendlichen gelingt, in vorherrschende Wahrnehmungsordnungen einzugreifen und geschlechtliche Bedeutungen zu verschieben (vgl. Schirmer 2004: 82).

„Schließerin im Frauenknast"

Im folgenden Auszug eines episodischen Interviews (vgl. Flick 2011) schildert Emmi, wie ihre Inszenierung die Aufmerksamkeit einer Lehrerin im Unterricht

---

3 LGBTQ steht als Abkürzung für Lesbian, Gay, Bisexual, Transgender und Queer bzw. questioning (hinsichtlich des eigenen geschlechtlich-begehrenden Selbstverhältnisses fragend oder suchend.)

4 Butlers Theorie der symbolisch-diskursiven Geschlechterordnung folgend, zeigt sich in diesem Zusammenspiel von Abwertungen und Dethematisierung, wie die Privilegierung und Naturalisierung von Heterosexualität und Zweigeschlechtlichkeit zugleich ermöglicht und begrenzt wird: nämlich durch Ausschlüsse und Verwerfungen, von denen die Geschlechterordnung beständig bedroht bleibt.

auf sich zieht. Der erzählten Episode, die auf ein Erlebnis im Englischunterricht der 9. Klasse bezogen ist, ging die Interviewfrage voran, ob es Lehrer*innen gegeben habe, die im Unterricht von sich aus über geschlechtliche und sexuelle Vielfalt gesprochen hätten:

E: Ähm, das (.) also so direkt nicht wirklich. Das einzige war diese Englischdiskussion im Englischgeschichtsunterricht damals, und meine Lehrerin hat mich so als Beispiel ((lacht)) genommen, also mich quasi in die Diskussion mit reingebracht. Zu der Zeit hab ich halt auch angefangen ne Zeitlang Krawatte zu tragen und an dem Tag hatte ich ein blaues Hemd mit einer Krawatte an und sah aus wie eine Schließerin aus Frauenknast, obwohl ich nicht geguckt hab und ähm als sie mich halt so so so verglichen hat und halt zu mir meint äh oder meinte, also im Gespräch hat sie auf mich verwiesen und meinte, ‚ja, so zum Beispiel auch die Emilie, die heute wie ne maskuline Lesbe aussieht (…)‘. Und da hab ich gemeint ‚HALLO, also das maskulin verbitt ich mir doch bitte‘. (Emmi Z. 573-592)[5]

Die Angabe, im Unterricht habe kaum eine „direkte" Thematisierung von Geschlecht(sidentitäten) und Sexualitäten stattgefunden, wird hier mit der Beschreibung einer eigensinnigen Inszenierung kontrastiert, die Emmi mit der Uniform einer Justizvollzugsbeamt*in assoziiert – und zwar in einer Unterrichtseinheit zum Thema Maskulinität (wie sie an anderer Stelle im Interview anführt). Als Anlass für die Äußerung der Lehrerin wird die Selbstinszenierung mit blauem Hemd und Krawatte angeführt, mit der Emmi die mediale (Gender)konstruktion einer „Schließerin" in der Fernsehserie *Frauenknast* mimetisch adaptiert. Ihre Inszenierung als „Schließerin aus Frauenknast" stellt eine unkonventionelle Geschlechteraufführung im Klassenraum dar; eine Form der Aneignung primär männlich konnotierter Attribute, die mit den Insignien der Amtskleidung zur Inszenierung von Autorität verbunden sind: Ein schlichtes blaues Hemd und Krawatte signalisieren Strenge, Uniformität und reduzierte Mittel, was historisch eher mit männlich codierter Mode verknüpft wird (vgl. Kaiser 2012: 125). Die Bezugnahme auf die Fernsehserie *Frauenknast*, die im Genre einer Daily Soap den Alltag verschiedener Frauen im Gefängnis erzählt und dort Machtkämpfe sowie erotische Verhältnisse zwischen den inhaftierten Frauen in den Mittelpunkt stellt, deutet darüber hinaus eine homoerotische Komponente an.

---

5 Zur Bedeutung der Anführungszeichen in den transkribierten Interviewauszügen: Die Anführungszeichen signalisieren, dass Sprecher*innen prosodische Verfahren und eine veränderte Stimmqualität einsetzen, um eine direkte Redewiedergabe zu inszenieren (vgl. Günthner 2002: 61ff.). Ich habe die Setzung der Zeichen folglich auf der Basis des Tonprotokolls dort vorgenommen, wo ich interpretiert habe, dass die direkte Rede anderer Personen angeführt und (zu bestimmten Zwecken) eingesetzt wird.

Das Verweisen der Englischlehrerin auf Emmis Person und Aussehen kann innerhalb der Erzählung als Verstoß gegen einen angemessenen pädagogischen Takt aufgefasst werden, da die Lehrerin das Erscheinungsbild einer Schülerin ungefragt zum Betrachtungsgegenstand und die Klasse zum Publikum macht (das der Blickanweisung der Lehrerin Folge leisten soll). Sie greift im Kontext des Unterrichtsthemas „Maskulinität" eine Schülerin zur Illustration für etwas nicht näher Bestimmtes heraus und belegt sie mit dem Stereotyp der „maskulinen Lesbe", mit dem Lesben generalisierend Weiblichkeit abgesprochen wird. Vor dem Hintergrund von Emmis Angabe, im Unterricht sei bis auf wenige Ausnahmen nicht über Homosexualität gesprochen worden, birgt das geschilderte Exponiertwerden daher ein hohes Beschämungsrisiko – auch wenn die Kommentierung im Rückblick einen humorvollen bzw. ironischen Unterton hat.

Emmi präsentiert sich im Interview („HALLO, also das maskulin verbitt ich mir doch bitte") nicht als beschämt, sondern selbstbewusst. Sie macht gegenüber der Lehrerein deutlich, dass sie hinsichtlich ihrer Stilisierung nicht als maskulin bezeichnet werden möchte. Implizit nimmt sie mit dieser Teilzurückweisung die Identifizierung „Lesbe" an und setzt damit dem Beschämungspotenzial der Zuschreibungssituation eine differenzierende Selbstpositionierung entgegen: Nicht die Zuschreibung einer sexuellen Orientierung wird als beschämend markiert, sondern das Adjektiv „maskulin" zurückgewiesen; es signalisiert nicht allein normative Vorstellungen von Geschlechterinszenierungen, sondern impliziert in diesem Bedeutungskontext auch eine sozialgeschichtlich etablierte Abwertungstendenz. Indem Emmi die Lehrerin im Rückblick des Interviews humorvoll belehrt und deren Definitionsmacht anficht, autorisiert sie sich, selbst über ihre Positionierung zu bestimmen und die implizite Normativität der Zuschreibung in einem heteronormativen Setting zu problematisieren.

Die Kommentierung und Exponierung durch die Lehrerin macht ihre Inszenierung zu einem Ereignis, das zum Anlass einer widerständigen Reaktion wird. Mit dieser widersetzt sich Emmi nicht nur der Einordnung durch die Lehrerin, sondern kann sich auch noch als freche Schülerin darstellen, die gegenüber der Lehrerin das letzte Wort behält.

Während in diesem Beispiel die eigensinnige Inszenierung eine stereotype Zuschreibung mit einer Verkennung hervorruft, die Emmi spontan umdeuten kann, um sich im Unterrichtsraum als freche Schülerin und feminines lesbisches Mädchen zu positionieren, ist es im folgenden Beispiel gerade die anerkennende Reaktion einer Lehrerin, die eine sozial lesbare geschlechtliche Positionierung ermöglicht.

Mal im Rock zur Schule kommen

Luka, die während der Schulzeit noch als männlich klassifiziert war, lebt zum Zeitpunkt des Interviews als Frau und befindet sich im Verfahren der Geschlechtsangleichung. Sie hat ihren eigenen Angaben nach in der Orientierungs- und Mittelstufe massive Ausgrenzungs- und Gewalterfahrungen an ihrer Schule gemacht, vor allem durch verbale Herabsetzungen, mit denen sie als geschlechtlich uneindeutig bzw. weiblich etikettiert wurde. Erst in der Oberstufe wird es ihr möglich, rigide Vorstellungen von Zweigeschlechtlichkeit im Schulalltag in Frage stellen. Mit der folgenden Episode kontrastiert sie einen hier nicht dargestellten und nicht besonders erfolgreichen Versuch, im Psychologieunterricht einen Film über Trans* Jugendliche zum Gesprächsanlass zu machen.

L: […] Aber ich erinnere mich daran, dass, ähm, irgendwann zum Schluss mal, da hatten wir die Abi-Tage, da bin ich auch halt mal mit Rock zur Schule gekommen, dass da die Psychologielehrerin, dann ich weiß nicht, dieser Satz hat noch sehr lange in mir nachgeklungen, ach, ähm, sie hat dann den alten Namen benutzt (..) ähm, ‚das steht dir. So solltest du öfter mal kommen.‘ Und irgendwo das war so, ‚das passt zu dir. Das ist stimmig‘ und ich weiß, also ich glaub, die war cool drauf. (Luka, Z. 67-72)

Beiläufig wird erzählt, dass Luka während der Abi-Tage im Rock zur Schule gekommen sei. Der Hinweis, die Lehrerin habe sie damals mit dem „alten Namen" angesprochen, verdeutlicht, dass das Rocktragen im Zusammenhang mit der Wahrnehmung und Ansprache als Junge eine ungewöhnliche Inszenierung darstellt. Der Rock stellt jenseits von Modeschauen in vielen Kontexten ein Tabu für Männer dar, denn das Tragen von Röcken kann den vermeintlich offensichtlichen visuellen Unterschied zwischen Männlichkeit und Weiblichkeit untergraben. Der bekleidete Auftritt gleicht einem „Sprechakt, der einen Sinn für sich selbst und für andere erzeugt" (West 2003: 195). So inszeniert sich Luka hier als ohnehin uneindeutig gelesener Junge weiblich. Damit navigiert sie in einem unsicheren sozialen Raum: Nicht nur, weil sie möglicherweise für einen Jungen als zu modisch wahrgenommen wird (vgl. Kaiser 2012: 146), sondern auch, weil sie die ihr zugeschriebene Uneindeutigkeit mit dem Rock noch bestätigt.

Die positive Kommentierung, das Kompliment der Lehrerin, bekräftigt ihre Inszenierung, die dadurch überraschend zu einem positiven Ereignis wird; darauf verweist das sprachliche Markieren als bedeutende Erfahrung und die sehr positiv charakterisierte Lehrerin. Diese rekurriert mit ihrem Kommentar anders als im Fall von Emmi auch nicht auf das Paradigma männlich-weiblich, sondern erkennt einfach Lukas stimmiges Erscheinungsbild an und läuft damit nicht Gefahr, Luka zu beschämen oder befremden.

Die Inszenierung im Rock kann gleichzeitig als Effekt der abwertenden Etikettierungen und als widerständiger Versuch, sozial lesbar zu werden, verstanden werden. Sie stellt damit ein Vorgehen dar, das sich zwischen Widerstand und ambivalenter Affirmation solcher Zuschreibungen verorten lässt. Luka investiert nicht in normgerechte Eindeutigkeit, sondern in die Umdeutung und Aneignung der zuvor als Anlass für Ausgrenzungen empfundenen Weiblichkeit. Diese werden nun zur Bühne des Widerstands gegen Normierungs- und Normalisierungspraktiken der Mitschüler*innen. Nicht zuletzt ist die Szene für Luka vielleicht deshalb so bedeutsam, weil sie ihr rückblickend eine (An)Erkennbarkeit als Trans*Jugendliche signalisiert, die sich für sie überraschend einstellt.

Das Verlagern von Handlungsmöglichkeiten auf die körperliche Ebene zeigt sich in beiden (und weiteren) Episoden als ein von den Jugendlichen erfolgreich konnotiertes Vorgehen: Solche non-verbalen Sprechakte des Zeigens lassen sich in dem als heteronormativ beschriebenen Schulklima nicht so leicht ignorieren oder mit Gleichgültigkeit quittieren wie sprachliche Artikulationen. Körperliche Inszenierungen widerstehen überdies stärker der Einordenbarkeit als Versuche, den Unterrichtsdiskurs durch das Sprechen über weitere Identitäten und Lebensweisen zu erweitern, denn sie fordern konventionelle Lesarten heraus, ohne Erklärungsmuster anzubieten. Dies zeigt sich sowohl an den – hier nicht angeführten – Irritationen der Mitschüler*innen von Luka über ihre modische Erscheinung und Genderperformance wie auch an Emmis Inszenierung als Schließerin und der zurückgewiesenen Interpretation der Lehrerin.

Was in diesen beiden kurzen Interviewauszügen lediglich angedeutet bleibt, sind die Abwertungen und Grenzverletzungen, die Jugendliche erfahren, wenn sie sich in der Schule geschlechtlich nicht „richtig" bzw. normkonform „in Szene setzen". Erzählungen solcher Grenzverletzungen stellen eine Selbstbestimmtheit von Geschlechterinszenierungen grundlegend in Frage, weil in heteronormativ und hierarchisch strukturierten sozialen Räumen wie der Schule Überschreitungen symbolischer Ordnungen immer von der Möglichkeit begleitet sind, sanktioniert zu werden. Darüber hinaus stehen manchen Personen gar keine Möglichkeiten einer „normkonformen Inszenierung" zur Verfügung, weil sie vom (heteronormativ strukturierten) sozialen Umfeld als „anders" oder „abweichend" gelesen und positioniert werden.

Sanktionierungen nicht-normkonformer Genderperformances

Auch im Interview mit Luka zeigen sich, wie erwähnt, Abwertungen aufgrund der ihr zugeschriebenen Uneindeutigkeit und der damit assoziierten Überschreitung der Geschlechtergrenze:

L: Ähm. Ja, ich wurde letztendlich ((ausatmen)) beleidigt äh ausgegrenzt, ähm, teilweise
       auch im Unterricht. Also das war, man muss sagen, es gab da so 'ne Gruppe von
       Mädchen, die mich da so auch auf dem Kieker hatten. [B: hmhm] Und, äh, mich ziem-
       lich getriezt haben. Also, so, immer so wieder gepiekt haben, so, ‚was bist du denn?'
       ‚was willst du denn?' Und ‚bist du schwul?' Und so. Und dann irgendwie sehr so dar-
       ein getroffen haben, wo ich mich selber gefragt habe [B: hmhm] was wer bin ich denn
       jetzt eigentlich? (Z. 247-357)

Die bohrenden Fragen der Mädchen markieren eine Grenzüberschreitung, die –
wie durch die Ausdrücke „triezen" und „pieken" angedeutet wird – eine Nähe zu
schmerzhaften körperlichen Erfahrungen aufweist. Die Fragen signalisieren den
Versuch, Luka einzuordnen und zur Einordnung zu zwingen: Während die letzte
offen den „Homosexualitätsverdacht" äußert und eine mögliche Auflösung der
ersten beiden Fragen formuliert, impliziert die erste eine potenziell mitschwin-
gende Infragestellung des Menschseins durch den sprachlichen Genus Neutrum.
„Was bist Du denn, Mädchen oder Junge?" ließe sich die Frage ausformulieren,
aber auch grundsätzlicher: „Was bist du denn für eine Spezies?". Die Fragen vermitteln, dass Luka den Erwartungen der Mädchen an Eindeutigkeit von Geschlecht
und Sexualität nicht entspricht, sie irritiert und reizt. Gleichzeitig wird mit den
artikulierten Fragen eine Einordnung und Identifizierung Lukas eingefordert. Nur
implizit vermittelt sich, dass Lukas Unterlassen von eindeutigen sprachlichen oder
körperlichen „Antworten" eine Provokation dargestellt haben muss.

Die Fragen richtet Luka in ihrer Erzählung schließlich an sich selbst und deutet
damit an, dass sie sich der Anrufung einer eindeutigen geschlechtlichen Subjekt-
position innerhalb der symbolischen Ordnung kaum entziehen kann. Mit dem inneren Monolog führt sie die Ungewissheit auf, mit der sie im Spannungsfeld von
verletzenden Fragen und Zuschreibungen auf der einen Seite und der Suche nach
einer eigenen Verortung auf der anderen verbleibt. In dieser Unsicherheit die sich
darin zeigt, dass Luka nicht mehr zu wissen scheint, ob die Fragen und damit einhergehende Normalitätsvorstellungen einer eindeutigen Geschlechtsidentität in ihr
selbst sind oder von außen kommen, zeigt sich das Wirken von Normen, die ihre
Macht aus der Dynamik des Pendelns zwischen Luka und ihrer Umgebung schöpfen (vgl. Butler 2014: 183).[6] Zu diesem Zeitpunkt scheinen ihr weder widerständige Strategien zur Verfügung zu stehen noch die Möglichkeit normkonform auf-
zutreten.

---

6   Butlers Konzeption der wechselseitigen Bedingtheit von Normen und Subjekten findet
      sich ausgeführt in Butler 2001 und bezogen auf Schule in Butler 2014.

PERSPEKTIVENWECHSEL: ROMEO UND JULIA UND DIE FIGUR DER ÜBERTREIBUNG

Als uneindeutig oder auffällig wahrgenommene Geschlechterinszenierungen können auch Jugendliche irritieren, die sich mit nicht-normkonformen geschlechtlichen Selbstverhältnissen oder Begehrensweisen auseinandersetzen, ohne dies öffentlich machen zu wollen. Voraussetzung für eine solche „stille" Auseinandersetzung mit einem schwulen oder lesbischen Begehren oder etwa mit Trans*Geschlechtlichkeit ist freilich – darauf verweist das Interview mit Luka –, dass die Jugendlichen überhaupt als normkonform *passen*, also „durchgehen" können.[7] Dies liegt, wie deutlich wurde, nicht allein in ihrer Hand, denn Außenwahrnehmungen und Selbstverhältnis müssen nicht übereinstimmen.

Im letzten Fallbeispiel soll mit der Perspektive *auf* ein Mädchenpaar illustriert werden, wie das Ausleben einer lesbischen Beziehung durch zwei Mitschüler*-innen die_den Interviewpartner*in Franky[8] irritiert, die_der sich im Stillen ebenfalls mit einem Begehren für Mädchen auseinandersetzt. Das von Franky beschriebene Verhalten der beiden Mitschüler*innen wird im Kontext erläutert, dass das Mädchenpaar in der 10. Klasse im Fach „Darstellendes Spiel" Romeo und Julia gespielt habe.

F: Es gab, ähm, an unserer Schule diese AG Darstellendes Spiel. [B: Hmhm] So was wie Theaterspielen. [B: Hmhm] Da haben die beiden das durchgebracht, dass sie als Probe, ähm, Romeo und Julia machen. [B: Hmhm] Und das wurde sehr, sehr zerrissen. Es ist nicht sehr gut angekommen bei den Klassenkameraden. [...]

B: Weißt du noch in welcher Klasse das war?

F: Das muss zehnte gewesen sein.

---

7 Der aus dem Englischen entlehnte Begriff *Passing* lässt sich mit „durchkommen" übersetzen und beschreibt die (beabsichtigte oder unbeabsichtigte) Möglichkeit, sich im Rahmen einer hegemonialen (Sichtbarkeits)Ordnung normentsprechend präsentieren und bspw. als *weiß* und heterosexuell durchgehen zu können (vgl. Butler 1997: 245ff.). In Butlers Analyse des Romans „Passing" von Nella Larsen, einer Schwarzen Schriftstellerin der Harlem Renaissance, wird *passing* konzeptuell als Gegenstück zum *queering* verstanden. *Queering* beschreibt das Aufbrechen der repressiven Oberfläche und das Sichtbarmachen von Normen (ebd.: 243ff.).

8 Franky hat sich zum Zeitpunkt des Interviews nicht als „er" oder „sie" verortet, weshalb ich beide Pronomina verwende. Der verbindende Unterstrich symbolisiert den (Frei)Raum zwischen den beiden naturalisierten und privilegierten Geschlechtern Mann und Frau und verweist auf situative oder langfristige Möglichkeiten der Überschreitung von Geschlechtergrenzen oder gar von Zweigeschlechtlichkeit.

B: Ja. Aha. Und die beiden haben Romeo und Julia gespielt?

F: Hmhm. Genau. Und es ist bei den anderen aber nicht angekommen, weil es, so, ‚ja, die sind so extrovertiert, die müssen sich so zeigen' und [B: Hmhm] ‚Und man muss da ja nicht so drüber reden'. Also Eike fing auch an überall Regenbogenfarben zu haben [B: Hmhm] Das war ganz wichtig. Überall. [B: Hmhm] Und das war denen zu aufgesetzt oder zu [B: Hmhm] ja, hat denen nicht gepasst, nicht so. Und deswegen hab ich mich da zurückgehalten. [B: Hmhm] Also, es war klar, dass ich mit Eike befreundet bin. Aber das hieß noch nichts so. [B: Hmhm] (543-573)

Die negative Reaktion der Klassenkamerad*innen wird auf eine Übertreibung im Auftreten der beiden Mädchen zurückgeführt. Dabei entsteht der Eindruck, dass sich Franky der Ablehnung und Kritik anschließt: Die im Interviewausschnitt in Erscheinung tretenden Stimmen überlagern sich und weil sie_er zwar die ablehnenden Aussagen der Mitschüler*innen kolportiert, aber keine eigene Position formuliert, deutet sich an, dass Franky deren Verhaltensnormen nicht offen widersprochen und sich diesen zumindest nach außen auch angepasst hat.

Das Vorgehen des Mädchenpaares stellt vor dem Hintergrund des Interviews einen starken Kontrast zu Frankys eigener Zurückhaltung und dem Wunsch nach Unauffälligkeit dar: Franky beschreibt die beiden als Paar, das durch das Lästern der Mitschüler*innen ohnehin ausgestellt ist, durch das offensive Tragen von Regenbogenfarben „überall" auf Homosexualität oder Queersein verweist und dann die Liebesbeziehung auch noch in der Öffentlichkeit einer Bühne inszeniert, indem sie das heterosexuelle Liebespaar aus Shakespeares Drama lesbisch besetzen und aufführen. Sie gehen in Frankys Wahrnehmung offensiv mit der Abwertung im Schulalltag um. Frankys eigener Wunsch nach Unauffälligkeit scheint durch das Auftreten der beiden Mädchen insofern gefährdet, als der Homosexualitätsverdacht auch auf sie_ihn fallen könnte, da Franky mit Eike befreundet ist. Mit der Ablehnung der Klassenkamerad*innen wird schließlich die eigene Zurückhaltung begründet, wodurch deutlich wird, dass sie_er sich dieser Ablehnung nicht aussetzen möchte und sich deshalb heteronormativen Maßgaben für ein angemessenes Verhalten und Aussehen beugt.

Mehrfach wird den beiden Mädchen die Geste der Übertreibung angekreidet. In der Kritik deutet sich eine Einstellung an, nach der „sichtbare" oder „ausgesprochene" Homosexualität immer eine Übertreibung darstellt, weil sie von der heteronormativen Wirklichkeit und den damit verbundenen Männlichkeits- und Weiblichkeitsentwürfen abweicht. In der wahrgenommenen Übertreibung und dem beschriebenen „Sich-Zeigen-Müssen" deutet sich an, dass Franky das Handeln der Mitschüler*innen als Absicht versteht und dass sie den beiden Mädchen daher eine Eigenverantwortlichkeit für die ihnen widerfahrende Ablehnung zuschreibt. Das Delegieren von Mitverantwortung für die Ausgrenzung stellt meiner

Interpretation nach eine Entlastungsstrategie dar, weil Franky so die Gefahr, möglicherweise selbst Opfer von Abwertungen zu werden, nicht auf sich beziehen muss, bzw. der Illusion verhaftet bleiben kann, dass sie_er Abwertungen durch Anpassung entgehen kann. Die Argumentationsfigur, mit der Inszenierungen von Geschlecht und Begehren als absichtsvoll und intentional begriffen werden, hat also eine doppelte Bedeutung: Sie ermöglicht zum einen, das „Verhalten" anderer zu kritisieren und zum anderen die Illusion, sich selbst so verhalten zu können, dass man von Abwertung und Ausgrenzung nicht getroffen wird. Angedeutet wird an dieser Stelle, dass Frankys Handeln und Interpretation den Versuch des Selbstschutzes vor Sanktionierungen darstellt, dass die *Androhung* der Sanktionierung aber im Raum bleibt.

(VER-)KLEIDUNG ALS ANLASS ZUR AUSEINANDERSETZUNG MIT GESCHLECHTERNORMEN, WELT- UND SELBSTVERHÄLTNISSEN IN DER SCHULE

Geschlechternormen konkretisieren sich gerade dort, wo Überschreitungen der Geschlechtergrenze, der Zweigeschlechtlichkeit oder Artikulationen eines nicht (ausschließlich) heterosexuellen Begehrens stattfinden, die nicht als ironisch oder Persiflage zu deuten sind. Solche Überschreitungen deuten auf die Kontingenz der Geschlechterordnung hin und machen die Methoden sichtbar, mit denen die Welt geordnet wird (vgl. Butler 2009: 342). Überschreitungen zeigen aber auch, wie sich neue und alternative Artikulationsformen (im schulischen Raum) gestalten können. Ein Potenzial zur Transformation und Subversion von Geschlechternormen weisen solche Wiederholungen dann auf, wenn die Reproduktion in dem Sinne als *Inszenierung* des Reproduzierten zu begreifen ist, dass sie eine theatrale Dimension beinhaltet (vgl. Krämer 2013: 253; Butler 1997: 317) und wenn es der Kontext der Rezeption erlaubt, Normen auszustellen und sichtbar zu machen (vgl. Butler 1991: 204).[9]

---

9 Überschreitungen der Geschlechtergrenze haben auch längst ihren Weg in die Mode gefunden. So finden sich inzwischen im Internet *Butch Fashion Shows* und *Haute Butch* Websites, wo VerUneindeutigungen und Überschreitungen der Geschlechtergrenzen als modischer Stil inszeniert sind. Dabei verliert die ästhetische Inszenierung allerdings nicht selten ihr kritisches Potenzial. In dem Aufsatz „Drags, Garcones und Samtgranaten" erläutert Elke Gaugele, wie Laufstegmodelle die Umdeutung weiblich-codierter Fetische aufführen, die modische Aufführung aber zugleich auf dem Laufsteg das Protest- und Aggressionspotential einbüßt (Gaugele 2005: 314).

Wie die Bespiele zeigen, können Überschreitungen und Infragestellungen in einem heteronormativen Kontext gelingen, wenn sie öffentlichen Charakter haben, der Auftritt zum Ereignis wird und aus dem ritualisierten Schulalltag heraustritt. Eine bedeutende Rolle kommt dabei den Lehrpersonen zu. Wenn diese unkonventionelle Inszenierungen anerkennen und einen Raum schaffen, in dem solche Artikulationen möglich sind und Geschlechternormen hinterfragt werden können, verschafft dies den Jugendlichen eine weitaus bessere Grundlage, sich im Schulalltag mit kontingenten geschlechtlichen Welt-, Anderen- und Selbstverhältnissen auseinandersetzen zu können. Eine weitere Gelingensbedingung für widerständige Handlungspraktiken stellt die Möglichkeit des Anschließens an kollektive Praktiken, wie solche des Drag Kinging oder Cross-Dressing, dar. Diesen Anschluss können Jugendliche sowohl in Jugendgruppen als auch durch den Rekurs auf medial-vermittelte Handlungen herstellen. Luka und Emmi greifen, das wird in den Beispielen deutlich, auf solche subkulturelle Praktiken zurück, zitieren sie und eignen sich damit situativ Handlungsmacht an.

Die Quer-Aneignung von männlichen und weiblichen Codes ist, wie der Begriff Cross-Dressing schon andeutet, zugleich subversiv und affirmativ: Die binäre Codierung wird zugleich bestätigt und umgedeutet. Diese Strategie sei, so Russell West, zugleich relativ begrenzt und doch subversiv, weil den Attributen ihre konstituierenden Gegensätzlichkeiten entzogen werden (West 2003: 193). Um die symbolische Geschlechterordnung aufzubrechen, wären darüber hinaus Strategien und Inszenierungen denkbar, die dem Paradigma männlich/weiblich stärker zu entkommen versuchen. Bezogen auf Mode müsste sich dann allerdings auch die Eindeutigkeit von Form- und Materialzitaten zugunsten einer multiplen Lesbarkeit verschieben (Gaugele 2005: 317).

Modische Inszenierungen sind wie auch Geschlecht nie nur selbstreferentiell, weil sie sich immer schon auf Vorhandenes beziehen und doch zugleich im Zitat Neues schaffen. Nachahmung und das Entstehen von Neuem und Unbestimmtem sind im performativen Handeln verbunden; hinsichtlich der zeitlichen Dimension performativer Akte bedeutet das, dass in ihnen immer zugleich Vergangenes anklingt und Gegenwärtiges sowie Zukünftiges entworfen wird. Die hier beschriebenen Beispiele deuten korrespondierend mit Untersuchungen zu VerUneindeutigung als kollektiver Praxis (Engel 2001, 2002; Schirmer 2010) darauf hin, dass eigensinnige ästhetische Inszenierungen in dominante Sichtbarkeitsordnungen eingreifen und dadurch Bedingungen subjektiver Wahrnehmungen verändern können (vgl. Schirmer 2010: 399f.). Das Neue und Andere entsteht folglich auch in Form einer veränderten Wahrnehmung, eines anderen Blickens, wobei dieser Veränderung nicht selten Irritationen vorausgehen: Das Eingreifen in dominante Wahrnehmungsmuster kann Irritationen auslösen, weil es die Kontingenz der Geschlechterordnung sichtbar macht. Irritationen sind, so die Autor*innen Britta Hoffarth, Birte Klingler und Melanie Plößer, zunächst durch ihre Negativität bestimmt, weil vorhandenes Wissen scheitert, während neues noch nicht zur Verfügung steht (Hoffarth/Klingler/Plößer 2010: 56) – in solchen Momenten der Irritation eröffnen sich aber auch Bildungsmöglichkeiten (ebd.: 70).

Eine kritisch-kontingente Geschlechterpädagogik, wie sie z.B. von Monika Jäckle (2010) entworfen wird, greift dieses Spannungsverhältnis auf, indem Normen sichtbar gemacht werden sollen, die geschlechtliche Selbstverhältnisse und auch Bilder, Interpretationen und Bewertungen von Geschlecht, Sexualität und Begehren leiten (ebd.: 372ff.).[10] Im Rahmen pädagogischer Arbeit gilt es deshalb Geschlechterentwürfe zu erproben und damit das Feld des Re/Präsentierbaren zu erweitern und zu verschieben, aber auch mit Heterosexualität und Zweigeschlechtlichkeit einhergehende Normen, Normalitätsvorstellungen und Privilegierungen zu reflektieren. Dafür sind Räume notwendig, in denen Jugendliche Andere sein oder werden können und dazu anregen, sich mit verschiedenen Geschlechterentwürfen und (weiteren) Zugehörigkeiten auseinanderzusetzen und diese zu erproben (ebd.: 386ff.).

Die hier dargestellten Beispiele zeigen, dass die Jugendlichen den Schulalltag selbst kreativ nutzen, um sich dort im Rahmen von Theaterprojekt, Unterricht oder Abi-Tagen anders als sonst zu inszenieren. Im schulischen Unterricht könnten solche Möglichkeiten der wandelbaren Selbstinszenierung systematisch aufgegriffen und zum Gegenstand gemacht werden. Denkbar wären sowohl Themenwochen zu (Ver)Kleidung, Mode und Geschlecht wie auch die gemeinsame Auseinandersetzung mit jungen Modeblogger*innen, die ihre Blogs zur Beschäftigung mit queer-feministischen Themen nutzen. Nicht zuletzt stellen solche Projekte auch eine Gelegenheit dar, mit den Schüler*innen an Debatten über globalisierte vergeschlechtlichte Produktions- und Distributionsbedingungen von Mode, über Nachhaltigkeit und Verbraucher*innenverhalten anzuknüpfen.

---

10 Jäckle bezieht sich in ihrer Dissertation zwar auf eine durch Judith Butler informierte Geschlechterkonzeption, vernachlässigt dabei aber die Bedeutung von Begehren und Sexualität. Dies trägt Butlers Theorie der heterosexuellen Hegemonie, des Verweisungszusammenhangs zwischen normativer Heterosexualität und Zweigeschlechtlichkeit, unzureichend Rechnung. Aus diesem Grund ergänze ich Jäckles Vorschläge zur kritisch-kontingenten Geschlechterpädagogik hier um die Dimension des Begehrens.

LITERATUR

Bourdieu, Pierre (1987): Sozialer Sinn. Kritik der theoretischen Vernunft. Frankfurt am Main: Suhrkamp.

Butler, Judith (1991): Das Unbehagen der Geschlechter. Frankfurt am Main: Suhrkamp.

Butler, Judith (1997): Körper von Gewicht. Frankfurt am Main: Suhrkamp.

Butler, Judith (2001): Psyche der Macht. Das Subjekt der Unterwerfung. Frankfurt am Main: Suhrkamp.

Butler, Judith (2006): Haß spricht. Zur Politik des Performativen. Frankfurt am Main: Suhrkamp.

Butler, Judith (2009): Die Macht der Geschlechternormen und die Grenzen des Menschlichen. Frankfurt am Main: Suhrkamp.

Butler, Judith (2014): Epilog. In: Kleiner, Bettina/Rose, Nadine (Hg.): (Re-)Produktion von Ungleichheiten im Schulalltag. Judith Butlers Konzept der Subjektivation in der erziehungswissenschaftlichen Forschung. Leverkusen: Barbara Budrich, S. 181-187.

Davies, Bronwyn (2006): Subjectification: the relevance of Butler's analysis for education. In: British Journal of Sociology of Education, Jg. 27, Heft 4, S. 425-438.

Engel, Antke (2001): Die VerUneindeutigung der Geschlechter – eine queere Strategie zur Veränderung gesellschaftlicher Machtverhältnisse? In: Heidel, Ulf/Micheler, Stefan/Tuider, Elisabeth (Hg.): Jenseits der Geschlechtergrenzen. Sexualitäten, Identitäten und Körper in Perspektiven von Queer Studies. Hamburg: Männerschwarm, S. 346-364.

Engel, Antke (2002): Wider die Eindeutigkeit. Sexualität und Geschlecht im Fokus queerer Politik der Repräsentation. Frankfurt am Main: Campus.

Flick, Uwe (2011): Episodische Interviews. In: Flick, Uwe: Triangulation. Eine Einführung. 3. Auflage. Wiesbaden: VS Verlag für Sozialwissenschaften, S. 27-50.

Gaugele, Elke (2005): Drags, Garçones und Samtgranaten. Mode als Medium der Gender (de)konstruktion. In: Mentges, Gabriele (Hg.): Kulturanthropologie des Textilen. Berlin: Edition Ebersbach, S. 305-322.

Günthner, Susanne (2002): Stimmenvielfalt im Diskurs. Formen der Stilisierung und Ästhetisierung in der Redewiedergabe. In: Gesprächsforschung – Online-Zeitschrift zur verbalen Interaktion, Ausgabe 3, S. 59-80.

Hagedorn, Jörg (2014): Jugend, Schule und Identität. Eine Einführung in das Themenfeld. In: Hagedorn, Jörg (Hg): Jugend, Schule und Identität. Selbstwerdung und Identitätskonstruktion im Kontext Schule. Wiesbaden: Springer VS, S. 17-26.

Hoffarth, Britta/Klingler, Birte/Plößer, Melanie (2013): Reizende Ereignisse. Irritation als Beunruhigung und als Verschiebung von Ordnungen. In: Mecheril, Paul/Arens, Susanne/Fegter, Susann/Hoffarth, Britta/Klingler, Birte/Machold, Claudia/Menz, Margarete/Plößer, Melanie/Rose, Nadine: Differenz unter Bedingungen von Differenz. Zu Spannungsverhältnissen universitärer Lehre. Wiesbaden: Springer VS, S. 51-70.

Jäckle, Monika (2010): Schule M(m)acht Geschlechter. Eine Auseinandersetzung mit Schule und Geschlecht unter diskurstheoretischer Perspektive. Wiesbaden: VS Verlag für Sozialwissenschaften.

Kaiser, Susan B. (2012): Fashion and Cultural Studies. London/New York: Bloomsbury.

Krämer, Sybille (2013): Sprache, Sprechakt, Kommunikation. Sprachtheoretische Positionen des 20. Jahrhunderts. Frankfurt am Main: Suhrkamp.

Lehnert, Gertrud (2013): Mode, Theorie, Geschichte und Ästhetik einer kulturellen Praxis. Bielefeld: transcript.

Schirmer, Uta (2010): Geschlecht anders gestalten. Drag Kinging, geschlechtliche Selbstverhältnisse und Wirklichkeiten. Bielefeld: transcript.

Tervooren, Anja (2006): Im Spielraum von Geschlecht und Begehren. Ethnographie der ausgehenden Kindheit. Weinheim/München: Juventa.

West, Russell (2003): Männlichkeit als Mode-Sprache. Versuche individueller Gender-Artikulationen Jugendlicher. In: Gaugele, Elke/Reiss, Kristina (Hg.): Jugend, Mode und Geschlecht. Die Inszenierung des Körpers in der Konsumkultur. Frankfurt am Main: Campus, S. 187-198.

Zirfas, Jörg (2014): Struktur und Ereignis. Schule als performativer Handlungsraum. In: Hagedorn, Jörg (Hg): Jugend, Schule und Identität. Selbstwerdung und Identitätskonstruktion im Kontext Schule. Wiesbaden: Springer VS, S. 189-203.

Der Boxerstil

Zur Genese und Ästhetik agonaler Stilisierungen

Stefan Wellgraf

Boxgesten sind an Hauptschulen omnipräsent. Vor allem männliche Jugendliche deuten im Rahmen spielerischer Scheingefechte immer wieder Box- oder Karateschläge an. Die sich zunächst auf einen Sportkontext beziehende Bezeichnung „Boxerstil" dient mir als Chiffre für einen mit spezifischen Konsum- und Körperpraktiken verbundenen populärkulturellen Stil, der von tradierten Vorstellungen männlicher Härte und dem Motiv des Kämpfens als zentralem Referenzpunkt von Lebenseinstellungen und Weltsichten geprägt ist. In meiner Ethnografie über Berliner Hauptschüler habe ich Boxerposen als eine spezifisch männlich konnotierte Reaktionsweise auf die gesellschaftlich produzierte Verachtung von Hauptschülern vorgestellt und sie als eine widerspruchsvolle Form der Selbstbehauptung gedeutet (Wellgraf 2012).

Basierend auf älteren und neueren Feldforschungen unter Berliner Hauptschülern werde ich hier der Frage nachgehen, wie es zu dieser auffälligen Verbreitung von Boxgesten und Kämpferposen kommt und wie sich diese analytisch erfassen lässt? Um dieser Fragestellung nachzugehen, schildere ich zunächst die Gründe für die Affinität vieler männlicher Schüler zum Boxsport sowie zu anderen Kampfsportarten und verwandten Körperpraktiken. Daran anschließend verfolge ich, wie die Orientierung am Boxen über den Sportkontext hinaus an Bedeutung gewinnt und in Alltagspraktiken übersetzt wird. Und schließlich beschreibe ich die Bündelung von auf das Boxen verweisenden Elementen zu einem unter männlichen Hauptschülern weit verbreiteten Stil. Die Selbststilisierungen als Boxer und Kämpfer begreife ich als eine ästhetische Praxis, durch die Exklusionserfahrungen auf eine körperlich-sinnliche Weise verarbeitet werden.

SPORT: WETTKAMPF UND TRAINING

Boxen war bereits in der griechischen Antike ein anerkannter olympischer Sport, geriet danach als Sportart jedoch weitgehend in Vergessenheit. Die Ursprünge des modernen Boxsports liegen im englischen *Prizefighting* des 17. und 18. Jahrhunderts. Seit der Mitte des 19. Jahrhunderts etablierte sich dort das heute noch gültige Regelwerk, und die seitdem stärker reglementierte Wettkampfform verbreitete sich international, wobei die USA im 20. Jahrhundert zur führenden Boxnation aufstiegen (vgl. Boddy 2008). Auch aufgrund der medialen Verbreitung des Erfolges afro-amerikanischer Boxer zeichnete sich das Bild des Boxens als Sport der Unterdrückten und Diskriminierten ab, als Weg zu Ruhm und möglichen Ausweg aus der Armut des „Ghettos". Dieses Bild trägt heute wesentlich zur Attraktivität des Boxens bei Berliner Hauptschülern bei. Neben Fußball war Kampfsport bei den von mir begleiteten männlichen Jugendlichen die populärste Sportart. Die Mehrzahl von ihnen beherrschte Karateschläge und die körperlichen Grundhaltungen des Boxers. Viele von ihnen hatten selbst Erfahrungen mit diversen Formen des Kampftrainings und manche auch Ambitionen im Bereich des organisierten Wettkampfsports, von dem die folgende Szene einen Eindruck vermittelt:

Feldtagebuch: Sonnabendnachmittag, eine Turnhalle irgendwo in Berlin Spandau. An der Wand hängen eine südkoreanische und eine japanische Flagge. Ich gehe erst einmal zu der kleinen Zuschauertribüne, um mir einen Überblick zu verschaffen. Dort sitzen, stehen und schreien etwa 50 Personen, weshalb es in der Halle ziemlich laut ist. Mütter mit Babys auf dem Arm und Väter, die am liebsten mitkämpfen würden. „Na, Zähne noch drin", wird ein Junge begrüßt, der gerade von einem Kampf zurückkehrt. Neben der Mehrzahl männlicher Kämpfer fallen mir auch einige junge Frauen auf, eine davon mit Kopftuch, das ganz gut zu ihrem weißen Kampfanzug passt. Ich bin bei einem Vergleichswettkampf zwischen zwei Kampfschulen gelandet. Im Moment steht Kickboxen auf dem Programm. Dabei kann sowohl mit den Fäusten als auch mit den Füßen zugeschlagen werden, wobei die Kämpfer ohne Gesichtsschutz antreten. Die Schiedsrichter entscheiden nicht nur nach Treffern, sondern bewerten auch den Kampfstil, vor allem Zielstrebigkeit und Härte. Das Publikum geht begeistert mit, besonders bei harten Fußtritten wird ekstatisch aufgeschrien: „Hau ihn um!". Nach jedem Kampf gibt es eine Geste des gegenseitigen Respekts. Die Kämpfe und Kämpfer sind sehr unterschiedlich, einer tänzelt wie Muhammad Ali aufreizend cool mit herabhängender Deckung durch die Halle, ein anderer scheint eher vom Angriffsboxer Mike Tyson inspiriert zu sein. Nach einer Weile treffe ich Ali, seinen Vater und zwei Mitschüler, die ihn begleitet haben. Ali ist schwer enttäuscht, da er heute nicht kämpfen wird. Sein Gegner hat kurzfristig abgesagt – „aus Angst" wie er meint – und es findet sich kein anderer, der gegen ihn kämpfen will.

Ali gehört, wie einige weitere Schüler, zu einer Gruppe arabischer Jugendlicher, die ihre Nachmittage häufig bei solchen Wettkämpfen oder dem dafür notwendigen Training verbringen. Er wuchs in einer palästinensischen Flüchtlingsfamilie auf, die über den Libanon in verschiedenen Etappen nach Berlin gekommen ist. Seinen Vater beschreibt er als „Kampfsportfanatiker" und auch andere Familienmitglieder betreiben diverse Kampfsportarten. Mit sechs Jahren begann er zunächst mit Karate und probierte seitdem verschiedene Kampfformen aus; mittlerweile trainiert er dreimal in der Woche Kickboxen. Im Kickboxen präferiert er die Vollkontaktvariante, bei der – im Gegensatz zum Semi- und Leichtkontaktmodus – bei Erwachsenen bis zum Knockout eines der Kontrahenten gekämpft werden kann. „Ich mag es besonders hart. Ich mag es, an meine Grenzen zu gehen. Bei jedem Schlag lasse ich irgendeinen Stress raus. Schulstress, Familienstress – bah, bah…". In der Schule galt Ali lange als der Schrecken der Lehrer, avancierte zuletzt jedoch zum respektierten Schulsprecher. Trotz seiner schulinternen Ausbildung als Mediator blieb Ali lange auch ein Straßenkämpfer und gerät noch immer in so manche Schlägerei.

Gleiches gilt für Khaled, dem seine „Kämpferkarriere" auf den Straßen Neuköllns bereits eine beträchtliche Anzahl an Gerichtsverfahren einbrachte, unter anderem wegen schwerer Körperverletzung. Khaled kommt wie Ali aus einer palästinensischen Familie, hat wie dieser fünf Geschwister und sein Vater war früher Karatetrainer. Er wurde in Ramallah geboren und kam erst im Verlauf der Schulzeit nach Berlin, wo sein Leben von fehlenden Deutschkenntnissen, den Lebensbedingungen im Flüchtlingsheim und der Trennung der Eltern erschwert wurde. Khaled trainierte zwischendurch in der gleichen Boxschule wie Ali. Schon sein älterer Bruder Mohammad, den ich bei meiner ersten Forschung im Jahr 2008 kennengelernt hatte, war kampfsportfixiert und gewann mehrere prestigeträchtige Wettkämpfe (vgl. Wellgraf 2012: 61ff.). Auffallend an beiden Beispielen sind die Flüchtlingserfahrung sowie die starke familiäre Orientierung am Kampfsport. Dabei zeichnet sich eine besondere Verbreitung des Boxsports unter migrantischen Hauptschülern ab. Boxthemen sind zudem wichtige Gesprächsmotive unter den Jugendlichen und anstehende Kampfsportveranstaltungen gelten als besondere soziale Ereignisse, die sich häufig schon Tage vorher unter den Schülern herumsprechen.

Dass Kampfsport als eine wichtige Form der Selbstverortung gilt, zeigte sich unter anderem daran, dass Mohamad einen Wettkampfkontext wählte, als ich ihm eine Kamera gab und ihn bat, für meine Forschung Bilder von seinem Alltag aufzunehmen (Abb. 1). Mohamad posiert mit ernstem Gesichtsausdruck in der typischen Grundkampfhaltung des Boxers mit zwei erhobenen Fäusten, die zugleich eine Verteidigungs- und eine Angriffshaltung ist. Die Pose des Boxers steht hier noch in einem Sportkontext, wird aber bereits von am Wettkampf nicht direkt Beteiligten übernommen. Auch scheint es keine größere Rolle zu spielen, dass es sich in diesem Fall um einen Karate- statt um einen Boxwettkampf handelte. Die Boxergeste steht als Sinnbild für eine kämpferische Grundhaltung, die nicht auf eine konkrete Wettkampfsituation beschränkt ist. Mittlerweile hat Mohamad seine Sportkarriere übrigens beendet – er heiratete eine ehemalige Mitschülerin, wurde Vater und kümmert sich nun vor allem um Ausbildung und Familie.

Abb. 1

Die komplexen Wechselverhältnisse von Lebenslaufphasen und Kampfsportengagement, vor allem die ambivalente Rolle von familiären Bindungen, die einerseits die für ein erfolgreiches Training notwendige Stabilität bieten, andererseits aber auch Prioritäten neben dem Boxsport entstehen lassen, sind ein klassischer Topos in literarischen und filmischen Boxergeschichten, wie etwa John Hustons melancholischem Drama *Fat City*. Sie werden auch vom Sozialwissenschaftler Loïc Wacquant behandelt, der in seiner mittlerweile zum Klassiker avancierten ethnografischen Studie *Leben für den Ring* (Wacquant 2003) die Ergebnisse seiner dreijährigen teilnehmenden Beobachtung in einem Boxclub im Chicagoer Ghetto der späten 1980er-Jahre auswertet. Auch viele seiner Kampfgenossen waren ehemalige Straßenkämpfer, die im Boxsport Stresserfahrungen gerade dadurch verarbeiteten, indem sie diese an der Eingangstür zum Boxclub vorübergehend hinter sich ließen. Wacquant beschreibt detailliert die Mechanismen der Disziplinierung des Körpers durch die im Training eingeübten und beständig wiederholten körperlichen Bewegungsabläufe und interpretiert die *Boxing Gym* als das Zentrum des boxerischen Universums. Die Grundhaltung der Boxer umschreibt er als „eine Mischung aus

Solidarität mit der eigenen Gruppe und individualisiertem Misstrauen, Härte und physischem Mut, einem unerschütterlichen Sinn für die männliche Ehre und eine starke Betonung der persönlichen Leistung und des eigenen Lebensstils" (ebd.: 44).

Indem Wacquant sich dem alltäglichen Trainingsbetrieb mit seinen beständigen, ermüdenden Wiederholungen, aber auch seinen kleinen Momenten der Belohnung widmet, entwickelt er eine entmystifizierende Perspektive auf den Boxsport jenseits des Rampenlichts der großen Kämpfe. Andere Interpreten arbeiten sich dagegen gerade an der schillernden Oberfläche des Boxens mit seinen zahlreichen Helden und Mythen ab. Kasia Boddy (2008) schreibt ihre umfassende Kulturgeschichte des Boxens vor allem entlang von künstlerischen Repräsentationen und verweist an vielen Stellen auf Verflechtungen mit den jeweils vorherrschenden Regimen von Klasse, Ethnizität, Geschlecht und Körper. Joyce Carol Oates (1987) und Kath Woodward (2007) betonen die Verbindung des Boxsports mit tradierten Vorstellungen von starker, heroischer Männlichkeit und stellten die Wechselwirkung von Fiktion und Realität anhand von Boxlegenden wie Mike Tyson und Muhammad Ali sowie einflussreichen Kino-Blockbustern wie der „Rocky"-Reihe heraus. Boxen weist auch hier über den eigentlichen sportlichen Wettkampf hinaus und steht als Schlüsselsymbol für den Kampf um Selbstbehauptung in nichtprivilegierten Lebenslagen.

Alltagspraktiken und Imaginationen sind im Boxsport eng miteinander verbunden und mit anderen Wissensformen verflochten, weshalb Handlungs- und Repräsentationsebenen auch nicht strikt analytisch voneinander getrennt, sondern praxeologisch integriert werden sollten (vgl. Schindler 2011). Auf diese Weise lassen sich die eben vorgestellten ethnografischen und kulturwissenschaftlichen Forschungsperspektiven miteinander verbinden. So ist einerseits die von Wacquant detailliert beschriebene Boxing-Gym mit Postern berühmter Boxer geschmückt, wodurch eine imaginative Verbindung vom alltäglichen Training zum Glamour des Boxerruhms hergestellt wird. Andererseits würden die Boxmythen an Glaubwürdigkeit und Resonanz verlieren, sobald sie sich nicht mehr auf eine gelebte Praxis beziehen. Darüber hinaus erschließen sich auch in meinem Untersuchungsfeld Verbindungen zwischen kulturellen Repräsentationen und Alltagspraktiken. So kursieren bspw. unter den Hauptschülern immer wieder Gerüchte und Erzählungen von eigenen und fremden Kämpfen im „Fight Club" von Neukölln, ein dem gleichnamigen berühmten Film von David Fincher nachempfundenes illegales Kampfspektakel der Neuköllner Unterwelt, bei dem mit hohen Wetteinsätzen ohne die im organisierten Boxsport üblichen Schutzmaßnahmen gekämpft wird. Das moderne Boxen ist übrigens selbst aus solchen eher unreglementierten, wettorientierten Kampfformen, dem bereits erwähnten *Prizefighting*, hervorgegangen.

Boxen hat seitdem nie ganz die Verbindung zur Unterwelt verloren, was bis heute zum zwiespältigen Ruf, aber auch zur Faszination dieser Sportart beiträgt.

Neben einer historisch tradierten Affinität von Unterschichten und Migranten zum Boxsport zeichnete sich in Deutschland zuletzt auch schichtübergreifend eine steigende Attraktivät des Boxsports ab. In den 1990er-Jahren wurde ein massiver Box-Boom beobachtet, der wesentlich durch die mediale Stilisierung von erfolgreichen Berufsboxern wie Henry Maske und Graziani Rocchigiani als kulturelle Identifikationsfiguren für jeweils unterschiedliche Bevölkerungsgruppen befördert wurde. Mit dem Aufstieg der Fitnesskultur und des Selbstoptimierungsdenkens hat sich die sportliche Praxis des Boxens anschließend schichtübergreifend bis in elitäre Kreise hinein ausgeweitet. Dieser jüngere Aufstieg des Boxens wurde als Ausdruck eines neoliberalen Zeitgeistes gedeutet, als Verkörperung von zeitgenössischen gesellschaftlichen Leitprinzipien wie aggressivem Individualismus, Wettbewerbsdenken und kämpferischen Lebensweisen (Junghans 2003).

SPIEL: UNVERBINDLICHKEIT, OFFENHEIT, FLÜCHTIGKEIT

Der niederländische Kulturhistoriker Johan Huizinger deutete die Etablierung moderner professioneller Wettkampfsportarten wie das Boxen im späten 19. Jahrhundert als Verdrängung traditionaler kultureller Spielformen und zugleich als Kompensation für die damit ins Abseits gedrängten Erfahrungsmöglichkeiten (Huizinger 2004: 211ff.). Für die Postmoderne wurden dagegen neue Arten der Grenzauflösung zwischen Sport, Spiel und Alltag im Rahmen einer „postmodernen" Populär- und kapitalistischen Konsumkultur diagnostiziert. Sportliche und körperbetonte Freizeitpraktiken beschränken sich demnach immer weniger auf den organisierten Vereinssport, sondern vermischen sich mit anderen kulturellen Elementen wie Kleidung, Sprache, Alltagsmythen, Körperbildern und Bewegungsweisen zu neuen Sinnes- oder Stilgemeinschaften (Alkemeyer u.a. 2003). Motive und Praktiken aus der Welt des Sports verbinden sich dabei mit Praktikenbündeln und Diskursfragmenten aus anderen Bereichen und tragen sowohl zur kulturellen Aufwertung von Fitness, physischer Stärke und Wettkampforientierung als auch zum vermehrt spielerischen, expressiven und performativen Charakter von Selbstverhältnissen bei (Gebauer u.a. 2004; Butler 2013). Diese spielerischen und darstellerischen Komponenten des Boxerstils zeigen sich besonders deutlich in den alltäglichen Scheingefechten, welche männliche Hauptschüler regelmäßig als Begrüßungsritual aufführen. Dabei werden Box- oder Karateschläge zwar angedeutet, diese aber meist kurz vor dem Körper des Gegenübers abgebrochen. Mitunter wird auch wirklich, allerdings mit verminderter Kraft, zugeschlagen. Das Wechselverhältnis von Sport und Spiel möchte ich an zwei komplementären Episoden veranschaulichen – einer sportlichen Szene auf einem Volksfest einerseits und einer spielerischen Episode im Sportunterricht andererseits.

Auf den „Neuköllner Maientagen", dem besonders bei Neuköllner Hauptschülern beliebten Parkfest im Volkspark Hasenheide, gehörte ein Box-Stand bei den von mir begleiteten jungen Männer zu den beliebtesten Attraktionen. Auf Boxelemente rekurrierende Freizeitangebote waren hier in einem sozialräumlich als Vergnügungsstätte markierten Raum integriert und erhielten dadurch einen offeneren, flüchtigeren und unverbindlicheren Charakter als im organisierten Wettkampfsport (vgl. Gebauer u.a. 2004). Auf diesem Maienfest kehrte das Boxen also in gewisser Weise zu seinen spielerischen Ursprüngen auf dem „Rummel" zurück.

Feldtagebuch: „Am Box-Stand kann man für einen Euro fünf Mal auf einen Punchingball einschlagen. Die Stärke des Schlages wird mit einer elektronischen Punktzahl bemessen. Am Rand der Neuköllner Maientage platziert, blinkt dieser unscheinbare Ort dennoch kraftvoll auf dem kulturellen und sozialen Radar einiger männlicher Festbesucher. Eine lose Gruppe von etwa zehn Jugendlichen, Schüler der Neuköllner Galilei-Schule und deren Freunde, steht etwa 20 Minuten lang um den Box-Sack herum. Es geht natürlich ums kraftvolle Zuschlagen, aber auch ums vergnügte Zuschauen und humorvolle Kommentieren. Viele „Walhalla"-Ausrufe, im Hintergrund Mädchengekreische von der Achterbahn. Gelegentliches Gerangel wer vor wem seine Boxkünste vorführen darf. Immer wieder findet jemand eine Ausrede, warum sein Schlag nicht noch härter war – bin weggerutscht, bin verletzt, nicht voll getroffen usw. – oder schwärmt stattdessen von früheren Rekordschlägen. Die Jungen unterhalten sich auch, welches der Boxgeräte dieser Art das Beste sei und fragen sich, wo und wie genau man zuschlagen muss, um endlich jene magischen 1000 Punkte zu erreichen, die noch niemand von ihnen geschafft hat. Plötzlich schlägt ein Junge so unkontrolliert zu, dass er einen neben dem Gerät stehenden Jugendlichen beim Ausschwingen im Magen trifft. Amüsiertes Gelächter und ein schmerzverzerrtes Gesicht. Zufällig habe ich die Szene mit meiner Kamera aufgenommen. Die Schüler lachen sich beim Anschauen des Videos kaputt und empfehlen den Clip auf Youtube hochzuladen. Wenig später zieht die Gruppe zur nächsten Attraktion weiter."

Das Spiel ist bestimmt durch einen basalen Formalisierungsgrad, eine Wettkampfausrichtung und einen Ethos der Stärke. Sportliche Elemente fließen zum einen durch die Rahmung als „Boxer"-Stand und zum anderen durch die Diskussion sportfachmännischer Details, wie der optimalen Fuß- und Handstellungen beim Schlag, in das Geschehen ein, ohne diesem seine spielerische Eigenart zu nehmen. Den affektiven Charakter von spielerischen Boxszenen dieser Art könnte man mit Kathleen Stewart als „Ordinary Affect" begreifen (Stewart 2007). Die Jugendlichen sind für eine gewisse Zeit affiziert vom Geschehen, sie sind abwechselnd körperlich angespannt und entspannt sowie visuell auf den jeweils Schlagenden und das Display der Punktanzeige fokussiert. Die Episode ist markiert durch eine

räumliche Ausrichtung auf das Spielgerät und die Körperlichkeit der abwechseln-
den Schlagfolgen. Als das Spiel allmählich eintönig zu werden droht, gewinnt es
durch den Fehlschlag und den Videomitschnitt noch einmal überraschend an Intensität. Die Szene löst sich schließlich wieder im Gewimmel des Volksfestes auf,
nachdem das Interesse der Jugendlichen erlahmt ist und sich deren Aufmerksamkeit auf Neues fokussiert.

Während auf dem Volksfest die Mischung von spielerischen mit sportlichen
Betätigungen durch die Organisatoren erwünscht ist, wird ein durch Unernst und
Disziplinlosigkeit gekennzeichnetes spielerisches Verhalten im Sportunterricht der
Galilei-Schule vom Lehrpersonal als problematisch betrachtet:

Feldtagebuch: „Sportunterricht für die Jungen. Es steht Geräteturnen auf dem Programm,
doch die aufgebauten Turngeräte sind eher Staffage. Die Schüler haben sich während der
Stunde bereits eigenmächtig im Armdrücken und einer Art Ringkampf gemessen. Jetzt stehen sich gerade jeweils zwei Schüler in der Mitte gegenüber und deuten in einer Art Spar-
ringkampf Karateschläge mit den dazugehörigen Angriffs- und Abwehrbewegungen an.
Dazwischen machen zwei andere eine Art Verfolgungsjagd. Khaled scheint sich bei einem
Schlag leicht verletzt zu haben. Der Sportlehrer, der von einer Chaossituation zur nächsten
läuft, ohne die Contenance zu verlieren, kommt zu ihm. In der Zwischenzeit rennt Kai zu
mir und zeigt mir seine muskulösen Oberarme, danach rennt er zurück zum am Boden sit-
zenden Khaled und deutet einen Tritt von hinten aus vollem Lauf an. Ein weiterer Schüler
fühlt sich davon inspiriert. Khaled springt wie von einem Wunder geheilt auf und nutzt den
Arm des bei ihm stehenden Lehrers als Stütze für einen gesprungenen Karatetritt in Richtung von Kais Gesicht. Alles bleibt im Rahmen einer spielerischen Kampfsimulation, die
den Beteiligten offensichtlich großen Spaß macht. Auch Yussuf und Nevin führen parallel
dazu für ein paar Sekunden eine Art akrobatischen Showkampf auf, mit hohen Sprüngen
und spektakulären Schlägen aus der Drehungen heraus. Nico ist der einzige der derweil am
Barren Geräteturnen macht. Vorher hatten lediglich zwei Schüler versucht den schweren
Barren anzuheben und wieder auf das Parkett fallen zu lassen, was schön laut geknallt hat.
Als Nico vom Barren herunterhängt, kommt Zeinab angerannt und tritt ihm leicht in den
Arsch. Später wird Nico noch die Matte unter dem Barren weggezogen. Allein hängt er
schließlich mit dem Gesicht nach unten an den Stangen und blickt in das Chaos der Turn-
halle.“

Für viele der hier erwähnten männlichen Hauptschüler ist die Sportstunde ein
Highlight im Schulalltag, in der sie ihren Bewegungsdrang ausleben können. Doch
bevorzugen sie offensichtlich spielerische Kampfsportübungen statt des eigentlich
auf dem Lehrplan stehenden Geräteturnens. Der Sportlehrer zeigt dafür implizit
Verständnis und lässt sie weitgehend gewähren. Zwischendurch wird auch tatsächlich für einige Minuten geturnt, es handelt sich also – so absurd dies auch
klingt – um eine gemischte Turn- und Kampfspiel-Sportstunde. Bereits vor der

hier geschilderten Szene hatten die Jungen ihre physischen Kräfte auf verschiedene Weise gemessen, etwa in einem selbstorganisierten Wettbewerb im Armdrücken und in einer spontanen Rangelei, die vom Sportlehrer angeleitet, zu einem kontrollierten Ringkampf wurde. Daneben ließen sich noch Kampf- und Körperbewegungen aus verschiedenen Sportarten beobachten, neben Boxen auch Taekwondo und Karate. In der Regel simulierten die Schüler die Schläge lediglich. In den immer wieder neu gesuchten Sparringsituationen ging es vor allem um Geschicklichkeit und Beweglichkeit, darum den sich verteidigenden Gegner treffen zu können, Schlägen geschickt auszuweichen oder mit einer spektakulären Kampfbewegung zu beeindrucken.

ALLTAG:
DIFFUSION VON BOXGESTEN UND KAMPFNARRATIVEN

Die Bedeutung des Boxens für männliche Hauptschüler erschließt sich nicht, wenn man es lediglich auf einen Sport- und Spielkontext reduziert. Da Boxermotive und Boxergesten häufig mit anderen Stilelementen, Körperpraktiken und Narrativen verknüpft sind, lassen sie sich auch außerhalb der Arenen von Kampfsport oder wettkampfähnlicher Spiele beobachten. Anhand von Beobachtungen zu am Bodybuilding orientierten Selbstpräsentationen, der Diffusion von Boxergesten in Alltagsgesten und semantischen Verweisen auf das „Sichdurchboxen", lässt sich die alltagskulturelle Bedeutung des Boxens nachvollziehen.

Das sportliche und spielerische Kräftemessen verlangt unterschiedliche Maße an Körperkontrolle und physische Stärke und steht deshalb auch im Kontext von gezielten Praktiken des Muskelaufbaus (vgl. Kläber 2013). Kais enorm muskulöse Oberarme (Abb. 2), die er immer wieder stolz herumzeigt, zeugen von seinen regelmäßigen Besuchen im Fitnessstudio. Während Kai zu den eifrigsten Kämpfern der Klasse zählt und mit seiner physischen Stärke prahlt, finden sich Bezüge zum Boxen auch bei jenen Schülern, die als weniger sportaffin gelten. Roberto und Ahmed (Abb. 3) werden von sportlicheren Jungen manchmal wegen ihres leichten Übergewichts gehänselt und wirken neben ihren häufig aggressiv auftretenden Klassenkameraden eher gemütlich und sanftmütig. Doch wenn sie wie hier für ein Fotoportrait posieren, ballen auch sie die Fäuste, denn Boxergesten sind ein quasi selbstverständlicher Bestandteil des Repertoires an Alltagsgesten männlicher Hauptschüler. Der im Hintergrund zu sehende Schüler trägt übrigens eine Handgelenksbandage, da er sich zuvor beim außerschulischen Boxtraining eine Verletzung zugezogen hatte.

Abb. 2

Abb. 3

Das Motiv des Boxers beschränkt sich nicht auf ein Set an isolierten Körperposen, seine über den Sport hinausgehende kulturelle Bedeutung erhält Boxen dadurch, dass es als Metapher für das Leben dient, wobei das Leben im Kontext von Exklusion und Prekarität wiederum als ständiger Kampf begriffen wird. Aus diesem Grund tauchen Verweise zum Boxen auch in Narrativen von Hauptschülern immer wieder auf:

Niklas: „Manchmal war es nicht einfach in der Schule gewesen, da musste man sich auch so ein bisschen durchboxen. Wenn man da ganz alleine beleidigt wird, dass man sich da halt durchboxt und nicht unterbuttern lässt. Da muss man sich wehren. Zum Glück bin ich nicht so klein wie andere, da haben sie manchmal doch schon ein bisschen Respekt.“

Niklas, ein Lichtenberger Hauptschüler, verweist in dieser Interviewpassage auf Konflikte mit seinen Mitschülern. Nachdem bei ihm am Anfang der Schulzeit das Aufmerksamkeitsdefizitsyndrom (ADS) mit folgender Hyperaktivität festgestellt und medikamentös behandelt wurde, attackierten ihn seine Mitschüler mit diffamierenden Bemerkungen wie „Psycho“ oder „schluck mal deine Tabletten“. Die Notwendigkeit sich „durchzuboxen“ resultiert aus einer doppelten Problemlage, seiner sozialen Isolation in der Schule und der sozialmoralischen Abwertung als Hauptschüler. Um sich in dieser prekären Situation zu behaupten, vertraut er seinem Durchhaltewillen und seiner physischen Stärke. Auch nach Verlassen der Schule wird sich die Wahrnehmung seiner Situation aufgrund von Misserfolgen bei der Suche nach einem Arbeitsplatz nicht dauerhaft verbessern, weshalb er mir gegenüber sein Leben einmal als einen „ständigen Kampf“ beschreibt und auf der Startseite seines damaligen Online-Profils bei jappy.de folgende Lebenseinstellung kundtut: „Wenn das Leben noch so hart ist, muss man um so härter kämpfen, nur so kann man was im Leben erreichen !!!“ Moritz Ege hat in einem ähnlichen Kontext, am Beispiel von gemeinhin als „Unterschicht“ kategorisierten und ihrerseits stilistisch am „Prolligen“ orientierten Berliner Jugendlichen auf die Persistenz agonistischer Weltbilder und Wirklichkeitsdefinitionen und auf deren vielfältige Ausdrucksformen in der populären Kultur der Gegenwart hingewiesen. Eines seiner Beispiele sind Tattoo-Motive mit der Aufschrift „Live to Fight – Fight to Live“ (Ege 2013a).

Von Lehrern und Sozialarbeitern wird das Boxermotiv ebenfalls häufig aufgegriffen, sie ermahnen die Jugendlichen bspw. immer wieder, sie müssten sich im späteren Leben „durchschlagen“ oder „durchboxen“ und selbst im von der Bundesagentur für Arbeit herausgegebenen Ausbildungsmagazin *Planet Beruf* heißt es an die Adresse der Schüler: „Jeder kann sich durchboxen.“ Was in diesen scheinbar beiläufigen Bemerkungen und Redewendungen zum Ausdruck kommt, ist eine soziale Situation, in denen einfache und gerade Karrierewege den Schülern weitgehend verweigert werden und in denen soziale Achtung nicht geschenkt, sondern erkämpft werden muss. „Sich durchboxen“ bedeutet auch, „sich nichts gefallen lassen“ und somit letztlich den Versuch, sich in einer feindlich gesinnten Umgebung zu behaupten.

STIL: ABGESTIMMTHEIT UND ÄSTHETISIERUNG

Nachdem bisher die Attraktivität von Kampfsport für männliche Hauptschüler und die Verbreitung von Boxergesten und -semantiken über den Sport hinaus beschrieben wurden, gilt es nun die Bündelung dieser Elemente zu einem alltagskulturellen Stil nachzuvollziehen. Boxen ist aus diesem Blickwinkel tatsächlich mehr als nur ein Sport. Im Sinne eines vom Habitus geprägten „praktischen Sinns" (Bourdieu 1982; Bourdieu/Wacquant 1996) ist der Boxerstil nicht nur an Körperpraktiken gebunden, sondern korrespondiert mit homologen Denkstilen und Weltsichten. Unterschiede in den Lebensformen basieren für Bourdieu auf der Inkorporation ungleicher Lebensbedingungen in entsprechende Habitusformen, die wiederum die Grundlage für verschiedene Lebensstile bilden. Den im jeweiligen Habitus gründenden Geschmack, verstanden als eine alltägliche Form des Einordnens, Wertens und Beurteilens, bezeichnet Bourdieu als die „Erzeugungsformel", die einem bestimmten Lebensstil zugrunde liegt (vgl. Bourdieu 1982: 283). Im Sportkontext entstandene und antrainierte Boxergesten werden vermittelt über milieuspezifische Exklusionserfahrungen zur alltäglichen Ausdrucksform von am Motiv des Kampfes orientierten Selbst- und Weltverhältnissen. Gerade wenn einem Erfolg nicht geschenkt, sondern nur gegen schwere Widerstände errungen werden kann, wenn Wege versperrt und Türen verschlossen sind, wenn man mit Missachtung oder Verachtung konfrontiert wird, dann kann der Kampf oder das Kämpfen zum stilbildenden Leitmotiv für das eigene Leben werden. Dies geht einher mit einer Verselbstständigung von Boxer- und Kämpfergesten, bei der spielerisch angedeutete Boxerschläge zu einer alltäglichen Form der Begrüßung oder zu regelmäßigen Begleiterscheinungen von anderen verbalen und nonverbalen Kommunikationsakten werden.

Bleibt das Kämpfen im übertragenen Sinn über einen längeren Zeitraum ohne Erfolg oder werden die Kampfbedingungen im Bildungs- und Arbeitsmarkt als grundlegend unfair empfunden, kann dies mit der Herausbildung oder der Verfestigung fatalistischer Weltsichten einhergehen. Nach dem *Grid-Group*-Schema der Anthropologin Mary Douglas (Douglas 1996; Thompson/Ellis/Wildavsky 1990) sind „Fatalisten" einerseits von der Einbindung in Gruppen weitgehend ausgeschlossen, ihr Handeln wird aber andererseits stark durch Normen, Regeln und Vorschriften bestimmt. Sie sind demnach von gesellschaftlichen Gruppenzusammenhängen ausgegrenzt und haben dennoch wenig individuellen Handlungs- und Gestaltungsspielraum – hier könnte man idealtypisch an Gefangene denken. Mit dieser Lebenssituation korrespondiert wiederum eine Weltsicht, nach der die Natur als schicksalhaft und unkontrollierbar und das Leben als ständiger Kampf oder als unbarmherzige Lotterie wahrgenommen werden. Jene Hauptschüler, die zu einer fatalistischen Grundorientierung neigen, konzentrieren sich folgerichtig häufig darauf, sich gegen eine feindlich wahrgenommene Umwelt „durchzuboxen", um auf diese Weise „irgendwie über die Runden" zu kommen. Boxpraktiken und Boxsemantiken können somit als Formen der kulturellen Verarbeitung von Exklusion verstanden werden. Exklusion bedeutet dabei keinen absoluten Ausschluss aus der Gesellschaft, sondern bezeichnet eine spezifische Form innergesellschaftlicher Ungleichheit, eine Gleichzeitigkeit von „drinnen und „draußen", wie sie beispielhaft im dreigliedrigen deutschen Schulsystem zu beobachten ist (vgl. Kronauer 2002).

Fügt man die verschiedenen Motive und Körperpraktiken, die ich mit dem Boxen assoziiert habe, zusammen, können sie als Bestandteile eines jugendkulturellen Stils verstanden werden – dem Boxerstil. Im Stil, einem System von Zeichen, Symbolen und Verweisungen für soziale Orientierung, einer Form von nach außen gewendetem Selbstbild, manifestiert sich die Zugehörigkeit eines Menschen zu einer Gruppe oder einer Lebensform (vgl. Soeffner 1986, 2001; Gebauer u.a. 2004; Lindner 1986; Maase 2011; Ege 2013b). Stile haben die doppelte Funktion der Distinktion und der Markierung von Zugehörigkeit. Um dies zu ermöglichen, müssen sie sich auf Interaktionen beziehen und sichtbar inszeniert werden. Stilisierung beschreibt die Bündelung von Stilelementen, um eine abgestimmte Selbstpräsentation zu erreichen, wobei ästhetische Komponenten von herausgehobener Bedeutung sind. Die ästhetische Dimension deutet auf die über pragmatische Notwendigkeitserwägungen hinausgehenden, eher auf Genuss oder ein angenehmes Körpergefühl gerichteten Facetten solcher Praktiken. Dies geht häufig einher mit Übertreibungen und Überhöhungen und wird in der Regel verbunden mit spezifischen Mode- und Konsumpraktiken, wobei im jugendkulturellen Bereich die Frisurengestaltung und die Bekleidung eine besondere Signalwirkung haben.

Ästhetisierung und Konsumorientierung greifen ineinander, denn zum einen nutzen Jugendliche vorhandene Angebote der Konsumindustrie und deuten diese im Rahmen ihrer jeweiligen materiellen und symbolischen Möglichkeiten aktiv um; zum anderen werden jugendkulturelle Stile vermarktet, indem gezielte Konsumangebote für diese geschaffen werden. In Bezug auf den Boxerstil reicht diese Konsumschleife von Boxerschuhen, über Boxershorts bis hin zum Boxerschnitt. Boxerschuhe sind Turnschuhe, die über das Fußgelenk hinausreichen. Ursprünglich konzipiert, um die Gefahr von Fußgelenksverletzungen während des Boxwettkampfs zu vermindern, werden Boxerstiefel im Zuge der Verbreitung von Sportschuhen mittlerweile auch außerhalb des Boxrings getragen. Boxerschuhe stehen dabei symbolisch nicht nur für Sportlichkeit, sondern aufgrund ihrer stilistischen Eigenheiten auch für Standhaftigkeit und somit im übertragenen Sinne für eine feste Haltung und Geradlinigkeit. Boxershorts sind längere und locker am Körper sitzende Unterhosen, die den Boxern eine größere Beinbeweglichkeit ermöglichen sollten. Inzwischen werden sie in diversen Varianten als gewöhnliche Unterhose getragen. Im Kontrast zum knappen, eng anliegenden Slip stehen sie symbolisch für das Prinzip der „dicken" und weiten Hose mitsamt seinen Konnotationen von proletarischer Männlichkeit (vgl. Ege 2010). Der Boxerschnitt bezeichnet einen zur Zeit meiner Forschung bei männlichen Berliner Hauptschülern weit verbreiteten Frisurentyp, der gekennzeichnet ist durch rasierte Schläfen und Hinterkopf, markante Übergänge und kurzes Haupthaar. Diese als besonders männlich geltende Kurzhaarfrisur wurde etwa vom bekannten Berliner Rapper *Bushido* getragen, dessen aus dem Japanischen entlehnter Künstlername übrigens – passend zum Boxerstil – „Weg des Kriegers" bedeutet. Die von mir begleiteten Jugendlichen kopierten nicht nur den Boxerstil, sondern variierten und adaptierten ihn auf verschiedene Weisen, etwa indem sie Verzierungen hinzufügten oder ihn mit anderen Stilen kombinierten – bis hin zur in Berlin zeitweilig bei Hauptschülern und Hipstern verbreiteten „Undercut"-Frisur.

Kulturwissenschaftliche Stilanalysen betrachten einzelne Stilelemente wie Schuhmoden, Unterhosenstile und Frisurengestaltung nicht als zufällige Alltagsphänomene; sie fügen sie zu einem bedeutungsvollen Ganzen zusammen und erkennen dabei kulturelle Muster. Der Volkskundler Rolf Lindner (1986) hat die Faszination und das analytische Potenzial dieses Ansatzes betont, durch den nachvollzogen werden kann, wie Handlungsmuster, kulturelle Orientierungen und soziale Erfahrungen vermittelt über alltagsästhetische Praktiken zu kulturellen Formen gerinnen. Er hat aber auch vor der damit einhergehenden Gefahr der Überinterpretation gewarnt, bei dem Puzzlestücke als Beweise gesucht und anschließend zu einem scheinbar perfekt passenden Ganzen zusammengesetzt werden. In eine ähnliche Richtung zielen die Überlegungen von Kaspar Maase (2011), der davor warnt, Stile lediglich als „Ausdruck von…" und somit analog zu Kunstwerken oder Texten zu deuten, da damit die Vorstellung einer schließbaren Gestalt einhergehe und somit situative und mehrdeutige Praktiken stillgelegt und essentialisiert würden. Daran anschließend hat Moritz Ege, mit Blick auf sich als aggressiv inszenierende junge Männer in Berlin, auf die komplementären Logiken der Eskalation und Deeskalation von Stil verwiesen (Ege 2013b: 340ff.). Die Eskalation liegt im expressiven Zurschaustellen von Härte in Situationen der Konfrontation oder Provokation, die Deeskalation besteht im gleichzeitig stets mitschwingenden Verweis auf die Genre-Konventionen derartiger Inszenierungen, also der spielerischen Komponente und populärkulturellen Rahmung von solchen Darbietungen aggressiver Männlichkeit. Die Ambivalenzen und Mehrdeutigkeiten von jugendlichen Selbststilierungen als Boxer und Kämpfer entstehen vor allem durch dieses irritierende Schwanken zwischen bedrohlicher Ernsthaftigkeit und lustvollem Spiel.

Diese Warnungen berücksichtigend gilt es sowohl kulturelle Muster und historische Tradierungen als auch die Prozesshaftigkeit und Brüchigkeit von Stilpraktiken aufzuzeigen. Der Boxerstil hat eine gewisse Kohärenz und Logik, denn er bündelt Elemente, die im Kontext der Berliner Hauptschule stark verbreitet sind: die Affinität zum Boxsport und anderen Wettkampfsportarten, am Ideal starker Männlichkeit orientierte Körperpraktiken, aggressives und agonistisches Verhalten, die Wahrnehmung der Welt und des Lebens als (meist ungerechter und aussichtsloser) Kampf sowie an Sportlichkeit, Standhaftigkeit und Männlichkeit ausgerichtete alltagsästhetische Praktiken und Formen des Konsums. Trotz der Betonung kultureller Elemente sollte der Boxerstil jedoch nicht als eine zeitgenössische Version der These einer „Kultur der Armut" (vgl. Lewis 2002; dazu kritisch Lindner 1999; Knecht 1999) missverstanden werden, der zufolge kulturelle Orientierungen als primäre Ursache für Tendenzen der Selbstausschließung betrachtet werden. Die wissenschaftliche Rekonstruktion des Boxerstils bietet umgekehrt vielmehr aufschlussreiche Perspektiven auf schichtspezifische Formen der Verarbeitung von Exklusionserfahrungen. Mit der offensichtlichen Betonung ausgesuchter männlich konnotierter Verhaltensweisen und den damit einhergehenden Verkürzungen und Ausblendungen, geraten allerdings andere, weniger konfrontative alltagsästhetische Antworten auf ähnliche Problemlagen aus dem Blick. Zudem bilden auch die hier beschriebenen hypermaskulinen männlichen Kämpfer keine einheitliche und widerspruchslose Partialkultur. Neben Aggression und körperlicher Einschüchterung lassen sich bei den gleichen Jugendlichen in anderen Situationen ebenso Ausdrucksweisen der Empathie und Zuneigung beobachten; sie laufen dann etwa händchenhaltend mit ihren männlichen Freunden herum oder posieren für Fotografien lächelnd mit den Babys ihrer Geschwister auf dem Arm. Und schließlich verändern sich die jugendlichen Kämpfer, was ich am Beispiel von Mohamad angedeutet habe, der sich im Verlauf des Erwachsenwerdens stärker am Idealbild des Familienvaters statt des Kämpfers orientierte.

AUSBLICK: ZUR POLITIK DES BOXERSTILS

Die Bezeichnung „Boxerstil" bezieht sich zunächst auf einen Sportkontext. Sie dient mir darüber hinaus als Bezeichnung für ästhetische Selbststilisierungen, die von tradierten Vorstellungen männlicher Härte, agonistischem Verhalten und dem Motiv des Kämpfens als zentralem Referenzpunkt von Lebenseinstellungen und Weltsichten geprägt sind. Nachdem auf der Grundlage von am Boxen orientierten Sport-, Spiel-, Alltags- und Stilpraktiken die Konturen des Boxerstils skizziert wurden, soll zum Abschluss noch die politische Dimension dieser Alltagspraxis angedeutet werden. Auch hier ergibt sich ein widersprüchliches und ambivalentes

Bild: Der Boxerstil kann zugleich als eine Geste der Rebellion wie als eine Form der Anpassung gelesen werden (Wellgraf 2015). Das Bild des Kämpfers ist auf der einen Seite ein eindrucksvoller Ausdruck der Wut über die herrschenden Verhältnisse sowie dafür, dass sich die Schüler nichts gefallen lassen werden, ohne sich – wenn nötig mit Gewalt – zu wehren. Andererseits liest sich das mit dem Boxerstil verbundene Subjektivierungsprogramm der Selbstdisziplinierung, der körperlichen Selbstoptimierung, der ästhetisierenden Selbstpräsentation, der ständigen Wettkampforientierung und der individualistischen Zuschreibung von Erfolg und Misserfolg wie das Programm eines neoliberalen Idealtypus. Zu dieser Lesart passend wird Boxen auch als eine Integration der Arbeiterschichten in die Gesellschaft beschrieben (vgl. Gems 2004), in der klassische proletarische Kulturmuster wie die Körperorientierung zum Einsatz kommen, ohne die Prinzipien gesellschaftlicher Hierarchisierung selbst in Frage zu stellen. In den Boxerstil sind darüber hinaus komplexe Geschichten von sozialer Diskriminierung, rassistischer Unterdrückung, männlicher Herrschaft und körperlicher Dominanz eingeschrieben. Alltagsästhetische Boxerposen sind folglich auf vielschichtige Weise mit den Machtstrukturen von Klasse, „Rasse", Geschlecht und Körper verknüpft. Beides – die Widerständigkeit gegen als ungerecht wahrgenommene Verhältnisse wie die Reproduktion vorherrschender Ungleichheitsstrukturen und Ordnungsvorstellungen – gilt es im Blick zu behalten, um nicht bei einem vorschnellen, verkürzten Bild des Boxerstils stehen zu bleiben.

LITERATUR

Alkemeyer, Thomas/Borschert, Bernhard/Schmidt, Robert/Gebauer, Gunter (Hg.) (2003): Aufs Spiel gesetzte Körper. Aufführungen des Sozialen in Sport und populärer Kultur. Konstanz: UVK.

Bourdieu, Pierre (1982): Die feinen Unterschiede. Kritik der gesellschaftlichen Urteilskraft. Frankfurt am Main: Suhrkamp.

Bourdieu, Pierre/Wacquant, Loïc (1996): Reflexive Anthropologie. Frankfurt am Main: Suhrkamp.

Boddy, Kasia (2008): Boxing: A Cultural History. London: Reaktion.

Butler, Mark (2013): Das Spiel mit sich (Kink, Drugs & Hip-Hop). Populäre Techniken des Selbst zu Beginn des 21. Jahrhunderts. Berlin: Kadmos.

Douglas, Mary (1996): Natural Symbols: Explorations in Cosmology. London/New York: Routledge. [Orig. 1970].

Ege, Moritz (2010): Carrot-cut Jeans: An Ethnographic Account of Assertiveness, Embarrassment and Ambiguity in the Figuration of Working-class Male Youth Identities. In: Miller, Daniel/Woodward, Sophie (Hg.): Global Denim. London: Berg, S. 159-180.

Ege, Moritz (2013a): „Fight to Live/Live to Fight". Zur Bedeutung agonistischer Motive und Imaginationen in der Populärkultur. In: Bareither, Christoph/Maase, Kaspar/Nast, Mirjam (Hg.): Unterhaltung und Vergnügen. Beiträge der Europäischen Ethnologie zur Populärkulturforschung. Würzburg: Königshausen & Neumann, S. 148-166.

Ege, Moritz (2013b): „Ein Proll mit Klasse". Mode, Popkultur und soziale Ungleichheiten unter jungen Männern in Berlin. Frankfurt am Main: Campus.

Gebauer, Gunter/Alkemeyer, Thomas/Flick, Uwe/Borschert, Bernhard/Schmidt, Robert (2004): Treue zum Stil. Die aufgeführte Gesellschaft. Bielefeld: transcript.

Gems, Gerald (2004): The Politics of Boxing: Resistance, Religion, and Working Class Assimilation. In: International Sports Journal, Jg. 8, Heft 1, S. 89-103.

Hall, Stuart/Jefferson, Tony (Hg.) (2006): Resistance through Rituals: Youth Subcultures in Post-War Britain. London/New York: Routledge.

Huizinga, Johan (2004): Homo Ludens. Vom Ursprung der Kultur im Spiel. Reinbek bei Hamburg: Rowohlt. [Orig. 1938].

Junghans, Wolf-Dietrich (2003): Die Wahrheit des Boxens und ihre Inszenierung im "deutschen Boxboom" der neunziger Jahre. In: Alkemeyer, Thomas/Borschert, Bernhard/ Schmidt, Robert/Gebauer, Gunter (Hg.): Aufs Spiel gesetzte Körper. Aufführungen des Sozialen in Sport und populärer Kultur. Konstanz: UVK, S. 253-279.

Kläber, Mischa (2013): Moderner Muskelkult. Zur Sozialgeschichte des Bodybuildings. Bielefeld: transcript.

Knecht, Michi (1999): Von der „Kultur der Armut zu einer „Ethnologie der Ausgrenzung". In: Knecht, Michi (Hg.): Die andere Seite der Stadt. Armut und Ausgrenzung in Berlin. Köln/Weimar/Wien: Böhlau, S. 326-333.

Kronauer, Martin (2002): Exklusion. Die Gefährdung des Sozialen im hoch entwickelten Kapitalismus. Frankfurt am Main: Campus.

Lewis, Oscar (2002): The Culture of Poverty. In: Gmelch, George/Zenner, Walter (Hg.): Urban Life: Readings in the Anthropology of the City. 4. Auflage. Prospect Heights: Waveland Press, S. 269-278.

Lindner, Rolf (1999): Was ist "Kultur der Armut"? Anmerkungen zu Oskar Lewis. In: Herkommer, Sebastian (Hg.): Soziale Ausgrenzungen. Hamburg: VSA, S. 170-178.

Lindner, Rolf (1986): Apropos Stil. Einige Anmerkungen zu einem Trend und seinen Folgen. In: Cohen, Phil u.a.: Verborgen im Licht. Neues zur Jugendfrage. Frankfurt am Main: Syndikat, S. 206-218.

Maase, Kaspar (2011): „Stil" und „Manier" in der Alltagskultur – Volkskundliche Annäherungen. In: Maase, Kaspar: Das Recht der Gewöhnlichkeit. Über populäre Kultur. Tübingen: Tübinger Vereinigung für Volkskunde, S. 91-118.

Oates, Joyce C. (1987): On Boxing. New York: Harper.

Schindler, Larissa (2011): Kampffertigkeit. Eine Soziologie praktischen Wissens. Stuttgart: Lucius & Lucius.

Soeffner, Hans Georg (1986): Stil und Stilisierung. Punk oder die Überhöhung des Alltags. In: Gumbrecht, Hans Ulrich/Pfeiffer, Ludwig (Hg.): Stil. Geschichten und Funktionen eines kulturwissenschaftlichen Diskurselements. Frankfurt am Main: Suhrkamp, S. 317-341.

Soeffner, Hans-Georg (2001): Stile des Lebens. Ästhetische Gegenentwürfe zur Alltagspragmatik. In: Huber, Jörg (Hg.): Kultur-Analysen. Interventionen. Zürich: Voldemeer, S. 79-113.

Stewart, Kathleen (2007): Ordinary Affects. Durham: Duke University Press.

Thompson, Michael/Ellis, Richard/Wildavsky, Aaron (1990): Cultural Theory. Boulder: Westview.

Wacquant, Loïc (2003): Leben für den Ring. Boxen im amerikanischen Ghetto. Konstanz: UVK.

Wellgraf, Stefan (2012): Hauptschüler. Zur gesellschaftlichen Produktion von Verachtung. Bielefeld: transcript.

Wellgraf, Stefan (2015): Der Boxerstil. Zu Ungleichheitsdimensionen alltagsästhetischer Praktiken. In: Bereswil, Mechthild/Degenring, Folkert/Stange, Sabine (Hg..): Intersektionalität und Forschungspraxis. Wechselseitige Herausforderungen. Münster: Westfälisches Dampfboot, S. 154-171.

Woodward, Kath (2007): Boxing, Masculinity and Identity: The 'I' of the Tiger. Oxford: Routledge.

Medien und Kommunikation,
Gestaltung und Spiel

Die Ästhetik von Kinder- und Jugendmedien in einem globalisierten Medienmarkt

SANDRA FLEISCHER, ROBERT SEIFERT

Medien umgeben uns, wir wachsen mit Medien auf. Sie sind uns als Inhalte, Geräte und Strukturen zu Diensten, ihre Allgegenwart fordert uns aber auch, setzt uns unter Druck, zum Teil sogar unter Zwang, der zur Belastung werden kann. Medien spielen eine zentrale Rolle in Freizeit, Ausbildung, Beruf, bei der Organisation des Alltags und bei der Strukturierung des Tagesablaufs und zunehmend auch bei der Ausgestaltung sozialer Beziehungen. Viele wichtige Erfahrungen machen wir heute nicht mehr unmittelbar als Primärerfahrungen, sondern erleben sie medienvermittelt, als Sekundärerfahrungen, oder, um es mit Luhmann zu sagen: Was wir über die Welt wissen, wissen wir aus den Medien (vgl. Luhmann 2004: 9). Blicken wir auf das Individuum, wird offenbar, dass die individuelle Medienbiografie ein wichtiger Teil der Gesamtbiografie ist. Diese Medienbiografien beginnen heute in frühester Kindheit, und sie sind so vielfältig wie noch nie.

„Nachdem die klassische Medienbiographie, die sich durch die Aneignung eines kanonisierten Lektürekorpus ausgezeichnet hat, nicht mehr dominiert, haben wir es verstärkt mit ‚multimedialen Medienbiographien‘ zu tun. Sie avancieren zu einem essentiellen Element der Identitätsdarstellung." (Lange/Lüscher 1998: 84)

Mediennutzer*innen von heute greifen auf ein noch nie dagewesenes Angebot von Technologien, Diensten, Inhalten und Ästhetiken zu. Die Vielzahl und Vielfalt begründet sich dabei mehr und mehr durch einen globalen Medienmarkt. Ein globaler Markt, der entgrenzend und beschränkend zugleich ist: Entgrenzend, indem er Trends aus allen Teilen der Welt, aus Subkulturen, aus hochspezialisierten Fankulturen oder Teilöffentlichkeiten aufgreift und weltweit anbietet; beschränkend, weil es immer schwieriger wird, abseits dieses globalen Angebots Nischen zu finden, die vom Massengeschmack Abweichendes zulassen. In der Folge soll diese Problematik anhand medienästhetischer Ausdrucksmuster des Kinder- und Jugendmedienmarktes beispielhaft diskutiert werden.

MEDIEN UND ÄSTHETIK

Dass Medien immer auch eine ästhetische Komponente haben, erschließt sich auf den ersten Blick bzw. anhand der ersten Wahrnehmung. Ob Zeichen, Bilder oder Töne, immer spielt auch das *Wie* und dessen Komposition eine zentrale Rolle bei der Konstitution von Medien, und stets beeinflusst diese Ästhetik auch die inhaltliche Seite, die Botschaft, die Geschichte oder den Informationsgehalt. Medien – und dabei ist es egal, um welche Art der Darstellung, um welches Medium es sich handelt – sind stets ästhetisch.

„Der Zusammenhang von Medien und Ästhetik ist insofern unhintergehbar, als Medien per se ästhetisch formatiert sind. Das Ästhetische in der Spannweite von sinnlich-leiblicher Wahrnehmung bis zu den Künsten und allen kulturell-symbolischen Formen beruht immer auch auf Medialität, auf Bildern, Tönen, Bewegungen, Zeichen, Sprache, Kommunikation, Aktion, Dramaturgie, Theatralität und Gefühlen in gestalteter Form." (Zacharias 2012: 202)

Von dieser ästhetischen Formatierung der Medien – von der Medienästhetik also – hängt stets auch deren Wahrnehmung und in der Folge deren Aneignung bzw. Wirkung ab.[1] Aus pädagogischer Sicht bildet Medienästhetik damit ein spezifisches Kommunikationssystem, das sich mit Hilfe medial transportierter ästhetischer Ausdrucksmuster wie Geschmack, Stil oder Zeitgeist manifestiert.

MEDIEN ALS SOZIALISATIONSINSTANZ

Medien spielen also auch eine zentrale Rolle bei der gesellschaftlichen Etablierung bestimmter Ästhetiken. Für Kinder und Jugendliche können Medien dabei in besonderem Maße stilbildend sein. Einerseits sind sie Medien und ihren Ästhetiken auf gewisse Art und Weise „ausgeliefert", denn sie haben weder das Reservoir an Primärerfahrungen eines Erwachsenen noch besitzen sie bis zu einem gewissen Alter die kognitiven und sozial-moralischen Fähigkeiten, mediale Inhalte sinnvoll einzuordnen und bestimmte Strukturen, auch die des Produktionsprozesses und der dahinterliegenden Absichten, zu erkennen. Andererseits gehen Kinder

---

1   Zum Unterschied von Wirkung und Aneignung vgl. bspw. Göttlich 2006.

und Jugendliche aktiv und selbstbestimmt mit Medien um, gehen auf sie zu, um ihre Bedürfnisse zu befriedigen. Sie nutzen Medien zur Unterhaltung, Entspannung und Kompensation von Alltagserfahrung, aber auch zur Information und zur Befriedigung von Neugier. Ebenso mediengestützt laufen Prozesse der Orientierung, der sozialen Integration, der Aufbau und Erhalt persönlicher Kommunikationsnetzwerke sowie das Ausleben der eigenen Kreativität heute ab (Fleischer/Hajok 2014). Die Begriffe Medienkindheit und Medienzeit für die Jugend (Aufenanger 1991; Vogelgesang 2004) bringen den Stellenwert und die Bedeutung von Medien im kindlichen und jugendlichen Alltagshandeln passend zum Ausdruck. Medien sind von zentraler Bedeutung und haben insbesondere über Prozesse der Orientierungssuche Einfluss auf die Persönlichkeitsentwicklung. Für Kinder und Jugendliche der westlichen Gesellschaften sind die allgegenwärtigen Medien daher in ihrer Sozialisationsrelevanz anerkannt. Neben Familie, Ausbildungskontexten und Peers gelten sie mittlerweile als eigene Sozialisationsinstanz (Mikos 2004; Vollbrecht/Wegener 2010). Indem Medien immer wieder vorführen, aufnehmen und zuspitzen, werden sie zu „Lieferanten für Wirklichkeitsentwürfe" (Spang 2006: 42) und bestimmen damit, wie Kinder und Jugendliche die Welt sehen, hören und erleben. Durch ihre Medienaneignung werden Kinder herausgefordert, das eigene Leben „immer stärker durch die Optik anderer Entwürfe" zu betrachten (Lange/ Lüscher 1998: 83) und sich auch mit den Widersprüchen auseinanderzusetzen. Diese in Medien präsentierten Entwürfe beschränken sich nicht auf die inhaltliche Ebene, sondern sind stets auch mit einer bestimmten Ästhetik verbunden.

GESCHMACK

Geschmack meint im Zusammenhang mit Medienrezeption langfristige, relativ stabile Vorlieben, die durch Erleben und Aneignung, aber auch durch Gewöhnung entstehen. Dabei ist stets zu bedenken, dass nur angeeignet werden kann, was auch angeboten und wahrgenommen wird. In der klassischen Geschmackssoziologie ist die Ausprägung des persönlichen Geschmacks daher noch sehr eng an die Herkunft geknüpft, denn diese entscheidet über Zugangsmöglichkeiten. Bei Bourdieu bspw. ist Geschmack immer Klassengeschmack. Qua Geburt ist der Zugang zu bestimmten Angeboten also vorgezeichnet. Die Ausprägung des individuellen Geschmacks anhand dieser Angebote wiederum dient der Distinktion gegenüber jenen, die diese Angebote nicht kennen (vgl. Bourdieu 1982). Durch die mit der Mediatisierung einhergehende Auflösung von Zugangsbarrieren im kulturellen Bereich wurde diese Herkunftsbindung stark abgeschwächt, in großen Teilen sogar gänzlich eliminiert. Stattdessen hält der heutige „Erlebnismarkt", der zu großen Teilen eben auch ein Medienmarkt ist, eine scheinbar unendliche Auswahl an

Optionen bereit (vgl. Schulze 2005: 40), von denen nur noch sehr wenige (in der sogenannten „ersten" Welt) wirklich ausgeschlossen sind. Zu diesem faktischen Wandel gesellt sich bei der soziologischen und pädagogischen Betrachtung des persönlichen Geschmacks ein veränderter Blick auf die Rezipienten. Diese sind mittlerweile als aktive, selbstbestimmte Individuen erkannt, die in der Lage sind, bewusst aus dem Medienangebot auszuwählen und ihren Mediengeschmack durch Selbstsozialisation zu bilden (Sutter 1999: 138). Die Betonung und Zurschaustellung eines exklusiven Geschmacks dienen dabei nach wie vor der Distinktion (Gebesmair 2001: 184) und haben damit identitätsstiftende Funktion. Bei Kindern und Jugendlichen ist es dabei insbesondere die Abgrenzung zum elterlichen Mediengeschmack als sichtbares Zeichen eines individuellen Ablöseprozesses (vgl. Fleischer/Hajok 2014).

Geschmack kann jedoch auch als systemisch – nämlich von den Medienanbietern und -produzenten – gesteuert gesehen werden. Indem bestimmte Ausprägungen von Anbieterseite immer wieder bedient werden, manifestieren sich Ästhetiken. Arnold Sochor spricht in diesem Zusammenhang von „Anschauungen und Geschmacksrichtungen, Normen und Ideale[n]" (Sochor 1985: 147). Sie spielen bei der Produktion, Interpretation und Rezeption eine entscheidende Rolle und bilden bzw. reproduzieren dadurch bestimmte Ästhetiken und Botschaften der Medienkultur.

Geschmack zeigt sich auf der einen Seite also individuell und in diesem Sinne mittlerweile auch befreit von Beschränkungen; jede(r) hat die Wahl, das gut zu finden, was sie oder er möchte. Andererseits kann bei der Ausbildung des Geschmacks nur auf das Sichtbare, Hörbare, eben auf das Vorhandene zurückgegriffen werden. Damit gewinnen die produzierenden Unternehmen in nicht unerheblichem Maße Einfluss auf die Geschmacksbildung.

MEDIENÄSTHETIK UND GLOBALISIERUNG

Wie ausgeführt, kann nur das angeeignet werden, was auch angeboten wird. Daher ist die Ästhetik der Medien im globalen Kontext von dominierenden Kulturen und Anbieterstrukturen zu denken. Die inhaltliche Ausdifferenzierung von Medienangeboten und neue technische Entwicklungen sowie die unüberblickbare Anzahl von Mediendiensten ermöglichen zunächst Vielfalt. Aus dieser Perspektive ermöglicht Globalisierung den Austausch von Kulturgütern und bereichert den individuell zugänglichen „Mediensupermarkt". Das Angebot erscheint üppig und zielgruppendifferenziert. Zugleich aber, so zeigt die Kinder- und Jugendmedienforschung, gibt es zahlreiche Gemeinsamkeiten und es wird von einer „international verbreitete[n] globale[n] jugendkulturelle[n] Medienkultur" (Bonfadelli 2008: 83) gesprochen, die auch Kinder begrifflich mit einschließen kann.

„Obwohl Jugendliche also immer in ganz konkreten lokalen Lebenswelten verortet sind, partizipieren sie gleichzeitig immer mehr oder weniger stark an einer weltweit verbreiteten und mehr oder weniger homogenen Unterhaltungskultur, die über Filme, Musik und Mode eine Vielzahl an rasch wechselnden kulturellen Symbolen und Identifikationsangeboten anbietet." (Ebd.)

Globale Medienkommunikation funktioniert also stets transkulturell (Hepp 2014), d.h. grenz- und kulturüberschreitend. Kommunikate und die an sie gebundenen Medienästhetiken verbreiten sich global, werden weltweit wahrgenommen und angeeignet. Letztlich kann damit, ungeachtet der Herkunft der kindlichen oder jugendlichen Konsumenten, aufgrund der Globalisierung der Medien- und Konsummärkte von „kollektiven Erlebnisroutinen" (Lange/Lüscher 1998: 83) gesprochen werden, die weltweit ähnlich sind. Wir haben es mit zwei Phänomenen zu tun, die mittels Globalisierung zugleich stattfinden: eine Heterogenisierung durch eine Ausdifferenzierung von Anbieterstrukturen und technischen Möglichkeiten auf der einen Seite und eine Homogenisierung durch Sparzwänge, Skaleneffekte, Cross-Media Marketing und Massenproduktion durch dominante Unternehmen auf Basis bekannter Marken auf der anderen Seite.

Globale Player sind keine völlig neue Entwicklung. Für den audiovisuellen Kindermedienmarkt war besonders Walt Disney ein stil- und genreprägender Akteur. Walt Disney beeinflusste besonders mit seiner Ästhetik des Zeichentricks und auch mit der Wahl der Themen den Animationsbereich nachhaltig. Die Gestaltung der Gesichter in den Walt Disney Filmen hatte bspw. bedeutenden Einfluss auf die japanische Manga- und später auf die Animeszene und begründete damit die Ästhetik der großen Augen, die mehr als Sprache und Gesten die emotionale Verfasstheit und innere Gedankenwelt der Figuren präsentieren (vgl. Bichler 2008). Bichler argumentiert zudem, dass Walt Disneys Erfolg und die Betonung des Zeichentricks auch ein wichtiger Grund sind, weshalb Zeichentrick in der westlichen – nicht in der japanischen Gesellschaft – als Kindermedium gilt (ebd.). Längst hat sich der japanische Stil des Manga und der animierten Geschichten (der Anime) als eigenständig etabliert und so orientieren sich heute westliche Anbieter an dieser Ästhetik: große Augen, kleine Nasen und eine anregende Vielfalt an Mimikdarstellungen. Wir sehen im Zeichentrickbereich heute viele neue ästhetische Ansätze, so auch Figuren, die das Primat der unbedingten Schönheit der guten Figuren verlassen, z.B. *Adventure Time* (Cartoon Network Studios) oder *Phineas and Ferb* (Disney). Eltern lehnen nicht traditionell gestaltete Figuren häufig jedoch als hässlich ab (vgl. Schorb/Fleischer/Haas 2006). Hier zeigt sich, dass Walt Disney die heutigen Elterngenerationen beim Aufwachsen begleitet hat. Die Figur der Mickey Mouse ist Popkultur und steht nicht selten auch als Symbol für die gesamte US-amerikanische Kultur. Die Disneyprinzessinnen haben sich zu einer eigenen Marke entwickelt, die – wie alles bei Disney – multimedial und über zahlreiche andere Produkte vermarktet wird. Auch sind Disneyprinzessinnen heute Teil der erwachsenen Popkultur. Sie werden bspw. in Frauenzeitschriften thematisiert (Abb. 1) und Serien wie *The Big Bang Theory* widmen ihnen eine ganze Folge (Staffel 6, Folge 18).

Abb. 1: Frauenzeitschriften thematisieren das Prinzessinnenthema.

Im Vorschulbereich hat Disney eine schier unüberblickbare Palette von Angeboten mit der Figur des *Winnie the Pooh* entwickelt. Eine Geschichte, die ursprünglich vom britischen Autor Alan Alexander Milne stammt und von Ernest Shepard in schwarz-weiß illustriert wurde. *Winnie the Pooh* begegnet uns heute im Fernsehen, als Spielzeug, auf Kleidung, auf Zahnbürsten, als Werbung in der Kaufhalle usw. Die Walt Disney-Interpretation der Figur des kleinen Bären und seiner Freunde ist damit Teil der ästhetischen Kleinkindwelt in vielen deutschen Familien. Dass diese Figur ästhetisch noch anders umgesetzt werden kann, zeigt die russische Adaption des Werks als Buch und Trickfilm (Abb. 2).

Walt Disney als Konzern ist nicht der einzige globale Player im Kindermedienbereich. Gerade im Kleinkindersegment des Film- und TV-Angebots sind Dreamworks und Nickelodeon (Viacom) ebenfalls weltweite Anbieter und bringen ihre westlich geprägte Ästhetik mit. Bekannte Angebote von Dreamworks Animationsfilmen sind *Kung Fu Panda* oder *Drachenzähmen leicht gemacht*. Renner von Viacom sind *Spongebob Schwammkopf* und die Vorschulserie von Viacom *Dora the Explorer*. Dora wurde in 15 Sprachen übersetzt. In Deutschland sind die drei benannten Studios auch im frei empfangbaren Fernsehmarkt vertreten.

Abb. 2: Die russische Adaption von Winnie the Pooh.

Diese wenigen Beispiele von global vermarkteten und erfolgreichen Angeboten verdeutlichen bereits, dass sich in medienästhetischer Hinsicht Parallelen in vielen medialen Erfahrungswelten von Kindern ergeben können – dass also Kinder weltweit mit den gleichen inhaltlichen und ästhetischen Angeboten bespielt werden. Das Internationale Zentralinstitut für das Jugend- und Bildungsfernsehen (IZI) unter der Leitung von Maya Götz hat 2010 eine in der Medienpädagogik viel beachtete Publikation zum Thema globalisierte mediale Kinderkultur herausgegeben. Insbesondere diskutieren Expert*innen darin die Chance für inhaltliche und ästhetische Vielfalt und leiten die Forderung nach Diversität im Kinderfernsehen ab.

Kritiker argumentieren, dass solche Formate den Markt dominieren, die kulturelle Eigenheiten weitgehend unberücksichtigt lassen oder nur minimal einheimische Elemente wie Akzente, Sprache, kulturelle Themen und lokale Konstellationen aufweisen. Denn nach McMillin sind es diese „geruchsneutralen" Formate (McMillin 2010: 4f), die weltweit funktionieren, weil sie kaum Anpassungen an die Publikumskultur aufweisen. „Sie sind ‚in kultureller Hinsicht geruchsneutral‘ (‚culturally odorless‘, Iwabuchi 2004), weil starke lokale oder ethnische Bezüge fehlen." (McMillin 2010: 4f.)

DIGITALE ÄSTHETIKEN SIND BILDSCHIRMÄSTHETIKEN: MUSIKCLIPS UND DIGITALE SPIELE

Sprechen wir heute von Medienästhetik richtet sich unser Blick sofort auf Bildschirme – auf hochauflösende TV-Geräte, auf Laptops, auf Tablets, auf Smartphones, ja mittlerweile auch auf Uhren mit Displays. Diese technischen Geräte zeigen uns an, wie etwas aussieht, wie etwas auszusehen hat. Die Darstellungsformen reichen von Einzel- über Bewegtbilder bis hin zu animierten, also künstlich nachbearbeiteten Bildfolgen und werden häufig auch von Audiospuren mit Geräuschen, Stimmen oder Musik unterfüttert. Es sind die technisch bedingten Eigenschaften der Darstellungs- und Empfangsgeräte und also insbesondere der Displays, die diese neuen Medienästhetiken determinieren. Inhaltlich geht es, wenn wir heute von Medienästhetik für Kinder und Jugendliche sprechen, nicht mehr nur um Märchen, Kinderserien oder Comics. Die Möglichkeiten der Digitalisierung erlaubten bereits in der zweiten Hälfte des 20. Jahrhunderts zahlreiche, bis dahin kaum denkbare, ästhetische Ausdrucksweisen.

Musik und Videoclips als Welten jugendlicher Medienästhetik

Ein Meilenstein neuer Medienästhetik ist sicherlich der Videoclip. Der Musiksender MTV brachte damit eine völlig neue Darstellungsform in die Musik- und Unterhaltungsbranche. Anders als in zeitgenössischen Filmen oder Serien, wo Story, Dialoge oder die Bilder selbst im Mittelpunkt standen, wurde plötzlich die Musik zentrales Ausdrucksmedium. Um sie herum kreierten junge Regisseur*innen Bildfolgen, die sich schnell zu einem eigenen Stil entwickelten. Schnelle Schnitte, übertriebene Farbgebung, stilisierte Hintergründe und Figuren fanden Eingang in die Massenkultur und leisteten damit einen wichtigen Beitrag zur jugend- und popkulturellen Sozialisation ihrer Konsumenten (vgl. Greif/Lehnert/Meywirth 2015: 14). In der Folge war Musik ohne eine bestimmte Oberflächenästhetik der Stars nicht mehr denkbar. Kleidung, Frisuren und Accessoires von Interpreten waren vorher bereits anerkannte Träger politischer, gesellschaftlicher und individuell äußerst different ausdeutbarer Botschaften und damit Mittel jugendkultureller Distinktion (Clarke 1976; Hebdige 1979). MTV holte diese lokalen jugendkulturellen Spezifika ins mediale Rampenlicht und vermarktete allerlei subkulturelle Stile über eindrucksvolle Bilder.

Im Fall von Musik, Musikvideos und deren Ästhetik muss uns bewusst sein, dass wir von einer spezifisch jugendlichen Medienästhetik sprechen. Dies liegt nicht nur daran, dass Popmusik ein eher jugendliches Medium ist, sondern auch daran, dass Jugendliche, anders und versierter als Kinder, in der Lage sind, aktiv und kreativ mit den sie umgebenden ästhetischen Angeboten umzugehen. So verändern sie bestehende Ästhetiken stetig. Dies geschieht insbesondere durch Umdeuten, also durch ironisches Brechen ursprünglicher Bedeutungen. Damit verleihen sie ihnen oft eine ungeahnte subversive Kraft. Die Punks taten dies bspw. mit Accessoires, die eigentlich für Ordnung stehen: Reißverschlüsse, Müllsäcke, Sicherheitsnadeln (Hebdige 1979: 65ff.). Die mehrheitlich der Arbeiterklasse entstammenden Mods definierten sich über hochwertige Kleidung (Krawatten, italienische Schuhe) und getunte Motorroller und machten sie zum Fetisch. Rocker und Metaller wiederum schwören trotz des in dieser Szene stark männlich-heterosexuell geprägten Bildes auf Leder, das eigentlich von der Homosexuellenbewegung kommt. Diederichsen nennt diese scheinbar willkürliche Inbesitznahme von Zeichen und Symbolen und ihre Rekontextualisierung „Mechanismen semantischer Unordnung" (Diederichsen 1983: 82). Letztlich zeigt die subjektive Umdeutung all dieser einzelnen Symbole musikkultureller Gruppierungen, dass Oberflächenästhetik gerade in Jugendkulturen eine tragende Rolle spielt, sich jedoch gleichzeitig eindimensionalen Deutungen entzieht. Medien – und vor allem globale Akteure wie MTV – sind in diesem Zusammenhang die wichtigsten Akteure der Verbreitung und Entschärfung („Diffusion" und „Defusion") dieser Ästhetiken (Clarke 1976: 185ff.). Sie kommodifizieren die Symbolwelten, machen sie also verkäuflich und einfacher konsumierbar, indem sie sie massentauglich machen. So gelten Die Ärzte oder Die Toten Hosen vielen nach wie vor als authentische Punkbands.

Schaut man genauer hin, haben sich Musikstil und Aussehen soweit dem Markt angepasst, dass sie mittlerweile einfacher ein Massenpublikum erreichen können. Brüche und Dissonanzen sind verschwunden, die Ecken und Kanten im Sinne von Clarkes „Defusion" (ebd.) weitgehend abgeschliffen. Formatradiotauglichkeit ist dafür ebenso ein Indiz wie angepasste Kleidung und Frisuren. Nicht zuletzt orientieren sich auch die Musikvideos dieser Bands mittlerweile an aktuellen ästhetischen Standards.[2] Dieser Prozess kann wahlweise als Professionalisierung oder Kommodifizierung bezeichnet werden. Er zeigt, wie Medien und insbesondere Videoclips eine zentrale Rolle bei der Anpassung sehr spezieller, teilweise extremer Ästhetiken an einen Massengeschmack einnehmen, indem sie

---

2   Deutlich wird das bspw. bei einem Vergleich des Toten Hosen Videos zu *Reisefieber* (1983) mit einem ihrer aktuellen Videos, bspw. *Altes Fieber* (2012).

gezielt auswählen, weglassen und verändern und diese angepasste, marktfähige Ästhetik dann verbreiten. „[M]edia select those aspects of style which are to be made public, according to the dominant culture's perception of significance" (ebd. 186).

Videoclips haben also einen nicht zu unterschätzenden Einfluss auf Konstruktion und Verbreitung der ästhetischen Ebene musikalischer Popkultur. Sie wirken jedoch auch über die Musikwelt hinaus, denn die in den 1980ern entwickelte und in den 1990ern perfektionierte Ästhetik beeinflusste die Gestaltung von Filmen oder Serienformaten nachhaltig. MTV gilt damit als ein wichtiger Referenzpunkt für eine neue Bildsprache, die zwar ihre Referenzen, bspw. beim Fernsehen der 1960er- und 1970er-Jahre hat (vgl. Keazor/Wübbena 2005: 179ff.), aber in der einzigartigen Kombination aus Musik, Film und Vermarktungswillen letztlich doch neu und eigen daherkommt. Dass diese Videoclipästhetik auch mit anderen neuen Medienformen ästhetische Verbindungen eingeht, kommt nicht von ungefähr (vgl. ebd.: 397ff.). Und so ist es nur folgerichtig, sich hier einer weiteren Mediengattung zuzuwenden, deren Ästhetik neue Impulse für die individuelle Rezeption und für den globalen Markt der Medienästhetiken gleichermaßen bereitstellt: digitale Spiele.

Digitale Spiele

Die Entstehungsgeschichte digitaler Spiele – wahlweise auch Computerspiele oder Videospiele genannt – reicht bis in die Mitte des 20. Jahrhunderts zurück. Sie waren zunächst Zeitvertreib und Experimentierfeld einer Bildungselite. Mit der Industrialisierung der digitalen Unterhaltungsform in den 1970er-Jahren verbreiteten sich die Arcades – oder Spielautomaten – im öffentlichen Raum. Die anschließenden 1980er- und 1990er-Jahre gelten als Jahrzehnte der Heimkonsolen und Heimcomputer. Im 21. Jahrhundert nun sind digitale Spiele als äußerst lebendige und einflussreiche Kunstform nicht nur wirtschaftlich, sondern auch kulturell anerkannt. Von ihnen gehen Trends aus, die viele andere Medien- und Lebensbereiche prägen. Serious Games, Gamification oder Games for Health sind nur einige der Schlagworte mit denen sich Spiele mittlerweile einen Platz in der Mitte der Gesellschaft erkämpft haben. Basis dafür ist aber nach wie vor die ungebrochene Faszination der Menschen am Spiel, am Wettbewerb mit anderen, am Erleben von Glücksmomenten, am Erfolg und an der Angst vor Misserfolg.

Wenn wir über die Ästhetik digitaler Spiele sprechen, sprechen wir über ständige Veränderung. Diese Veränderung digitaler Welten ist getrieben vom technologischen Fortschritt. Noch in den 1980er-Jahren kamen unterhaltende Angebote auf Computern und Spielekonsolen optisch äußerst abstrakt daher. Durch steigende Speicherkapazität[3] und stetig wachsende Prozessorleistung[4] sind heute Darstellungen möglich, die der Realität sehr nahe kommen, ja sogar eine Art Hyperrealität darstellen können, die Realität also an Detailreichtum übertreffen. Auf der anderen Seite hat die Möglichkeit des mobilen Spielens mit Hilfe der weit verbreiteten Smartphones auch die abstrakten Spiele ins neue Jahrtausend gerettet. Denn kurzweilige und schnell zugängliche Casual Games funktionieren auch ohne Hochglanzoptik.[5] Überhaupt wird die Ästhetik digitaler Spiele nicht ausschließlich durch die optischen Eindrücke bestimmt. Natürlich profitieren diese Medien auch von Verbesserungen im Musik- und Soundbereich. Da sie virtuelle Umgebungen darstellen, ist zudem der Umgang mit Raum relevant für deren Attraktivität und Wirkung. Auch hier sind digitale Spiele einer rasanten Entwicklung unterworfen; von den einfachen Räumen der ersten Spiele, die nur einen Bildschirm umfassten, bis hin zu den komplexen Open World Spielen von heute.[6] Die Spieleindustrie nutzt diese Fortschritte geschickt und entwickelt Spielwelten und Spielmechaniken, die es vermögen, Spieler langfristig zu binden und über neue Monetarisierungsstrategien[7] größere und leichter prognostizierbare Umsätze generieren.

Ästhetisch und inhaltlich setzen digitale Spiele meist an bereits vorhandenen Sujets aus der Literatur an, kreieren, mit Hilfe technischer Neuerungen und unter Einbeziehung des Publikums, aber modifizierte, teilweise auch völlig neue Welten und Erlebnisräume. Digitale Technologien ermöglichen dabei zugespitzte und übertriebene Darstellungsformen, die, ähnlich wie Videoclips, die Medienästhetik stark prägen, indem sie eine gewisse Optik und Funktionsweise vorgeben. Ein gutes Beispiel dafür ist das jahrelang weltweit erfolgreiche Onlinerollenspiel *World of Warcraft* (Activision/Blizzard, 2004). Hier schaffte es der Hersteller, die Fantasy-Begeisterung vieler Computerspieler mit massentauglicher Comicgrafik, funktional-intuitiver Bedienung und den Möglichkeiten sozialer Spielerlebnisse zu verbinden und so gemeinsam mit den großen Genrefilmen der Jahrtausend-

---

3 Von den ersten Lochkarten über die Diskette, die CD-ROM, die DVD bis hin zu aktuellen Festplatten- und Flashspeichern vervielfachte sich die Kapazität.

4 Einer der ersten Großrechner, der EDSAC [Electronic Delay Storage Automatic Calculator] konnte im Jahre 1949 600 Befehle pro Sekunde ausführen, der erste Mikroprozessor, Intels 4004 aus dem Jahre 1971, brachte es auf 92.000 Befehle pro Sekunde, aktuelle PCs schaffen mehrere hundert Millionen Befehle pro Sekunde.

5 Dies zeigt der lang anhaltende Erfolg von Titeln wie *Bejeweled* (Popcap, 2000), *Farmville* (Zynga, 2009) oder *Candy Crush Saga* (King, 2012) bzw. deren Nachfolger.

6 Zur Veränderung des Umgangs mit Raum in digitalen Spielen vgl. Mertens 2007.

7 Viele Spiele werden heute nicht mehr direkt und einmalig bezahlt, sondern finanzieren sich bspw. über monatliche Gebühren oder den Kauf von In-Game-Gegenständen.

wende den Fantasy-Boom zu befeuern und damit auch bestimmte ästhetische Standards zu etablieren. Mittlerweile hat wohl jeder Jugendliche der Welt eine Vorstellung davon, wie ein Elf – oder ein Elb – aussieht, auch wenn die filmische Darstellung von der im Computerspiel stark abweicht (vgl. Abb. 3 und Abb. 4).

Abb. 3: Legolas aus Der Herr der Ringe Filmtrilogie.

Abb. 4: Nachtelf Jäger aus dem Spiel World of Warcraft.

Die Vorlagen für diese Ästhetiken lieferten die Romane und Geschichten von
J. R. R. Tolkien[8] oder Robert E. Howard[9] bzw. die aus deren Inspiration hervor-
gegangenen Pen & Paper Rollenspiele wie *Dungeons & Dragons* (TSR, 1973).
Welten, Geschichten und auch Regeln wurden bei diesen Urahnen moderner Computerspiele abstrakt, also ohne optische Umsetzung erschaffen – sieht man von ein
paar einfachen Illustrationen ab (vgl. Abb. 5). Dabei entwickelten sich autoren-
und weltenabhängig verschiedene Spielarten der Fantasy, die sich durch größere
oder kleinere Unterschiede auszeichnen (vgl. Long 2011).

Abb. 5: Booklets der Dungeons & Dragons
Originalbox (1974).

Die Leistung digitaler Spiele bestand dann in erster Linie darin, diese deskripti-
ven Vorgaben mit Leben zu füllen und so, gemeinsam mit anderen Formaten wie
Filmen und Serien, eine Fantasy-Medienästhetik zu schaffen. Dass in den Köpfen
der Menschen ein Elf heute aussieht wie ein Elf, hat vor allem mit der medialen

---

8   *Der Hobbit* (1937) und *Der Herr der Ringe* (1954/1955) zählten bereits vor den popu-
    lären Verfilmungen (2001-2003, 2012-2014) zu den bekanntesten Werken der Fantasy
    Literatur.

9   Seine *Conan Storys* (ab 1932) wurden ebenfalls verfilmt (u.a. 1982, 1984, 2016) und
    gelten als Blaupause für das Low Fantasy Genre sowie für die Kombination aus Schwert
    und Magie, die in vielen Fantasy-Spielen umgesetzt wurde.

Darstellung zu tun und hier insbesondere mit den Darstellungen, die weit verbreitet sind; also nicht zuletzt mit *World of Warcraft*, das von Millionen Spielern weltweit gespielt wird und dessen Bilder millionenfach um die Welt gehen. Elfen kommen schlank, edel, geheimnisvoll, langhaarig und mit spitzen Ohren daher. Das Verschlagene, Gemeine, das Elfen in anderen literarischen Werken anhaftet (z.B. Pratchett 2000) ist nahezu komplett aus der Elfenästhetik verschwunden.

FAZIT

Medien spielen für die Sozialisation junger Menschen heute eine wichtige Rolle und die Beschäftigung mit Medien ist auch immer eine Beschäftigung mit deren Ästhetik. Medien – egal ob Filme, Spiele, Serien oder Videoclips – haben vor allem eine optisch-ästhetische Prägekraft und geben Folien vor, durch die die Welt gesehen werden kann. Technologischer Fortschritt, insbesondere die Digitalisierung, verändert den Umgang mit Medienästhetik indem neue Produktionsmöglichkeiten entstehen und die Verfügbarkeit medialer Inhalte steigt. Medienproduzenten haben dabei die Macht, ihre Ästhetiken massenhaft und global zu verbreiten, sodass Kinder und Jugendliche bei ihrer scheinbar freien Wahl letztlich doch auf gewisse Vorgaben angewiesen sind, nämlich auf das, was verfügbar ist. Dieses Verfügbare wird mit ökonomischem Anspruch produziert, daher ist es naheliegend, allzu polarisierende und problematische Ästhetiken aus diesen Waren zu verbannen, um Massentauglichkeit herzustellen. Trotz dieser offensichtlichen Tendenz zum Durchschnitt, gestaltet sich der Medienmarkt nicht als einseitiger Top-Down-Prozess. Denn Ästhetik wird auch immer in Nischen und lokalen Umfeldern kreativ entworfen. Dabei beziehen junge Menschen ihre Inspiration aus bereits Vorhandenem, eignen sich Symbole, Zeichen und Ästhetiken aktiv an und deuten diese gegebenenfalls um. Indem Medien diese Prozesse spiegeln und anhand ihrer ganz eigenen Prioritäten gezielt auswählen, transportieren sie diese neuen Bedeutungen in Form und Inhalt und schaffen so neue Medienästhetiken, bei denen sich die Rezipienten wiederum bedienen. Diese Aneignungs- und Mediatisierungsprozesse funktionieren für den jugendlichen Medienmarkt. Für den Kindermedienmarkt ist die Forderung nach ästhetischer und inhaltlicher Diversität zu wiederholen, die egal ob im non-fiktiven oder fiktiven Bereich zum einen eine Vielfalt an Figuren, Charakteren, Äußerlichkeiten, Lebensentwürfen und Lebensbedingungen darstellt und weiterhin verschiedenste – auch abstrakte – ästhetische Darstellungsformen präsentiert.

Abschließend wollen wir noch einmal eine pädagogische Perspektive betonen. Denn neben der Forderung nach Diversität, können Pädagog*innen auch kaum anders, als genereller die Frage nach der Teilhabe zu stellen. Es geht nicht nur darum, wer und welche Themen in Medien dargestellt werden, sondern viel genereller darum, wer, global gedacht, Zugang zur medialen Kommunikation hat. Bereits 1999 formulierte Schorb zum Begriff der Glocalisierung folgenden Gedanken als Gegenentwurf zum einseitig positiven, wirtschaftlich orientierten Globalisierungsbegriff:

„Weder Zeit noch Entfernung hindern uns – wenn wir es uns leisten können – mit potentiell beliebig vielen Menschen und Rechnern gleichzeitig und in ‚Echtzeit' zu kommunizieren. Zugleich verschwinden unsere Lebensorte, werden zu einem einzigen, dem des weltweiten Netzes. Allerdings, diese Welt im Netz ist nicht die Welt aller Menschen, sondern eine der Metropolen des Geldes. Die benachteiligten Länder dieser Erde werden ebenso ausgeschlossen wie die armen Menschen in diesen und in den reichen Ländern." (Schorb 1999: 37)

Aus pädagogischer Sicht sind angesichts dieser Entwicklungen für die Perspektiven eines Kinder- und Jugendmedienmarktes also einige kritische Fragen zu stellen:

- Wer hat Anteil an der Produktion von Medien, an der Kommunikation und ästhetischen Gestaltung von Themen und damit an der Darstellung von Welt?
- Wer hat die Möglichkeit zur Teilhabe an dieser Darstellung und inwiefern ist diese Teilhabe möglicherweise eingeschränkt?
- Wer sind die globalen Player, die die Ressourcen anbieten und mediale Handlungsräume inhaltlich und ästhetisch vorstrukturieren? `
- Welche Bedeutung und welche Chancen können regionale Entwicklungen auf einem globalisierten Medienmarkt noch haben?
- Wie eignen sich Kinder und Jugendliche die angebotenen Ästhetiken an?
- Wie wirken vor allem Jugendliche in einem Bottom-Up-Prozess durch eigene Medienprodukte oder spezifische Aneignungspraxen am Ästhetikangebot mit?

LITERATUR

Aufenanger, Stefan (1991): Kindheit als Medienkindheit am Ausgang unseres Jahrhunderts. Konformität in der Individuierung. In: Ullrich, Heiner/Hamburger, Franz (Hg.): Kinder am Ende ihres Jahrhunderts. Pädagogische Perspektiven. Langenau-Ulm: Vaas, S. 11-21.

Bichler, Michelle (2008): Animes sind anders. Produktanalytischer Vergleich amerikanischer und japanischer Zeichentrickserien. Marburg: Tectum.

Bonfadelli, Heinz (2008): Mit Medien unterwegs. Globale Medien und kulturspezifische Nutzung. In: Theunert, Helga (Hg.): Interkulturell mit Medien. Die Rolle der Medien für Integration und interkulturelle Verständigung. München: kopaed, S. 77-95.

Bourdieu, Pierre (1982): Die feinen Unterschiede. Kritik der gesellschaftlichen Urteilskraft. Frankfurt am Main: Suhrkamp.

Clarke, John (1976): Style. In: Hall, Stuart/Jefferson, Tony (Hg.): Resistance through rituals: Youth subcultures in post-war Britain. London/New York: Routledge, S. 175-191.

Diederichsen, Diedrich (1983): Die Auflösung der Welt. Vom Anfang und Ende. In: Diederichsen, Diedrich/Hebdige, Dick/Marx, Olaph-Dante (Hg.): Schocker. Stile und Moden der Subkultur. Reinbek: Rowohlt, S. 165-188.

Fleischer, Sandra/Hajok, Daniel (2014): Bildungsbereich 2.9: Medienbildung. Thüringer Bildungsplan bis 18 Jahre. URL: http://www.bildungs-plan.uni-jena.de/bildungsplan media/Entwurfsfassung/TBP_18_Kap_2_9_2013_10_14.pdf [10.10.2015].

Gebesmair, Andreas (2001): Grundzüge einer Soziologie des Musikgeschmacks. Wiesbaden: Westdeutscher Verlag.

Göttlich, Udo (2006): Zur Kreativität des Handelns in der Medienaneignung. Zur handlungstheoretischen Kritik der Wirkungs- und Rezeptionsforschung. Konstanz: UVK.

Götz, Maya (2010): Editorial in TELEVIZION, Heft 23, S. 2.

Greif, Stefan/Lehnert, Nils/Meywirth, Anna-Carina (2015): Popkultur im Fernsehen – Fernsehen in der Popkultur. Eine Einleitung. In: Greif, Stefan/Lehnert, Nils/Meywirth, Anna-Carina (Hg.): Popkultur und Fernsehen. Historische und ästhetische Berührungspunkte. Bielefeld: transcript, S. 9-23.

Hebdige, Dick (1979): Subculture: The Meaning Of Style. London/New York: Routledge.

Hepp, Andreas (Hg.) (2014): Transkulturelle Kommunikation. 2. Auflage. Konstanz: UVK.

Keazor, Henry/Wübbena, Thorsten (2005): Video thrills the Radio Star. Musikvideos: Geschichte, Themen, Analysen. 3., überarb. u. erw. Auflage. Bielefeld: transcript.

Long, Steven (2011): Defining Fantasy. Online-Ressource: http://static1.1.sqspcdn.com/ static/f/1150388/15767768/1325081308097/Defining+Fantasy.pdf (15.10.2015).

Luhmann, Niklas (2004): Die Realität der Massenmedien. 3. Auflage. Wiesbaden: VS Verlag für Sozialwissenschaften.

Lange, Andreas/Lüscher, Kurt (1998): Kinder und ihre Medienökologie. Eine Zwischenbilanz der Forschung unter besonderer Berücksichtigung des Leitmediums Fernsehen. München: kopaed.

McMillin, Divya C. (2010): Medienglobalisierung und Diversität. Ist das vereinbar? In: TELEVIZION, Heft 23, S. 4-5.

Mertens, Mathias (2007): Durch Computerspielräume von den Siebzigern bis heute. In: Pias, Claus/Holtorf, Christian (Hg.): Escape! Computerspiele als Kulturtechnik. Köln/ Weimar/Wien: Böhlau, S. 45-54.

Mikos, Lothar (2004): Medien als Sozialisationsinstanz und die Rolle der Medienkompetenz. In: Hoffmann, Dagmar/Merkens, Hans (Hg.): Jugendsoziologische Sozialisationstheorie. Impulse für die Jugendforschung. Weinheim/München: Juventa, S. 157-171.

Pratchett, Terry (2000): Lords und Ladies. Ein Scheibenwelt-Roman. München: Goldmann.

Schorb, Bernd (1999): Medien, Jugend, politische Bildung. In: Baacke, Dieter/Kornblum, Susanne/Lauffer, Jürgen/Mikos, Lothar/Thiele, Günter A. (Hg.): Handbuch Medien: Medienkompetenz. Modelle und Projekte. Bonn: Bundeszentrale für politische Bildung, S. 36-40.

Schorb, Bernd/Fleischer, Sandra/Haas, Julia (2006): Wissenschaftliche medienpädagogische Begleitung des KI.KA-Vorschulprogramms. Unveröffentlichter Forschungsbericht im Auftrag der Medienforschung des MDR und des KI.KA. Universität Leipzig.

Schulze, Gerhard (2005): Die Erlebnisgesellschaft. 2. Auflage. Frankfurt am Main/New York: Campus.

Sochor, Arnold (1985): Soziologie und Musikkultur. Berlin: Neue Musik.

Spang, Wolfgang (2006): Qualität im Radio. Determinanten der Qualitätsdiskussion im öffentlich-rechtlichen Hörfunk in Deutschland. St. Ingbert: Röhrig Universitätsverlag.

Sutter, Tilmann (1999): Bausteine einer konstruktivistischen Theorie der Mediensozialisation. In: Fromme, Johannes/Kommer, Sven/Mansel, Jürgen/Treumann, Klaus Peter (Hg.): Selbstsozialisation, Kinderkultur und Mediennutzung. Opladen: Leske + Budrich, S. 126-138.

Vogelgesang, Waldemar (2004): LAN-Partys. Zwischen jugendkultureller Selbstbestimmung und informellem Lernen. In: Tully, Claus J. (Hg.): Verändertes Lernen in modernen technisierten Welten. Organisierter und informeller Kompetenzerwerb Jugendlicher. Wiesbaden: VS Verlag für Sozialwissenschaften, S. 57-86.

Vollbrecht, Ralf/Wegener, Claudia (Hg.) (2010): Handbuch Mediensozialisation. Wiesbaden: VS Verlag für Sozialwissenschaften.

Zacharias, Wolfgang (2012): Medien und Ästhetik. In: Bockhorst, Hildegard/Reinwand, Vanessa-Isabelle/Zacharias, Wolfgang (Hg.): Handbuch Kulturelle Bildung. München: kopaed, S. 202-207.

Comic, Manga und Graphic Novel
in der zeitgenössischen Kinderkultur

BERND DOLLE-WEINKAUFF

Kaum eine andere Form der populären Literatur hat während der vergangenen drei Jahrzehnte einen so tief greifenden Wandel erfahren wie der Comic. Ein Wandel, der sich nicht auf grundlegende und nachhaltige Veränderungen von Formen und Sujets der Angebote beschränkte, sondern einher ging mit gravierenden Veränderungen auf Seiten der Adressaten und Publika des Comics, wobei die Auswirkungen im Bereich der Kinder- und Jugendkultur in besonderer Weise ins Blickfeld geraten. Ungeachtet der Verbreitung und des Einflusses der elektronischen und der digitalen neuen Medien – und damit die Annahmen konvergenztheoretischer Ansätze (vgl. Jenkins 2006) bestätigend – begleitet das Printmedium Comic heute Kinder vom Vorschulalter an mit wechselnden Angeboten in der mittleren und späten Kindheit über das Jugend- ins Erwachsenenalter. Ein Novum ist in diesem Kontext der mittlerweile eingetretene gesellschaftlich-kulturelle Konsens in der Wertung dieser lange Zeit nicht akzeptierten Literaturform: Heutige Kinder müssen für ihre Comic-Lektüre nicht mehr mit Sanktionen rechnen, bilden sie doch mit Eltern und Großeltern zusammen eine Gemeinde, die mit Comics sozialisiert wurde und diese schätzen gelernt hat. Binnendifferenzierungen treten hervor, wenn die neueren Spielarten der Gattungsentwicklung betrachtet werden, die sich an den Labels „Comic" (im Sinne von traditionellen nordamerikanischen und westeuropäischen Comics), „Manga" (Übersetzungen japanischer Comics und an diese angelehnte Neukreationen) und „Graphic Novel" (literarisch ambitionierte Bildgeschichten) festmachen lassen. Dabei zeigt sich sehr rasch, dass diese Labels nicht zuletzt Zuschreibungen unterschiedlicher Nutzer*innenkulturen und -gemeinden darstellen, die unterschiedliche ästhetische Präferenzen und ihren je spezifischen Umgang mit den unterschiedlichen Angeboten pflegen. Nicht überraschend, doch ebenso wichtig in diesem Kontext ist der Umstand, dass andere Literaturformen

und Medien immer wieder für wichtige Impulse für die Comics sorgen und umgekehrt von diesen empfangen.

COMICS UND KINDLICHE REZIPIENTEN

Entgegen einer verbreiteten Auffassung, dass Comics von ihren Ursprüngen her als
Kinderliteratur zu betrachten seien, waren diese in der ersten Phase der Genese der
Gattung in den USA an ein erwachsenes Publikum, die Käufer*innen und Leser*
-innen der Tages- und der Wochenpresse, adressiert. Wenn in der Gegenwart angesichts neuer Horizonte der Entwicklung davon die Rede ist, die Comics seien
„endlich erwachsen geworden" (Ditschke 2009: 265) oder, dann metaphorisch ausgedrückt, „den Kinderschuhen längst entwachsen" (Körber 2014: 36), so unterstellen diese Einschätzungen nicht nur einen Entwicklungsweg aus bescheidenen
Anfängen hin zu literarischer Bedeutsamkeit. Vielmehr ist dies untrennbar verbunden mit der Vorstellung, dass die Entwicklung vom Niederen zum Höheren
zwangsläufig mit einem Adressatenwechsel vom Kinder- zum Erwachsenenpu-
blikum verbunden sei. Tatsächlich ist nicht zu bestreiten, dass kinderliterarische
Impulse in den Anfängen des Comics eine bedeutsame Rolle spielten: bekanntlich
stellt Wilhelm Buschs Bilderbuch *Max und Moritz* (1865) die entscheidende In-
spirationsquelle für eine der ersten Comic-Serien, *The Katzenjammer Kids* (1897)
von Rudolph Dirks, dar. Dies bedeutet jedoch nicht, dass es sich um eine Fort-
schreibung als kinderliterarisches Genre handelte. Zwar operierte ein großer Teil
der frühen Comic Strips, von Richard F. Outcaults *The Yellow Kid* (1895) und *Bu-
ster Brown* (1902) bis hin zu Winsor McCays *Little Sammy Sneeze* (1904) und
James Swinnertons *Little Jimmy* (1905) mit Kinderfiguren als Protagonisten. Die
Gattungsbezeichnung *kid strip* für diese frühe Spielart des Comics folgte jedoch
einer Konvention, die eine Gattungsdifferenzierung der Strips nach markanten
stofflichen und thematischen Elementen vorzunehmen pflegte; *kid strip* zielte
daher – im Unterschied etwa zu *family strip, animal strip, girl strip* usf. – auf die
anfänglich dominierenden Geschichten mit Kindern als Hauptfiguren und nicht auf
Kinder oder Jugendliche als intendierte Leser*innen.

Gleichwohl ist anzunehmen, dass die frühen Comic Strips zu denjenigen Teilen des Presseangebots gehört haben, für das sich Kinder als Mitleser*innen in
besonderer Weise interessierten. Auch ist festzustellen, dass manche der frühen
Presse-Comics wie etwa Otto Messmers *Felix the Cat* (1923) oder Elzie C. Segars
Thimble Theatre (1919) mit der Gestalt des *Popeye* früher oder später in den Fun-
dus der Comics für Kinder und Jugendliche gelangten. Die allermeisten jedoch,
darunter bis heute so hoch geschätzte Werke wie Winsor McCays *Little Nemo in
Slumberland* (1905), Lyonel Feiningers *The Kinder Kids* (1906) und George

Herrimans *Krazy Kat* (1913) sind – trotz der darin auftretenden Kinder- und Tierfiguren – für die Kindermedien nicht von Bedeutung.

Begreiflicherweise setzte die Entstehung des kinderliterarischen Comics nicht nur eine Entwicklung adressatenspezifischer Narrationen, sondern ebenso sehr adressatenspezifischer Medien voraus. Diese Erweiterung des Medienhorizonts der Erzählform Comic erfolgt in den USA ebenso wie in Europa im Lauf der 1930er-Jahre mit der Einführung spezieller Kinder- und Jugendzeitschriften. Damit einher geht die Aufgabe der komisch-grotesken Kleinform, des Gag Strip und des episodischen Erzählens als der bis dahin gattungsprägenden Form. Ende der 20er-Jahre kommen Detektiv-, Science Fiction-, Wildwest-Geschichten sowie die historisierende oder exotische Abenteuerliteratur bereits in den Pressestrips als Fortsetzungsgeschichten auf. Sie entstammen, wie etwa *Tarzan of the Apes* (1912) von Edgar R. Burroughs, nicht selten der *pulp literature*, d.h. dem Massenmedium Romanheft. Mit der Einführung des Kiosk-Hefts, des so genannten *comic book,* auf dem nordamerikanischen Zeitschriftenmarkt werden gänzlich neue Leser*innengenerationen angesprochen und gleichzeitig ein Printmedium geschaffen, das es erlaubt, umfangreichere abgeschlossene Comic-Geschichten zu publizieren. Gleichzeitig werden mit den Superhelden-Stories in den USA neue abenteuerliche Lesestoffe angeboten, die auf das junge Publikum zugeschnitten sind; deren Anfang macht *Superman,* der erstmals 1938 im Magazin *Action Comics* publiziert wird und zahlreiche Nachfolger findet. Hinzu treten aber sehr bald auch höchst erfolgreiche *funny comics* für Kinder als Heftserien, wie *Walt Disney's Comics & Stories* (ab 1940) u.a.

Während es sich bei den US-amerikanischen *comic books* um Periodika mit abgeschlossenen Geschichten handelte, die nach dem Prinzip der Endlos-Serie angelegt waren (vgl. Dolle-Weinkauff 2014: 157ff.), kommen in Belgien, Frankreich und Italien zu dieser Zeit eher magazinartige Heftserien mit Fortsetzungsgeschichten auf. Auch diese ermöglichten eine sehr viel gezieltere Adressierung der jungen Leser*innen als die Medien der Tages- und Wochenpresse. Beginnend anfänglich noch als Kinderbeilagen der Zeitungen, traten etwa mit Lotario Vecchis *Jumbo* (1932) und etwas später *Spirou* (1938) oder *Tintin* (1946) auflagenstarke Comic-Magazine mit unterschiedlichen, jeweils auf wenige Seiten beschränkten Geschichten auf den Plan, die in der Regel nach einer bestimmten Anzahl von Folgen zum Abschluss eines Abenteuers gelangten. In dem Maße, wie die Verlage dazu übergingen, die gesammelten Episoden einer Serie als sogenanntes Album zu veröffentlichen, tritt in Frankreich auch das Buch als relevantes Publikationsmedium des Comic bereits in den 30er-Jahren in Erscheinung – in Deutschland etwa durch die ab 1952 unter dem Titel *Tim und Struppi* verbreiteten *Tintin*-Geschichten des Belgiers Hergé (Georges Remi). Es ist diese zweite Phase der

Geschichte des Comic, in der der Comic strip und dessen Rezeption durch die erwachsene Leserschaft zwar nicht an Bedeutung verliert, jedoch neben dem rasch wachsenden Angebot an Comic-Heften mehr oder weniger in den Hintergrund tritt und sich die Vorstellung vom Comic als einer prinzipiell kinderliterarischen Gattung herausbildet.

In Deutschland hingegen findet der Comic erst nach Ende des 2. Weltkriegs nennenswerte Verbreitung, und zwar von Anbeginn und bis weit in die 60er-Jahre hinein als eine strikt kinder- und jugendliterarische Textsorte. Ähnlich liegen die Verhältnisse in Japan, wo die Manga in der heute gängigen Form erst seit Ende der 1940er-Jahre unter dem Einfluss des amerikanischen Comic und der Disney-schen Zeichentrickfilme aufkamen. Die anhaltende Wertschätzung der Bildge-schichtentradition des 19. Jahrhunderts und ihrer Adepten wie auch erhebliche pädagogische Vorbehalte führten in der BRD, in Österreich und der Schweiz zum sogenannten „Kampf gegen Schmutz und Schund", dessen bevorzugte Ziel-scheibe die Comics waren. Die pädagogischen Vorbehalte und die daraus folgen-den Jugendschutzmaßnahmen zur Eindämmung der Comic-Lektüre, die in den deutschsprachigen Ländern besonders markant hervortraten, waren allerdings ein internationales Phänomen und in den anglophonen Ländern, wo sie ihren eigent-lichen Ursprung hatten, ebenso verbreitetet wie im frankophonen Raum und auch in Japan. Das Lesen und Sammeln der Hefte unter diesen Bedingungen stellte ein nicht unwesentliches Phänomen subversiver Kinderkultur der Nachkriegszeit dar, an der ganze Generationen partizipierten.

Ab Mitte der 1960er-Jahre wird ein neuerlicher Paradigmenwechsel erkennbar, der ein Aufbrechen der einseitigen Zuordnung des Comics an das Kinder- und Jugendpublikum einleitet. Verantwortlich dafür ist zum einen das Auftreten ei-nes neuen komisch-parodistischen Comic-Typs mit Serien wie *Lucky Luke* (frz. 1947) von Morris (Maurice de Bevère) und René Goscinny und *Asterix* (frz. 1959) von Albert Uderzo und René Goscinny. Obwohl angelegt als kinder- und jugend-literarische Produktionen, erzielen diese aufgrund ihrer grafischen Perfektion und ihres doppelsinnigen Humors eine breite allgemeinliterarische Wirkung (vgl. Schi-kowski 2012: 60ff.). Sie bereiten damit den Boden für eine bis in die Gegenwart hinein relevante Spielart des Comic als All Age-Literatur, zu der auch manche der populärsten nordamerikanischen Comic Strips wie Charles M. Schulz' *Peanuts*, Dik Brownes *Hägar* oder Jim Davis *Garfield* rechnen dürften. Zum anderen treten mit den nordamerikanischen Underground Comix, den frühen Comic-Romanen italienischer und frankophoner Autoren und mit der sich als *gekiga* (dt.: dramati-sche Bilder) bezeichnenden Strömung des japanischen Manga neue Comic-Spiel-arten auf, die sich unmissverständlich und geradezu provokativ vom Comic als Kinderliteratur abzugrenzen suchen und exklusiv die erwachsene Leserschaft ansprechen wollen. Spätestens seit den 1990er-Jahren stellt sich das Gattungsspektrum des Comics als ein hoch differenziertes Angebot dar, in dem Kinder als Adressaten eine zwar immer noch beträchtliche, aber keineswegs mehr vorherrschende Rolle spielen.

Abb. 1: Zeitgenössische Comic-Hefte und Magazine mit Comic-Anteil. (Montage: Dolle-Weinkauff)

COMICS UND GRAPHIC NOVELS IN DER AKTUELLEN KINDERKULTUR

Die stark geschwundene Bedeutung des Mediums Comic-Heft, der Distributionsstelle Kiosk und – daraus folgend – des Sammelns wird deutlich im Vergleich der von Horst Heidtmann für die frühen 1990er-Jahre ermittelten Titel- und Auflagenzahlen, als das führende Magazin *Micky Maus* noch an der Millionengrenze rangierte (Heidtmann 1992: 19), mit einer Auswahl aktueller Auflagenzahlen. Mit Druckauflagen von 159.600 für das wöchentlich erscheinende Heft *Micky Maus*, 329.780 für das monatlich erscheinende *Walt Disneys Lustiges Taschenbuch,* sowie monatlich 138.533 für *Star Wars-Rebels,* 28.352 für die *Simpsons Comics,* bei den Pferde-Magazinen 67.133 für *Lissy* und 71.017 für *Wendy,* 99.729 für *Mosaik* mit der noch in der DDR entstandenen Funny-Serie *Die Abrafaxe,* 49.084 für das populärste Superhelden-Heft *Spider-Man* und 100.000 bzw. 108.125 für die im sechswöchentlichen Rhythmus erscheinenden *Bibi Blocksberg* und *Bibi und Tina* werden insgesamt immer noch bemerkenswerte Auflagen erreicht.[1] Hinzu kommt

---

1 Zahlen nach www.ivw.eu für das vierte Quartal 2015.

allerdings, dass diese Kindermedien durch Ausleihe und Tausch in der Lage sind, ein weit über den Erstkäuferkreis hinausgehendes Publikum zu erreichen. So gelangt etwa *Micky Maus* mit jeder wöchentlichen Ausgabe nach Befunden der Kids-Verbraucheranalyse des Egmont Verlags an ca. 630.000 Leser*innen (Ihme 2010: 4). Des weiteren zeigt ein Blick auf die Comic-Bestseller im Buchhandel, dass die Breite und Vielfalt des Angebots zwar von der Vielzahl der Titel für Erwachsene bestimmt ist, die höchsten Verkaufszahlen aber mehrheitlich mit Kinder-Comics erzielt werden (vgl. Hamann/Hofmann 2015: 107). All dies lässt den Schluss zu, dass Comics in der Mediensozialisation zeitgenössischer Kinder eine nicht geringe Rolle spielen.

Nicht zu übersehen sind in diesem Kontext die Veränderungen in der Präsentation und im Charakter der Heftmedien, wie auch die Verschiebungen in der Gewichtung der unterschiedlichen Printmedien Buch und Heft. Kaum eine der aktuell erfolgreichen Heftserien erscheint mehr ohne einen „Gimmick" genannte Spielzeugbeigabe. Diese vom Magazin *Yps* in den 1970er-Jahren eingeführte Beigabe ist mittlerweile obligatorisch für die allermeisten Comic-Periodika geworden und betont die ludistischen Aspekte der Comic-Rezeption in besonderer Weise. Der Weg vom reinen Comic-Lektüreangebot hin zu spielerischen und interaktiven Elementen wird auch am Ausbau des Magazincharakters der Heftserien erkennbar, die längst nicht mehr nur Comic-Geschichten bieten; in einigen sind diese sogar in den Hintergrund getreten. Es ist von daher nicht verwunderlich, dass diese Angebotsgruppe in neueren Marktanalysen nicht mehr als Comic-Zeitschriften, sondern als „Kinder- und Jugendzeitschriften mit Comicinhalten" geführt wird (Hamann/Hofmann 2015: 105).

Andererseits hat die Bedeutung der gewissermaßen längerlebigen Lektüreangebote und der Buchpublikationen unter den an Kinder adressierten Comics europäischer und nordamerikanischer Herkunft erkennbar zugenommen. Dies wird nicht zuletzt deutlich an einem ausgesprochenen Klassiker und Bestseller des Kindercomic, dem seit 1967 erscheinenden *Walt Disneys Lustiges Taschenbuch*, das seit längerem schon monatlich erscheint und dabei eine vergleichsweise hohe Auflage konstant hält. Obgleich im Zeitschriftenhandel vertrieben, sind diese Taschenbücher – im Gegensatz zu den Heften – über einen längeren Zeitraum in der Backlist greifbar und werden auch nicht remittiert. Daneben sind es die großenteils über den Buchhandel vertriebenen Album-Ausgaben weiterer *Donald Duck*-Geschichten sowie von *Asterix* und von Hergés *Tim und Struppi,* die nach wie vor als viel gelesene Klassiker im Bestand der Kindercomics zu finden sind, wenngleich diese letzteren mit den älteren Generationen geteilt werden.

Die vermeintlich neue – und von manchen als reine Erwachsenenliteratur angesehene – Strömung „Graphic Novel" besitzt längst einen festen Platz im Ensemble der einschlägigen kinderliterarischen Angebote. Denn – genauer besehen – finden sich im Bilderbuch für jüngere Kinder nicht nur seit langem Einflüsse des Comics sondern auch eben jene experimentellen und innovativen Elemente grafischen Erzählens, die der später entstandene, auf die Comics bezogene Begriff ‚Graphic Novel' für diese reklamiert: Autor*innen wie Maurice Sendak, Alfred von Meysenbug, Wilhelm Schlote, Jörg Müller u.a., in jüngerer Zeit David Wiesner, Nadia Budde, Henning Wagenbreth und Shaun Tan mögen für diese Richtung stehen. Im Zuge der v.a. während des vergangenen Jahrzehnts zu beobachtenden Etablierung des Comic-Romans auch in der Kinderliteratur trat eine Vielzahl von Adaptionen kinderliterarischer Klassiker hinzu, die gegenwärtig das Gros der Angebote an Graphic Novels im Bereich der Kinderliteratur ausmacht (vgl. Dolle-Weinkauff 2011: 326ff.; Giesa 2012). Mehr und mehr kommen aber eigenständige Produktionen auf den Markt, so dass sich eine Lösung vom Erfolgsmodell der Adaption eingeführter Texte hin zu gänzlich neu entwickelten Angeboten abzeichnet (vgl. Wiesner 2014), die aber nicht auf einzelne Titel oder Programmreihen kleinerer, engagierter Verlage, wie etwa des Berliner Reprodukt Verlags, beschränkt bleiben. Dies wird nicht zuletzt deutlich an den bemerkenswerten Publikumserfolgen solcher Texte, die ihre Erzählungen in unkonventionellen, vom Comic abweichenden Konfigurationen von Schrifttext und Bild anlegen, wie etwa die mittlerweile auf 10 Bände angewachsene Reihe *Gregs Tagebuch* (2008-2015) von Jeff Kinney. Im Gegensatz zur illustrierten Erzählung wird hier den zahlreichen, wie zufällig eingestreuten Abbildungen eine für den Textfluss unverzichtbare narrative Funktion übertragen, die eine originäre, hybride Verkettung der verbalen und piktoralen Elemente herstellt, die offensichtlich die Leser*innen in besonderer Weise anspricht: die Kinneyschen Bücher führen immer wieder die Belletristik-Bestsellerlisten an und die Zahl der mittlerweile auf den Markt gelangten Nachahmer geht in die Dutzende.

Wie sich hier zeigt, besitzt die Graphic Novel auch im kinderliterarischen Angebot eine durchaus gewichtige Stellung. Wenngleich die Auflagen nicht an diejenigen in Zeiten der traditionellen Heftkultur heranreichen, so ist doch ein Gewinn an Breite und Vielfalt insgesamt nicht zu übersehen. Dass dem zunehmend auch die Pädagog*innen Rechnung tragen und die unterrichtliche Relevanz betont wird (vgl. Wrobel 2015) stellt einen weiteren Baustein im Ausbau der Einflusszonen dieser Literaturform dar und sollte nicht unterschätzt werden. Dass dabei gerade auch Graphic Novels – und nicht bloß langlebige Serien mit typisierten Figuren – geeignet sind, eine nachhaltige Rezeption und Wirkung zu erzielen, deutet sich zumindest in Einzelstudien an. So ist etwa Jeanette Hoffman (2014) in den von ihr untersuchten Lesetagebüchern auch auf Rezeptionsspuren zweier neuerer Texte, nämlich Émile Bravos und Jean Regnauds *Meine Mutter ist in Ame-*

rika und hat Buffalo Bill getroffen (2009) sowie *drüben!* von Simon Schwartz (2009) gestoßen.

Abb. 2:   *Manga: Comic-Bestseller kommen spätestens seit der Jahrtausendwende aus Japan. (Montage: Dolle-Weinkauff)*

COMICS AUS JAPAN: MANGA

Bis hierher nicht in den Blick geraten ist diejenige Spielart des aktuellen Comics, die nicht nur in den deutschsprachigen Ländern den deutlich größten Anteil am gesamten Comic-Markt besitzt. Die Besonderheiten der Manga, auf denen offenkundig auch ihre Attraktion beruht, treten in einer Reihe markanter Merkmale hervor, unter denen in formaler Hinsicht die gegenläufige Leserichtung und im Leser*innenbezug die betont genderspezifische Adressierung herausragen: den Kern des Angebots machen *shônen manga* für Jungen und *shôjo manga* für Mädchen aus. Diese Einstufung und die Folgerungen für den potentiellen Einfluss dieser Medien sind allerdings mit Blick auf kinderkulturelle Zusammenhänge zunächst einmal zu relativieren und zu präzisieren. Dabei muss v.a. berücksichtigt werden, dass der weit überwiegende Teil des Manga-Angebots nicht den eigentlichen Kindermedien zuzurechnen ist, sondern sich an Jugendliche und junge Erwachsene richtet (vgl. Schikowski 2010: 29f.). Die in Japan unter der Bezeichnung *kodomo* bekannten, speziell an jüngere Kinder adressierten Manga sind im deutschsprachigen Raum bislang wenig verbreitet. Wie einschlägige Umfragen unter Fans in Frankreich, Deutschland, Italien und der Schweiz zeigen, sind zwar gut 40 % im Alter von 10-14 Jahren erstmals mit Manga in Berührung gekommen, in der Altersgruppe unter 10 sind dies aber lediglich um die 10 % (vgl. Bouissou u.a. 2010: 257f.). Die primäre Einbindung des Manga in die Jugendkultur wird im Übrigen an den spezifischen Praxen der Manga-Szene deutlich, die diese neben Japanimation und J-Pop als Mittel der Kommunikation und Teilnahme gegenwärtiger globaler Jugendkulturen kultiviert (vgl. Kahl 2012: 2). Das Fremde, das sich gleichwohl auf eine den Jugendlichen wohlbekannte Erfahrungswelt bezieht, erscheint als Faszinosum und besondere Attraktion, in der mangaesken Einkleidung werden eigene Befindlichkeiten, Lebensverhältnisse und Wünsche wieder erkannt und artikuliert. Manga und ihre charakteristischen Figuren stehen im Mittelpunkt zahlreicher Fan-Aktivitäten (vgl. Bouissou u.a. 2010: 259ff.), die sich in Internet-Blogs, in Produktion und Rezeption von Scanlations (Übersetzungen aus dem Japanischen ins Englische von Fans für Fans), auf Fan-Conventions und in den Verkleidungs- und Rollenspielevents des so genannten Cosplay abspielen. Diese Aktivitäten, in denen Fans im Kindesalter nur eine sehr randständige Rolle spielen, gipfeln in einer Amateurzeichner-Bewegung bisher nicht gekannten Ausmaßes, die eine ganze Reihe junger Nachwuchskünstler*innen hervorgebracht hat.

Andererseits ist die Anzahl der für Leser*innen im Kindesalter publizierten Titel zwar relativ gering – jedoch finden sich gerade unter diesen einige der Millionen-Bestseller wie etwa *Sailor Moon*, *Dragon Ball*, *One Piece*, *Inu Yasha* und *Meitantei Conan*. Was hier erneut in Erscheinung tritt ist die Tatsache, dass Comics als Kindermedien angesichts einer überschaubaren Titelzahl gegenüber den Angeboten für Jugendliche und Erwachsene eine geringere Rolle zu spielen scheinen, ihre Wirkungsmacht aber durch besonders hohe Auflagen einiger weniger Titel erreichen.

Die eigentliche Einführung und nachhaltige Verankerung des Manga in der Kinderkultur wird ganz wesentlich durch dessen Einbindung in einen Medienverbund erreicht, innerhalb dessen das Kinderpublikum den Manga-Stoffen zuvor in anderen Medien begegnet: „Today's children often become familiar with [...] anime, video or computer games before reading their first manga" (Berndt 2008: 302). Befinden sich die Manga in der Produktionskette der japanischen Medienverbünde in der Regel in der Rolle des Primärmediums, welches die Szenarien für Folgeproduktionen liefert, so kommt das Kinderpublikum meist – teilweise schon im Vorschulalter – zuerst mit Manga-Adaptionen in Form von Animationsfilmen (jap.: *anime*) und in der Folge mit Spielzeug und Merchandising-Artikeln in Berührung. In Fluss geraten sind auch die Übergänge zum Videospiel und anderen populären Spielmedien: Mit *Pokémon* (jap. seit 1996) und *Legend of Zelda* (dt. seit 2009) sind originäre Game-Szenarien in den Bereich der populärsten Comic-Serien vorgedrungen, während sich ausgehend von den Manga-Serien *Yu-Gi-Oh!* (dt. seit 2003) und *Beyblade* (dt. seit 2003) außerordentlich populäre Sammelkarten- bzw. so genannte Kampfkreiselspiele entwickelten. In ihrer initiierenden Wirkung sind allerdings die Anime ungeschlagen: In der bereits erwähnten Umfrage in mehreren europäischen Ländern geben über 90 % an, den Manga-Stoffen zunächst in japanischen Zeichentrickserien im Fernsehen begegnet zu sein (Bouissou u.a. 2010: 258). Pellitteri spricht daher nicht zu Unrecht von einer „inherent multimediality" des Manga (Pellitteri 2010: 75), die eine Reihe weiterer Medien, darunter auch die Computerspiele einschließt und die Ausgangsbasis der einschlägigen Jugendkulturen darstellt. Betrachtet man – wie etwa Marc Steinberg (2012) – diesen Komplex der Medienkonvergenz nicht in erster Linie als Manga-Medienverbund sondern als „Anime's Media Mix", so tritt damit zwar der genetische Zusammenhang in den Hintergrund, doch wird hier mit der besonderen Wirkungsmacht des Animationsfilms dessen Einfluss auf die Kinderkultur akzentuiert.

VON DER ERZÄHLUNG ZUM *KYARA?*

Die hohe Präsenz der Protagonist*innen japanischer Comic-Erzählungen in den Begleitangeboten der Medienverbünde, dem Merchandising wie auch in den Fan-Kulturen, erscheint zunächst nicht ungewöhnlich – nicht zuletzt auch deshalb, weil nicht wenige der Serien die Namen ihrer Heldinnen und Helden im Titel plakativ vor sich her tragen. Sie unterscheiden sich darin auch keineswegs prinzipiell von den populärsten US-amerikanischen und westeuropäischen Comic-Serien, deren Protagonist*innen schon immer gleichsam die Markenzeichen der Produkte bildeten. Allerdings wird in nicht wenigen der Beiträge, die von Heinz Hengst aufmerksam registriert und kritisch beleuchtet wurden (vgl. Hengst 2014), eine besondere Qualität der Handlungsträger japanischer Comics und Zeichentrickfilme für die Kohärenz der Medienverbünde gesehen, wobei die Kategorie *character* einen Schlüsselbegriff darstellt: „‚Characters' verbinden die in den jeweiligen Medienverbund involvierten medialen und nicht-medialen Elemente zu einer dynamischen Einheit" (Hengst 2014: 152f.). Wenn dem so ist, liegt hier wohl einer der wesentlichen Gründe für die Präferierung der Manga gegenüber konventionellen Comics durch die Leser*innen und damit auch für die sich in den westlichen Kinder- und Jugendkulturen seit den 1990er-Jahren geradezu explosionsartig ausbreitende Manga-Konjunktur.

An dieser Stelle scheint es mir angebracht, eine Differenzierung ins Spiel zu bringen, die von der Diskussion in der japanischen Manga-Kritik angeregt ist und dazu beiträgt, das Neue und Andere des hier verhandelten Phänomens zu begründen. Die Streitschrift *Tezuka is dead* (2005) von Gô Itô versteht sich als Beitrag zur Beschreibung des Wandels im japanischen Comic-Fandom und Legitimierung der besonderen Wertschätzung der Manga-Figur. Hintergrund – wie auch Erklärung des merkwürdigen Titels – ist die Problematisierung der engen Verbindung von Erzählung und Figur, die das seit den frühen 1950er-Jahren durch den führenden Mangaka Osamu Tezuka entwickelte und weithin verbreitete Konzept des *story manga* impliziert (vgl. Köhn 2005). Gô Itô beklagt die als selbstverständlich betrachtete Vorrangstellung der Story als mit Blick auf die aktuellen Fan-Praxen anachronistische und die gleichsam autonome Wertschätzung der Figur in ungerechtfertigter Weise abwertende Haltung:

„When story is mentioned, it is often as part of a value structure, that places story or narrative above character. A judgment of the story is thus directly tied to the evaluation of the work itself. On the other hand, pleasure brought about by the characters is avoided as something unfavorable. This is a common hierarchy when talking about manga. Here, however, I will treat both the story and what the reader takes away from the characters equally as 'mangaesque pleasure' [...], and I aim to separate out the components of pleasure that we experience when reading manga." (Itô: 2011: 73f.)

Abb. 3: Fan-Art-Figurinen von ‚kyara‘ bekannter Manga-Serien.
Quelle: http://pre14.deviantart.net

Itô unterscheidet mithin zwischen dem *character* (jap.: *kyarakutâ)* als der Stehenden Figur einer Erzählung, deren streng festgelegte, unveränderliche Eigenschaften den narrativen Zusammenhang der Serie gewährleisten, und dem von ihm so genannten *kyara*, als einer Figur, die sich im kreativen Zugriff der Rezipient* -innen von der Narration löst, mühelos in andere Kontexte und Medien übertragen werden könne und daher viel mehr Raum für dessen Imagination biete. Es entwickele sich ein emotionales Verhältnis zum *kyara*, wobei sich die/der Rezipient* -in dessen artifiziellen Natur als bloße Konfiguration von Linien auf dem Papier bewusst sei. Der Manga-Fan „fühlt sich von ihrer Präsenz angezogen, sie sind persönlich ansprechbar (mit Eigennamen und Endungen wie *-chan*), und sie bieten sich als willkürlich beschreibbare Projektionsflächen an" (Berndt 2006: 40).

Obzwar Itô einige neuere Manga, darunter die auch im deutschsprachigen Raum populäre Serie *Fullmetal alchimist* (dt. 2006) von Hiromu Arakawa als Bezugsobjekte seiner theoretischen Ausführungen präsentiert, ist doch offensichtlich, dass es sich bei der Differenzierung zwischen *character* und *kyara* nicht in erster Linie um unterschiedliche Figurenkonzepte sondern um unterschiedliche Haltungen zu Figuren handelt (vgl. Pellitteri 2010: 78). Zwar mögen sich manche Figuren für eine Isolierung aus den narrativen Kontexten und zur Wahrnehmung als *kyara* in besonderer Weise eignen. Auch lassen sich Beispiele für *kyara* finden, die wie *Hello Kitty* von vorneherein keiner Erzählung, sei es in Manga, Anime oder Game zugeordnet sind. Es ist aber nicht zu übersehen, dass im Grunde jegliche im Medienverbund wiederkehrende Serienfigur als *kyara* fungieren kann, wobei dieses Phänomen, so subjektiv begründet es dem Einzelnen erscheinen mag, stets nur als eine kollektive Imagination einer eifrig kommunizierenden Fan-Gemeinde denkbar ist. Sicherlich stellt sich im übrigen mit Blick auf die Verhältnisse in den westlichen Ländern die Frage, ob diese innerhalb der deutlich genderorientiert-männlichen Otaku-Szene Japans aufgekommenen Einschätzungen ohne weiteres übertragbar sind und es ist auch die Frage, inwieweit diese über die Jugendkulturen hinausgehend eine kinderkulturelle Relevanz aufweisen. Allerdings ist nicht von der Hand zu weisen, dass sie mit manchen der etwa bei Hengst (2014) von der Seite der kulturindustriellen Strategien her beschriebenen Trends konvergieren – diese These mag Räume und Fragestellungen für weitere Forschungen eröffnen.

LITERATUR

Auer, Kristina (2015): Stetig wächst der Leserkreis. Manga in Deutschland 2014. In: Hamann, Volker/Hofmann, Matthias (Hg.): Comic Report 2014. Der deutschsprachige Comic-Markt: Berichte und Analysen. Barmstedt: Edition Alfons, S. 105-108.

Berndt, Jaqueline (2006): Subculture und Otaku. Manga und Anime in Japan als Nischenkulturen. In: Japanisch-Deutsches Zentrum Berlin (Hg.): Symposium Subculture – Pop culture made in Japan, 22. November 2005. Berlin: Japanisch-Deutsches Zentrum, S. 28-41.

Berndt, Jaqueline (2008): Considering Manga Discourse. Location, Ambiguity, Historicity. In: MacWilliams, Mark W. (Hg.): Japanese Visual Culture: Explorations in the World of Manga and Anime. Armonk u.a.: Sharpe, S. 295-312.

Bouissou, Jean-Marie/Beldi, Ariane/Dolle-Weinkauff, Bernd/Pellitteri, Marco (2010): Manga in Europe: A Short Study of Market and Fandom. In: Johnson-Woods, Toni (Hg.): Manga: An Anthology of Global and Cultural Perspectives. London/New York: Continuum, S. 253-265.

Ditschke, Stephan (2009): Comics als Literatur. Zur Etablierung des Comics im deutschsprachigen Feuilleton seit 2003. In: Ditschke, Stephan/Kroucheva, Katerina/Stein, Daniel (Hg.): Comics. Zur Geschichte und Theorie eines populärkulturellen Mediums. Bielefeld: transcript, S. 265-280.

Dolle-Weinkauff, Bernd (2011): Comic, Manga und Graphic Novel für Kinder und Jugendliche. In: Lange, Günter (Hg.): Kinder- und Jugendliteratur der Gegenwart. Ein Handbuch. Baltmannsweiler: Schneider Hohengehren, S. 307-332.

Dolle-Weinkauff, Bernd (2012): Neue Unübersichtlichkeit: Facetten grafischen Erzählens für Kinder und Jugendliche in Bild- und Schrifttext. In: JuLit, Jg. 38, Heft 1, S. 3-10.

Dolle-Weinkauff, Bernd (2013): *Comic, Manga, Graphic Novel*. In: Tillman, Angela/Fleischer, Sandra/Hugger, Kai-Uwe (Hg.): Handbuch Kinder und Medien. Wiesbaden: Springer VS, S. 457-468.

Dolle-Weinkauff, Bernd (2014): *Comic, Graphic Novel und Serialität*. In: Klingenböck, Ursula/Hochreiter, Susanne (Hg.): Bild ist Text ist Bild. Narration und Ästhetik in der Graphic Novel. Bielefeld: transcript, S. 151-168.

Giesa, Felix (2012): Große Bandbreite: Comics und Graphic Novels für Kinder. In: JuLit Jg. 38, Heft 1, S. 15-22.

Heidtmann, Horst (1992): Kindermedien. Stuttgart: Metzler.

Hengst, Heinz (2014): Am Anfang war die Biene Maja. Medienverbund und Japanisierung der kommerziellen Kultur. In: Weiss, Harald (Hg.): 100 Jahre Biene Maja. Vom Kinderbuch zum Kassenschlager. Heidelberg: Winter, S. 143-165.

Hoffmann, Jeanette (2014): Rezeptionsspuren von Graphic Novels in Lesetagebüchern. In: Scherer, Gabriela/Volz, Steffen/Wiprächtiger-Geppert, Maja (Hg.): Bilderbuch und literar-ästhetische Bildung. Trier: WVT, S. 123-139.

Hofmann, Matthias (2015): Freudige Gesichter: Der deutschsprachige Comicmarkt im Jahr 2014. In: Hamann, Volker/Hofmann, Matthias (Hg.): Comic Report 2014. Der deutschsprachige Comic-Markt: Berichte und Analysen. Barmstedt: Edition Alfons, S. 98-108.

Ihme, Burkhard (Hg.) (2010): Comic! Jahrbuch 2011. Stuttgart: ICOM.

Itō, Gō/Nakamura, Miri (2011): Tezuka Is Dead. Manga in Transformation and Its Dysfunctional Discourse. In: Mechademia, Heft 6, S. 69-82. [Orig. jap. 2005].

Jenkins, Henry (2006): Convergence Culture: Where Old and New Media Collide. New York/London: NYU Press.

Kahl, Ramona (2012): Manga – der kulturspezifische japanische Comic?. In: kids + media. Zeitschrift für Kinder- und Jugendmedien. Jg. 2, Heft 2, S. 2-30.

Köhn, Stephan (2005): Traditionen visuellen Erzählens in Japan. Eine paradigmatische Untersuchung der Entwicklungslinien vom Faltschirmbild zum narrativen Manga. Wiesbaden: Harrassowitz.

Pellitteri, Marco (2010): The Dragon and the Dazzle: Models, Strategies, and Identities of Japanese Imagination. A European Perspective. Latina: Tunué.

Schikowski, Klaus (2010): Zwischen Tradition, Popkultur und Fernsehen – Der Kindercomic heute. In: Ihme, Burkhard (Hg.): Comic! Jahrbuch 2011. Stuttgart: ICOM, 28-31.

Schikowski, Klaus (2012): Kindercomics in Deutschland: Missverständnisse auf einem nicht vorhandenen Markt. In: Hamann, Volker/Hofmann, Matthias (Hg.): Comic-Report 2011. Der deutschsprachige Comic-Markt: Berichte und Analysen. Hamburg: Edition Alfons, S. 60-64.

Steinberg, Marc (2012): Anime's Media Mix: Franchising Toys and Characters in Japan. Minneapolis: University of Minnesota Press.

Wiesner, Mechthild (2014): Kindercomics 2013. Altbewährtes und neue Trends. In: Hamann, Volker/Hofmann, Matthias (Hg.): Comic Report 2014. Der deutschsprachige Comic-Markt: Berichte und Analysen. Barmstedt: Edition Alfons, S. 105-108.

Wrobel, Dieter (2015): Graphic Novels. In: Praxis Deutsch. Zeitschrift für den Deutschunterricht. Jg. 42, Heft 252, S. 4-14.

Ins „Bildern" kommen

Zur Veralltäglichung interpersonaler Bildkommunikation

Wolfgang Reissmann

Einleitung

Dieser Beitrag beschäftigt sich mit einem Phänomen, das seit etwas mehr als einer Dekade im Kontext von Mobiltelefonie und den sogenannten sozialen Medien zur Normalität geworden ist. Es geht um die Tatsache, dass (zuerst) vor allem junge Menschen (mittlerweile alle Altersgruppen) vermehrt *im Modus des Bildlichen* miteinander kommunizieren, sei es über das Versenden von Bildnachrichten via Messengerservices (z.B. WhatsApp) oder das Posten von Bildern in Netzwerkplattformen (z.B. Facebook). So wie Menschen miteinander sprechen und schreiben, kommen sie offensichtlich immer häufiger auch ins „Bildern". Es stellt sich an diesem Punkt die Frage, ob und inwiefern sich (interpersonale) Kommunikation verändert, wenn Bilder selbstverständliche Mittel und Träger von Interaktion werden. Seriös beantworten lässt sich diese Frage zum gegenwärtigen Zeitpunkt nicht – es macht aber Sinn sich mit ihr zu beschäftigen. In dieser Absicht wird in einem ersten Schritt zunächst präzisiert, in welcher Hinsicht von einer Veralltäglichung der Bildkommunikation gesprochen werden kann. Darauf aufbauend werden, ohne Anspruch auf Vollständigkeit und als Anregung verstanden, einige Überlegungen zur Veralltäglichung bildkommunikativer Interaktion formuliert.

Interpersonale Kommunikation mit/in Bildern

Wir leben in einer Zeit, die in starkem Maße von Visualisierungen und Bildern unterschiedlichster Art geprägt ist. Allerdings: Nonverbale Kommunikation, also das Interagieren mittels Gebärde, Geste, Mimik oder Blick, ist eine anthropologische Konstante, und auch die *sekundäre Sensualisierung* der Umwelt durch Bildmedien ist nicht neu. Zahlreiche kommunikations- und medienwissenschaftliche Denkfiguren basieren – etwa im Anschluss an Jean Baudrillards Simulakra-Theoreme (1982) – auf der Unterstellung, dass Medien Surrogate der Wirklichkeit produzieren. Ebenso ist eine Ästhetisierung, verstanden als ein mit der Moderne verknüpfter Prozess u.a. des „verstärkte[n] Eindringen[s] künstlerisch gestalteter Gegenstände in den Lebensalltag der Menschen" (Scherke 2011: 17) und der technik- und medieninduzierten Erweiterung der Wahrnehmungsmöglichkeiten, kein Prozess, der gerade erst beginnt oder uns überrollt, weil wir Telefone mit integrierten Kameras in den Händen halten, auf *Facebook* Bilder posten oder die Bildströme von Freund*innen, Bekannten und anderen Akteur*innen verfolgen. In der ersten Ausgabe des *Journal of Visual Culture* bemerkt Mark Poster (2002: 67) mit Blick auf die vielfältigen Visualisierungsdiagnosen kritisch: „Does it mean that we use our eyes more than in the past? I think not." Vielmehr müsse es darum gehen, die sich historisch unterscheidenden skopischen Ordnungen in ihren Spezifika zu analysieren.

In einem ersten Schritt ist daher zu präzisieren, inwiefern – für die digitale Gegenwart – von einer *Verbildlichung der Kommunikation* gesprochen werden soll. Bilder und Sprachen als exklusive und einander ausschließende Zeichensysteme zu konzipieren, ist zum tieferen Verständnis dieses Wandels vermutlich wenig hilfreich. Denn sobald wir den Blick auf die *Praxis* richten, d.h. auf die „en-" Formen schauen, die Aktivitäten und Tätigkeiten des Denk*ens*, Sprech*ens*, Schreib*ens*, des Bild*ens*, Bildermach*ens*, Bebilder*ns* usw. haben wir es mit einem Modalitätenmix zu tun:

- weil sich „Denken" nicht allein begrifflich-prädikativ vollzieht – Stichwort „anschauliches Denken" (Arnheim 1972) – und selbst abstrakte Begriffe (sofern sie nicht künstlichen Sprachen der Mathematik oder Informatik entstammen) auf empirische Gehalte verweisen: Natürliche Sprachen, lehrt die Wissenssoziologie, vergegenständlichen „gemeinsame Erfahrung" und machen diese „allen zugänglich, die einer Sprachgemeinschaft angehören" (Berger/ Luckmann 2004: 72). Umgekehrt mag Erfahrung im Modus der Sprache objektiviert und tradiert werden, ist selbst aber eine irreduzibel multimodale Kategorie;
- weil Sprechen und Schreiben (wenngleich in Sprache übersetzt) oftmals gerade die Beschreibung visueller Wahrnehmung nutzt (vgl. zum Bild als Binnenphänomen der Literatur z.B. Frank 2009: 370ff.);

- weil umgekehrt Bilder sehr unterschiedlich symbolisieren: „konkret-bildhaft", „schematisch-bildhaft" oder „schematisch-abstrakt" (Schwemmer 2005; vgl. auch Langer 1987);
- weil uns die Kognitionspsychologie lehrt, dass es (vermutlich) zwar verschiedene Informationsverarbeitungswege für verbale und visuelle Stimuli gibt, unser Gedächtnis selbst aber mit abstrakten Modellen/Codes/Schemata arbeitet, die weder das eine noch das andere sind, sondern in denen die Qualitäten des Anschaulichen und des Begrifflich-Abstrakten ineinandergreifen (vgl. Geise 2011: 82ff.; Lobinger 2012: 81f.);
- weil Gebärde und Geste (sofern man diese als Vorläufer einer visuellen Kommunikation betrachten will) und Sprache phylogenetisch in der Entwicklung des Menschen einen inneren Zusammenhang bilden (vgl. Tomasello 2011);
- weil ein Bild in unseren medialen Alltagswelten selten allein daher kommt und vielmehr als multimodales bzw. -kodales Gesamtzeichen in Erscheinung tritt (z.B. Bildtitel/-untertitel, Bildbeschreibung, schriftliche Codes im Bild) (vgl. z.B. Bucher 2010);
- weil sich Handeln zeitlogisch in Sequenzen vollzieht und rekursiv ist, d.h. auf früheres Handeln Bezug nimmt: auf eine Bildpräsentation folgt z.B. eine Anschlusskommunikation, Bildproduktion ist begleitet von Nachdenken usw. (vgl. Reißmann 2015: 99f.).

Trotz aller Verbunden- und Verwobenheit macht es dennoch Sinn, gerade heute und angesichts der eingangs genannten Phänomene im Kontext digitaler Medienumgebungen über die Veralltäglichung interpersonaler Bildkommunikation und die daraus resultierenden Spezifika des Kommunizierens nachzudenken. Unabhängig von utopischen und dystopischen Auslegungen, die das Sprechen über Bilder stets begleiten, ist hierbei zunächst zu konstatieren, dass medial und bildlich konstituierte (visuelle) Umwelten als Horizonte des Handelns sowie Bilder als Vermittlungen kommunikativen Handelns sich überall im Alltag eingenistet haben. Bilder sind mehr und mehr nicht nur *Gegenstände* der (inneren oder äußeren) Kommunikation (z.B. gemeinsam ein Fotoalbum anschauen und darüber sprechen), sondern fungieren als *Mittel der Kommunikation*. Als Metapher könnte eine Art *bildgestützte Pantomime* dienen (wobei dieser Vergleich nicht implizieren soll, dass sich visuelle Kommunikation nur in der visuellen Umschreibung sprachlicher Bedeutungsgehalte erschöpft). Hinsichtlich nonverbaler Kommunikation sind es die bildliche Vermittlung und die rahmenden medialen Infrastrukturen, die einen Unterschied machen. In Bezug auf die historische Kontinuität von Bildern im Alltag ist es die Verbildlichung der *interpersonalen* Kommunikation und hierbei der Übergang von einer (sprachlichen) *Kommunikation über Bilder* (die fortbesteht) zu einer (nonverbalen) *Kommunikation in Bildern.* Freilich ist diese auch heute nicht der Regelfall. Gleichwohl ist sie aber auch nichts Außeralltägliches mehr, nach der man etwas bemüht im Bereich der Kunst suchen müsste und die man dort z.B. in dialogischen Ausstellungskonzepten finden würde. Noch 2002 konnte Andreas Schelske zu Recht konstatieren, dass „kaum jemand auf ein Bild mit einem Bild" antwortet, sondern „[i]n den meisten visuell kommunikativen Situationen, in denen Bilder verwendet werden [...] Rezipienten mit Schweigen, mit einer Geste oder mit verbalen Äußerungen" reagieren (2002: 154). Heute ist es schon weniger abwegig, wenn auch nicht alltäglich, dass auch die Reaktion auf ein Bild in Bildern erfolgt. Die Grundlage dafür liefern *digitale Infrastrukturen der kommunikativen Vernetzung,* die sich in einer Mischung aus technologischer Imagination, kollektiver Aneignungspraxis, kommerziellem Kalkül, staatlich-juristischer Regulierung und Zufall herausgebildet haben. Wir leben in *„dichte[n] Medienumgebungen aus unterschiedlichsten Medien"* (Krotz 2010: 108, kursiv i.O.), in denen sich das traditionelle Netz von Face-to-Face-Kommunikation zusehends mit dem *„zweiten, digital vermittelten, kommunikativen Netz"* (ebd.: 109, kursiv i.O.) verschränkt hat.

Die vernetzten Infrastrukturen der Kommunikation, über die Kinder und Jugendliche heute verfügen, bringen – neben anderem – eine neue Qualität bildlicher (Quasi-)Mobilität mit sich, die nun auch die interpersonalen Netzwerke erreicht hat. Resultat ist vielleicht nicht das von Marshall McLuhan bereits in den 1960er-Jahren primär am Gegenstand Fernsehen insinuierte (eine) „globale Dorf". Dass es allerdings schwer(er) wird, (entfernten) Anderen in der „Mediapolis" (Silverstone 2008) auszuweichen und uns Bilder und Bildmedien in einen Zustand permanenter, taktil-synästhetischer Betroffenheit versetzen, sind Gedanken, die nicht an Aktualität verloren haben. Neu an den heutigen digitalen Infrastrukturen ist, dass der *persönliche mediale Erscheinungsraum* nicht mehr nur von massenmedialen Text-, Ton- und Bildströmen durchdrungen ist, sondern ebenso von den Strömen der interpersonalen Medienkommunikation, die Freunde, Bekannte und Verwandte sowie die Technologien mit ihren algorithmischen Filter- und Boost-Aktivitäten in Gang setzen. Und was zur normalisierten Alltagspraxis vieler Menschen gehört, sollte auf lange Sicht auch Spuren in der Art und Weise hinterlassen, wie gedacht, wie imaginiert und wie miteinander in Beziehung getreten wird – ein Leitgedanke der Mediatisierungstheorie (vgl. bzgl. Bildpraktiken Reißmann 2015). Wenn also richtig ist (was weiterhin zu beobachten bleibt), dass wir uns zunehmend mit dem Mittel des Bildlichen adressieren und interpersonale Kommunikation darüber wenigstens in Teilen neue Formen ausbildet, kann das nicht folgenlos bleiben für die Wahrnehmung und Artikulation von Selbst, Anderen und (Um-)Welt.

ÜBERLEGUNGEN ZUR VERALLTÄGLICHUNG INTERPERSONALER BILDKOMMUNIKATION

Gehen wir davon aus, dass die (ggf. wechselseitige) bildkommunikative Adressierung eine selbstverständliche Konversationsform ist oder sein wird, stellt sich die Frage, was das Spezifische am „Bildern" ist und wie es sich vollzieht. Schlussendlich lässt sich diese Frage nur im Zusammenhang bzw. im Kontext konkreter Interaktionen beantworten. Es liegt auf der Hand, dass es zu Hybridisierungen der Basismedien kommt, d.h. Bild, Wort und Zahl gemeinsam zeichenwirksam werden. Und natürlich verdrängen Bilder auch nicht einfach Worte, sondern sind – als unausgesprochene Kommunikate – vielfach gerade Anlass für (sprachliche) *Anschlusskommunikation*. Dennoch sollten wir intensiver darüber nachdenken, was es eigentlich heißt, wenn Bilder an die Stelle von Worten und Sätzen rücken. Hierzu werden nachfolgend, ohne Anspruch auf Vollständigkeit und Trennschärfe, sieben Überlegungen dargestellt (vgl. eingehender dazu Reißmann 2015). Die ersten reflektieren die Wahrnehmungsnähe und den präsentischen Charakter, welche die Bildkommunikation kennzeichnen. Die weiteren fragen nach der Basis eines bildkommunikativen (Fremd-)Verstehens und nach der Möglichkeit, Artikulation bildlich zu individuieren.

Quasi-physische Präsenz

Wer sich Phänomenen der Medienkommunikation aus einer handlungsorientierten Perspektive nähert, rückt für gewöhnlich Fragen der (sprachnahen/-analogen) Zuschreibung, sozialen Verhandlung und (teil-)kulturellen Kontextualisierung von Bedeutung in den Vordergrund. *Weil* zunehmend *mit* Bildern *kommuniziert* wird, ist es erstens wichtig, neben inneren und äußeren Verstehens- und Kommunikationsprozessen der Versprachlichung und der Bezeichnung von Bedeutung auch die *ästhetischen Dimensionen* der Kommunikation stärker zu berücksichtigen: Bilder wollen betrachtet und nicht nur interpretiert werden. Die Bildphilosophie diskutiert diesen Antagonismus in der Kontroverse zwischen semiotischen und wahrnehmungsphänomenologischen Positionen (vgl. Sachs-Hombach 2006: 82ff.). *Wahrnehmungsnähe* ist unbestreitbar ein Merkmal jeder bildlichen Kommunikation, auch wenn, wie eingangs argumentiert, die Grenzen nicht hermetisch an den materialisierten Ausdrucksformen und den Grenzen von Sprache und Bild zu ziehen sind. Als *(quasi-)materielle Umgebungen und Umwelten* sind Bilder nicht nur Flächen und Räume, die wir propositional auf ihren Sinn befragen, sondern Wahrnehmungs- und Erfahrungsräume. Blenden wir ihre kommunikative Einbindung (also die Tatsache, dass irgendwer irgendetwas artikulieren bzw. *zeigen* möchte) für einen Moment aus, blicken wir in Bildern auf absente bzw. repräsentierte Räume oder auf Dinge, Figuren/Personen, Farben, Formen, Muster und anderes mehr. Dinge und Körper in einem Bild zu sehen, schließt dabei an die Erfahrung und visuelle Orientierung im „Real"-Raum an. Zugrunde liegen kindliche Entwicklungs- und Sozialisationsprozesse, die bspw. entlang Meads Theorie der Dingkonstitution als eine Erweiterung der Widerstandserfahrungen der Dinge („pushiness") vom taktilen auf den visuellen Raum beschrieben werden können (vgl. Zirfas/Jörissen 2007: 67f.).

So wie wir Fern-Dinge als „echte" Dinge wahrnehmen und wir dabei auch ohne Realitätstest am Gegenstand ein Gefühl für ihre Schwere oder Beschaffenheit haben, so ist es uns möglich, bildlich repräsentierte Dinge und Körper als solche wahrzunehmen. Vor allem für zentralperspektivisch und naturalistisch gestaltete Bilder liegt in Anlehnung an Leon Battista Alberti (als Vorbereiter der Zentralperspektive) die Metapher des „offenen Fensters" nahe (vgl. Snyder 1980). Selbstredend stößt diese an Grenzen, sobald Medialitätsbewusstsein unterstellt wird oder Bilder intransparent, opak oder nicht-reproduzierend gestaltet sind. In einem schwachen Sinn bleiben Parallelen zur unvermittelten visuellen Wahrnehmung aber auch dann konstitutiv. Eine Kommunikation mit Bildern *legt daher (quasi-)physische Präsenzerfahrungen nahe* (obgleich wir uns natürlich auch distanzieren können und uns die Imaginationskraft solche Erfahrungen auch im mündlichen Gespräch oder beim Lesen ermöglicht). Bilder zeigen nicht nur ihre Bedeutungen hervor, sondern bieten den Betrachtenden *Welten* an, in denen diese sich imaginär (synästhetisch) bewegen können. Diese Bewegung ist nicht primär und allein ein kognitiv-kommunikatives Entziffern, sondern ebenso ein (Nach-) Erleben und Spüren von Dingen, Formen, Konstellationen, Größen, Perspektiven, Farben usw. Diese in der visuellen Umwelt gemachten (sinnlichen) Erfahrungen können im Kontext von Verstehen und bildbezogener Interaktion wieder (innerlich/äußerlich) sprachlich oder anderweitig vergegenständlicht und auf diese Weise nachträglich kommunikabel gemacht werden.

Teilhabe und Perspektivübernahme

Nehmen wir die kommunikativen Kontexte wieder mit hinein (also die Tatsache, dass irgendwer irgendetwas artikulieren bzw. *zeigen* möchte), sensibilisiert die Beschäftigung mit Ästhetik und Bildlichkeit zweitens dafür, dass es bei der *Perspektiv- und Rollenübernahme* als wichtiger Grundlage zwischenmenschlicher Kommunikation und Interaktion (vgl. Mead 1973) nicht nur um propositional-kognitive Antizipationen des Gegenübers geht. Es wird nicht nur aus der Warte des kommunikativen Gegenübers gedacht, bewertet oder Handlungsfolgen antizipiert, sondern ebenso — multimodal und (syn-)ästhetisch — gesehen, gehört, getastet, sich bewegt, gespürt usw. Unabhängig davon, was sich an reflexiver Bedeutungsgebung anschließt, eröffnen Bilder einen Zugang zu Welten, die andere (re-)präsentieren. In dieser Hinsicht können wir Bilder auch als *arretierte Blicke* eines (zeigenden) Kommunikationspartners begreifen. Diese Blicke sind freilich nicht „unschuldig", sondern das Ergebnis vielfältiger kultureller und medialer Formungen (was wiederum Anschluss schafft für die differenzsoziologischen Programme der Geschlechtlichkeit, der Herkunft, der habituellen Distinktion usw.). In der Praxis müssen sie zudem (meta-)kommunikativ qualifiziert werden: als „so und nicht anders" oder „augenzwinkernd" gemeint oder ausgewiesen werden als eigene oder fremde „Blicke von Dritten", die man voll und ganz, partiell oder auch nicht teilt.

Diese Qualifizierungen vollziehen sich nur zum Teil über Bildlichkeit, sondern wesentlich auch über (zumeist sprachliche) Kontextualisierung oder auch implizit über das kommunikative Umfeld. Auf einer basalen Ebene aktualisiert sich in der Bildrezeption jedoch die Erfahrung, dass das gleiche Bild bereits von (einem oder mehreren) Anderen *gesehen worden sein muss und nicht nur im übertragenen Sinne gleichsam einen Standpunkt/eine Perspektive verkörpert*. Auf diese Weise werden aus dem bloß bildlich vermittelten Präsenzerleben ein geteilter Erfahrungsraum und ein geteilter Beobachterstandpunkt, weil nicht nur Ego, sondern gleichsam auch Alteri imaginär präsent sind und mitschauen (auch wenn das in actu nicht ständig bewusst ist und nicht immer konkrete Andere auszumachen sind). „Geteilt" impliziert hierbei keine Konsensfiktion, sondern eher das Erleben gemeinsamer Anwesenheit, die Teilhabe an einer gemeinsamen Situation.

Vergegenständlichung von Erfahrung und Erleben

Die heute vielfach gegebene Möglichkeit, Eindrücke eines jeden Hier und Jetzt – seien diese auf eine „innere" oder auf eine „äußere Realität" bezogen – ohne den Umweg sprachlicher Übersetzung u.a. mittels Bild und Fotografie zu vergegenständlichen und durch mediale Infrastrukturen (instantan) zu distribuieren, geht drittens mit der Aufwertung einer *nichtsprachlichen Objektivation von Erfahrung als Mittel der Kommunikation* einher. Das Artikulationsprinzip selbst ist dabei nicht neu. Werke der bildenden Kunst beruhen ebenso darauf wie es in den Alltagspraktiken von Kindern und Jugendlichen eingelassen ist, z.B. kindliche Artikulationen durch Malen und Zeichnen, szenespezifisches Bildhandeln im Kontext von Graffiti und Visual Streetart oder die Fotografie als jugendliches Ausdrucksmedium im Kontext von Reisen, Festen, Beziehungen, Foto-Wettbewerben u.a.m.

Gerade Medien- und Kunstpädagogik haben in zahlreichen Projekten gezeigt, dass präsentative Medien genutzt werden, um Vorstellungen, Emotionen, Lebensgefühle, soziale Räume, Lebenswelten oder kulturelle Verortungen zur Anschauung zu bringen (vgl. stellvertretend Holzwarth 2009). Oft wird darauf verwiesen, dass mit Bildern (und anderen präsentativen Medien) artikuliert wird, was sich sprachlich nicht fassen, begreifen und beschreiben lässt. Wenn bildliche Vergegenständlichung zu einem allgemeinen Kommunikationsprinzip wird, geht es nicht mehr (nur) darum, verbale Unausdrücklichkeit zu kompensieren. Die schlichte Möglichkeit, scheinbar ohne aufwändige Übersetzungsleistungen aus dem Hier und Jetzt heraus berichten zu können und mit dem Bild eine alternative Ausdrucksquelle zur Hand zu haben, ist Grund genug, sich dieses Mediums zu bedienen. In diesem Sinn können bildmachende, -verbreitende und -zeigende als *mimetisch Agierende* und (sich und andere/s) Zitierende verstanden werden. In Anlehnung an Gunter Gebauer und Christoph Wulf bezeichnet Mimesis die *„wiederholende Herstellung* vorgängiger Welten", „in der Menschen diese noch einmal als *ihre* Welten machen, aber nicht mit Hilfe des theoretischen Denkens, sondern mit Hilfe der Sinne, also aisthetisch" (2003: 8, kursiv i.O.).

Überführt und eingebunden in Kommunikationszusammenhänge werden diese bildlich vergegenständlichten Welten zur Adressierung genutzt. In bildkommunikativen Zusammenhängen geht es vielfach darum, individuelle und kollektive sowie gegenwärtige und vergangene Erfahrung und Erleben (wieder) zu vergegenwärtigen, im Wortsinn *darzustellen* und präsent zu machen und *Anderen vor Augen zu führen*. Darstellen reduziert sich hierbei nicht auf pseudo-realistisches Abbilden als einem weiterhin zentralen und kulturell eingeschliffenen Modus des Umgangs mit fotografischen und anderen Bildern, die auf Bildkulturen der Indexikalität Bezug nehmen. Als arretierte Blicke können sie sich auf Unterschiedliches beziehen: auf eine „äußere Wirklichkeit", auf Vorstellungsbilder als Ausdruck subjektiven Innen- und Gefühlslebens oder kollektiven Erlebens; oder Bilder wenden den Blick als Mittel des dramaturgischen Handelns auf die Zeigenden zurück. Ebenso wird im Konjunktiv ge*bild*et oder werden parallele und alternative Realitäten zur Anschauung gebracht.

Interpersonal vernetzte Bildströme

Digitale Infrastrukturen der kommunikativen Vernetzung führen viertens dazu, dass Menschen, wenn sie das wollen und zulassen, permanent in Verbindung stehen (mithin fragt Technik allerdings auch nicht nach ihrem Einverständnis). Zur Umschreibung dieses Phänomens haben sich Metaphern wie „Always-on" oder der Begriff der kommunikativen/konnektiven Präsenz etabliert. Nick Couldry spricht von „Gruppen-Liveness" als einer kontinuierlichen Vermittlung von Gruppen, die „über den gemeinsamen Zugang zu einer Kommunikations-Infrastruktur, deren Zugangspunkte selber mobil sind" (2006: 114) wenigstens dem Prinzip nach dauerhaft geöffnet und erreichbar bleiben. Die dezentrale Struktur vielfach verflochtener egozentrierter Netzwerke (als basale Strukturierung z.B. in Microbloggingdiensten oder Netzwerkplattformen) erhöht die Konnektivität bzw. technische Erreichbarkeit zwischen Freund*innen, Bekannten und Fremden sowie zwischen singulären und institutionalisiert-kollektiven Akteuren. Eine Folge davon ist, dass Individuen und Kollektive vielfältige *Bildströme* produzieren (und diesen ausgesetzt sind), die über diverse Devices, Interfaces und algorithmisch gesteuert (für Laien und User in ihrer Logik nur in Ansätzen durchschaubar) in Profilen zusammenlaufen und in variierender Form z.B. als Newsfeed oder Timeline sichtbar gemacht werden.

In sozialräumlicher Hinsicht kann sich vor diesem Hintergrund ein Erleben einstellen, das sich als *multilokale Präsenz* kennzeichnen lässt (vgl. Reißmann 2014a: 97f.). Es wird möglich, zumindest suggerieren Technik und Bilder dies, dass wir – parallel und je nach Veröffentlichungsmodus ggf. auch synchron – am Leben und Alltag von Freund*innen und Bekannten, aber auch von Stars, Marken oder Firmen und deren Events teilhaben können. Wahrnehmungsnahe Bilder, vor allem Fotografien, stützen hierbei das Erleben von Quasi- oder Als-ob-Präsenz. Gehen wir zudem davon aus, dass Beziehungspflege infolge ihrer Mediatisierung heute einen prinzipiell translokalen Charakter aufweist, kann das Partizipieren an (resp. das Ausgeschlossensein oder das Versiegen von) Bildströmen aus dem Freundes- und Bekanntenkreis in geradezu existentieller Weise mit Wohlbefinden und dem Gefühl „ontologischer" (Un-)Sicherheit verquickt sein, wenn man darunter ein Vertrauen auf lebensweltliche Stabilität und soziales Eingebundensein versteht (vgl. Reißmann 2014b). Es ist jedenfalls alles andere als *sinn*-los, wie manche Erwachsene sich empören, dass Jugendliche sich vis-à-vis treffen und letztlich vermeintlich doch nur von ihren Bild- und Textwelten absorbiert zu sein scheinen. Nähe ist in einer Welt der (Bild-)Ströme eine (noch) komplizierte(re) Kategorie geworden.

Motivische und ästhetische Standardisierung

Die bis hierhin unterbreiteten Überlegungen sind primär vom Gedanken geleitet, dass eine interpersonale Bildkommunikation beständig Quasi-Umwelten schafft, die von Kommunizierenden dargestellt, verbreitet und rezeptiv (imaginär) exploriert, durchschritten und erlebt werden. Wahrnehmungsnähe prägt aber auch die Vermittlung von *Bedeutungen*, die Bilder in Kommunikations- und Interaktionsprozessen haben (sollen), und die diesen implizit oder explizit von den beteiligten Parteien zugeschrieben werden.

In der Literatur werden Bilder oft als besonders bedeutungsoffen und polysem behandelt (was grundsätzlich indes für alle Medientexte und nicht weniger für Sprache gilt). Trotz der prinzipiellen Unmöglichkeit vollständigen Fremdverstehens bleibt zwar nicht in allen, aber in zahlreichen kommunikativen Zusammenhängen eine zentrale Erwartung alltäglicher kommunikativer Adressierung, dass wir als Zeigende und Betrachtende zumindest den (Haupt-)Sinn des Gezeigten in annähernder Übereinstimmung erfassen können. Daher geht, so die fünfte Überlegung, die Veralltäglichung von Bildkommunikation vielfach mit Prozessen der *motivischen und ästhetischen Standardisierung* einher. Auch dieses Prinzip ist aus der Symbol-, Bild-, Fotografie-, Kunst- und Medientheorie bekannt. Immer wieder erfahren konkrete Motive und Bilder, aber auch typisierte Ereignisdarstellungen und bestimmte Symbole durch wiederholte Verwendung und (teil-)öffentliche Zirkulation eine Aufladung mit primären Bedeutungsgehalten. Einige davon werden zu Ikonen, die symbolisch z.B. für historische Ereignisse, technischen Fortschritt, das Lebensgefühl einer Generation usw. stehen (vgl. Paul 2009).

Spätestens seit Aby Warburg gibt es in der Kunstgeschichte das Bemühen, Konstituenten von Bildsprachen zu identifizieren. Warburg beschäftigte sich mit „Pathosformeln" bzw. der Darstellung von Affekt und Gebärde, v.a. vergleichend in Antike und Renaissancemalerei. Einen anderen Zugang unternahm Otto Neurath. In den 1930er-Jahren bemühte er sich um die Entwicklung einer internationalen „Bildsprache" auf der Basis intuitiv zugänglicher Piktogramme. Das Gelingen solcher Vorhaben, analog zur Sprachanalyse „kleinste bedeutungstragende Elemente einer Bildsprache" (Knape 2008: 121) aufzuweisen, darf jedoch bezweifelt werden. Dafür fehlt der (reinen) Bildkommunikation die kombinatorische Grammatik der natürlichen Sprachen (vgl. in Rekurs auf Goodman Sachs-Hombach 2006: 100ff.). Gleichwohl ist alltagspragmatisch von weicheren, kontextgebundenen Konventionalisierungen primärer Bedeutungsgehalte auszugehen.

Grundsätzlich gilt, dass Bilder Figuren, Dinge, Formen, Muster, Farben oder Flächen in einem vorgegebenen Wahrnehmungsfeld (Kadrierung) simultan zur Anschauung bringen. Aus diesem simultanen Organisationsprinzip begründen sich Prägnanz- und Wiedererkennungseffekte, wenn Elemente (für die Rezipient*in) in gewohnter Weise versammelt werden und auf eine Stabilisierung von Wahrnehmungsmustern aufgebaut werden kann. Aus diesem Organisationsprinzip begründen sich aber auch Prägnanzbildungen, die auf den Bruch mit Wahrnehmungsroutinen und/oder auf eine kontrastierende und vergleichende Wahrnehmung spekulieren. Eine Art Kreislauf ergibt sich, wenn diese als Irritationen und Abweichungen entworfenen Artefakte selbst wiederum in den Bereich der Wahrnehmungsroutinen übersiedeln und in stabilisierte Wahrnehmungsmuster münden, etwa durch sich allmählich verfestigende Genreerwartungen. Wege zur Stabilisierung von Bildbedeutung liegen z.B. in pointierten, dramaturgisch gesteigerten und/oder reduzierten Darstellungsweisen; in kulturellen Ikonisierungsprozessen, die Bilder erfahren können, ohne zuvor auf Prägnanz hin gestaltet worden zu sein; sowie damit zusammenhängend und vielleicht das wichtigste Prinzip: in der *Redundanz*. Der beständig wiederholte Einsatz bzw. Gebrauch bestimmter Bilder und Bildtypen in vergleichbaren Kommunikationszusammenhängen ist ein wichtiges Moment für die überindividuelle Stabilisierung von Bildbedeutung.

Populär- und Medienkultur hat (teils globalisierte) „Bildsprachen" hervorgebracht, die sich z.B. über Film- und Plakatästhetik, über Starinszenierungen oder Visiotype (Pörksen 1997) etabliert und ausdifferenziert haben. Nicht weniger als im massenmedialen Bereich sind motivische Wiederholung, stilistische Konstanz und Wiedererkennbarkeit aber auch historische Kennzeichen der Privatfotografie und so genannten „Kodak Culture" (vgl. Reißmann 2015: 125ff.). Insofern Bild*kommunikation* an Bedeutung zunimmt, kann daher nicht überraschen, dass schematisch anmutende Wiederholungen des scheinbar immer selben dominieren. Dieses Prinzip der Verdichtung von Bedeutung und des Typisierens ist allerdings nicht gleichzusetzen mit Fragen und Phänomenen der Stereotypisierung, die darauf auch aufbauen, aber weitere Implikationen enthalten.

Individuierung bildlicher Artikulation

Insofern in einem schwachen und metaphorischen Sinn dahingehend von einer Art Bildsprache gesprochen werden kann, dass bestimmte Motive sowie Arten und Weisen der Darstellung mit primären, überindividuell verständlichen Bedeutungsgehalten aufgeladen sind (wenngleich sich diese im Zeitverlauf auch wieder verschleifen; vgl. Faßler 2002: 95), stellt sich sechstens die Frage, wie dieses symbolische Vokabular in Kommunikationssituationen für individuelle, d.h. an bestimmte (ggf. kollektive) Akteur*innen gebundene „Aus-Sagen" respektive „Aus-Zeigen" genutzt und gleichsam personalisiert werden kann. Zumindest für die hier im Mittelpunkt stehende zwischenmenschliche Interaktion liegt eine der zentralen Voraussetzungen wohl in der Verbindung, die alltagspragmatisch zwischen den Bildern und denjenigen, die sie zeigen, respektive denjenigen, die sie z.B. in netzwerkartig organisierten medialen Infrastrukturen passieren lassen, gezogen wird. In Prozessen der (modernen) Bildsozialisation wird nicht nur die Annahme kultiviert, dass zu Bildern Schöpfer*innen gehören, die sie hervorbringen (inkl. Apparaten), sondern auch die Annahme, dass diejenigen, die sie im Wortsinn hervorzeigen, mit Bildern etwas aus-zeigen möchten.

Die Geste des Zeigens weist, wie der Fingerzeig, imaginär genauso vom Körper weg wie auf die Zeigenden. Gehen wir davon aus, dass diese alltagspragmatischen Unterstellungen Teil des praktischen Wissens sind, das wir an Bilder herantragen bzw. das Bilder unwillkürlich in uns evozieren. Ergänzen wir noch die Annahme, dass immer auch die Möglichkeit besteht, auf etwas anderes zu zeigen und etwas anders darzustellen, das gezeigte Bild also immer nur das realisierte aus einer imaginären Reihe unendlich vieler Bilder ist, dann kann dies im Hinblick auf die Individuierung der Artikulationen die kommunikationstheoretische Bedeutung der *Auswahl* und des *Stils* der gezeigten Bilder begründen (vgl. allgemein zu Stil als kommunikativem Mittel Meier 2014; Reißmann 2015: 77ff.).

Der Bezug des Gezeigten zum Zeigenden qualifiziert sich darüber, *was* aus einem potenziell möglichen Bildspektrum gewählt wird und *wie* das Ausgewählte wiederum stilistisch beschaffen ist. Stil und Habitus geben zwar in jeder Form der Kommunikation (implizite) Hinweise auf die Kommunikatoren und das Gemeinte. In der mündlichen Rede individualisieren etwa Intonation, Stimmmodulation oder Wortwahl die denotativen Gehalte. Auch das kommunikative Umfeld legt Assoziationen und Zuschreibungen nahe. In einer Kommunikation mit Bildern sind Auswahl und Stil jedoch schon deshalb konstitutiv, da die zahlreichen, Ich-Bezug ausdrückenden Relationen der Sprache (z.B. das Personalpronomen „ich", das Reflexivpronomen „mich") fehlen, um im Akt des Zeigens zugleich auch der eigenen Haltung zum Gezeigten Ausdruck zu verleihen. Durch die Motivauswahl und die Art und Weise der Gestaltung und Formung des sinnlichen Materials werden (bewusst und unbewusst) Konnotationsrichtungen festgelegt und dem Gegenüber spezielle Assoziationsräume nahegelegt. Setzt man dieses Kommunikationsprinzip zusätzlich in Beziehung zu individualisierungstheoretischen Überlegungen, dann überrascht es nicht, dass neben Wiederholung und Wiedererkennbarkeit (s.o.) die Produktion stilistischer Differenz und Abweichung ebenso ihren Platz im bildlichen Alltagshandeln nicht nur von Kindern und Jugendlichen hat.

Variation und Bildtransformation

Bilder und allzumal digitale Bilder laden dazu ein, gestaltet zu werden. Die kulturell stabilisierte Trennung zwischen technisch scheinbar *reproduzierenden* („indexikalischen") Bildern der Fotografie und des Films (sei es im Bereich des Realistischen oder des Fantastischen) und *entwerfenden Bildern* (Zeichnungen, Skizzen, Pläne usw.) ist durch die Möglichkeiten und die Veralltäglichung der digitalen Bildbearbeitung durchlässiger geworden.

Um Abbildtheorien und Wahrnehmungsmodelle soll es hier jedoch nicht gehen. Vielmehr soll siebtens die für die alltäglichen Anwender*innen gestiegene *Plastizität des digitalen Bildes* als ein Schub für die Veralltäglichung „echter" Bilddialoge reflektiert werden, die im Sinne einer interpersonalen Bildkommunikation auf Sprache und andere Ausdrucksmittel verzichten können. Unter Bilddialog wird hier verstanden, dass die Reaktion auf das Zeigen eines Bildes keine „Ant-Wort", sondern ein „Ant-Bild" ist. Für solche Bilddialoge braucht es keine spezielle Plastizität als Voraussetzung. Jemand kann imaginär ein Bild A hervorzeigen, das ein/e andere/r veranlasst, ein Bild B zu zeigen usw. Die in Reichweite bestehenden Bildarchive sind das kommunikative Arsenal, aus dem solche Bildspiele schöpfen. Sie können dadaistische Züge annehmen, wenn scheinbar zusammenhangslos Material auf Material folgt – und dabei dennoch elementar sinnvoll sein: weil der Verlauf vielleicht überrascht oder eine vergleichende Wahrnehmung einsetzt, die trotz Kontingenz und Heterogenität Gemeinsamkeiten entdeckt oder sich ihren eigenen Reim aus den Kontrasten macht.

Bilddialoge können ebenso aber auch zu Sammlungen oder rekursiven Ketten stilistisch oder motivisch ähnlicher Bilder führen. Grundsätzlich sind allerdings – maximal wie minimal – *Variation und Bildvielfalt* Voraussetzungen für Bilddialoge, wenn wir unterstellen, dass Akteure in Konversationen etwas zu berichten haben wollen. Freilich kann das „Ant-Bild" ebenso wie die „Ant-Wort" das Gesagte bzw. Gezeigte hypothetisch bloß wiederholen. Es ist aber eher unrealistisch, dass unsere Reaktion auf ein Bild, das uns z.B. ein Freund schickt, exakt das gleiche Bild ist (zumindest, wenn wir in der Dialogfigur bleibend davon ausgehen, uns mit diesem zu unterhalten, und nicht etwa seine Bilder in andere Konversationen einzubringen). Die digitale Plastizität, aber auch generell die Gestaltbarkeit von Bildern (z.B. durch Perspektive, Kadrierung und soziale Choreografie in der Fotografie) sind wichtig für Bilddialoge, da Bildpraxis immer Bezug auf Vor- und Ausgangsbilder nimmt. Jedes Bild, das gemacht wird, ist in gewisser Hinsicht die (schlechte) Kopie eines oder mehrerer anderer Bilder, die uns, bewusst oder nicht, imaginär oder materiell vergegenständlicht, bereits vertraut sind. Umgekehrt ist jedes neue Bild qua Konkretion und Kontextualität einzigartig. Plastizität und Gestaltbarkeit befördern, so die These, solche Bilddialoge bzw. -ketten, die gleichermaßen von Wiedererkennbarkeit und Gemeinsamkeiten wie von Befremdung und Überraschungsmomenten leben.

Anschauungsunterricht für das kompositorische Spiel mit Vor- und Ausgangsbildern bieten gegenwärtig Meme im Internet. Alltagssprachlich werden unter dem wissenschaftlichen Begriff „Mem" seit der letzten Dekade auch bildliche, bildtextliche und audiovisuelle populärkulturelle Artefakte gefasst, die sich via digitaler Infrastrukturen „viral" verbreiten und binnen kurzer Zeit sehr viele Menschen erreichen und/oder von diesen weiter geleitet und/oder transformiert werden. Ein wesentliches Gestaltungsprinzip ist das Spiel mit Inkongruenzen, die auf unterschiedliche Weise entstehen können: *materiell*, z.B. über das kontrastive Arrangement von Bildelementen und das Erzeugen von Bild-Text-Scheren; *symbolisch/ ideell* z.B. durch die Bezugnahme auf Vor-Bilder (die im einzelnen Mem selbst nicht zu sehen sind) und damit auf das Vorwissen und den imaginären Abgleich verschiedener Bilder durch die Betrachtenden. Typisch sind bspw. Text-Bild-Reihen, in denen entweder der Text oder das Bild konstant gehalten werden und das jeweils andere Element variiert (vgl. Davison 2012: 127ff.). Solche Reihen bzw. Remix-Spiralen können aber auch primär oder allein visuell-bildlich erzeugt werden, wie etwa die populären *Merkel-Rauten* oder die Adaptionen der *Situation-Room-Ikone* demonstrieren.[1] Nicht alle, aber viele Meme beziehen ihren Schauwert aus kompositorischen Variationen, die mit Wahrnehmung und Assoziationsfeldern spielen.

Meme sind nur ein Beispiel für umfassendere Phänomene. Die Veralltäglichung von Bildkommunikation führt dazu, dass Bilder konkret oder ideell nicht nur auf andere (Vor-)Bilder Bezug nehmen (was Voraussetzung für Bildpraxis und Grundlage für oben genannte ästhetische und motivische Standardisierungen ist), sondern in dieser Bezugnahme auch permanent transformiert werden. Zu diesen Transformationen zählen selbstverständlich nicht nur Bildbearbeitungen, sondern ebenso auch Abweichungen in typischen sozialen Choreografien, das Ausprobieren alternativer Perspektiven, Szenarien usw. Bildakteure produzieren damit immer auch *kommunikative Perspektiven* auf ein gemeinsames Thema, eine Situation oder ein Ereignis. Gerade wenn es im Kontext interpersonaler Kommunikation darum geht, mit und in Bildern zu kommunizieren, braucht es Möglichkeiten, sich differenziert(er) und bezogen auf einen gemeinsamen Gegenstand auszudrücken. In diesem Sinn stützen – vergleichsweise einfach zu bewerkstelligende – Bildtransformationen die Möglichkeit, tatsächlich mit dem Mittel des Bildes zu interagieren.

REKONTEXTUALISIERUNG

Die vorgebrachten Überlegungen zur Veralltäglichung interpersonaler Bildkommunikation setzen eher abstrakt und kommunikationstheoretisch an. Gesellschafts- und kulturtheoretische Tiefe gewinnen entsprechende Analysen aber erst (zurück), wenn die tatsächlichen, von Mensch und Technik hervorgebrachten und miteinander aufgeführten Bildspiele in den Blick geraten. Es stellt sich im Anschluss also die Frage, in welchen Kontexten und Situationen von welchen Akteur*innen welche Bilder – als Erlebnisräume/Quasi-Umwelten, arretierte Blicke/verdinglichte Perspektiven, individuierte Artikulationen, Teil von Strömen usw. – gezeigt und gestaltet werden, wie darauf wiederum reagiert wird und welche Bildketten und -reihen sich schlussendlich ergeben. Auf dieser Ebene sind auch all die „*Doing*-Fragen" einzubringen, die auf die (Re-)Präsentation und Performanz von (Teil-) Kulturen, Identitäten, Geschlechterbildern, Milieus oder Szenen im Spannungsfeld von Typisierung und Stereotypisierung, von Macht- und Herrschaftsverhält-

---

1 Siehe http://merkelraute.tumblr.com/; https://www.tumblr.com/tagged/situation-room [15.03.2016].

nissen bezogen sind oder die sich aus der Konstruktionslogik der jeweiligen medialen Infrastrukturen ergeben (Codes, Algorithmen usw.). Erst die Hinwendung zur Praxis erweist, welche heterogenen Körper- und Stil-Welten etwa Jugendliche in „Selfies" und Portraits zur Betrachtung und Erkundung darbieten, in und aus welchen Perspektiven sie angeschaut werden sollen, in welcher Weise „Foodporn" sinn-voll ist, wie sich Bilddialoge im Kontext von „Fitnesstracking" und Imagestreams in *Instagram* ausnehmen, wie dezentral und translokal an kollektiven Bildarchiven als Gruppengedächtnissen gearbeitet wird usw.

Und schließlich bleibt bei allen Überlegungen die Diskrepanz zwischen Nutzungs- und Aneignungs*potenzialen*, die technologische Infrastrukturen bieten, und den differentiellen Nutzungs- und Aneignungs*realitäten* zu berücksichtigen. Wenn jemand zwei Wochen lang nicht in ihren oder seinen *Facebook*-Account schaut, sind die Bilder, die sie/er dort zu sehen bekommt, (subjektphänomenologisch formuliert) ähnlich lang oder gar länger unterwegs – und *faktisch*: ähnlich (im-)mobil – wie die Bilder, die eine Person einige Jahrzehnte früher womöglich mit der Post von Bekannten zugeschickt oder bei einem Treffen bekommen hätte. Letztlich entscheidet die mediale und kommunikative Praxis darüber, wie groß die Kluft von aktuellen und vergangenen Ausprägungen von Kommunikationsmustern tatsächlich ist. Das sollte uns aber nicht davon abhalten, mögliche Tendenzen als solche zu diagnostizieren und daraufhin zu befragen, was sie für einen Unterschied machen.

LITERATUR

Arnheim, Rudolf (1972): Anschauliches Denken. Zur Einheit von Bild und Begriff. Köln: DuMont Schauberg.

Baudrillard, Jean (1982): Der symbolische Tausch und der Tod. München: Matthes & Seitz. [Orig. 1976].

Berger, Peter L./Luckmann, Thomas (2004): Die gesellschaftliche Konstruktion der Wirklichkeit. 20. Auflage. Frankfurt am Main: Fischer. [Orig. 1966].

Bucher, Hans-Jürgen (2010): Multimodalität. Eine Universalie des Medienwandels: Problemstellungen und Theorien der Multimodalitätsforschung. In: Bucher, Hans-Jürgen/ Gloning, Thomas/Lehnen, Kathrin (Hg.): Neue Medien – Neue Formate. Ausdifferenzierung und Konvergenz in der Medienkommunikation. Frankfurt am Main/New York: Campus, S. 41-79.

Couldry, Nick (2006): Akteur-Netzwerk-Theorie und Medien: Über Bedingungen und Grenzen von Konnektivitäten und Verbindungen. In: Hepp, Andreas/Krotz, Friedrich/ Moores, Shaun/Winter, Carsten (Hg.): Konnektivität, Netzwerk und Fluss. Konzepte gegenwärtiger Medien-, Kommunikations- und Kulturtheorie. Wiesbaden: VS Verlag für Sozialwissenschaften, S. 101-117.

Davison, Patrick (2012): Language of Internet Memes. In: Mandiberg, Michael (Hg.): The Social Media Reader. New York: NYU Press, S. 120-136.

Faßler, Manfred (2002): Bildlichkeit. Navigationen durch das Repertoire des Sichtbaren. Wien u.a.: Böhlau.

Frank, Gustav (2009): Literaturtheorie und Visuelle Kultur. In: Sachs-Hombach, Klaus (Hg.): Bildtheorien. Anthropologische und kulturelle Grundlagen des Visualistic Turn. Frankfurt am Main: Suhrkamp, S. 354-392.

Gebauer, Gunter/Wulf, Christoph (2003): Mimetische Weltzugänge. Soziales Handeln – Rituale und Spiele – Ästhetische Produktionen. Stuttgart: Kohlhammer.

Geise, Stephanie (2011): Vision that matters. Die Funktions- und Wirkungslogik Visueller Politischer Kommunikation am Beispiel des Wahlplakats. Wiesbaden: VS Verlag für Sozialwissenschaften.

Holzwarth, Peter (2009): Selbstausdruck mittels Medien. In: Vollbrecht, Ralf/Wegener, Claudia (Hg.): Handbuch Mediensozialisation. Wiesbaden: VS Verlag für Sozialwissenschaften, S. 446-452.

Knape, Joachim (2008): Gibt es Pathosformeln? Überlegungen zu einem Konzept von Aby M. Warburg. In: Dickhut, Wolfgang/Manns, Stefan/Winkler, Norbert (Hg.): Muster im Wandel. Zur Dynamik topischer Wissensordnungen in Spätmittelalter und Früher Neuzeit. Göttingen: V&R unipress, S. 115-137.

Krotz, Friedrich (2010): Leben in mediatisierten Gesellschaften. Kommunikation als anthropologische Konstante und ihre Ausdifferenzierung heute. In: Pietraß, Manuela/ Funiok, Rüdiger (Hg.): Mensch und Medien. Philosophische und sozialwissenschaftliche Perspektiven. Wiesbaden: VS Verlag für Sozialwissenschaften, S. 91-113.

Langer, Susanne K. (1987): Philosophie auf neuem Wege. Das Symbol im Denken, im Ritus und in der Kunst. Frankfurt am Main: Fischer. [Orig. 1942].

Lobinger, Katharina (2012): Visuelle Kommunikationsforschung. Medienbilder als Herausforderung für die Kommunikations- und Medienwissenschaft. Wiesbaden: VS Verlag für Sozialwissenschaften.

Mead, George H. (1973): Geist, Identität und Gesellschaft. Frankfurt: Suhrkamp. [Orig. 1934].

Meier, Stefan (2014): Visuelle Stile. Zur Sozialsemiotik visueller Medienkultur und konvergenter Design-Praxis. Bielefeld: transcript.

Mitchell, William J. T. (1990): Was ist ein Bild? In: Bohn, Volker (Hg.): Bildlichkeit. Internationale Beiträge zur Poetik. Frankfurt am Main: Suhrkamp, S. 17-68.

Moores, Shaun (2006): Ortskonzepte in einer Welt der Ströme. In: Hepp, Andreas/Krotz, Friedrich/Moores, Shaun/Winter, Carsten (Hg.): Konnektivität, Netzwerk und Fluss. Wiesbaden: VS Verlag für Sozialwissenschaften, S. 189-205.

Paul, Gerhard (2009): Das Jahrhundert der Bilder. Die visuelle Geschichte und der Bilderkanon des kulturellen Gedächtnisses. In: Paul, Gerhard (Hg.): Das Jahrhundert der Bilder. Band I: 1900 bis 1949. Bonn: bpb, S. 14-39.

Pörksen, Uwe (1997): Weltmarkt der Bilder. Eine Philosophie der Visiotype. Stuttgart: Klett-Cotta.

Poster, Mark (2002): Visual Studies as Media Studies. In: Journal of Visual Culture, Jg. 1, Heft 1, S. 67-70.

Reißmann, Wolfgang (2014a): Bildhandeln und Bildkommunikation in Social Network Sites. Reflexionen zum Wandel jugendkultureller Vergemeinschaftung. In: Hugger, Kai-Uwe (Hg.): Digitale Jugendkulturen. 2., erw. und akt. Auflage. Wiesbaden: VS Verlag für Sozialwissenschaften, S. 89-103.

Reißmann, Wolfgang (2014b): Vom „home mode" zum „image stream"? Domestizierungstheoretische Überlegungen zum Wandel privater Bildpraxis. In: Studies in Communication Sciences, Jg. 14, Heft 2, S. 121-128.

Reißmann, Wolfgang (2015): Mediatisierung visuell. Kommunikationstheoretische Überlegungen und eine Studie zum Wandel privater Bildpraxis. Baden-Baden: Nomos.

Sachs-Hombach, Klaus (2006): Das Bild als kommunikatives Medium. Elemente einer allgemeinen Bildwissenschaft. Köln: Halem.

Schelske, Andreas (2002): Visuell kommunikatives Handeln mittels Bildern. In: Sachs-Hombach, Klaus/Rehkämper, Klaus (Hg.): Bildhandeln. Interdisziplinäre Forschungen zur Pragmatik bildhafter Darstellungsformen. Magdeburg: Scriptum, S. 149-158.

Scherke, Katharina (2011): Ästhetisierung des Sozialen heute und in der „Wiener Moderne" um 1900. Zur Auflösung und neuen Verfestigung sozialer Unterschiede. In: Hieber, Lutz/Moebius, Stephan (Hg.): Ästhetisierung des Sozialen. Reklame, Kunst und Politik im Zeitalter visueller Medien. Bielefeld: transcript, S. 15-32.

Schwemmer, Oswald (2005): Kulturphilosophie. Eine medientheoretische Grundlegung. München: Fink.

Silverstone, Roger (2008): Mediapolis. Die Moral der Massenmedien. Frankfurt am Main: Suhrkamp.

Snyder, Joel (1980): Picturing Vision. In: Critical Inquiry, Jg. 6, Heft 3, S. 499-526.

Tomasello, Michael (2011): Die Ursprünge der menschlichen Kommunikation. Frankfurt am Main: Suhrkamp.

Zirfas, Jörg/Jörissen, Benjamin (2007): Phänomenologien der Identität. Human-, sozial- und kulturwissenschaftliche Analysen. Wiesbaden: VS Verlag für Sozialwissenschaften.

Das gläserne Jugendzimmer?

Ikonische Selbstentwürfe zwischen digitalen
und analogen Räumen

VIKTORIA FLASCHE

> „You realize that *community* and *communication*
> come from the same root word *communis*, Latin
> for common, public, shared by all or many?"
> (Eggers 2013: 113)

Menschen – nicht nur Jugendliche – fotografieren sich und andere in nie gekanntem Umfang. Ephemerale Ereignisse werden im Bild gebannt, bearbeitet, geteilt, verschickt und kommentiert. Die klare Grenze zwischen analogen und digitalen Räumen wird durch diese Praktiken zunehmend unscharf, und Kommunikation generell, auch die digitale, findet nicht nur typografisch oder typografisierbar statt. In ihrem zusammenfassenden Bericht über die seit fünfzehn Jahren laufende JIM-Studie attestiert der herausgebende Medienpädagogische Forschungsverbund Südwest den Sozialen Netzwerken aktuell eine Omnipräsenz in allen Bereichen des sozialen Lebens (vgl. MPFS 2015: 26, 41). Parallel zu dieser Expansion wurde nach Lovink (2011) spätestens seit 2003 das Internet mit Selbstdarstellungen, nicht nur mit bildlichen, überschwemmt, und die Sozialen Netzwerke – deren Attribut „sozial" er generell zur Diskussion stellt – hätten eine Kultur der Selbstpreisgabe auch über das Digitale hinaus etabliert. Er diagnostiziert der Gegenwart ein kollektives Besessensein, in dem das herkömmliche Identitätsmanagement à la Goffman (2003) auf ein Level gelangt sei, auf dem dystopische Sciene-Fiction-Szenarien (z.B. Eggers 2013) nahezu Realität geworden seien. Bilder sind zu zentralen Transfermedien geworden, so Wolfgang Reißmann, die zwischen Online- und Offline-Sphären vermitteln, diese veranschaulichen oder symbolisieren. Die vernetzten

Profile erzeugen dynamische und individualisierte Erlebnis- oder Sozialräume, die sich in permanenter Interdependenz zu den Praktiken der User*innen entwickeln und entwickelt haben (Reißmann 2012: 197).

Solche Bilder stehen im Fokus des hier vorgestellten Dissertationsprojekts, das nachfolgend in seiner Einbettung in Forschungen zum sozio-technischen Aspekt des untersuchten Netzwerks Facebook, in darauf bezogene raumtheoretische Fragestellungen und die Debatte zur Sichtbarkeit des Selbst vorgestellt wird. Gerade die an prominenter Stelle auf Facebook veröffentlichten Profilbilder können heuristisch als Miniatur der digitalen Selbstkonstitution Jugendlicher gefasst werden. Sie bilden den zu untersuchenden Bildkorpus der empirischen Studie, die diesem Beitrag zugrunde liegt. Über eine Spurensuche (vgl. Jörissen 2007: 196) innerhalb des spezifischen medialen Kontextes können so genau die Medienpraktiken reflexiv betrachtet werden, die in der kulturpessimistischen Medienkritik stets als Indiz für eine medial vermittelte Zunahme narzisstischer Persönlichkeitsstörungen gedeutet werden (vgl. Carpenter 2012).

SOZIO-TECHNISCHE ASPEKTE VON FACEBOOK

Im Anschluss an Winfried Marotzki und Benjamin Jörissen (vgl. Marotzki 2003; Jörissen 2007; Marotzki/Jörissen 2008) fokussiert das empirische Design der Studie auf Subjektivierungsprozesse, die sich grundsätzlich in medial geprägten kulturellen Lebenswelten und in medialen Interaktionszusammenhängen ereignen. Marotzki und Jörissen betonen, dass eine komplexe Betrachtung digitaler Interaktionen nicht bei der Untersuchung inhaltlicher Aspekte stehen bleiben darf, sondern strukturale Aspekte oder „mediale Formbestimmtheiten" notwendig berücksichtigt werden müssen (Marotzki/Jörissen 2008: 60). In diesem Sinne soll das soziale Netzwerk Facebook im Folgenden als eine „mediale soziale Arena" (ebd.) untersucht werden, die als selbstverständlicher Bestandteil der Lebenswelt der aktuellen Generation der 12- bis 25-Jährigen gelten kann.

Während vorangegangene Jugendgenerationen noch miterleben konnten, wie sich Marktplattformen, Suchmaschinendienste und soziale Netzwerke nach und nach entwickelten und wuchsen (vgl. Turkle 2012: 294; Jugend 2015: 138), sind die heutigen Jugendlichen mit und in ihnen sozialisiert worden und die Mehrheit betätigt sich mindestens einmal täglich dort (Jugend 2015: 139). Danah Boyd, die sich intensiv mit den *social-media*-Sozialitäten von Jugendlichen auseinandergesetzt hat, konstatiert aufgrund dieser medienspezifischen Sozialisation (vgl. Nohl 2012: 194) eine Kluft zwischen den Generationen (Boyd 2014: 50). Zwar nutzen auch Erwachsene die Möglichkeiten der digitalen Kommunikation mehr oder weniger intensiv, jedoch unterscheidet sich die Nutzung fundamental in der Selbstverständlichkeit, die den Umgang mit den Gegebenheiten bestimmt. Vorherige Jugendgenerationen unterschieden instrumentell zwischen verschiedenen Kommunikationskanälen und nutzten die Internetkanäle vorwiegend, um den Kontakt mit räumlich weit entfernten Freunden oder Bekannten zu pflegen, was als eskapistischer Moment der *frühen* Kommunikation per E-Mail, Chats oder Blog beschrieben wird (ebd.: 4). Die selbstverständliche und allgegenwärtige Integration vielfältiger Kommunikationstools vermochten es diese Dimension digitaler Kommunikation zurückzudrängen, denn kommuniziert wird inzwischen vor allem im nahräumlichen Bereich, parallel oder als Ergänzung zur analogen face-to-face Interaktion (vgl. Turkle 2012: 260).

Auch in den 1990er-Jahren ist schon im Umgang mit damals noch rudimentären Online-Communities ein Gefühl von *Geborgenheit* beschrieben worden (Rheingold 1994, zit. nach Jörissen 2007: 194) Heutige Jugendliche haben sich jedoch mit einer *Behaglichkeit* in den Sozialen Netzwerken eingerichtet, die den älteren Generationen herzustellen nicht mehr möglich ist (vgl. Boyd 2014: 50). Die Grundbedingungen der digitalen Kommunikation – *Persistenz, Sichtbarkeit, leichte Verbreitbarkeit* (engl. spreadability) und *Suchbarkeit* (ebd.: 11) – sind für Jugendliche alltägliches Wissen. *Unsichtbarkeit* oder die Gewissheit nicht ständig einem potenziellen Publikum ausgesetzt zu sein ist grundsätzlich weniger alltäglich als die Akzeptanz einer grundsätzlichen Sichtbarkeit. Unter der Grundbedingung der Sichtbarkeit ist die Erzeugung von Unsichtbarkeit meist mit speziellem Wissen und zusätzlichen Fähigkeiten verbunden ist.

Geert Lovink ergänzt die Liste der Kommunikationsbedingungen der Sozialen Netzwerke um den relevanten Moment der *Echtzeit*. Unter der Überschrift *Psychopathologie der Informationsüberflutung* zeichnet er das Phänomen nach, das schon ältere Medientheoretiker pathologisierend als medienbedingte Aufmerksamkeitsstörung untersucht hatten (vgl. McLuhan/Fiore 2014). Mit dem italienischen Medientheoretiker Berardi (2009) spricht Lovink sich dafür aus, diese Entwicklung insbesondere an den Generationen zu untersuchen, die in Selbstverständlichkeit mit der Informationsüberflutung aufwachsen (Lovink 2013: 37). In der Alltäglichkeit, in der Jugendliche mit dem Netzparadigma (vgl. Deleuze/Guattari 2005) operieren, könne beobachtet werden, was es bedeutet, wenn die Postmoderne zur Selbstverständlichkeit geworden sei.

Als ein erstes Ergebnis solcher Untersuchungen attestiert Lovink den Jugendlichen eine „reflexive Impotenz" (ebd.: 41), d.h. den stetigen Rückzug auf eine Position der Indifferenz und eine Art der Schicksalsergebenheit, generell und besonders mit Bezug auf die Möglichkeiten des Internets – eine These, die zumindest mit Blick auf die Ergebnisse der 17. Shell Jugendstudie differenziert werden muss (vgl. Jugend 2015: 132). Nur etwa ein Viertel (26 %) der Jugendlichen zeigte eine restlos unkritische Grundhaltung gegenüber den Netzwerken. Etwa ein Drittel der Jugendlichen (32 %) ließ sich dahingegen unter dem Slogan „sich kritisch geben, aber trotzdem mit dabei sein" einordnen, und der größte Teil (39 %) nahm eine kritische Haltung ein und wollte „sich nicht auf alles einlassen" (ebd.: 132). Im Anschluss an Lovinks Diagnose kann von dieser zunächst skeptisch-reflexiven Positionierung jedoch nicht auf eine entsprechende Nutzungsintensität geschlossen werden: Gerade auf das Angebot des Unternehmens Facebook verzichten die Jugendlichen nicht, auch wenn sie ihm misstrauen (ebd.: 134f.). Stattdessen genießt Facebook mittlerweile insbesondere bei Jugendlichen die Monopolstellung im digitalen Kommunikationssektor (vgl. JIM 2011: 48; 2014: 36).

Einbettung des Profilbilds

Abb. 1: Facebook, Schema einer Profilseite.[1]

Die Architektur einer Facebookseite bietet eine Vielzahl an schriftlichen, ikonischen oder audio-visuell-bewegten Kommunikationsoptionen. Neben dem Hochladen von vielfältigen Bilderstrecken erscheinen auch auf der Titelseite an mehreren Stellen prominent Bilder, unter denen das Profilbild eine besondere Funktion hat. Mit Hilfe der privaten Einstellung kann ein Großteil der Informationen nur für als „Freunde" gelistete User*innen sichtbar gemacht werden und lediglich der Name und das Profilbild sind im Internet stets öffentlich. Damit wird es zur eige-

---

1   Abbildungsquelle URL: http://ausgetrock.net/sites/default/files/styles/max/public/blog/ fb_timeline_template_profiles_v1_4.png?itok=GfI4CZvO

nen Frontispiz[2] stilisiert, da es häufig der erste und für Außenstehende der einzige Eindruck bleibt; es fungiert so als decodierbare Verdichtung von Welt- und Selbstsichten (vgl. Jörissen 2007: 186).

Die als Profilbild auf Facebook veröffentlichten Bilder (siehe Abb. 1) sind der Ausgangspunkt dieser Untersuchung und werden heuristisch als ikonisch-performative Stilisierungen des Selbst gefasst. Meine Analyse bezieht sich auf einen Bildkorpus, den ich mit der seriell-ikonografischen Fotoanalyse nach Pilarzyk und Mietzner (2005) bearbeite.

Siegfried Kracauer (1999: 104) und Georg Simmel (vgl. u.a. 1995) haben zu Beginn des letzten Jahrhunderts – als die Fotografie noch ein seltenes und teures Verfahren war – intensiv über die Zusammenhänge von Selbst- und Bildwerdung diskutiert (vgl. Raab 2010). Auch in der Erziehungswissenschaft sind diese Zusammenhänge in den vergangenen Dekaden – wenn auch bisher wenig empirisch – untersucht worden. Klaus Mollenhauers grundsätzliche Überlegungen über den Zusammenhang von Erziehung und Kultur lassen sich in der Frage bündeln, welche Spuren Entwicklungen in der Selbstdarstellung hinterlassen:

„Für das, was sich in derartigen Selbstverhältnissen ereignet, haben wir freilich nicht nichts! Wir haben Spuren davon im Äußeren, und wir versuchen sie zu lesen." (Mollenhauer 2003: 106).

In diesem Kontext befasste sich Mollenhauer mit den Selbstbildnissen berühmter Maler, von deren Abbildung auf innere Selbstverhältnisse geschlossen wird. Diesem Ansatz entgegen steht der Mainstream der bisherigen Forschungspraxis: Fotografische Abbildungen von Jugendlichen waren und sind häufig nicht mehr als eine illustrative Begleitung erziehungswissenschaftlicher Forschung.

Begegnet man jugendlichen Selbstdarstellungen im *social web* jedoch mit dem Gedanken an Selbstporträts oder *Selfies*, wird man zwangsläufig irritiert, denn auch Katzenfotos, Fußballvereine und sonstige Avatare eignen sich zur Frontispiz der eigenen Darstellung im Netz. Doch wird nicht alles aus der eigenen Lebenswelt fotografiert oder ikonisch symbolisiert – und nicht alles, was fotografiert wird, landet vernetzt in einem digitalen individuellen Profil. In meiner Studie stehen nicht die abbildenden oder abgebildeten Bildproduzenten, sondern die autorisierenden Akteure im Fokus und auch Avatare lassen Aussagen über diejenigen zu, die dieses *eine* Bild unter vielen anderen gewählt haben, ihrem Profil voranzustehen.

---

2   Als Frontispiz wird in der Buchgestaltung eine Illustration bezeichnet, die sich meist auf der dem Titelblatt gegenüberliegenden Seite befindet und die häufig einen Ausblick auf den Inhalt oder die Form des gesamten Buches bietet (vgl. Halsam 2007).

Zudem fordert gerade das Unternehmen Facebook dazu auf, sich die Auswahl des Bildes gut zu überlegen und auf seinen Selbstrepräsentationswert hin zu überprüfen:

„Darüber hinaus bietet das von dir ausgewählte Bild eine weitere Möglichkeit, deine Persönlichkeit gegenüber Freunden und Familie auszudrücken. Wenn du ein Profilbild auswählst, empfehlen wir dir ein Bild zu nehmen, das dich am besten repräsentiert. Wenn du dir unsicher bist, was das bedeutet, dann sieh dir die Profilbilder von deinen Freunden an, um herauszufinden, wie sie sich präsentieren. ...“ (zit. nach Wiedemann 2011: 167).

Die in meiner Studie untersuchten Bilder entstammen alle einem klar bestimmbaren Verwendungszusammenhang und werden im Sinne Judith Butlers (2007) als eine Anrufung des Selbst verstanden, sich zu zeigen und so performativ zu generieren. Meine zentrale Forschungsfrage lautet daher, was für ein Selbst von Jugendlichen sich durch diese Bilder konstituiert. Hier geht es vor allem um das ästhetische Ringen um die Her- und Darstellung des Selbst, das in Pixeln gebannt und als Profilbild hochgeladen wird.

DOPPELTE THEMATISIERUNG DES RÄUMLICHEN

Im Rahmen der hier kurz umrissenen Studie wird Räumlichkeit auf zwei analytischen Ebenen zum Thema: Zum einen auf der Ebene des Digitalen, die durch die oben beschriebenen, medialen Formbestimmtheiten hervor gebracht wird. Auf der zweiten Ebene die Räume, die in den Bildern der Jugendlichen zum Thema ihres Selbst werden. Durch diese betreiben die Jugendlichen in ihren Profilfotos ein Identitätsmanagement, das nicht selten *Bühnenbild* und *Requisit* mehr fokussiert als die *eigentlichen* Darsteller (vgl. Goffman 2003). Dem folgend schließt die Studie in Heuristik und Theoretisierung an Bruno Latours Akteur-Netzwerk-Theorie an, die von der grundlegenden Verflechtung von Mensch, Ding und Raum ausgehend der Möglichkeit, den Menschen als Einzel*ding* zu betrachten, radikal widerspricht (Latour 2006, 2010). Über ein im Weiteren vorgestelltes *spatial*-orientiertes Codesystem, mit dem der Bildkorpus geordnet wird, kann so die Forschungsperspektive empirisch rückgebunden werden.

Aus Perspektive derer, die vor allem die erstgenannte Thematisierung fokussieren, wird versucht, das Facebook-Profil mit der Metapher des Schlafzimmers, des *bedroom* (vgl. Pearson 2009), zu beschreiben, da hier wie dort die intimsten Geheimnisse sichtbar würden. Auch wenn der Auflösungsprozess der vormals scharf getrennten Sphären öffentlich/privat sicherlich auch die digitale Lebenswelt der Jugendlichen durchdringt, entpuppt sich die Reichweite der Metapher gleichwohl als begrenzt. Das Facebook-Profil gleicht weniger dem vor neugierigen Blicken geschützten, räumlich wie funktional abgetrennten Schlafzimmer, als vielmehr dem Jugendzimmer. Da finden sich die Collagen aus vergangenen Klassenfreizeiten, und das verherrlichte Idol ist, zwar nicht als Poster, aber als verlinktes Profil samt eingeblendeter Videos und Postings deutlich sichtbar. Diese Schärfung der Metapher knüpft also an die Beobachtung an, dass jugendliche User*innen ihr Profil nach ähnlichen Kriterien gestalten wie ihr eigenes Zimmer (vgl. Boyd 2014: 47; Reißmann 2014: 97). Dieser vermeintlichen Analogie zwischen analogem und digitalem Raum ist auch Ansgar Schnur (2012) in seinen Studien empirisch nachgegangen. Das Gläserne des Profils offenbart sich vor allem darin, dass potenzielle Beobachter in höherem Maße antizipiert werden, als es im Jugendzimmer geschieht. Diese Beobachtung schließt nahtlos an die These des Ethnologen Daniel Miller (2012) an, der als Ergebnis seiner Feldforschung die sozialen Auswirkungen Facebooks als das Ende jeglicher Anonymität beschreibt. Folgt man dieser Lesart, gäbe es keinen analogen wie digitalen Raum mehr, dessen Wände nicht potenziell gläsern wären.[3]

Die vorgestellte Studie untersucht einen klar definierten Ausschnitt aus diesem gläsernen Jugendzimmer. Die vernetzten Profile erzeugen dynamische und individualisierte Erlebnis- oder Sozialräume (vgl. Reißmann 2012: 97), die sich in permanenter Interdependenz zu den User*innen entwickeln und entwickelt haben. Gerade diese Individualisierung unterscheidet die beschriebenen Medienräume von denen der traditionellen Massenmedien, an deren Inszenierungsapparate und Erlebnisräume trotzdem angeschlossen wird. Damit erweist sich der Digitale Raum als einer an dem die „eigenthümliche Doppelseitigkeit" des Raumes (vgl. Bollnow 1956) gesteigert sichtbar wird. Die digitale Architektur wirkt auf der einen Seite als strukturelle Einschränkung, während sie auf der anderen Seite auch einen Ermöglichungsraum herstellt, der die User*innen entlastet, indem er ihnen begrenzte Gestaltungsmittel an die Hand gibt oder eben erst durch seine Beschränkungen Kreativität freisetzt (vgl. Jörissen 2007: 188). Diese normierenden und begrenzenden Aspekte Facebooks wurden bisher intensiver thematisiert (vgl. Wiedemann 2011; Rauning 2011; Turkle 2012) als der kreative Umgang mit diesen. Nicht unerwähnt bleiben darf, dass Facebook strukturell zur Normierung neigt, was sich allein schon in den vereinheitlichenden Begrifflichkeiten wie „Posting", „Kommentar", „Beziehungsstatus", „Gefällt mir" zeigt (vgl. Miller 2012: 169): Bezie-

---

3 Diese These knüpft an die Theorie des post-digitalen Zeitalters an, in dem die selbstverständliche und alle Lebensbereiche durchdringende Digitalisierung die generelle Unterscheidung zwischen digital und analog überflüssig hat werden lassen (vgl. Stalder 2016: 16).

hungen oder Affekte, die nicht unter einem dieser Schlagworte kommuniziert werden können, müssen unsichtbar bleiben. Speziell Facebook ist im Wettbewerb mit anderen Netzwerken *das* Medium einer öffentlichen Sichtbarmachung, das Beziehungen etablieren und beenden kann, nicht zuletzt deshalb, weil auf der Website Umstände in den Vordergrund rücken, die im analogen Leben nur in einem eingeschränkten Kontext bekannt wären (ebd.: 159). Das Netzwerk ist dann weit mehr als ein Kanal zur Kommunikation mit Freunden, mehr als ein *Meta-freund*, sondern das unverzichtbare Medium eines öffentlichen Vorzeigens und Bezeugens. Eine Art übergeordnete moralische Instanz, „„...die uns nicht nur sagt wer wir sind, sondern auch, wer wir sein sollen." (Ebd.: 161)

Die formierende Struktur der Netzbedingungen Facebooks untersucht auch Carolin Wiedemann, indem sie genau die Ansprache und Reihenfolge der vorgeschriebenen Tätigkeiten analysiert (Wiedemann 2011: 105). Dabei verfolgt sie die These, dass die Selbstdarstellung auf Facebook sich als eine neue Form der Etablierung des Selbst als zu verkaufende Marke beschreiben lässt und bezieht diese These unmittelbar auf Foucaults Konzept der Gouvernementalität (vgl. Foucault 2005: 171f.). Ist ihr Blick vor allem auf die in der Webseitenarchitektur vorgesehenen Rahmungen gerichtet, fragt die hier vorgestellte Studie nach dem, was sich in diesem speziellen Rahmen oder Fenster ereignet. Wie interagieren die User* -innen mit der präformierenden Struktur, die sie auffordert, ihr Selbst als ikonisches Narrativ darzustellen? Der Fokus liegt also weniger auf dem Subjektivierungsregime als auf dem, was es hervorbringt, was in der spezifischen Rythmik der „Anrufungs"-Szenarien auf Facebook zu Tage tritt (vgl. ebd.: 161; Butler 1998).

Der Logik des Raums folgend kann jedoch nicht jede Sozialität auf Facebook im deterministischen Sinne als direktes Produkt der Konzerne verurteilt werden. Damit kann diese Arbeit auch nicht in der pessimistischen Perspektive eines Geert Lovink verharren:

„Schiebt die Schuld auf Neoliberalismus, Individualismus, Konsumismus, Globalisierung und neue Medien. Sie alle haben das homogene Gefühl von Gemeinschaft zerstört, vor dem so viele in der Nachkriegsgesellschaft davongelaufen sind." (Lovink 2013: 14f.)

Doch Raum determiniert nicht, er verunmöglicht nicht alle ihm zuwiderlaufenden Handlungen, sondern macht sie nur schwerer zu verwirklichen, wie es auch schwer – wenn nicht unmöglich – wäre, in einer alten Kaserne ein reformpädagogisches Konzept umzusetzen (vgl. Böhme/Herrmann 2011). Selbst Lovink (2011: 63) zeigt Ausbruchsversuche aus dem präkonfigurierten Zwang zur Sichtbarkeit bei Facebook. In diesem Sinne ist im Verlauf des hier vorgestellten Dissertationsprojekts auszuloten, inwieweit das Bildhandeln Jugendlicher als Interaktionsraum in Abhängigkeit zur persistenten Architektur der sozialen Netzwerke entsteht, aber inwieweit es auch davon abweicht. Damit kann ebenso einer defizitorientierten Medienkritik traditionalistischer Kulturpessimisten widersprochen werden, die alles Übel in den Neuen Medien an sich vermuten (z.B. Spitzer 2012).

„Das Problem liegt nicht in der Technologie. Damit müssen wir zurechtkommen. Das Mörderische ist die Kombination von Informationsstress und Konkurrenz. Wir müssen die ersten sein, und wir müssen gewinnen. Die wirklich pathogene Wirkung liegt im neoliberalen Druck der die Netzbedingungen so lebensfeindlich macht – nicht im Informationsüberfluss selbst." (Berardi im Interview, zit. nach Lovink 2013: 41f.)

DAS SELBST IM UND ALS BILD?

Die Einzigartigkeit eines jeden Selbst gefasst soll im Anschluss an Judith Butler für das Forschungsdesign zunächst keinen anderen definierenden Inhalt haben als die Irreduzibilität des Ausgesetztseins, gerade dieser Körper zu sein, der so und nicht anders im Bild präsentiert wird (vgl. Butler 2007: 49).

„Wenn zur körperlichen Erfahrung auch etwas hier mit dem Wort Ausgesetztheit Bezeichnetes gehört, das nicht erzählt werden kann, das jedoch die *körperliche Bedingung der Rechenschaft darstellt*, dann ist das Ausgesetztsein eine von mehreren Quellen der Beunruhigung für das Bemühen, Rechenschaft von sich selbst abzulegen." (Ebd.: 55)

Die als Profilbild ausgewählten und dann hochgeladenen Bilder vermögen Dimensionen dieses Ausgesetztseins rekonstruierbar zu machen, was aufgrund seiner impliziten Strukturiertheit in der medialen Verfasstheit schriftlicher oder sprachlicher Äußerungen nicht artikuliert werden kann (vgl. Breckner 2010: 12). An die Schnittstelle zwischen Körper-, Raum- und Bildforschung anknüpfend dient der Begriff des *ausgesetzten Selbst* zunächst als heuristische Kategorie, die zwischen den Theorien des Selbst und dem erhobenen Sample vermittelt. Im Anschluss an eine anthropologische Diskussion des *somatic, spatial* oder *visual turn*, wie sie Jürgen Raab (2001: 171) vorgenommen hat, ist das Forschungsdesign zudem in die Debatte um Präsenz und Präsentation in der intermedialen Inszenierung eingebettet. Raab verfolgt hier eine Lesart Erving Goffmans, die dessen Bezüge auf Simmel und Durkheim prominent hervorhebt. Im Rahmen seiner Untersuchung ritualisierter Aushandlungsprozesse betont Goffman die Notwendigkeit des Selbstbildes (images) für die auf der Bühne des Alltags Handelnden. Daraus leitet sich laut Raab die menschliche Notwendigkeit ab, in sozialen Situationen nicht nur zu sein, sondern sich in ihnen darstellen zu müssen.

„Diese Möglichkeit des ‚Sich-von-sich-Unterscheidens' ist die Möglichkeit des Menschen, zum ‚Menschendarsteller' zu werden: zum Schauspieler. Zugleich konstituiert dieses sowohl gebrochene als auch gedoppelte, intermediale Verhältnis des Menschen zu sich selbst jene künstliche Einheit, aus der wir unsere soziale Kompetenz als alltägliche Rollenspieler entwickeln." (Ebd.: 173f.)

Raab stellt hier eine Verbindung zwischen dem Begriff der Person und dessen ursprünglicher Wortbedeutung als Maske her und definiert die Person neben Pose, Kleidung, Schmuck sowie sozialen Verkehrs- und Präsentationsweisen als kulturelle symbolische Kommunikationsformen (ebd.). Damit knüpft er an die Lesart Goffmans (2003) an, die eben nicht in dichotomer Lesart strukturell zwischen *oberflächlicher* Rolle und *tiefgründigem* Selbst unterscheidet, und in der Goffman sich in die Tradition Parks stellt:

„Es ist wohl kein historischer Zufall, daß das Wort Person in seiner ursprünglichen Bedeutung eine Maske bezeichnet. Darin liegt eher eine Anerkennung der Tatsache, daß jedermann überall und immer mehr oder weniger bewußt eine Rolle spielt [...]. In diesen Rollen erkennen wir uns selbst. In einem gewissen Sinne und insoweit diese Maske das Bild darstellt, daß wir von uns selbst geschaffen haben – die Rolle, die wir zu erfüllen trachten –, ist die Maske unser wahres Selbst: das Selbst, daß wir sein möchten. Schließlich wird die Vorstellung unsere Rollen zu unserer zweiten Natur und zu einem integralen Bestandteil unserer Persönlichkeit." (Zit. nach Goffman 2003: 21)

An diese aus dem symbolischen Interaktionismus stammende Theorie kann auch Foucaults Theorie des Subjekts angeschlossen werden. Das Subjekt erscheint hier nicht länger als die vorgängige Größe und verlässliche Erkenntnisgrundlage, sondern eben als variable und komplexe Funktion des Diskurses, die historisch bestimmt wird (Foucault 2001: 1038). Um sich dieser Funktion zu nähern, muss eine Analyse der Bedingungen vorgenommen werden, unter denen es möglich ist, dass ein Individuum die Funktion des Subjekts erfüllt (vgl. Rieger-Ladich 2004: 204).

DAS SELBST IM UND ALS RAUM?

In der Studie wurden bis jetzt 900 Bilder erhoben und ein Korpus von 450 Bildern gebildet, dessen Verwaltung und Auswertung mit dem Programm MAXQDA geschieht. In Anlehnung an die Seriell-ikonografische Fotoanalyse nach Pilarczyk und Mietzner (2005) wird der Forschungsprozess von der Rekonstruktion einzelner Bilder bestimmt, deren Ergebnisse durch Serien- und Typenbildung stets wieder auf den ganzen Korpus bezogen werden. Wie dieses Verfahren im Detail abläuft wird in diesem Aufsatz ausgespart; stattdessen wird in Schlaglichtern eine Ebene des Codesystems vorgestellt, das sich aus der Feinanalyse einzelner Bilder herauskristallisiert hat. Bei der Einzelanalyse hat sich eine Segmentierung der Bilder als allgemeine Heuristik herausgebildet, die eindrücklich mit Goffmans *Territorien des Selbst* korrespondiert (vgl. Goffman 1982). Diese Einteilung in Territorien ist an dieser Stelle keine theoretische Fokussierung der Analyse, sondern Ergebnis derselben. Goffman verknüpft Selbstdarstellung und Räumlichkeit mit dem Begriff des Territoriums, das als symbolischer Raum zur Erzeugung und Sicherung von Identität definiert wird (vgl. Goffman 2003). Es dient dem Auftritt des Einzelnen vor Anderen, aber auch zum Rückzug vor den Anderen. Territorien sollen Distanz und Nähe zugleich herstellen, weswegen die Grenzen deutlich markiert werden müssen (Goffman 1982; Abels 2010: 169).

Der Begriff des Territoriums knüpft hier an die doppelte Thematisierung des Raumbegriffs innerhalb des Forschungsdesigns an: zum einen hinsichtlich Facebook als digitaler Raum, der eine bestimmte Darstellungs- und Anerkennungssituation präformiert, und zum anderen das Profilbild als Bildraum. Vor dem Hintergrund der zunehmenden Diffusion des Analogen mit dem Digitalen und des Privatem mit dem Öffentlichen gibt es wiederum Überschneidungen dieser Raumdimensionen. Zunächst zur zweiten Thematisierung des Raums, wie sie in den Profilbildern geschieht. Das Selbst als Ergebnis einer Interaktionsordnung ist bei Goffman (vgl. 2003: 23) *unmittelbar* an bestimmte Requisiten und Bühnenbilder gebunden, die gemäß der jeweiligen Fallstruktur zum notwendigen oder hinreichendem Attribut werden. Im Hinblick auf die Anrufungssituation, die das Profilbild generiert, können auch reine Landschaftsbilder, Gruppen, Pärchen oder Haustiere zum „Selbst" werden. Bühnenbild und Requisite werden so mittelbar als Territorium des Selbst bestimmt. Alle Bilder des Korpus sind Antworten auf die offene Stelle, zu dessen Füllung die Webseitenarchitektur die User*innen aufgefordert hat. Der Bezug zum Selbst liegt lediglich darin, dass ich das Bild als *mein* Profilbild poste. Ich bilde mich als Territorium in verschiedenen Ausdehnungen ab, egal ob das gewählte Territorium formal *meines* oder das eines anderen ist.

Ob die Typologie der *Territorien des Selbst* bei Goffman (1982: 169) an der Schnittstelle zwischen Pose und Selbst für den digitalen Raum anschlussfähig ist, wird empirisch verfolgt und kann zum jetzigen Zeitpunkt nicht abschließend geklärt werden. Mit Goffman wird vorerst auf die Territorien des Selbst fokussiert, die – übereinstimmend mit Martina Löws relationalen Raumbegriff (Löw 2001: 112) – nicht nur menschlichen Beziehungen zu einer materialen Rahmung sondern auch den Objekten und den persistenten Räumen selber eine konstitutive Rolle zuweisen. Dieser Fokus findet sich theoretisch geschärft bei Gernot Böhme als expressives „Environment" der Person. In einer philosophischen Reflexion formuliert Böhme gleichsam das Arbeitsprogramm dieses Forschungsvorhabens:

„...die Dinge erzählen dem aufmerksamen Besucher von ihrem Besitzer. Sie können dies insofern, als sie nicht nur passive Gefäße für die Aufnahmen von Ich-Expressionen sind, sondern auch Speicher und performative Organe eben dieses Ich, das hierin in anderer metaphorisierter Form und in der spezifischen Morphologie der Dinge selbst präsent ist." (Böhme 2006: 99)

Hülle, Box und Reservat

Abb. 2: Territorien des Selbst: Hülle.

Die kleinste territoriale Einheit des Selbst bezeichnet Goffman als *Hülle* (vgl. Abb. 2). Er versteht hierunter den individuellen Körper, insofern er von der Haut umhüllt wird. Kleidung versteht er als eine Erweiterung der Hülle, die sich zusätzlich zur Haut schützend um das Selbst legt. Goffman verweist hier auf spezifische Bedeutungen, die einzelnen Körperteilen zugeschrieben werden. Er beschreibt bspw. die unterschiedlichen Anstrengungen, die unternommen werden, um den Ellenbogen oder Körperöffnungen vor Berührung zu schützen. Er spricht hier von einer kulturell bedingten rituellen Gliederung des Körpers (Goffman 1982: 67).

Die nächste größere Einheit beschreibt er als *Box* oder Besitzterritorium (vgl. Abb. 3). Die Box ist ein deutlich sichtbar begrenzter Raum, auf den ein Individuum durch unmittelbaren körperlichen Anschluss räumlich Anspruch erhebt. Goffman nennt hier zwei prägnante Beispiele: Der Sessel, auf dem jemand sitzt und die Telefonzelle, in der jemand telefoniert (ebd.). Die Besitzterritorien schließen an dieses Ausdehnungsniveau an. Goffman fasst hierunter die Gegenstände, die den Körper umgeben, wie ein Hut oder eine Sonnenbrille. An dieser Stelle kann die mangelnde Trennschärfe zur Rolle der Kleidung als Hülle kritisiert werden, eine Kritik, die Goffman auch schon thematisierte und der von Fall zu Fall graduell begegnet werden soll. Das Selbst kann sich in diversen Relationen zur Box positionieren. Es kann die Grenze zwischen Hülle und Box betonen oder verwischen und der Körper kann zu einem Miteinander- oder zu einem Grenzmarkierer werden (ebd.: 73).

Abb. 3: Territorien des Selbst: Box.

Abb. 4: Territorien des Selbst: Reservat.

Das größte Ausdehnungsniveau des Selbst nennt Goffman *Reservat*, den persönlichen Raum oder auch Benutzungsraum (ebd.: 57, 62, 70). Im Unterschied zur Hülle erreicht das Reservat einen niedrigeren Grad an Permanenz, da es im höheren Maße situativ und temporär gebunden ist. Es ist deswegen ungleich schwieriger materiell zu bestimmen und lässt sich in Abhängigkeit zu subjektiven, relationalen Gewichtungen leichter definieren. Indem jemand sein Selbst als Bild fasst, wird bspw. über die Auswahl desjenigen Stücks der Welt, die im Bild zu sehen ist, einen Hinweis auf das Reservat mit dem höchsten Selbstrepräsentationswert gegeben (siehe Abb. 4).

Im Anschluss an diese Segmentierung können nun Ergebnisse durch Reihenbildung differenziert und geprüft werden. Ein Ergebnis der bisherigen Codierung des Korpus ist, dass die *Box* sich als häufigster Bildtypus erwiesen hat. Weiterführend – aber noch nicht angeschlossen – konnten im Sinne der seriellen Typenbildung 4 Untertypen der Box identifiziert werden. Als Kriterium für diese Typisierung hat sich der jeweilige körperliche Anschluss herauskristallisiert: *Das Ich und der Andere*; *Das Ich und die Anderen*; *Das Ich und die Dinge*; *Das Ich und der Ort*. In einer exemplarischen Weiterführung der rein numerisch-zählenden Perspektive kann nun festgestellt werden, dass von diesen vier Untertypen wiederum 3 und 4 am häufigsten vertreten waren. Aber was bedeutet es, dass sich etwa ein Viertel der untersuchten Jugendlichen im Bild in Koexistenz mit Dingen oder sogar gesteigert nur als Gegenstand präsentierten? Ohne einen Anspruch auf Vollständigkeit zu erheben, sollen diese wenigen empirischen Fäden abschließend aufgenommen und sowohl mit der Heuristik der Codierung als auch mit Ansätzen einer Theoretisierung verknüpft werden.

AUSBLICK

Im Anschluss an die offenen Fragen, die der Forschungsprozess bis jetzt aufgeworfen hat, bietet es sich an, die Dichotomie von Subjekt und Objekt mit dem Fetischbegriff als heuristische Kategorie zu hinterfragen. Der Fetisch als das Objekt, das mit Bedeutung aufgeladen wird, bis es diese inkorporiert und in Wahrnehmung und Deutung zum Subjekt wird, lässt sich nicht in kolonialer Denktradition als Selbsttäuschung primitiver Gruppen marginalisieren. Aktuelle Reformulierungen des Fetischbegriffs lassen vielmehr vermuten, dass wir gerade eine Epoche erleben, die in besonderem Maß durch den Fetischismus bestimmt ist. Hartmut Böhme (2006) begründet diese Diagnose unter anderem durch den gehörigen Zuwachs an dem Individuum verfügbaren Dingen in den letzten zwei Jahrhunderten. Anhand von Dingstatistiken lässt sich nachvollziehen, dass auch die durchschnittlichen Menschen ihre Ich-Grenzen auf immer mehr Gegenstandssphären erweitern (ebd.: 19). Im Rahmen der kapitalistisch orientierten industriellen Revolution wucherten die Dinge – nicht mehr nur in religiösen Praktiken – in die Subjekte hinein. Erste Theoretisierungen zu diesen Phänomenen sind die Fetischbegriffe, die sich bei Marx und Simmel im Rahmen ihrer Konzepte von Verdinglichung und Entfremdung des Ichs finden. Auch die populäre Akteur-Netzwerk-Theorie Latours (vgl. 2006) reformuliert diesen Gedanken, wenn er die Verflechtung von Mensch, Ding und Raum zum Ausgangspunkt nimmt und der Möglichkeit, den Menschen als Einzelding zu betrachten, radikal widerspricht. Den universell wuchernden fetischistischen Mechanismen kommt laut Böhme eine wenig untersuchte integrierende, uns stabilisierende Funktion für Gesellschaften und Selbstkonzepte zu. Damit formuliert er eine Fragestellung, die im Rahmen des vorliegenden Forschungsprojekts empirisch untersucht werden kann. Gerade für die Bildungswissenschaft liegt hier die Möglichkeit, die von Käte Meyer-Drawe (1999) formulierte Herausforderung durch die Dinge wörtlich zu nehmen. Das Andere im Bildungsprozess kann nur in den Blick genommen werden, wenn die Gegenüberstellung von Mensch und Welt unterlaufen wird und ihre Verwirklichung für die Theorie zurückgewonnen wird:

„Bildung könnte heute gegen den Wertverlust kämpfen und Humboldts Beschreibung von der Wechselwirkung von Empfänglichkeit und Selbsttätigkeit neu aufgreifen, allerdings ohne sein Arrangement von Mensch und Nicht-Mensch zu übernehmen. Der Mensch steht der Welt nicht gegenüber. Er ist Teil von ihr. Es wird nicht mehr lange dauern, bis wir diese Verwandtschaft schmerzlicher erfahren, als es jetzt schon der Fall ist. Bildung in diesem Sinne wäre die Kunst, sich mit seiner Weltlichkeit dazu auseinanderzusetzen." (Ebd.: 334)

LITERATUR

Abels, Heinz (2010): Identität. 2., überarb. u. erw. Auflage. Wiesbaden: VS Verlag für Sozialwissenschaften.

Berardi, Franco (2009): The Soul at Work: From Alienation to Autonomy. Los Angeles: Semiotext(e).

Böhme, Gernot (2006): Architektur und Atmosphäre. München: Wilhelm Fink.

Böhme, Hartmut (2006): Fetischismus und Kultur. Eine andere Theorie der Moderne. Reinbek bei Hamburg: Rowohlt.

Böhme, Jeanette/Herrmann, Ina (2009): Schule als pädagogischer Machtraum. Typologie schulischer Raumentwürfe. Wiesbaden: VS Verlag für Sozialwissenschaften.

Bollnow, Otto F. (1956): Der erlebte Raum. In: Zeitschrift für die gesamte Innere Medizin, Jg. 11, Heft 3, S. 97-105.

Boyd, Danah (2014): It's Complicated: The Social Lives of Networked Teens. New Haven/ London: Yale University Press.

Breckner, Roswitha (2010): Sozialtheorie des Bildes. Zur interpretativen Analyse von Bildern und Fotografien. Bielefeld: transcript.

Butler, Judith (1998): Haß spricht. Zur Politik des Performativen. Berlin: Berlin Verlag.

Butler, Judith (2007): Kritik der ethischen Gewalt. Frankfurt am Main: Suhrkamp.

Carpenter, Christopher J. (2012): Narcissism on Facebook: Self-promotional and Anti-social Behavior. In: Journal Personality and Individual Differences, Jg. 52, Heft 4, S. 482-486.

Deleuze, Gilles/Guattari, Felix (2005): Tausend Plateaus. Kapitalismus und Schizophrenie. Berlin: Merve. [Orig. frz. 1980].

Eggers, Dave (2013): The circle. New York: Alfred A. Knopf.

Foucault, Michel (2001): Was ist ein Autor? In: Foucault, Michel: Schriften in vier Bänden. Band I: 1954-1969. Frankfurt am Main: Suhrkamp, S. 1003-1041.

Foucault, Michel (2005): Analytik der Macht. Frankfurt am Main: Suhrkamp.

Goffman, Erving (1982): Das Individuum im öffentlichen Austausch. Mikrostudien zur öffentlichen Ordnung. Frankfurt am Main: Suhrkamp. [Orig. engl. 1971].

Goffman, Erving (2003): Wir alle spielen Theater. Die Selbstdarstellung im Alltag. München: Piper. [Orig. engl. 1959].

Halsam, Andrew (2007): Handbuch des Buches. Konzeption, Design, Herstellung. Grünwald: Stiebner.

JIM 2011 = JIM-Studie 2011. Jugend, Information, (Multi-) Media Basisstudie zum Medienumgang 12- bis 19-Jähriger in Deutschland. Stuttgart: Medienpädagogischer Forschungsverbund Südwest.

JIM 2014 = JIM-Studie 2014. Jugend, Information, (Multi-) Media Basisstudie zum Medienumgang 12- bis 19-Jähriger in Deutschland. Stuttgart: Medienpädagogischer Forschungsverbund Südwest.

Jörissen, Benjamin (2007): Informelle Lernkulturen in Online-Communities. Mediale Rahmungen und rituelle Gestaltungsweisen. In: Wulf, Christoph u.a.: Lernkulturen im Umbruch. Rituelle Praktiken in Schule, Medien, Familie und Jugend. Wiesbaden: VS Verlag für Sozialwissenschaften, S. 185-219.

Jugend 2015 = Albert, Matthias/Hurrelmann, Klaus/Quenzel, Gudrun/TNS Infratest: 17. Shell Jugendstudie 2015. Frankfurt am Main: Fischer.

Kracauer, Siegfried (1999): Die Photographie. In: Siegfried Krakauer: Schriften. Aufsätze 1927-1931. Frankfurt am Main: Suhrkamp, S. 83-98. [Orig. 1927].

Latour, Bruno (2006): Über technische Vermittlung. In: Belliger, Andrea/Krieger, David J. (Hg.): ANThology. Ein einführendes Handbuch zur Akteur-Netzwerk-Theorie. Bielefeld: transcript.

Latour, Bruno (2010): Eine neue Soziologie für eine neue Gesellschaft. Frankfurt am Main: Suhrkamp.

Lovink, Geert (2011): Anonymität und die Krise des Multiplen Selbst. In: Leistert, Oliver/ Röhle, Theo (Hg.): Generation Facebook. Über das Leben im Social Net. Bielefeld: transcript.

Lovink, Geert (2013): Das halbwegs Soziale. Eine Kritik der Vernetzungskultur. Bielefeld: transcript.

Löw, Martina (2001): Raumsoziologie. Frankfurt am Main: Suhrkamp.

Marotzki, Winfried (2003): Online-Ethnographie. In: Bachmair, Ben/Diepold, Peter/Witt, Claudia de (Hg.): Jahrbuch Medienpädagogik 3. Opladen: Leske + Budrich, S. 149-166.

Marotzki, Winfried/Jörissen, Benjamin (2008): Wissen, Artikulation, Biographie: Theoretische Aspekte einer Strukturalen Medienbildung. In: Fromme, Johannes/Sesink, Werner (Hg.): Pädagogische Medientheorie. Wiesbaden: VS Verlag für Sozialwissenschaften, S. 51-70.

McLuhan, Marshall/Fiore, Quentin (2014): Das Medium ist die Massage. 3. Auflage. Stuttgart: Tropen. [Orig. 1967].

Meyer-Drawe, Käte (1999): Herausforderung durch die Dinge. Das Andere im Bildungsprozeß. In: Zeitschrift für Pädagogik, Jg. 45, Heft 3, S. 329-336.

Miller, Daniel (2012): Das wilde Netzwerk. Ein ethnologischer Blick auf Facebook. Berlin: Suhrkamp.

Mollenhauer, Klaus (2003): Vergessene Zusammenhänge. Über Kultur und Erziehung. Weinheim/München: Juventa. [Orig. 1983].

MPFS 2015 = Medienpädagogischer Forschungsverbund Südwest (Hg.) (2015): 15 Jahre JIM-Studie. Jugend, Information, (Multi-)Media. Studienreihe zum Medienumgang 12- bis 19-Jähriger: 1998-2013. Stuttgart: Medienpädagogischer Forschungsverbund Südwest.

Nohl, Arnd-Michael (2013): Sozialisation in konjunktiven, organisierten und institutionalisierten Transaktionsräumen: Zum Aufwachsen mit materiellen Artefakten. In: Zeitschrift für Erziehungswissenschaften, Jg. 16, Heft 2, S. 189-202.

Pearson, Erika (2009): All the World Wide Web's a stage: The performance of identity in online social networks. In: First Monday, Jg. 14, Heft 3. [Online-Journal].

Pilarzcyk Ulrike/Mietzner, Ulrike (2005): Das reflektierte Bild. Die seriell-ikonografische Fotoanalyse in den Erziehungs- und Sozialwissenschaften. Bad Heilbrunn: Klinkhardt.

Raab, Jürgen (2010): Präsenz und Präsentation. In: Blättler, Andy/Gassert, Doris/Parikka-Hug, Susanna/Ronsdorf, Miriam (Hg.): Intermediale Inszenierungen im Zeitalter der Digitalisierung. Medientheoretische Analysen und ästhetische Konzepte. Bielefeld: transcript, S. 171-196.

Raunig, Gerald (2011): Dividuen des Facebook. Das neue Begehren nach Selbstzerteilung. In: Leistert, Oliver/Röhle, Theo (Hg.): Generation Facebook. Über das Leben im Social Net. Bielefeld: transcript, S. 145-160.

Reißmann, Wolfgang (2012): Arbeit am (Bild-)Körper. Die Plastizität des Körpers im Digitalbild und jugendliches Bildhandeln in Netzwerkplattformen. In: Geise, Stephanie/Lobinger, Katharina (Hg.): Bilder – Kulturen – Identitäten. Analysen zu einem Spannungsfeld Visueller Kommunikationsforschung. Köln: Halem, S. 165-185.

Reißmann, Wolfgang (2014): Bildhandeln und Bildkommunikation in Social Network Sites. In: Hugger, Kai-Uwe (Hg.): Digitale Jugendkulturen. Wiesbaden: VS Verlag für Sozialwissenschaften, S. 89-103.

Rieger-Ladich, Markus (2004): Unterwerfung und Überschreitung. Michel Foucaults Theorie der Subjektivierung. In: Ricken, Norbert/Rieger-Ladich, Markus (Hg.): Michel Foucault. Pädagogische Lektüren. Wiesbaden: VS Verlag für Sozialwissenschaften, S. 203-223.

Schnurr, Ansgar (2012): Remixing Culture. Eine ethnographische Skizze zu Probehandlungen türkischstämmiger Jugendlicher in den Zwischenräumen Online und Offline. In: Geise, Stephanie/Lobinger, Katharina (Hg.): Bilder – Kulturen – Identitäten. Analysen zu einem Spannungsfeld Visueller Kommunikationsforschung. Köln: Halem, S. 142-164.

Simmel, Georg (1995): Das Problem des Porträts. In: Simmel, Georg: Aufsätze und Abhandlungen 1901-1908, Band II. Frankfurt am Main: Suhrkamp.

Spitzer, Manfred (2012): Digitale Demenz. Wie wir uns und unsere Kinder um den Verstand bringen. München: Droemer.

Stadler, Felix (2016): Kultur der Digitalität. Frankfurt am Main: Suhrkamp.

Turkle, Sherry (2012): Verloren unter 100 Freunden. Wie wir in der digitalen Welt seelisch verkümmern. München: Riemann.

Wiedemann, Carolin (2011): Facebook. Das Assessment-Center der alltäglichen Lebensführung. In: Leistert, Oliver/Röhle, Theo (Hg.): Generation Facebook. Über das Leben im Social Net. Bielefeld: transcript, S. 161-181.

Zwischen Anleitung und Eigenkreation

Überlegungen zur Ästhetik selbstgemachter Dinge

im schulischen Kontext

VERENA HUBER NIEVERGELT

Dinge sind allgegenwärtige, oft nicht bewusst wahrgenommene Begleiter im Alltag von Kindern, Jugendlichen und Erwachsenen und weisen je einen bestimmten ästhetischen Ausdruck auf. Wenn „in der Ästhetik der Dinge sowie in ihrem Gebrauch und ihrer Praxis", wie Aida Bosch bemerkt, „menschliche Kultur und menschliche Ordnung auf eine vitale Weise tradiert, vermittelt, aktualisiert und verändert" wird (Bosch 2012: 68), ist die Auseinandersetzung mit der Ästhetik der Dinge gerade auch im Kontext schulischer Bildung relevant: Die Thematisierung kultureller Vorstellungen und Praktiken ist ein wichtiger Inhalt aktueller Lehrpläne und ein Teil zeitgenössischer Bildungsziele, wie sie etwa im 2014 fertiggestellten *Lehrplan 21* für die schweizerische Volksschule umschrieben werden.[1] Vor diesem Hintergrund kann die Entwicklung und Herstellung von Dingen als aktive Teilnahme an kulturellen Praktiken verstanden werden. In aktuellen gesellschaftspolitischen Diskursen erlebt das „Selbermachen", das Do-it-Yourself, seit einigen Jahren einen großen Aufschwung. Gerade im Zusammenhang mit einer

---

[1] Darin wird etwa statuiert, dass „Potentiale in geistiger, kultureller und lebenspraktischer Hinsicht" zu fokussieren seien und dass Bildung unter anderem zu „verantwortungsbewusster und selbstständiger Teilhabe und Mitwirkung im gesellschaftlichen Leben in sozialer, kultureller, beruflicher und politischer Hinsicht" befähigen solle (D-EDK 2014, GRU 1). Der *Lehrplan 21* ist ein für 21 der 26 Schweizer Kantone ausgearbeiteter kompetenzorientierter Lehrplan, der sich zurzeit in der Phase der Implementierung befindet. Der Lehrplan ist politisch umstritten und es ist aktuell noch unklar, ob er in allen beteiligten Kantonen eingeführt wird.

rasant zunehmenden Digitalisierung und Entmaterialisierung des Alltags wird dem Themenkreis eine zunehmende Relevanz beigemessen.[2] Unzählige Publikationen im Bereich populärer Ratgeberliteratur und Zeitschriften künden in Buchhandlungen, im Zeitschriftenhandel und in Bibliotheken von einem solchen Boom, und Phänomene wie die sogenannte Maker-Bewegung belegen dessen internationale Verbreitung in hochindustrialisierten Staaten.

In einem schulischen Kontext sind Überlegungen zu den oben skizzierten Bereichen insbesondere für diejenigen Fächer relevant, die sich mit angewandter Gestaltung auseinandersetzen. Auf welche Art werden dort mit Schüler*innen eigene Dinge entwickelt? Wird die Ästhetik dieser Dinge thematisiert? Haben die Gestaltungsaufgaben etwas mit den angedeuteten gesellschaftlichen Diskursen zu tun? Im Folgenden wird der Versuch unternommen, anhand der Analyse und Diskussion dreier ausgewählter fachspezifischer Informations- und Inspirationsquellen für Lehrpersonen unterschiedliche aktuelle Zugänge zum Fach „Textiles und technisches Gestalten" darzustellen, wie der Bereich zur Zeit in der deutschsprachigen Schweiz genannt wird. Dabei gilt es anzumerken, dass die in den untersuchten Publikationen vorgeschlagenen Lernangebote nur eine von verschiedenen möglichen Perspektiven auf gestalterische Schulfächer anzudeuten vermögen. Dennoch werden darin, so meine These, unterschiedliche Vorstellungen manifest, die Ausdruck einer bestimmten Haltung sind, die den Blick auf die Welt der Dinge und deren Ästhetik mitprägt und entscheidet, welche Formen von „Kulturtechniken" und „Orientierungswissen" vermittelt werden (vgl. die Einleitung in diesem Band).

Ein Vergleich der verschiedenartigen Haltungen, die in den untersuchten Publikationen sichtbar werden, verspricht aufschlussreiche Erkenntnisse zu aktuellen pädagogischen Diskursen in diesem Themenbereich.[3] Dabei soll das Spannungsfeld zwischen „Gestaltungsspielräumen" und „Zwängen" ausgelotet werden, denen Kinder und Jugendliche „hinsichtlich ästhetischer Ausdrucks- und Erscheinungsweisen" in einem schulischen Kontext potenziell begegnen (siehe ebd.). Ob damit eigentliche ästhetische Erfahrungen ermöglicht werden und substanziell zur ästhetischen Bildung beigetragen wird, kann hier nicht eindeutig geklärt werden. Die

---

2   Vgl. zu dieser aktuellen Tendenz zum Beispiel Eisele 2011, Maker Media Inc. 2015, Museum für Gestaltung 2015, W.I.R.E. 2014 oder Richard Sennetts breit rezipierte Publikation *Handwerk* (Sennett 2009).

3   Für das Teilgebiet textiles Gestalten entwerfen Eichelberger/Rychner auf der Grundlage einer Literaturanalyse, Interviews und Befragungen eine Typologie von „Fachmodellen" (2008: 3). Hier kann keine solch dichte und ausführliche Darstellung angestrebt werden, die Ausführungen können aber als Ergänzung der von diesen Autorinnen ausgeführten Kategorisierung verstanden werden.

folgenden Ausführungen sind als Versuch zu verstehen, sich mit dem Desiderat einer gezielten Auseinandersetzung mit ästhetischen Aspekten des Unterrichts im Bereich des angewandten Gestaltens zu beschäftigen: Die Forschungsliteratur zeigt, dass die Beschäftigung mit ästhetischen Aspekten der Bildung im Bereich klassischer Disziplinen wie Musik, Literatur und Kunst weiter fortgeschritten ist als im Bereich angewandter Gestaltung.

Nach einigen Bemerkungen zum aktuellen Fachverständnis, wie es in der fachdidaktischen Literatur beschrieben wird, sowie zu den Grundlagen und Voraussetzungen, die für den Unterricht im Fach „Textiles und technisches Gestalten" gelten, werden je ein Jahrgang der Zeitschriften *manuell* und *Werkspuren* sowie ausgewählte Inhalte der Webpublikation *Do-it-Werkstatt* in Anlehnung an diskursanalytische Methoden untersucht (Keller 2004). Dabei werden die Autorschaft, die Strukturierung der Publikationen, die behandelten Themen sowie die Art der Aufbereitung der zum selber Herstellen vorgeschlagenen Produkte in den unterschiedlichen Quellen vergleichend analysiert. Im Vordergrund stehen damit qualitativ ausgelegte Fallbeispiele und nicht eine quantitativ repräsentative Untersuchung. Abschließend werden zusammenfassende Überlegungen vor dem Hintergrund der eingangs statuierten Fachvorstellungen und Bedingungen formuliert.

AKTUELLE FACHLICHE IDEALVORSTELLUNGEN

Für das Fach „Technisches und textiles Gestalten" existierten und existieren zahlreiche unterschiedliche Bezeichnungen, welche auf die wechselhafte Geschichte und auf unterschiedliche Auslegungen des Fachinhalts hinweisen sowie kulturelle und historische Zusammenhänge verdeutlichen.[4] Während in den Anfangszeiten um 1900 eine nach Geschlechtern getrennte eigentliche Arbeitsschule und ein Handfertigkeitsunterricht auf genderspezifische gesellschaftliche Rollen vorbereiten sollten, finden sich im Verlauf des 20. Jahrhunderts unterschiedliche Auslegungen des Fachs, die je nach Kontext Aspekte gesellschaftlicher Nützlichkeit oder individueller musischer und kreativer Bildung fokussierten. Für die gegenwärtige Situation konstatiert ein von der Schweizerischen Koordinationsstelle für Bildungsforschung herausgegebener Trendbericht für die Fachbereiche Musik, Kunst und Gestaltung in der Volksschule eine Umbruchsituation, die als Über-

---

4 Für weiterführende Angaben zur Geschichte des Faches vgl. für eine Übersichtsdarstellung Birri/Oberli/Rieder Nyffeler 2003; für eine vertiefte Auseinandersetzung Eichelberger/Rychner 2008. Für die Geschichte des spezifisch weiblichen Textilunterrichts vgl. weiter Ohlsen/Littmann 2001.

gangsphase von „musische[r] Bildung zur Aesthetic Literacy" beschrieben wird (Grossenbacher/Oggenfuss 2011). Diese ästhetische Literalität wird insbesondere auch in Homberger (2007) für den Bereich technisches und textiles Gestalten aufgeführt, während eine andere Sichtweise bei Stuber/Käser (2015) anzutreffen ist, die einen stärker an technischer Literalität interessierten Ansatz vertreten.

Ein aktuelles Fachverständnis im Bereich „Textiles und technisches Gestalten", so der Konsens in der fachdidaktischen Literatur, sollte eine mehrperspektivische Auseinandersetzung mit den Dingen in den Vordergrund stellen, in der sowohl das Erkunden von Kontexten, das bewusste Wahrnehmen von Materialien und das Analysieren von Gegenständen als auch das Selberentwickeln, Herstellen und Präsentieren von Produkten im Unterricht thematisiert werden soll, um nur einige wenige Stichworte zu nennen.[5] Das Fach sollte es ermöglichen, ästhetische Aspekte in Kombination mit technisch-funktionalen Gesichtspunkten gezielt zu thematisieren und zu bearbeiten. Wünschenswert ist dabei die Orientierung der Unterrichtsinhalte an der Lebenswelt der Schüler*innen (Becker 2007) und die Berücksichtigung eines Spannungsfeldes, das Ludwig Duncker einmal passend mit dem Begriffspaar „instrumentelles Handeln" und „ästhetisches Gestalten" benannt hat (Duncker 2005). Damit ist ein dialektisches Verhältnis zwischen alltäglicher Funktionalität und gestalterischer, symbolhaft und kommunikativ wirksamer Form gemeint, das ausgewogen berücksichtigt werden soll. Im Zusammenhang mit Forderungen nach ästhetischer Bildung wäre nach Cornelie Dietrich, Dominik Krinninger und Volker Schubert darauf zu achten, Grundlagen für die „Partizipation an bestimmten kulturell-ästhetischen Praxen" zu schaffen; Inhalte und vermittelte Verfahren sollten sich auf einem kulturellen Kontinuum bewegen, aber keine einseitig starre und traditionalistische Sichtweise vermitteln, sondern vielmehr Grundlagen für neue, eigene Auseinandersetzungen bieten (2012: 161).

BEDINGUNGEN FÜR DEN UNTERRICHT

Generell ist für die Schweiz festzustellen, dass das Fach „Textiles und technisches Gestalten" auf Primarstufe von Lehrpersonen mit unterschiedlichem Spezialisierungsniveau und unterschiedlicher Ausbildung unterrichtet wird. Die Kenntnisse im Bereich ästhetischer Bildung und die Auseinandersetzung mit aktuellen Ausprägungen des Fachverständnisses sind sehr unterschiedlich und der Unterricht ist von verschiedenartigen Positionen und heterogenen Ansätzen geprägt (Eichelber-

---

5   Vgl. weiterführend für aktuelle fachdidaktische Positionen Aeppli 2013, Eichelberger/ Rychner 2008, Eichelberger 2014, Kolhoff-Kahl 2005, Stuber/Käser 2015, Becker 2007, Gaus-Hegner 2007, Gaus-Hegner/Mätzler Binder 2005.

ger/Rychner 2008: 210ff.). Vor der Tertiarisierung der Ausbildung der Lehrpersonen in der Schweiz und der Konzentration dieser Studiengänge an Pädagogischen Hochschulen, die in den 1990er-Jahren und um die Jahrtausendwende stattfand, wurden Fachlehrpersonen für textiles Gestalten, später zum Teil auch in Kombination mit technischem und bildnerischem Gestalten, in sogenannten Seminaren ausgebildet.[6] Heute ist das Fach „Textiles und technisches Gestalten" eines von mehreren Fächern in der Ausbildung an Pädagogischen Hochschulen und damit Teil einer generalistisch geprägten Berufsbildung für Lehrpersonen der Primarstufe. An Kunsthochschulen dagegen kann ein spezifisch im Bereich Vermittlung von Kunst und Design oder Art Education situiertes Studium absolviert werden, wobei diese Studiengänge keine Lehrbefähigung für die Volksschule verleihen. Sie sind entweder auf den Kunstunterricht auf Sekundarstufe 2 oder aber, dies ist im Bereich textiles und technisches Gestalten vor allem der Fall, auf außerschulische Bereiche ausgerichtet.

In Bezug auf Lehrmittel ist im Vergleich mit anderen Fächern festzustellen, dass die Auswahl im textilen und technischen Gestalten eher klein ist und zudem im Zuge des in den kommenden Jahren anstehenden Lehrplanwechsels Veränderungen unterworfen sein wird; zum Teil sind Überarbeitungen bestehender Lehrmittel geplant (ILZ 2012), andere Publikationen werden an Bedeutung verlieren, da sie nicht der geforderten Kompetenzorientierung entsprechen. Demgegenüber gibt es einige neu erschienene Publikationen, über deren Nutzung in der Praxis aber noch kaum Aussagen gemacht werden können und die für die vorliegenden Ausführungen aufgrund des späten Erscheinungsdatums noch nicht berücksichtigt werden konnten (Gaus/Homberger/Morawietz 2015; Graser/Rieder/Weber 2015). Vor diesem Hintergrund kann den im Folgenden diskutierten Zeitschriften und Online-Publikationen eine wichtige Rolle als Inspirations- und Informationsmaterialien für Lehrpersonen attestiert werden.

manuell:
ANLEITUNGEN ZU EINER VORGEGEBENEN ÄSTHETIK

Den Anfang macht eine Publikation, deren Herausgeberschaft sich als „Offen für Neues, aber auch das Wertvolle bewahrend" versteht (Hanselmann 2015, folgende Zitate ebd.). Der Zeitschriftentitel *manuell. Das Magazin für Textilarbeit und*

---

6   Siehe für weiterführende Angaben zur Tertiarisierung der Lehrer*innenbildung in der Schweiz Ambühl/Stadelmann 2010. Die Ausbildung an den Seminaren war stark föderalistisch geprägt und unterschied sich von Kanton zu Kanton teilweise erheblich. An dieser Stelle kann nicht näher auf diese verschiedenen Ausprägungen eingegangen werden.

Werken erscheint in der heutigen Form seit 2005 und wird vom sogenannten Trägerverein Textilarbeit und Werken herausgegeben. Das Periodikum erscheint rund zehnmal pro Jahr in einer vergleichsweise hohen Auflage von rund 5500 Exemplaren. Im Jahr 2014 umfassten die Ausgaben 38 bis 62 Seiten, eine Einzelnummer kostete 12 Schweizer Franken. Die Publikation blickt auf eine lange Geschichte zurück: 1918 als *Schweizerische Arbeitslehrerinnen Zeitung* gegründet, hieß die Publikation in späteren Jahren *Textilarbeit und Werken*. Herausgegeben wurde sie in jenen Jahren vom schweizerischen Verband der Handarbeitslehrerinnen, der als solcher heute nicht mehr existiert. *manuell* ist dementsprechend seit der Neulancierung zwar weiterhin auf ein beruflich definiertes Fachpublikum ausgerichtet, bedient aber gleichzeitig auch den Freizeitmarkt. Die Homepage wirbt für ein Produkt, welches „das eigene, schöpferische Gestalten im Unterricht oder zu Hause" unterstützen will: „Zur Kern-Leserschaft gehören Werk- und Handarbeitslehrer/innen, Leiter/innen von Spiel- und Freizeitzentren sowie Privatpersonen, die sich gerne kreativ betätigen."

Untersucht wurden für die vorliegenden Ausführungen alle Hefte des Jahres 2014. Generell ist festzustellen, dass sich die einzelnen Nummern jeweils einem Verfahren wie zum Beispiel „Filzen" oder „Patch & Quilt", einem Material wie „Beton, Gips & Co." oder aber einem weiter gefassten Thema, zum Beispiel „Monster", „Alles Kaffee", „Japan", „Aus dem Koffer", „Engelschar" oder „Kartengruss" widmen. Der Aufbau der Hefte präsentiert sich jeweils wie folgt: Ein Editorial eröffnet die Nummer, gefolgt wird dieses von der Rubrik „Thema", die einen oder mehrere thematische Artikel oder Interviews mit Fachpersonen umfasst. Danach folgen in der Rubrik „Kreativ", die den mit Abstand größten Anteil der Zeitschrift umfasst, Anleitungen zu Produkten. Die Anleitungen sind dabei entweder der Unterrubrik „Expertenwerkstatt" oder „Bastelboutique" zugeordnet. Zum Schluss folgen Buchtipps zum Thema, Hinweise allgemeiner Art sowie eine Vorschau auf das nächste Heft. Aus einer genderspezifischen Perspektive interessant ist die Tatsache, dass entsprechend dem spezifisch weiblichen beruflichen Hintergrund der Zeitschrift die Mehrzahl der Beiträge von Autorinnen verfasst ist, Autoren sind hingegen kaum zu finden.

Auffallend ist in *manuell* die Ausführlichkeit der Anleitungen/Aufgaben im Hauptteil der Zeitschrift; für das Jahr 2014 wurden im Index 202 solcher Aufgaben ausgewiesen, pro Heft finden sich jeweils 14 bis 19 Anleitungen. Darin wird meist jeder Schritt des Vorgehens erklärt und es sind Vorlagen – Schablonen oder Schnittmuster – vorhanden; das fertige Produkt wird abgebildet und zeigt generell ein hohes handwerkliches Niveau. Mögliche gestalterische Variationen, didaktische Hinweise und Abbildungen, welche von Kindern hergestellte Beispiele zeigen, sind nur vereinzelt zu finden; in jenen Fällen, in denen die Anleitung gestalterische Freiräume ermöglichen würde – meist in der Rubrik „Bastelboutique", kaum in der „Expertenwerkstatt" – werden keine methodischen Hinweise zu Entwurfs- und Entwicklungsprozessen gegeben. Für die Lehrperson, die das Heft verwendet, bedeutet dies, dass als Zielvorgabe eine genaue Vorstellung des fertigen Produkts präsentiert wird. In Bezug auf eine fundierte Auseinandersetzung mit Aspekten der Ästhetik in einer gezielten eigengestalterischen Entwicklung ist dies als problematisch einzustufen, da so kaum individuelle Möglichkeiten für den Unterricht mit Schüler*innen eröffnet werden. Relativierend gilt es anzumerken, dass die Herausgeberschaft wie oben angegeben auch auf den Freizeitmarkt zielt und keine explizit fachdidaktischen Ziele mehr verfolgt.

Mit der Ausrichtung auf den Freizeitmarkt wird, wie es scheint, auf eine bestimmte Ästhetik der herzustellenden Produkte hin gearbeitet, die sich an im Handel erhältlichen Produkten orientiert. Die damit angestrebte kulturelle Alphabetisierung könnte zugespitzt formuliert als affirmativ-produktorientierter Umgang mit dem Herstellen von Dingen bezeichnet werden. Bemerkenswert ist in diesem Zusammenhang, dass aktuell ein boomender Markt für Unikate oder Kleinserien herrscht, die in Eigenproduktion hergestellt werden. Vermarktet werden diese Produkte auf kleingewerblichen Märkten oder auf Online-Plattformen wie Dawanda oder Etsy – der Börsengang von Etsy zeigt allerdings, dass vor allem die Betreiber*innen dieser Plattform finanziellen Profit erwirtschaften, und weniger jene Personen, welche die Produkte herstellen (Brunner 2015). Im Magazin *manuell* schreiben denn die Autorinnen wiederholt auch aus der Perspektive als Kunsthandwerkerin und/oder Kursanbieterin im gestalterischen Bereich; eine Ausgabe ist beispielsweise sogenannten Koffermärkten gewidmet (Nr. 9/2014).

Zusammenfassend lässt sich feststellen, dass die Zeitschrift *manuell* die möglichst einwandfreie handwerkliche Ausführung von vorgegebenen Produkten in den Vordergrund stellt. Werden die Materialien von Lehrpersonen für den Unterricht übernommen, bedeutet dies aus fachdidaktischer Perspektive, dass methodisch ein rezeptives, von Lehrgängen geprägtes Arbeiten bevorzugt wird und sich die Ästhetik der entstehenden Dinge an der von der Lehrperson vorgegebenen Gestaltung und den darin impliziten Wertungen orientiert. Dietrich, Krinninger und Schubert betonen in ihren Ausführungen zur ästhetischen Erziehung und Bildung demgegenüber, dass, um ästhetische Bildungsprozesse zu ermöglichen, Prozesse der Auswahl unbedingt transparent gemacht werden müssen, damit keine impliziten Wertungen vermittelt werden (2012: 86). Die vorgestellten Anregungen können nach Baacke, der sich auf Klaus Mollenhauer beruft, zwar durchaus als „ästhetische Aktivitäten" eingestuft werden, da mit gestalterischen Elementen wie Material und Oberfläche, Form und Farbe operiert wird (Baacke 1999: 53). Diese Aktivitäten führen aber nicht unbedingt zu „ästhetischen Bildungsprozessen", so Baacke weiter, da sie überwiegend „routinisiert-konventionelle" oder „nur zufällige Spontaneität" beinhalten (Baacke 1999: 54). Hier bräuchte es aus fachdidaktischer Sicht Methoden, welche eine forschend-entdeckende Auseinandersetzung mit ästhetischen Aspekten fördern würden.

Do-it-Werkstatt:
TRENNUNG VON TECHNIK UND ÄSTHETIK

Eine explizit forschend-entdeckende Auseinandersetzung mit der Gestaltung von Objekten findet sich in den Materialien der Online-Plattform *Do-it-Werkstatt*. Dabei handelt es sich um ein Download-Angebot im Abonnement-System, das in der heutigen Form seit 2005 erscheint; im Untertitel ist das Angebot mit „Technisches und textiles Gestalten. Aufgaben + Unterrichtshilfen zur Förderung des Technikverständnisses und des eigenverantwortlichen Lernens" benannt (Stuber 2015a). In unregelmäßigen Abständen werden von einem Team verschiedener Autor*innen neue Aufgabenstellungen auf die Plattform geladen, das Zielpublikum besteht aus Lehrpersonen. Zurzeit sind rund 420 Aufgabestellungen greifbar, die Zahl der Abonnements beträgt rund 500, wobei anzumerken ist, dass nicht nur Einzelpersonen, sondern oft ganze Schulen als Abonnenten registriert sind (Stuber 2015b). Die *Do-it-Werkstatt* ist aus der Entwicklungsarbeit für das in der Schweiz verbreitet verwendeten dreibändigen Lehrmittels *Werkweiser für technisches und textiles Gestalten* hervorgegangen (Dittli 2001).

Die auf der Online-Plattform greifbaren *Do-it-Aufgaben*, die immer in sogenannten „Five-Packs" erscheinen, weisen unterschiedliche Ausrichtungen auf. Es gibt thematisch angelegte Pakete wie „Abenteuer", „Balance" oder „Outdoor", andere Sammlungen sind auf ein bestimmtes Verfahren wie „Stricken" oder „Folien schweißen" fokussiert, während weitere Angebote bestimmte Materialien, zum Beispiel „Kunststoff" oder „Massivholz", in den Vordergrund stellen. Die Aufgabenstellungen enthalten immer auch Fotos der hergestellten Objekte, wobei nicht in jedem Fall deutlich wird, ob diese Objekte von einer erwachsenen Person als Vorlage gestaltet worden sind oder ob es sich um Arbeiten von Kindern handelt.

Für die vorliegenden Ausführungen genauer untersucht wurden zwei „Gratis-Five-Packs", eines im technischen und eines im textilen Gestalten, die dem Einblick in Konzept und Inhalt für potentielle Abonnenten dienen sollen und denen damit ein gewisser repräsentativer Charakter attestiert werden kann (Stuber 2015c, d). Meist sind die Pakete in Aufgabenstellungen mit technischer oder textiler Ausrichtung getrennt, gewisse thematische Pakete berühren aber auch beide Bereiche. Die Aufgabestellungen fungieren alle unter einem bestimmten Titel, wie „Beleuchtetes Gravierbild", „Turbo-Schnecke", „PET-Star", „Wärme-Karussell" und „Im

Gleichgewicht" im technischen Gestalten; „Piratenflagge", „Gewobenes Magnet-dart", „CD-Sammler", „Jeanshocker mit T-Shirt-Weberei" und „Comic-Etui" im textilen Gestalten. Die einzelnen Aufgaben sind strukturiert in die Rubriken „Auf-gabenstellung", „Material", „Ziele" und „Tüftelidee" sowie „Hinweise" und „Hin-weise zur Tüftelidee".

Die „Tüftelidee" enthält jeweils gezielte didaktische Hinweise, die weiter-führende und eigenständige Auseinandersetzungen anregen sollen und bildet ein zentrales Element der Aufgabe. Je nach Ausrichtung ist die „Tüftelidee" stärker im ästhetisch-gestalterischen oder im technisch-funktionalen Bereich angesiedelt. Die ästhetischen Ansätze werden dabei generell eher den textilen Themen zuge-ordnet, während bei den anderen Werkstoffen die technisch-funktionalen Aspekte stärker gewertet werden. Eine solche Trennung kann in Verbindung gesetzt wer-den mit Ansätzen, wie sie im Zusammenhang mit der Entwicklung eines neuen Lehrplans 1995 für den Kanton Bern formuliert wurden, als das Fach „Textiles und technisches Gestalten" zusammengelegt und nach internen Abgrenzungen ge-sucht wurde (Eichelberger/Rychner 2008: 205). Mit einer solchen Trennung sind sowohl Chancen als auch Probleme verbunden. Eine auf technisch-funktionale Zusammenhänge fokussierte Perspektive ermöglicht eine gezielte, konzentrierte Aufmerksamkeit auf Aspekte technischer Bildung und setzt einer hochgradig äs-thetisierten technischen Warenwelt, wie sie sich gerade im Bereich High-Tech und Elektronik präsentiert, mit der eigenen Produktion eine andere Sichtweise entgegen, ohne aber aktuelle Technologien abzulehnen. Damit kann diese Fach-ausrichtung im Kontext internationaler Maker-Bewegungen, wie sie eingangs er-wähnt wurden, als hochaktuell verstanden werden.

Interessant wäre allerdings weiterführend, gerade auch die ästhetischen Aspek-te eines solchen Low-Tech Designs, oder einer Mischung von High- und Low-Tech-Design in den von Kindern und Jugendlichen entwickelten Dingen – etwa Fahrzeugkonstruktionen aus PET-Flaschen – genauer zu betrachten. Dies könnte zu einer Schärfung des Blicks auf täglich gebrauchte technische Geräte, auf die Ästhetik der undurchdringlichen Black-Box-Technologie von Smartphones oder Ähnlichem beitragen. In Vorabdrucken zu einem neuen Lehrmittel, das zum Teil aus der Feder der selben Autoren wie die *Do-it-Aufgaben* stammt, sind denn auch Ansätze einer Integration ästhetischer und technischer Aspekte zu erkennen (Stuber/Käser 2015). Umgekehrt könnte auch im Bereich des textilen Gestaltens die Auseinandersetzung mit technisch-funktionalen Elementen von Interesse sein. Eine derartige Verbindung könnte dabei helfen, das Fach „Textiles und techni-sches Gestalten" nicht aufzuspalten in kunstnahes Design auf der einen und sach-unterrichtsnahen Technikunterricht auf der anderen Seite. Eine solche Trennung würde einen Verlust bedeuten, der den Kern des Faches trifft.

Werkspuren:
Suche nach ästhetischer Individualität

Einen dritten Standpunkt in der Auseinandersetzung mit ästhetischen Aspekten des Selbermachens in schulischen Kontexten eröffnet die Zeitschrift *Werkspuren. Vermittlung von Design und Technik.* Wie im Fall der Zeitschrift *manuell* wurden für die vorliegenden Überlegungen die Ausgaben des Jahres 2014 untersucht. *Werkspuren* erscheint seit 1984 viermal jährlich und wird vom Schweizerischen Werklehrerinnen- und Werklehrerverein SWV Design und Technik herausgegeben. Im Vergleich mit der Zeitschrift *manuell* ist die Auflage von *Werkspuren* ungleich kleiner: sie beträgt rund 1500 Exemplare. Die einzelnen Nummern umfassen 66 Seiten und kosten momentan 20 Schweizer Franken (SWV 2015). Der erwähnte Berufsverband ist mehrheitlich aus einem Ausbildungsgang hervorgegangen, der in dieser Form heute nicht mehr besteht (E-Museum 2015; Sigrist 1997). Das im Zusammenhang dieser Ausbildung entwickelte Fachverständnis der Vermittlung im Bereich angewandter Gestaltung setzte sich bewusst von einem traditionalistischen und handwerklich orientierten Fachbegriff im schulischen Kontext ab und betonte künstlerisch-gestalterische Methoden (Eichelberger 2008: 190ff.; 204f.). Anzumerken ist dabei, dass im Abschluss der Ausbildung keine Lehrbefähigung für die Volksschule enthalten war, so wie es bei den weiter oben erwähnten Ausbildungen im Bereich Art Education der Fall ist.

Die einzelnen Nummern der Zeitschrift *Werkspuren* widmen sich jeweils ausführlich einem Thema, dessen Ausrichtung sehr unterschiedlich sein kann und von eher abstrakten Begriffen bis zu konkreten Materialien, Verfahren oder Gegenständen reicht. Im Jahr 2014 lauteten die Titel „Holzwerkstoffe", „Provisorien", „Energie" und „Seile". In den einzelnen Heften werden die Themen zuerst in einem oder mehreren Artikeln und/oder Interviews aus verschiedenen Blickwinkeln beleuchtet. Danach folgen die Rubriken „Didaktik" und „Unterricht", wobei sich in der ersteren eher allgemeine Überlegungen und zum Teil längere Artikel finden, während letztere fünf bis sechs jeweils auf einer Doppelseite präsentierte erprobte Unterrichtsvorhaben verschiedener Autor*innen vorstellt. Anders als in der Zeitschrift *manuell* liegt der Schwerpunkt dabei nicht auf Produktanleitungen, sondern es werden Eckpunkte eines erprobten Unterrichtsvorhabens definiert, in dem individuelle oder in Gruppen erarbeitete Projekte verfolgt worden sind. Als Kategorisierung dienen die Untertitel „Lernziele", „Aufgabe", „Vorgehen", „Beurteilen", dazu kommen Angaben zu „Stufe", „Dauer" und „Material", zum Teil ergänzt durch „Tipps", „Quellen", „Im Internet", „Ausstellung/Führungen", „Download/ Material", „Verfahren" und/oder „Raumbedarf".

Auffallend ist, dass meist Fotografien aus dem Unterricht integriert werden. Aus den Aufnahmen wird deutlich, dass die entstandenen Produkte oder Projekte individuelle Variationen ermöglichen und die Entwicklung eigenständiger technischer und/oder ästhetischer Auseinandersetzungen gefragt ist. Die Fokussierung ist dabei je nach Thema und Autorschaft unterschiedlich ausgeprägt, anders als in den „Do-it-Aufgaben" ist jedoch keine Gewichtung dieser Aspekte je nach verwendetem Werkstoff festzustellen.

Im hier diskutierten Zusammenhang ist darüber hinaus die Rubrik „Kinderwerk" von besonderem Interesse; je nach Alter der vorgestellten Person wird diese auch „Jugendwerk" genannt. Seit 2004 stellt über den Zeitraum eines Jahres in jeder Ausgabe von *Werkspuren* ein Kind eine Werkarbeit vor, die in der Freizeit durchgeführt wurde, sodass vier verschiedene Arbeiten desselben Kindes betrachtet werden können. Dabei ist in Bezug auf einen schulischen Kontext anzumerken, dass die Bedingungen, unter denen diese Arbeiten entstanden sind, kaum für eine Mehrheit der Kinder und Jugendlichen geltend gemacht werden können – meist deuten die Ausführungen auf eine Umgebung hin, in der eine gewisse Vertrautheit mit ästhetischer und technischer Bildung vorhanden ist; oft ist von Unterstützung durch Eltern sowie von der Verfügbarkeit einer ausgereiften Infrastruktur die Rede. Dennoch soll an dieser Stelle kurz auf zwei ausgewählte Beispiele eingegangen werden, da diese einige interessante Überlegungen zum Spannungsfeld von kommerziellem Angebot und eigengestalterischer Auseinandersetzung ermöglichen.

Britta, die zum Zeitpunkt der Veröffentlichung eine 4. Klasse besuchte, beschreibt in der Rubrik ihre Faszination bei der Herstellung und Verwendung von sogenannten Pompons:

> „Im Textilen Werken haben wir gelernt, Pompons zu machen. Dies war ganz einfach. [...] In der Schule haben wir einen Kürbis am Gummiband gemacht. [...] Zu Hause habe ich dann auch Pompons gemacht. Plötzlich hatte ich ganz viele Pompons. Da habe ich überlegt, was ich mit denen spielen könnte. Zuerst habe ich eine Fledermaus am Gummiband gemacht. [...] Einmal habe ich probiert, einen Pompon mit ovalen Pappscheiben zu machen. Daraus habe ich ein Meerschweinchen gemacht." (Britta 2004: 57)

Im Text beschreibt die Autorin ein Produkt, das vermutlich aus Anlass einer Aufgabenstellung entstanden ist, die man sich in dieser Form etwa im Heft *manuell* vorstellen könnte: „einen Kürbis am Gummiband". Aus der darauf folgenden, im Zitat nicht wiedergegebenen ausführlichen Beschreibung der Herstellungsweise, wird die Faszination deutlich, die für die Schülerin von diesem bestimmten Verfahren ausgeht; es darf sogar vermutet werden, dass die Ausübung dieser Tätigkeit einer eigentlichen ästhetischen Erfahrung nahegekommen ist (vgl. Dietrich/ Krinninger/Schubert 2012: 19). Zuhause nimmt sie das Vorgehen wieder auf und entwickelt daraus nun in einem eigenen gestalterischen Projekt Tierfiguren – trotz der im schulischen Kontext engen ästhetischen Vorgaben hat das Verfahren die Schülerin zu einer weiterführenden eigengestalterischen Auseinandersetzung angeregt.

Ein ähnliches Phänomen kann im zweiten Beispiel festgestellt werden, diesmal allerdings in Bezug auf den Kontext kommerzieller, im Handel erhältlicher Produkte. Die Fünftklässlerin Renée erklärt darin, wie sie sich einer sogenannten „Sorgenfresser"-Figur angenähert hat, einem Stofftier mit Reißverschluss-Mund, der kleine Zettel mit darauf notierten Sorgen aufnehmen kann:

> „In den Magazinen meiner Mami und in Nähbüchern habe ich verschiedene Sachen gesehen und dann aus meiner Fantasie das Sorgenfresserchen [...] genäht. Die Sorgenfresserchen kann man ja auch in Läden kaufen, das macht aber kein [sic] Spass." (Renée 2014: 56)

In den Aussagen von Renée wird vor allem die Freude an der eigenen gestalterischen Interpretation eines bereits auf dem Markt erhältlichen Produkts deutlich. Die selber hergestellte Figur hat einen eindeutigen Mehrwert für die Schülerin; die eigene kreative Auseinandersetzung mit einem Gegenstand bedeutet für sie etwas Neues, auch wenn der hergestellte Gegenstand gesellschaftlich gesehen keine neue Erfindung ist: Eine wichtige Unterscheidung, welche etwa die Autorinnen des explizit auf die Entwicklung ästhetischer Literalität hin angelegten Lehrmittels *Himmelhoch & Türkisblau. Gestalten mit 4- bis 9-jährigen Kindern* als Voraussetzung für den Unterricht in gestalterischen Fächern betonen (Gaus/Homberger/Morawietz 2015: 120).

SELBSTGEMACHTES UND GEKAUFTES

Der Vergleich der drei Positionen zeigt, dass die jeweiligen Ausrichtungen der untersuchten Publikationen rückblickend bereits in deren Titel angedeutet werden: *manuell* begreift das Fach als vor allem handwerklich orientierte Auseinandersetzung im Bereich „Textilarbeit und Werken" und pflegt auch traditionelle Aspekte des Fachverständnisses. Demgegenüber sind die *Do-it-Aufgaben* explizit am Tüfteln und an einer handlungsorientierten Auseinandersetzung interessiert und bieten konkrete Unterrichtshilfen, worauf mit den Begriffen „Werkstatt" und „Aufgabe" hingewiesen wird. Die Trennung in die Bereiche technisches und textiles Gestalten wird ebenfalls deutlich markiert. Die Verwendung des Begriffs „Do-it" deutet auf den Kontext des „Do-it-Yourself" und damit wiederum auf aktuelle Phänomene wie die Maker-Bewegung hin sowie auf das Ziel, die Schüler*innen dazu zu ermächtigen, selbst etwas herstellen zu können. Die zuletzt vorgestellten *Werkspuren* wiederum postulieren, dass in der Publikation sowohl ein Interesse am gestaltenden Tun als auch an den Spuren, die dieses hinterlässt, vorhanden ist. Das Augenmerk wird damit auch auf prozesshafte Aspekte gerichtet. Im Untertitel tritt statt der Begriff Unterricht die Bezeichnung „Vermittlung" auf, zudem wird mit dem Ausdruck „Design und Technik" auf ein Fachverständnis hingewiesen, mit dem versucht wird, sich von überlieferten Begrifflichkeiten abzugrenzen. Es lässt sich auf inhaltlicher Ebene jedoch auch eine gewisse Verwandtschaft der Titel feststellen, die sich darin zeigt, dass die einzelnen Ausgaben der Publikationen jeweils monothematisch ausgerichtet sind, wenn auch das Verständnis davon, was unter einem Thema oder unter der Beschäftigung mit einem Werkstoff respektive einem Verfahren zu verstehen ist, unterschiedlich ausfällt.

Neben den erwähnten inhaltlichen Aspekten ist die Tatsache bemerkenswert, dass die Auflage von *manuell* mehr als drei Mal so hoch ist wie jene von *Werkspuren*. Ein Teil dieses Unterschiedes kann sicherlich mit der breiteren Ausrichtung von *manuell* auf sowohl einen berufsspezifischen als auch einen freizeitorientierten Markt erklärt werden. Es könnte allerdings auch ein Hinweis darauf sein, dass dies einer verbreiteten Tendenz in der Unterrichtspraxis entspricht, auch wenn dies empirisch nicht belegt werden kann. Die Aufgabenpakete der *Do-it-Werkstatt* sind in Hinblick auf Auflagezahlen nur schwierig mit den Zeitschriften vergleichbar, da es sich um ein anderes Vertriebssystem handelt; diesbezüglich sollen hier deshalb keine Vermutungen angestellt werden.

Ein weiteres Spannungsfeld, das sich mit dem Vergleich der drei Publikationen eröffnet, ist deren unterschiedliche Ausrichtung im Zusammenhang mit dem Verhältnis zwischen käuflichen Produkten und den Standards selber hergestellter Dinge. Ein solches Verhältnis kann oft den Charakter einer „Kluft" annehmen, wie es Dietrich, Krinninger und Schubert für die Beziehung zwischen dem „in der Bildung begriffenen Menschen und der herrschenden Kultur" prägnant formulieren (2012: 166). Zu fragen wäre demnach, um es mit den Worten dieser Autor*innen zu formulieren, inwieweit sich dieser Graben „pädagogisch produktiv machen" ließe, sodass er nicht als „lähmend" empfunden, sondern als „Herausforderung" verstanden werden könnte. Während eine Haltung, wie sie in *manuell* vorgeschlagen wird, von einer vorgegebenen, in kommerziellen Kontexten erprobten Ästhetik der Dinge ausgeht und die eigenen Produkte dieser nachempfindet, werden in den stärker didaktisch angelegten Publikationen *Werkspuren* und *Do-it-Werkstatt* eigengestalterische Auseinandersetzungen eher in den Vordergrund gerückt. Interessant sind in diesem Zusammenhang noch einmal die diskutierten Beispiele aus der Rubrik „Kinderwerk", die aufzeigen, dass gestalterische Tätigkeiten die Möglichkeit beinhalten, mit im Handel erhältlichen oder mit nach einer Vorlage gefertigten Beispielen eigenständig umzugehen – vielleicht sind es nicht zuletzt solche „Hacks", solche Verfremdungen und Aneignungen der alltäglichen perfekten Produktwelt, die zu einem zeitgemäßen und vielversprechenden Umgang mit der Ästhetik der Dinge auch in einem schulischen Kontext beitragen könnten.

LITERATUR

Aeppli, Pia (2013): Kompetenzorientierung im textilen und technischen Gestalten. In: Beiträge zur Lehrerbildung, Jg. 31, Heft 1, S. 75-81.

Ambühl, Hans/Stadelmann, Willi (Hg.) (2010): Tertiarisierung der Lehrerinnen- und Lehrerbildung. Bilanztagung I. Bern: Schweizerische Konferenz der kantonalen Erziehungsdirektoren EDK.

Baacke, Dieter (1999): Kevin, Wayne und andere. Kinder und ästhetische Erfahrung in alten und neuen Medien. In: Bullerjahn, Claudia/Erwe, Hans Joachim/Weber, Rudolf (Hg.): Kinder – Kultur. Ästhetische Erfahrungen – Ästhetische Bedürfnisse. Opladen: Leske + Budrich, S. 45-65.

Becker, Christian (2007): Perspektiven textiler Bildung. Baltmannsweiler: Schneider Verlag Hohengehren.

Birri, Christian/Oberli, Martin/Rieder Nyffeler, Christine (2003): Lehrmittel Fachdidaktik Technisches Gestalten/Werken. Basel/St. Gallen: Eigenverlag (Diplomarbeit im Rahmen des Nachdiplomstudiums der Universität Bern in Fachdidaktik Kunst und Gestaltung).

Bosch, Aida (2012): Sinnlichkeit, Materialität, Symbolik. Die Beziehung zwischen Mensch und Objekt und ihre soziologische Relevanz. In: Moebius, Stephan/Prinz, Sophia (Hg.): Das Design der Gesellschaft. Zur Kultursoziologie des Designs. Bielefeld: transcript, S. 49-70.

Britta (2004): Brittas Seite. In: Werkspuren, Heft 4, S. 56-57.

Brunner, Katharina (2015): Etsy nimmt Millionen ein. In: Süddeutsche Zeitung vom 16.04.2015.

D-EDK Deutschschweizer Erziehungsdirektoren-Konferenz (Hg.) (2014): Lehrplan 21 – von der D-EDK Plenarversammlung am 31.10.2014, zur Einführung in den Kantonen freigegebene Vorlage. Luzern: D-EDK. URL: www.lehrplan.ch [13.10.2015].

Dietrich, Cornelie/Krinninger, Dominik/Schubert, Volker (2012): Einführung in die Ästhetische Bildung. Weinheim/Basel: Beltz Juventa.

Dittli, Viktor (2001): Werkweiser für technisches und textiles Gestalten. Handbuch für Lehrkräfte. 3 Bände. Bern: Schulverlag plus.

Duncker, Ludwig (2005): Instrumentelles Handeln und ästhetisches Gestalten. Über Kernkompetenzen und Bildungshorizonte im Elementarbereich. In: Gaus-Hegner, Elisabeth/Mätzler Binder, Regine (Hg.): Technisches und textiles Gestalten. Fachdiskurs um Kernkompetenzen. Zürich: Pestalozzianum, S. 12-30.

E-Museum Zürcher Hochschule der Künste/Museum für Gestaltung/Archiv ZHdK (2015): SfGZ Werkseminar, WS, Zürich, CH, 1957-1997, URL: http://sammlungen-archive. zhdk.ch/view/people/asitem/items@SfGZ,%20Werkseminar,%20WS,%20Zürich,%20 CH:32906/0;jsessionid=7F3F87C63DC23692F1E6598EDAF90017?criteria=Sport&rg =Objects,,0&sm=%5BObjects,%20Exhibitions,%20Sites,%20People,%20MediaMod ule%5D [13.10.2015].

Eichelberger, Elisabeth (Hg.) (2014): Weiter im Fach. Textiles Gestalten erkenntnis- und lernendenorientiert unterrichten. Baltmannsweiler: Schneider Verlag Hohengehren.

Eichelberger, Elisabeth/Rychner, Marianne (2008): Textilunterricht. Lesarten eines Schulfachs. Theoriebildung in Fachdiskurs und Schulalltag. Zürich/Baltmannsweiler: Pestalozzianum/Schneider Verlag Hohengehren.

Eisele, Petra (2011): Die Ästhetik des Handgemachten. Vom Dilettantismus zum Do-it-yourself – eine designhistorische Analyse. In: Critical Crafting Circle (Hg.): craftista! handarbeit als aktivismus. Mainz: ventil, S. 58-72.

Gaus-Hegner, Elisabeth (Hg.) (2007): Gestaltungsräume schaffen. Bildungsort Werken und Textiles Gestalten. Zürich/Baltmannsweiler: Pestalozzianum/Schneider Verlag Hohengehren.

Gaus-Hegner, Elisabeth/Mätzler Binder, Regine (Hg.) (2005): Technisches und textiles Gestalten. Fachdiskurs um Kernkompetenzen. Zürich: Pestalozzianum.

Gaus-Hegner, Elisabeth/Homberger, Ursula/Morawietz, Anja (2015): Himmelhoch & Türkis blau. Gestalten mit 4- bis 9-jährigen Kindern. Bern: Schulverlag plus.

Graser, Hermann/Rieder Nyffeler, Christine/Weber, Julia (2015): GestaltungsRäume. Aufgabenkultur für bildnerisches, technisches und textiles Gestalten. Sekundarstufe 1. Bern: Schulverlag plus.

Grossenbacher, Silvia/Oggenfuss, Chantal (2011): Von der musischen Bildung zur „aesthetic literacy". Musik, Kunst und Gestaltung in der Volksschule. Aarau: SKBF/ CSRE, Schweizerische Koordinationsstelle für Bildungsforschung.

Hanselmann, Claudia (2015): Mediadaten manuell. URL: http://www.manuell.ch/media daten/ [03.11.2015].

Homberger, Ursula (Hg.) (2007): Referenzrahmen für Gestaltung und Kunst. Zürich: Pädagogische Hochschule Zürich.

ILZ Interkantonale Lehrmittelzentrale (2012): Die Lehrmittelsituation in den Fachbereichen im Hinblick auf die Einführung des Lehrplans 21. Eine Grobbeurteilung der aktuellen Situation. Rapperswil: ilz.

Keller, Reiner (2004): Diskursforschung. Eine Einführung für Sozialwissenschaftlerinnen. 2. Auflage. Wiesbaden: VS Verlag für Sozialwissenschaften.

Kolhoff-Kahl, Iris (2005): Textildidaktik. Eine Einführung. Donauwörth: Auer.

Maker Media Inc. (2015): The Maker Movement. URL: http://makerfaire.com/maker-movement/ [15.10.2015].

Museum für Gestaltung Zürich (2015): Do it Yourself Design, Ausstellung Museum für Gestaltung Zürich, Schaudepot, 20.3.2015-31.5.2015. URL: http://www.museum-gestaltung.ch/de/ausstellungen/jahresprogramm-2015/do-it-yourself-design/ [13.10.2015].

Ohlsen, Ingrid/Littmann, Birgit (2001): ... durezie und abelaa. Vom Anfang und Ende eines Frauenberufs: Die Ausbildungsgeschichte der Handarbeitslehrerin im Kanton Zürich. Zürich: Pestalozzianum.

Renée (2014): Renées Seite. In: Werkspuren, Heft 2, S. 56.

Sennett, Richard (2009): Handwerk. Berlin: Berliner Taschenbuch Verlag.

Sigrist, Petra (1997): Interviews mit Albert Wartenweiler und Verena Gloor. In: Werkspuren, Nr. 2, S. 77-79.

Stuber, Thomas (2015a): Do-it-Werkstatt. URL: http://www.do-it-werkstatt.ch/ [15.10.2015].

Stuber, Thomas (2015b): E-Mail Thomas Stuber an die Verfasserin vom 04.04.2015.

Stuber, Thomas (2015c): Gratis-Five-Pack Technisches Gestalten. URL: http://www.do-it-werkstatt.ch/shop/index.php?c1=demo&ct1=Package&ctk1=106 [03.11.2015].

Stuber, Thomas (2015d): Gratis-Five-Pack Textiles Gestalten. URL: http://www.do-it-werkstatt.ch/ shop/index.php?c1=demo&ct1=Package&ctk1=61 [03.11.2015].

Stuber, Thomas/Käser, Andreas (2015): Technik und Design im LP 21. Technische und ästhetische Allgemeinbildung. In: Werkspuren, Heft 2, S. 28-31.

SWV Design und Technik (2015): Media-Daten. URL: http://www.werken.ch/?wsp=1 [15.10.2015].

W.I.R.E. (2012): Machen ist Macht. Zum Aufstieg der Do-it-yourself-Kultur. Zürich: Neue Zürcher Zeitung.

Display(s) der Selbstkonstruktionen

Vermittlungsräume zwischen Jugendästhetiken und
Kunstinstitutionen aus Perspektive der Kunstpädagogik

Christine Heil

Jugendliche machen sich als Besuchergruppe in Kunstmuseen und anderen Kulturinstitutionen im deutschsprachigen Raum nur wenig bemerkbar. Bei hohem Orientierungsbedürfnis (in der Lebensphase Jugend) entfalten sie zugleich hohe persönliche Abgrenzungsaktivitäten gegenüber kulturellen Institutionen und (erwachsenen) pädagogischen Vermittlungsangeboten. Während Kinder mit ihren Eltern Ausstellungen besuchen oder Familien und Schulklassen museumspädagogische Angebote nutzen, gehen Jugendliche nicht unbedingt von sich aus in Museen oder Galerien. So lautet das Fazit einer Projektgruppe aus Vertreter*innen der Vermittlungsabteilungen verschiedener deutschsprachiger Museen, Ausstellungshäusern für Kunst und Medienkunst sowie einem unabhängigen Kunstvermittlungskollektiv, die sich vorgenommen haben, gemeinsam neue Formate der Vermittlungsarbeit mit Jugendlichen zu entwickeln und an den unterschiedlichen Standorten zu erproben und zu vergleichen.[1] Der Projektverbund nennt sich „JuLab Kultur – Transformation Jugend Museum Schule".[2] Gemeinsamer Anlass der Netzwerk-

---

1 Dass die Besuchergruppe der Jugendlichen quer zu allen anderen Differenzlinien Fragen
   im aktuellen Diskurs von Museen und Kulturvermittlung aufwirft, zeigt sich auch am
   gleichnamigen Thema des Österreichischen Museumstags 2015 „Jugend und Museum"
   und die Beobachtungen entsprechen den aktuellen Erhebungen des Rats für kulturelle
   Bildung unter Schüler*innen der 9. und 10. Klassen in Deutschland (Rat für kulturelle
   Bildung e.V. 2015).

2 Initiatorinnen des Netzwerks sind das Fach Kunstpädagogik und Didaktik der Kunst
   an der Universität Duisburg-Essen, vertreten von der Autorin und Sabine Sutter, sowie

arbeit ist die Suche nach neuen Vermittlungsformaten an Museen und Kulturinstitutionen für Jugendliche, die von diesen auch wahrgenommen und genutzt werden. Eine übereinstimmende Erfahrung der Vermittlungsabteilungen ist dabei, dass gerade nicht Erwachsene ein Angebot für Jugendliche entwerfen können, sondern dass Vermittlungsarbeit für die Zielgruppe der Jugendlichen vor allem dann Erfolg haben kann, wenn in Kooperation mit Jugendlichen Räume und Praxen neu erfunden und etabliert werden. So lautet eine zentrale Frage für den Projektverbund, die auch Frage dieses Textes ist: Welche unterschiedlichen Rahmungen ermöglichen Jugendlichen partizipative Formen der Aneignung und Gestaltung institutioneller Ausstellungskontexte und Vermittlungsräume?

Die Perspektive, unter der die Fragestellung erörtert wird, ist zunächst die Perspektive der Autorin und damit von der Sichtweise einer Kunstpädagogin geprägt. Zugleich wird der Text für eine sozial- und kulturwissenschaftliche Publikation geschrieben und greift Themen der qualitativen Bildungsforschung wie Peergruppen, Jugendästhetik und das Verhältnis von Raumentwürfen und Bildungsinstitution auf (vgl. Böhme/Herrmann 2011; Deinet 2012). Die angeführten Beispiele stammen aus Angeboten der aktuellen Kunstvermittlung. Die Perspektiven, mit denen auf Jugendliche gesehen wird, sind von jedem Standort andere: Während die Kunstpädagogik stärker von der Entwicklung des Individuums und seinen Bildungsmöglichkeiten in Kontexten der vorherrschenden Kulturen ausgeht, vertritt die Kunstvermittlung den Bildungsgedanken der jeweiligen musealen Institution und wird von Theorien der kritischen Kunstvermittlung reflektiert. Die Erziehungswissenschaft und die qualitative Bildungsforschung nehmen stärker gesamtgesellschaftliche Strukturen in den Blick, in denen Jugendästhetiken und Jugendkulturen nur ein Aspekt sind. Alle Perspektiven haben Schnittmengen, um die es im Folgenden gehen wird.

Vermittlungsräume beschreiben

Die vorausgesetzte Offenheit der angestrebten Vermittlungsräume bringt Herausforderungen für die Institutionen mit sich: Denn in einer tatsächlichen Zusammen-

---

Mechthild Eickhoff, Leiterin UZWEI kulturelle Bildung, Dortmund. Weitere Mitglieder sind Jan Blum, Edith-Russ-Haus, Oldenburg; Fanny Kranz und Henrike Plegge, Ko-Gründerinnen von „Fort-Da" Kunstvermittlungskollektiv, Karlsruhe; Julia Hagenberg, K20/K21, Düsseldorf; Christina Jacoby, Kunstmuseum Liechtenstein; Claudia Thümler und Sybille Kastner, Lehmbruckmuseum, Duisburg; Birgit van de Water, Museum Kunstpalast, Düsseldorf; Tom Stern, Dr. Esther Guderley, Angelika Wuszow, Ruhrmuseum, Essen; Janine Burger, ZKM Karlsruhe.

arbeit mit institutionsfernen Gruppen werden auch Transformationsprozesse innerhalb der Museen und Ausstellungshäuser wahrscheinlicher und die Inhalte oder Bewertungen von Ausstellungsgegenständen ändern sich: Wenn Vermittlungsarbeit mit Jugendlichen funktioniert, etablieren sich Schnittstellen zwischen Jugendästhetiken und Inhalten von Kunst- oder Kulturinstitutionen, die keiner Jugendkultur oder institutionellen Kunstkultur eindeutig zuzuordnen sind. Vielmehr bieten Vermittlungsräume auch Identifikationsmöglichkeit für Jugendliche. Gelingt es solche Transformationsräume zu beschreiben, so könnten neue kunstpädagogische Perspektiven auf Bildungsprozesse entworfen werden. Ein Ziel der JuLab-Projekte ist es, Vermittlungsräume aus der Sicht der Jugendlichen im Verhältnis zu etablierten Kulturbegriffen und Kulturinstitutionen neu beschreibbar und reflektierbar zu machen.

Die Spannungsfelder von dafür notwendigen partizipativen und transformativen Rahmungen ergeben sich auch durch die Gleichzeitigkeit mehrerer Aufträge an die Museen und deren Vermittlungsabteilungen. Die Institution Museum hat den Auftrag, Kultur zu bewahren und zu vermitteln. Der Internationale Museumsrat definiert in seinen *Ethischen Richtlinien* das Museum als

„eine gemeinnützige, auf Dauer angelegte, der Öffentlichkeit zugängliche Einrichtung im Dienste der Gesellschaft und ihrer Entwicklung, die zum Zwecke des Studiums, der Bildung und des Erlebens materielle und immaterielle Zeugnisse von Menschen und ihrer Umwelt beschafft, bewahrt, erforscht, bekannt macht und ausstellt." (ICOM 2010: 29)

Damit ist weder bereits festgelegt, was von wem als bewahrenswerte Zeugnisse angesehen werden, noch sind damit Formen des Erlebens oder des Bekanntmachens beschrieben. Auch die Vermittlungsangebote eines Museums oder einer Ausstellungsinstitution haben neben dem Bildungsauftrag häufig einen repräsentativen und einen ökonomischen Auftrag: Die Vermittlungsformate sollen möglichst viele Besuchergruppen ansprechen, denn neben dem Bildungsauftrag sollen sie Geld „einspielen", d.h. Gewinne für das Museum erzielen (vgl. Mörsch 2009, 2012).

Zentrale Begriffe in diesem Text sind *Display*, *Keyworker*, *Prosuming* sowie ein *dynamischer Raumbegriff* im Sinne des „relationalen Raum-Modells" der Raumsoziologie nach Martina Löw (2001). Sie sollen im Folgenden kurz charakterisiert werden:

Display ist ein Begriff, der in der Museologie und aktuellen Kunstvermittlung verwendet wird, seit den 1990er-Jahren auch in Arbeiten der zeitgenössischen Kunst thematisiert wird und dabei eine kritische Reflexion erfährt. Das Display umfasst die Gesamtheit der medialen Umsetzung, die eine Ausstellung für ihre Besucher*innen erfahrbar macht:

„Als *Präsentationsmittel* vereint Display einzelne Elemente wie Raumgestaltung, Objektposition im Raum, Licht- und Wegführung, Sitzmöglichkeiten, Möbel, Vitrinen, Sockel, Rahmen, Abstandhalter, Tafeln für Beschriftungen oder Texte und Büchertische, Lounges oder interaktive Netzzugänge. Sie bilden gemeinsam mit Katalog, Flyer und Ankündigungstexten den Präsentationskontext einer Ausstellung [...]." (Haupt-Stummer 2013: 97)

Das Zusammenspiel aller Elemente produziert in der Rezeption durch die Besucher*innen Bedeutung. Das kann auch performative Dimensionen beinhalten. Tony Bennett „bezeichnet die Gestaltungsinstrumente als Instrumente der Disziplinierung von Subjekten" (ebd.: 97).[3] Indem die Betrachtenden in solchen Displays als Akteur*innen und Produzent*innen von Bedeutungen mitgedacht werden, können sie sich als Teil der Ausstellungsinszenierung mitproduzieren und sich im Kontext des Ausstellungsthemas verorten oder ein Selbstbild produzieren oder zumindest verschieben.

Aus der Perspektive der Kunstpädagogik ist es interessant zu betrachten, wie Vermittlungsabteilungen in Kunstinstitutionen und Museen wie auch in Ausstellungskonzepten von Künstler*innen ihre eigenen institutionellen Displays verändern und interaktive oder partizipative Angebote entwickeln, um mit Jugendlichen zusammen zu arbeiten. Kunstinstitutionen nutzen ihre Displays, d.h. ihr Medium des Zeigens und Präsentierens, um Jugendlichen ein Forum für die Erfindung und Entdeckung von neuen Formen der Selbstrepräsentanz zu geben.

Das Beispiel in diesem Text beinhaltet, dass sich Jugendliche bei der Teilnahme an dem *Display*-Angebot in Anteilen selbst darstellen können und dabei an ihrer Selbstkonstruktion arbeiten. Das *Display* wird hierbei zu einem Modell für die Suche nach Möglichkeiten der Einladung und Beteiligung von Jugendlichen in Kunst- und Kultureinrichtungen. Dazu sind mediale Formen notwendig, die für Jugendliche begehrenswert sein können, und Erlebnisweisen von musealen Inhalten und Thematiken, die von Jugendlichen als attraktiv und neuartig angesehen werden.

Keyworker sind selbst nicht am Museum dauerhaft beschäftigt, handeln aber als vermittelnde Personen zwischen der Institution und jeweiligen Besuchergruppen von Erwachsenen- bzw. Jugendlichen, die als Zielgruppen ausgemacht werden. Stöger (2009) benennt

---

3 Haupt-Stummer bezieht sich hier auf die Darstellung von Tony Bennett zur Entstehungsgeschichte von Museen: Spätestens Ende des 19. Jahrhunderts hatten die Gründungen von Museen in England neben der Repräsentanz der Sammlerpersönlichkeiten oder der kriegerischen oder kolonialen Eroberungen explizit den Auftrag zur Erziehung und Bildung der breiten Öffentlichkeit (vgl. Bennett 1995: 70ff., 98).

„z.B. JugendbetreuerInnen, KünstlerInnen, ErwachsenenbildnerInnen, HandwerkerInnen, GemeinwesenarbeiterInnen, ehrenamtliche MitarbeiterInnen, [...] Personen, die als VermittlerInnen zwischen der Institution und den Publikumsgruppen agieren, die dem Museum sonst meist fern bleiben" und „Personen, welche die Bereitschaft mitbringen, andere zu ermutigen und zu unterstützen, ihre Erfahrungen zu teilen."(Ebd.: 76)[4]

Prosuming: Selbstdarstellung und das Auffinden von Motiven und Themen hat etwas mit Peergroups, kollektivem Geschmack und gemeinsamen Fragen zu tun. Das weist auf Prozesse und Bedingungen des Prosuming hin. Prosuming benennt sowohl in marktwirtschaftlichen Modellen als auch im Kontext neuer Medien partizipative Formen der Produktion und des Konsums. Es ist eine Wortschöpfung, die den Austausch von Gütern und die Entstehung von Nachfrage und Produktideen von mehreren Richtungen zugleich fassen soll. Mit Prosuming bezeichnete Alvin Toffler 1980 zunächst das Prinzip des „production for use". Damit markiert Toffler ein neues Verhältnis von Produktion und Konsumtion: Es geht um Produkte, die nicht nur für eine direkte Selbstversorgung oder für den weiteren Handel („production for exchange") gedacht sind, sondern Verbraucher zu Aktivitäten einer weiteren Bearbeitung oder Weiterverwendungen auffordern. Es handelt sich um Prosuming, „wenn die Erzeugung von Produkten unmittelbar auf den Gebrauch zielt." (Toffler, zit. n. Hanekop/Wittke 2010: 96). Dieses Prinzip lässt zunächst private Formen der Kooperation mit den Möglichkeiten des Internets und der social media neue Formen einer „large-scale collaboration" anwachsen, die eine massenhafte Kooperation zwischen Anwendern ermöglicht, die zugleich Produzenten sind – und das, ohne an einem Ort tatsächlich zusammen kommen zu müssen. Typische Beispiele dafür sind Wikipedia und OSS-Entwicklungen (Open-Source-Software). Mit den Möglichkeiten der digitalen Bildmedien ergeben sich neue Qualitäten für Ästhetiken und Bildervorräte, die in einer Konvergenzkultur unterschiedlicher Medienverbünde die Qualitäten bildbasierter Zusammenarbeit weiter verändern (vgl. Jenkins 2006, zit. n. Hengst 2014).

Dynamischer Raumbegriff: Zunächst gehe ich bei meinen Überlegungen von einem prozessorientierten und relationalen Raumverständnis aus, welches Martina Löw in der Betrachtung der „Relationen zwischen Menschen oder zu Dingen und

---

4 Stöger schreibt über die Entwicklung dieser Vermittlungsidee: „Der Begriff ‚keywork' wurde erstmals vom Victoria and Albert Museum, London, für ein Projekt mit der indischen Community verwendet. Daraus ist das Projekt ‚Museen, Keyworker und Lebensbegleitendes Lernen' (1998-2001) entstanden, gefördert aus dem Sokrates Erwachsenenbildungsprogramm der EU. Das waren beispielsweise: SeniorInnen, Personen, deren Arbeitsplatz die Stadt ist, Jugendliche aus benachteiligten Wohnvierteln, MigrantInnen aus den ehemaligen afrikanischen Kolonien, Lehrlinge." (Ebd.: 77)

Handlungen" (Löw 1999: 56) entwickelt: „[...] im Relationen-Modell ist der Raum die Ordnung der Platzierungen und Lagerungen" (ebd.: 57).

Löw entwirft in ihrer *Raumsoziologie* (2001) mit Bezug u.a. auf Bourdieus Feldtheorie und die Heterotopien Foucaults einen sozialen Interaktionsraum, der nicht aus der Dualität von Naturraum und Sozialraum konzipiert ist, sondern der prozesshaft aus den Beziehungen zwischen Akteur*innen und sozialen Gütern entsteht. Raum ist hier prozesshaft konzipiert und entsteht „in der Wechselwirkung zwischen Handeln und Strukturen" (Löw 2001: 158): Mit „Spacing" bezeichnet Löw einen Prozess, der „auf die Wechselwirkungen zwischen Platzierenden und Platzierungen" verweist (ebd.). Im *Spacing* werden soziale Güter platziert, die symbolische wie materielle Anteile beinhalten (ebd.: 153). Und es bedarf einer *Syntheseleistung*, mit der „über Wahrnehmungs-, Vorstellungs- oder Erinnerungsprozesse" Ensembles sozialer Güter und Menschen zu Räumen zusammengefasst werden (ebd.: 159).

Nach Löw ist Raum also nicht bereits gegeben oder „ein Behälter, sondern ein Netzwerk, der Ausdruck für Relationen zwischen Lebewesen, Dingen oder Handlungen." (Löw 1999: 57). Was die Menschen mit den Dingen und miteinander tun, wie sie sich darin orientieren und welche Werte und Vorstellungen sie dem beimessen, ist also der Raum. Und so unterschiedlich Menschen mit Dingen und miteinander interagieren, so unterschiedlich sind die Qualitäten der Räume, die im sozialen und kulturellen Handeln entstehen. Das hat recht weitreichende Folgen für die Vorstellung von Bildung und Vermittlung. Bezogen auf Bildung schreibt Löw:

„Wenn Raum nicht länger den kontinuierlichen Punkt in sich wandelnden sozialen Prozessen darstellt, sondern selbst als prozesshaft begriffen wird, kann er nicht mehr als Hintergrund von Bildungsprozessen verstanden werden. Die Möglichkeiten und Notwendigkeiten der Konstitution von Raum sind zu einem Bestandteil von Bildungsprozessen geworden." (Ebd.: 56)

Das stellt Herausforderungen an die pädagogische Konzeption von möglicherweise ebenfalls prozessorientiert und relational zu denkenden Bildungsräumen. Erste Hinweise auf veränderte Auffassungen gibt es bereits: Mit der Ablösung einer an Lernzielen orientierten Unterrichtsplanung durch eine Kompetenzorientierung konnte bereits zunehmend von einer Kanonisierung der Bildungsinhalte abgesehen werden – zumindest theoretisch. In einem an Kompetenzen orientierten Unterricht existieren Lerngegenstände nicht an und für sich. Bei Kompetenzen orientiert sich die Planung und Steuerung von Unterrichtsprozessen an den Handlungsmöglichkeiten des Einzelnen in Bezug auf den Umgang mit Bildungsgegenständen und mit sich selbst wie mit den anderen einer Lerngruppe. Eine veränderte Auffassung eines dynamischen Bildungsraums hat auch Auswirkungen auf die Auffassung von Subjektkonstitutionen in Lern- und Bildungsprozessen. Ausgehend von Überlegungen zu einem Subjektverständnis aus einer poststrukturalistischen Perspektive entwickelt Benjamin Jörissen ein dynamisches Raummodell in der Medienbildung. Er kehrt die häufig implizierte Reihenfolge von Bildungsziel und Bildungssubjekt oder Lerngegenstand und Lernenden (d.h. der oder die Lernende eigne sich einen Lerngegenstand an) entsprechend um:

„Nicht ein vorgängig vorhandenes Subjekt ‚setzt' sich Bildungsziele in einer je schon vorhandenen Welt (oder bekommt solche von außen vorgegeben); nicht ein vorgängig vorhandenes Subjekt ‚eignet' sich Welt an, vielmehr gehen aus Bildungsprozessen Formen von Subjektivität und Weltbezügen immer wieder neu hervor [...]." (Jörissen 2011: 221)

Bildungs- und Vermittlungsprozesse würden vielleicht gerade dann als geglückt gelten, wenn neue Vorstellungen von Subjektivität oder neue Raumqualitäten sichtbar werden würden, und nicht bereits bekannte Qualitäten oder Formen von Raumpraxen sich lediglich wiederholten.

EIN BEISPIEL FÜR DIE PARTIZIPATION VON JUGENDLICHEN AM MUSEUMS-DISPLAY: ‚TATE COLLECTIVE' KURATIERT DAS DISPLAY ‚SOURCE'

Das Beispiel eines Partizipationsformats für Jugendliche in einem großen Kunstmuseum ist „Source Display" an der Tate Britain in London, 4. April bis zum 28. September 2014.[5] Über sechs Monate hinweg handelte es sich dabei zunächst um einen Ausstellungsraum innerhalb der öffentlich zugänglichen Sammlung der Tate Britain. Das kuratorische Konzept und die besondere Gestaltung des Ausstellungsraums wurden von der Gruppe *Tate Collective London* entwickelt. Unter dem Namen „Tate Collective London" wird in der Tate Britain und der Tate Modern die Zielgruppe „Junge Menschen" angesprochen. Damit sind im Konzept[6] Jugendliche im Alter von 15-25 Jahren benannt, für die spezielle Angebote konzipiert und gemeinsam mit Jugendlichen entwickelt werden, und das in zweierlei Hin-

---

5   Darstellungen im Internet: http://www.tate.org.uk/whats-on/tate-britain/display/bp-spot light-source; http://collectives.tate.org.uk/collectives/tate-britain-tate-modern.

6   „Tate Collective London run free events and festivals for young people aged 15-25 to experiment, create and innovate through art and ideas across both Tate Modern and Tate Britain", www.tate.org.uk/learn/young-people/gallery-collectives/london [12.03.2016].

sicht: Jugendliche sind Mitglieder des Teams von *Tate Collective*, die sich Angebote ausdenken, welche partizipativ ausgerichtet und häufig mit Workshops, eigenen künstlerischen Aktivitäten oder Aktionen verbunden sind. In diesem Sinn ist *Tate Collective* neben dem speziellen Vermittlungsformat für junge Menschen auch eine Gruppe von *Keyworkern*.

Die Ausstellung „Source" fand 2014 für sechs Monate statt und bestand aus einer Kombination aus Workshops und der Einladung an die Teilnehmenden, die in diesen Workshops hergestellten Produkte für den eigens eingerichteten und kuratierten Ausstellungsraum in der Tate einzureichen. Angeboten wurden sechs verschiedene Workshops zu künstlerischen Themen, die in der grafischen Produktion aktueller Kunst und zeitgenössischer visueller Kultur vorkommen: Streetstyle; Muster, Grafik und Druck; Anweisung und Vorgabe; Narrative, Text und Bild; Struktur und Collage; Straßenfotografie.[7]

Der Titel „Source" (was übersetzt Quelle, Anlass, Ausgangspunkt oder Ursprung bedeutet) und die Konzeption des Ausstellungsraums thematisieren den Ursprung der öffentlichen Bildergalerie und damit des Museums selbst. Das kuratorische Konzept war auch an der Wand des Ausstellungsraumes zu lesen:

„Im 19. Jahrhundert öffneten sich Galerien der Öffentlichkeit, um allen Mitgliedern der Gesellschaft den Zugang zur Kunst zum Zweck der Erbauung und der Erziehung zukommen zu lassen. In dieser Zeit war es üblich, die Bilder vom Boden bis zur Decke, eng nebeneinander zu platzieren, um eine ‚Salonhängung' zu erzeugen, benannt nach den Ausstellungen, die im Salon Carré des Louvre, dem Nationalmuseum Frankreichs, stattfanden. Dieses Arrangement war eher vom Instinkt als von einem geplanten Konzept geleitet und konnte die Wirkung der ausgestellten Bilder auf den Besucher verändern." (tate.org.uk/source [20.03. 2016], Übersetzung: C.H.)

Die Ausstellung verschränkt hier museale Hochkultur und Jugendkultur auf mehreren Ebenen: Offensiv werden die Herkünfte von Bildwelten beider Bezugsbereiche durch eine kuratorische Idee, d.h. eine besondere Auswahl und Hängung von Bildern thematisiert. Im Konzept heißt es weiter:

„Dieses Display hebt die Ähnlichkeiten zwischen der Massenhängung von Kunstwerken, die in einem Salon hingen, und der Fähigkeit von digitalen und Social Media Plattformen des 21. Jahrhunderts wie Tumblr und Instagram hervor, eine große Anzahl von Bildern an einem einzigen Ort zu zeigen." (Ebd.)

---

7   Streetstyle; Pattern, Graphics and Print; Order and Compulsion; Narrative, Text and Image; Texture and Collage; Street Photography.

Über einen Wettbewerb konnten sich Teilnehmende der Workshops mit ihren Produkten bewerben, um in digitalen Fotorahmen innerhalb des Felds der „Salonhängung" oder einer Video-Projektion im gleichen Raum präsentiert zu werden. Diese Ereignisse und die Workshops sowie Meinungen und Sichtweisen von Teilnehmenden und Besuchenden wurden durch Social Media wie Twitter mit dem Hashtag #SourceDisplay kommuniziert.

Jugendliche erhalten über die Workshops Angebote zur Professionalisierung ihrer Interessen in Gestaltungsfragen der Bildproduktion und werden in der Autorschaft ihrer grafischen Produkte ernst genommen.[8] Modellhaft wird ein kuratorischer Prozess durchlaufen, der die Prinzipien des Museums von den künstlerischen Fragestellungen und Bedingungen der Bildproduktion über die Auswahl der Exponate und der kuratorischen Idee für ein Ausstellungskonzept bis zur Realisierung der Ausstellung umfasst. Zugleich geht es um Partizipation von Jugendlichen an diesem Prozess und an der Ausstellung selbst. Ein Ziel der Institution findet sich im Open Call formuliert, dass die Sammlung der Tate mit zeitgenössischer visueller Kultur in Beziehung gebracht wird.[9]

Im besten Sinne des Wortes könnte hier von „Raumaneignung" (vgl. Deinet 2012) im Museum durch Jugendliche gesprochen werden – allerdings im Rahmen des gegebenen offiziellen Displays des Museums. Jugendliche erhalten Workshops und damit Raum und professionelle Begleitung, um gestalterisch zu arbeiten, und einige – die Mitglieder von *Tate Collective* – partizipieren an den Prozessen der Ausstellungskonzeption; alle können sich für die visuelle Repräsentanz eigener Arbeiten bewerben, aber die Auswahl und die mediale Präsentationsform und -ausdehnung bleibt in der Ästhetik des üblichen Museumsdisplays. Das Museum präsentiert in seinen Ausstellungsräumen und auf der Internetseite sein Programm, das Jugendliche partizipieren lässt. Wie weit geht also dieses Beispiel der Raumaneignung und wer profitiert?

Auf der Grundlage eines dynamischen Raumbegriffs nach Löw (2001) lenkt Ulrich Deinet die Frage nach sozialräumlicher Orientierung von Kindern und Jugendlichen in öffentlichen Räumen von gegebenen Räumen auf die Entstehung

---

8 Dass ästhetische Praxen von Jugendlichen wie beispielsweise das Zeichnen von Comics neben einer experimentellen Identitätssuche auch eine existenzielle Dimension der ernsthaften Professionalisierung haben kann, darauf hat beispielsweise Katharina Küstner (2015) hingewiesen. Solche Dimensionen der Professionalisierung werden in den kunstpädagogischen Theorien zur Kinder- und Jugendzeichnung häufig übersehen.

9 „[...] Take part and you could see your work featured on the screens that form part of *Source*, highlighting how the Tate collection resonates with contemporary visual culture." www.tate.org.uk/whats-on/tate-britain/display/bp-spotlight-source [20.03.2016]

verschiedener Raumqualitäten, indem Kinder und Jugendliche Räume in unterschiedlicher Weisen nutzen (vgl. Deinet 2012: 44). Es bliebe also zu fragen, ob sich in dem Source-Projekt der Tate neue Raumqualitäten zeigen. Im Sinne des relationalen Raumbegriffs wären Vermittlungsräume in Lagebeziehungen zu denken: So sind die *Key Worker* oder ihre Arbeit in der Gruppe der *Tate Collective* zwar nicht selbst sichtbar, aber Themenfindung der kuratorischen Idee, der Workshop-Gedanke, Einladungen und Kommunikation in sozialen Netzwerken sind zentrale Elemente von Source.

Dass Vermittlungsräume nicht immer innerhalb des jeweiligen Museums zu finden sind, sondern auch außerhalb im Sozialraum der Jugendlichen oder am Rand der Institutionen, kann ein anderes Beispiel der Vermittlungsabteilung der Kunstsammlung Nordrhein Westfalen K20/K21 verdeutlichen. Ursprünglich haben sich Studierende der Kunstgeschichte mit einem durch sie entwickelten Vermittlungsprogramm „Freischwimmer" an junge Erwachsene gerichtet, um ausgehend von der Ausstellung „Wolfgang Tillmans" 2013 im K21 neue Orte der Stadt aufzusuchen und mit den Teilnehmenden während der Lokaltermine diese Orte kennenzulernen und Bezüge zur Ausstellung herzustellen. Ein Nachfolgeprogramm erhielt den Titel „Untitled" und war Teil des Begleitprogramms zur Ausstellung „Unter der Erde. Von Kafka bis Kippenberger" 2014 im K21. Die Einladung zu einem Besuch im Beerdigungsinstitut Carl Salm knüpfte an die ausgestellte Arbeit „Audio-Video Underground Chamber" von Bruce Nauman an, die im K21 zu sehen war. Der Ort eines Beerdigungsinstituts ist für Jugendliche bereits innerhalb der eigenen Stadt ein „anderer Ort", den sie in ihrem Alltag von sich aus eher nicht aufsuchen würden. In Verbindung zu einer Kunstausstellung in einem angesehenen Museum der Stadt und unter dem „Label" eines besonderen Vermittlungsformats kann der Ort des Beerdigungsinstituts auch für die teilnehmenden Jugendlichen in neuen Qualitäten wahrgenommen werden. Die konventionelle Kunstausstellung könnte deshalb an Attraktion gewinnen, weil sie mit einem heterotopen Ort (Foucault nach Löw 1999: 56) in Verbindung gebracht wird, der „anders" in Bezug auf die Kunstinstitution wie in Bezug auf die Stadt ist. Die Heterotopie zur Kunstinstitution ermöglicht einen individuellen wie einen gesellschaftlichen Grenzüberschritt oder zumindest das Aufsuchen von Grenzräumen zu bisherigen Wertevorstellungen.

WER PROFITIERT?

In einem kritischen Text zur Sichtbarkeit von Vermittlungsprojekten reflektiert Henrike Plegge einen offenen Ausstellungsraum und die Sichtbarkeitspolitik des ZKM Karlsruhe in Bezug auf Migrant*innen innerhalb der Kunstausstellung „The

Global Contemporary". Sie beschreibt ein „institutionelles Begehren nach Diversität", das in diesem Ausstellungsprojekt dem thematischen Schwerpunkt der Globalisierungsprozesse folgt: Hier „[...] wird Diversität im Kontext von Institutionen vornehmlich auf der Ebene der Wahrnehmung und nicht auf der Ebene der Stellen- und Machtverteilung innerhalb der Institution verhandelt" (Plegge 2014: 6). In Bezug auf die Gruppe der Jugendlichen im Projekt „Source" bliebe also zu fragen, welche Art von „institutionellem Begehren" im Vermittlungsangebot der Tate Britain hier formuliert oder vermutbar wird und welche Ebenen demzufolge mit zu verhandeln wären, wenn Jugendliche zur Partizipation ins Museum geladen werden.

DAS DISPLAY DER SELBSTKONSTRUKTIONEN / VISUELLES FELD UND DISPLAY

Die Filmkritikerin und Kunsthistorikerin Kaja Silverman erläutert die Bedeutung des Felds des Sichtbaren [field of vision] mit dem wechselseiteigen Zusammenhang zwischen Subjektivität und Welt, die sich über das gegenseitige Widerspiegeln begründen und wie Bilder daran beteiligt sind:

„Es kann nie einen Zeitpunkt gegeben haben, zu dem das Gespiegeltwerden [specularity] nicht wenigstens Teil der menschlichen Subjektivität war. [...] Schon seit den Anfängen der Höhlenmalerei sehen wir durch Bilder und werden durch Bilder gesehen." (Silverman 1997: 41f.)

In unserer medialen Epoche spricht sie der Standfotografie dabei den größten Einfluss zu, „wie wir das Gespiegeltwerden (er)leben" (ebd.: 42). Das Medium der Standfotografie strukturiert unser Sehen nach fotografischen Kategorien, indem es sich wie eine imaginäre Linse zwischen den Erscheinungsformen des Wirklichen und unseren Blick schiebt: „Wir selbst erfahren uns ihr [der imaginären Linse, C.H.] gegenüber als Schauspiel [spectacle]." Silverman zitiert Susan Sontag: „Wir lernen, uns selbst mit den Augen der Kamera zu sehen; sich für attraktiv halten heißt nichts anderes als zu glauben, daß man auf einem Foto gut aussehen würde." (Sontag 1980: 84) Die Vorstellung wir wären Teil einer Fotografie lässt uns über unsere Positionierung im Feld des Sichtbaren bewusst werden.

So sind in Social Media wie facebook oder tumbler wiederum neue mediale Darstellungslogiken wirksam, in denen zwar ebenfalls Standfotografie und Video verwendet werden, aber zudem ein wiederum informatisch und sozial vernetztes visuelles Feld mit Kommentaren, Verlinkungen und Aufmerksamkeitsregulierungen bereitgestellt wird. Auch aus diesen aktuellen Medienproduktionen gehen nach

Jörissen (2011) Formen von Subjektivität und Weltbezügen hervor. In diesem Sinn könnte man nicht nur ein Bild oder ein einzelnes Exponat, sondern auch das gesamte Display einer Ausstellung als visuelles und performatives Feld sehen, das Subjektivität ermöglicht und eigene Positionierung im Feld des Sichtbaren auf eigene Art und Weise generiert.

Übertragen auf das Projekt „Source" an der Tate Britain stellt sich die Frage nach besonderen Qualitäten des spezifischen Feldes des Sichtbaren in der Ausstellung und damit wiederum nach den besonderen Qualitäten der Raumaneignung, die für Jugendliche ermöglicht werden. Eine Qualität könnte in der Anbiederung an die sozialen Netzwerke der Jugendlichen liegen, und demgegenüber kann die Behauptung ein „anderer" Ort für Jugendliche zu sein, gerade auf eine neue Qualität hinweisen. In der Andersartigkeit des Museumsraums im Vergleich zu den alltäglichen Sozialräumen kann ein Zugewinn für Jugendliche liegen. Auch die möglicherweise als neu erfahrenen kulturellen Praxen des Kuratierens und des musealen Displays kultureller Sichtbarkeit können neue Handlungs- und Bedeutungsräume eröffnen. Neu können der Zugang zu anderen Bildwelten sowie die Angebote zur Professionalisierung für eigene Gestaltungspraxen sein. Für viele Jugendliche sind solche Raumkonstellationen wahrscheinlich sehr wohl bekannt, die das Bilderangebot einer Ausstellung in ein zeitlich, sozial und örtlich flexibles Netzwerk kollaborativer Raumaneignung erweitern. Vielleicht ließe sich von Vermittlung im Sinne des *Prosuming* sprechen. Es geht nicht nur um eine fertige Ausstellung, sondern um Formen der Beteiligung und Formen der Produktion, die wie Scripte (vgl. Hengst 2014: 152) zu unterschiedlichen Teilen durch das Museum und die Jugendlichen hervorgebracht werden.

EIN FAZIT – RAUM DER WIDERSPRÜCHE

Es bleibt die Frage, wer nun tatsächlich von der Repräsentanz von Jugend im Museum profitiert – das Museum, weil sie Produkte von Jugendlichen ausstellen oder umgekehrt die Jugendlichen für ihre Bildersammlungen interessieren oder mit der visuellen Kultur der nächsten Generation in einen Dialog treten können. Und es könnten Jugendliche von solchen Formaten profitieren, in denen ihr Begehren nach Professionalisierung ernst genommen wird und ihnen Möglichkeiten der Selbstpositionierung im sozialen Feld eingeräumt werden, im Kontext der eigenen Peergroup, die an den Displays mitarbeitet, wie der Öffentlichkeit des jeweiligen Standorts oder sogar der translokalen Aufmerksamkeit einer vernetzten Organisation. Es bleibt noch zu fragen, wie viele und welche Jugendliche tatsächlich teilhaben konnten oder wie viel sie von ihren Ideen im kuratorischen Konzept und den musealen Gepflogenheiten tatsächlich umsetzen konnten.

Man könnte eine besondere Rahmung am Source-Projekt in der Provokation solcher Widersprüche sehen, die neue Selbstkonstruktionen oder neue Qualitäten von Räumen für Selbstkonstruktionen denkbar werden lässt. Eine Rahmung, die Ungereimtheiten und Widersprüchlichkeiten nicht zu eliminieren sucht, sondern dafür zunächst einmal einen Raum und ein Display-Angebot schafft, in dem sich auch Widerstände und Widersprüche bilden können. Aus kunstpädagogischer Sicht stellt sich die Frage, wie diese dann wiederum sichtbar werden und ein eigenes Display erhalten könnten.

Ausgehend von der Frage, welche unterschiedlichen Rahmungen denkbar sind, die Jugendlichen partizipative Formen der Aneignung und Gestaltung institutioneller Ausstellungskontexte und -räume ermöglichen, d.h., die von Jugendlichen tatsächlich wahrgenommen und in der Aneignung weiter verändert werden, sind spezifische Spannungsfelder sichtbar geworden. Solche Displays der Selbstrepräsentation können Sinnangebote für Jugendliche sein und zugleich Aushandlungsraum für unterschiedliche Interessen. Es könnte sogar ein Qualitätsmerkmal für gelungene Vermittlungsarbeit sein, dass unentscheidbar bleibt, wer profitiert. Die Spannungsfelder zwischen der Repräsentation bestehender Kulturen und der potentiellen Veränderung von Kulturformen und kulturellen Inhalten durch die Partizipation von Jugendlichen könnte eigene visuelle Felder und Räume erhalten. Jugendliche wie institutionelle Interessen sind herausgefordert neue Formen des musealen Displays in einem relationalen Raumverständnis zu erproben oder neu einzurichten. Ein Sinnangebot für Jugendliche im Kontext von Museum und Ausstellungen aktueller Kunst zu schaffen heißt, mit der Teilhabe an Handlungsmöglichkeiten in kulturellen Feldern auch eigene Professionalisierung zu ermöglichen und Repräsentanz von neuen Aufmerksamkeitsformen zu erproben, neue visuelle Felder zu etablieren, die eine Selbstpositionierung Jugendlicher möglich macht.

LITERATUR

Bennett, Tony (1995): The Birth of the Museum: History, Politics, Theory. London/New York: Routledge.

Böhme, Jeanette/Herrmann, Ina (2011): Schule als pädagogischer Machtraum. Typologie schulischer Raumentwürfe. Wiesbaden: VS Verlag für Sozialwissenschaften.

Deinet, Ulrich (2012): Raumaneignung von Jugendlichen. In: Schröteleber-von Brandt, Hildegard/Coelen, Thomas/Zeising, Andreas/Ziesche, Angela (Hg.): Raum für Bildung. Ästhetik und Architektur von Lern- und Lebensorten. Bielefeld: transcript, S. 43-51.

Hanekop, Heidemarie/Wittke, Volker (2010): Kollaboration der Prosumenten. Die vernachlässigte Dimension des Prosuming-Konzepts. In: Blättel-Mink, Birgit/Hellmann, Kai-

Uwe (Hg.): Prosumer Revisited. Zur Aktualität einer Debatte. Wiesbaden: VS Verlag für Sozialwissenschaften, S. 96-113.

Haupt-Stummer, Christine (2013): Display – ein umstrittenes Feld. In: ARGE schnittpunkt (Hg.): Handbuch Ausstellungstheorie und -praxis. Wien u.a.: Böhlau, S. 93-100.

Hengst, Heinz (2014): Am Anfang war die Biene Maja. Medienverbund und Japanisierung der kommerziellen Kultur. In: Weiss, Harald (Hg.): 100 Jahre Biene Maja. Vom Kinderbuch zum Kassenschlager. Heidelberg: Universitätsverlag Winter, S. 143-165.

ICOM – Internationaler Museumsrat: ICOM Schweiz, ICOM Deutschland, ICOM Österreich (Hg.) (2010): Ethische Richtlinien für Museen von ICOM Zürich: ICOM Schweiz c/o Landesmuseum Zürich u.a.

Jörissen, Benjamin (2011): Medienbildung. Begriffsverständnisse und -reichweiten. In: Moser, Heinz/Grell, Petra/Niesyto, Horst (Hg.): Medienbildung und Medienkompetenz. Beiträge zu Schlüsselbegriffen der Medienpädagogik. München: kopaed, S. 211-235.

Rat für kulturelle Bildung e.V. (2015): Jugend/Kunst/Erfahrung: Horizont 2015. Eine Repräsentativbefragung des Instituts für Demoskopie Allensbach (IfD) initiiert vom Rat für Kulturelle Bildung, ergänzt um repräsentative Ergebnisse aus einer parallelen IfD-Bevölkerungsumfrage. Essen. http://www.rat-kulturelle-bildung.de/index.php?id=59.

Küstner, Katharina (2015): Identitätsentwürfe comiczeichnender Jugendlicher. München: kopaed.

Löw, Martina (1999): Vom Raum zum Spacing. Räumliche Neuformationen und deren Konsequenzen für Bildungsprozesse. In: Liebau, Eckart/Miller-Kipp, Gisela/Wulf, Christoph (Hg.): Metamorphosen des Raums. Erziehungswissenschaftliche Forschung zur Chronotopologie. Weinheim: Deutscher Studien Verlag, S. 48-59.

Löw, Martina (2001): Raumsoziologie. Frankfurt am Main: Suhrkamp.

Mörsch, Carmen (2009): Am Kreuzungspunkt von vier Diskursen. Die documenta 12 Vermittlung zwischen Affirmation, Reproduktion, Dekonstruktion und Transformation. In: Mörsch, Carmen/Forschungsteam der documenta 12 Vermittlung (Hg.): Kunstvermittlung 2. Zwischen kritischer Praxis und Dienstleistung auf der documenta 12. Ergebnisse eines Forschungsprojekts. Zürich/Berlin: diaphanes, S. 9-33.

Mörsch, Carmen (2012): Sich selbst widersprechen. Kunstvermittlung als kritische Praxis innerhalb des educational turn in curating. In: Jaschke, Beatrice/Sternfeld, Nora (Hg.): educational turn. Handlungsräume der Kunst- und Kulturvermittlung. Wien: Turia + Kant, S. 55-77.

Plegge, Henrike (2014): Studio – Raum für Kunst, Vermittlung, Bildung. In: Westphal, Kristin/Stadler-Altmann, Ulrike/Schittler, Susanne/Lohfeld, Wiebke (Hg.): Räume Kultureller Bildung. Nationale und transnationale Perspektiven. Weinheim/Basel: Beltz Juventa, S. 242-249.

Silverman, Kaja (1997): Dem Blickregime begegnen. In: Kravagna, Christian (Hg.): Privileg Blick. Kritik der visuellen Kultur. Berlin: Edition ID-Archiv, S. 41-64.

Sontag, Susan (1980): Über Fotografie. Frankfurt am Main: Fischer.

Stöger, Gabriele (2009): Schneebälle und Funken. Museen, Keyworker und die Folgen. In: Kunz-Ott, Hannelore/Kudorfer, Susanne/Weber, Traudel (Hg.): Kulturelle Bildung im Museum. Aneignungsprozesse – Vermittlungsformen – Praxisbeispiele. Bielefeld: transcript, S. 75-83.

Transformations of the everyday

The social aesthetics of childhood

PAULINE VON BONSDORFF

INTRODUCTION

One of the differences between art and everyday life as generally conceptualized at least in western societies is that art tends to strive towards novelty, uniqueness and individuality, and everyday aesthetics is characterised by familiarity, anonymity, or is even considered to be prosaic. In this paper I want to contribute to everyday aesthetics by tentatively exploring the role of play that noticeably bridges art and everyday aesthetics. Children play, but they are by no means unique in this, and while my examples will mostly relate to children's play I emphasise a more extensive significance of play as a resource in human life.[1] Like art, playing implies active imagination, and the "mimetic dimension" (cf. Gosetti-Ferencei 2014) is important in various ways. Here I emphasize the performative aspects of play: I focus on what goes on and what is done in the fundamentally social, as I argue, activity of play.

One common denominator of everyday aesthetics and children's play is their social character.[2] While the aesthetics of childhood can help detect and analyse

---

1 Among the classical discussions of the cultural and aesthetic significance of play from the 20th century are Johan Huizinga's *Homo ludens* (1939); Hans-Georg Gadamer's *Wahrheit und Methode* (1960) and Eugen Fink's *Spiel als Weltsymbol* (1960). I have discussed some aspects of art and play in Bonsdorff 2005.

2 Social aesthetics is discussed by Arnold Berleant. He describes it as "an aesthetics of the situation" (2005: 30) but does not deal with the performative and interactive aspects.

aesthetic aspects of social interaction more generally it can also highlight how intersubjectivity is intrinsic to art.[3] In other words, the aesthetics of childhood can contribute to the analysis and the understanding of both social relationships by making their layered aesthetic character visible; and art, by illuminating the social constitution of aesthetic meaning and value as well as the continuity between seemingly everyday playful behaviour and art.

In this paper I discuss how meaning and value are constituted in shared aesthetic practices and elaborated in imaginative, improvisational play. I indicate the continuity between childhood play and art along two lines. The first is the analogy between what I call "scripted performances" and works of performance art (such as music, theatre, dance, performance art). Both are based on scripts, whether written or memorised, and can be performed repeatedly and by different individuals. They are also remembered and discussed afterwards. The second is the analogy between play-worlds and the fictional worlds of narrative arts. In this case the creator, participants and audience have access to a world that is parallel to everyday reality and can be entered. In this experience, as Jennifer Anna Gosetti-Ferencei writes, "[o]ne does not simply 'pretend' a world, but may be subject to its evocation in an imaginative mode" (ibid.: 437). While having a logic and rules of its own the world may allow the creation of new characters, events and actions; more often it allows at least the transformation and evolution of central characters.

Before presenting the examples in sections 3 and 4 below I describe and motivate my choice of materials and perspective in section 2. The paper ends (section 5) with elaborations on the more general issues pertaining to the analogy between children's play and art that I have introduced here and that arise through the examples.

The temporal perspective

The examples I use are real-life examples of play between siblings or between grand-parents or parents and children. In a couple of cases I focus on the play-world of a single child. While the examples come from my own family I have not participated in all of them. Some are stories told to me and some were performed for me. In both cases I, as a daughter or mother, was the chosen or relevant audi-

---

3   The academic interest in intersubjectivity has grown considerably in the last decade, and a similar tendency is visible in art. Its aesthetic theorization is still modest rather than well explored (but note Bourriaud 1998).

ence rather than a complete stranger: someone who was either part of or concerned with the world, past or present, of the performers. The examples represent three generations of parents and children, historically covering a time-span ranging from the mid-1920s almost to the present day, and reflecting varying contexts of Finnish childhood.

The choice of autobiographical (with one exception) materials is methodologically motivated by my interest in the participants' – especially the children's – perspectives, and the role of play in their life.[4] I believe that the existential significance of childhood play cannot be analysed very well from a third-person perspective, but presupposes some kind of participatory, insider's point of view. In her book on infants' relationships to other persons Vasudevi Reddy argues for a "second-person approach" to knowing other people (Reddy 2008, especially chapters 2 and 3). Basically this means that there is no unbridgeable gap between individuals in the first place, for who we are is constituted intersubjectively, in relationships where we communicate, act and have access to each other precisely through reciprocal responses and shared meaning-making (see also Merleau-Ponty 1992: 398-419). A closer look at play confirms this relationality and deepens our understanding of how it takes place.

Then again it is certainly one thing to understand one another in the sense of being able to interact in meaningful and enjoyable ways, and another to be able to articulate this understanding in words; to move from direct interaction to a conceptual or even just narrative interpretation of what playing is about. The participatory perspective must be complemented with hermeneutic reflection building on a contextual understanding and input from relevant life sciences.[5] Yet our assumptions and expectations about children's abilities in any case affect how we interpret the interaction: what cues we are willing to take and what we make of them. In aiming to understand what children do when they play, and in seeing even young children as intelligent creatures my approach is informed by infant research and childhood studies.

The multidisciplinary research on infant and caregiver interaction that started in the late 1960s provides rich empirical background for my discussion. We know that early interaction is a fine-tuned, synchronised interplay of movement, voice

---

4   For a thick description of pre-schoolers' play from the perspective of participatory observation, see Corsaro 2003.

5   A contextual understanding is implicit in most analyses of art as well. The difference to children's play is that in play the relevant contextual meaning is typically much more local, having to do with the specific life-world of the child. A recent contextual presentation of art is *Marlene Dumas: The Image as Burden* (Dumas 2014).

and gaze between two partners, with rich expressive and even musical qualities.[6] Early interaction can be construed as a two-way communication where the baby (including neonates) does not mechanically react to or imitate the adult but participates in the dialogue with creative, intentional contributions. In infancy and early childhood social aesthetics is first and foremost an aesthetics of performance which involves (at least) two people and is typically characterized by improvisation and the collaborative creation of small musical narratives. It is an aesthetics in the making, in the present; a temporal aesthetics rather than an object-oriented one. Further, while such interaction can be called a performance it is one where the participants are the primary audience. Infant research shows that young humans' first mode and manner of communication is aesthetic rather than merely instrumental, whether this refers to serving cognitive or practical interests (see Reddy 2008). Another research area that supports the idea of looking for continuities between art and play is childhood studies. This multidisciplinary field has emphasized children's cultural competence and agency as well as the need to study their life-world with a view to their own perspectives, interests and intentions.[7]

The revalorisation of infants' and children's mental capacities and their typical modes of interaction, including play, has produced a rich body of research. The focus is however often on the instrumental benefits of play for the development of learning and cognitive skills (see for example Gopnik 2009). By merging the insights of infant research and childhood studies with the philosophy of art I argue instead for the deep intrinsic, existential, even ontological and political value of play. Play makes a nuanced understanding of the social world possible which is not satisfied merely with what is, but is world-creating and transformative through its overlaps and translations between reality and imagination (on these overlaps, see also Gosetti-Ferencei 2014: 427, 438). Consequently play is relevant for the well-being of communities and societies as well as of individuals.

The fact that the examples are literally familiar to me provides access to many contextual features. Each play situation is particular in time and place, with particular participants, and these factors influence its meaning. The examples also illustrate the continuities in play over generations where the positions of players shift according to changing roles in the family. Play carries references to earlier play, and it also transforms its own traditions. Play can carry forward and enact specific events and traditions, functioning as a kind of local cultural heritage. In this process it becomes an important element of autobiographical shared memories.

---

6   A rich introduction to this research is provided by Malloch and Trevarthen (2009).
7   A useful introductory source is the Oxford Bibliography on childhood studies: See www.oxfordbibliographies.com/page/childhood-studies.

Thus, the materials I discuss highlight a temporal perspective on play through transformations and continuities in the play culture of one family and through changing societal contexts and historical time frames. But there is also reason to emphasise the intrinsic temporality of play. By this I refer to the fact that playing often builds on the repetition or continuation of earlier play, whereby both the play itself (how it is performed) and its meaning change. Play and its meaning are temporally layered. To know how to play, to be competent in playing, is to be familiar with the practice, traditions and contexts of play. This temporal structure allows and even invites participation. While the frames constituted by a script or by the rules of the play provide a necessary structure and a space to act in, it is in the temporal dimension where engagement, interaction and creativity take place.

SCRIPTED PERFORMANCES

The examples of play in this section are what participants typically call "a play". Such plays have a proper context, specific characteristics and typical events or scenes, but they do not need to be fully scripted; mostly they allow improvisation within the given frames. My examples cover by no means the varieties of such plays; rather they highlight certain aspects. In the following I chose to emphasize the existential import of scripted play especially as it addresses the relationship between adults and children.

The first example consists of two plays that two generations of mother and child have played at bed-time. "Bumpy" was a little horse that sometimes carried the girl to bed in the evening if she was too tired to walk, or if she just longed for being carried on her mother's back. This made the unwanted transition to silence, night and sleep easier, but there was also the comfortable feeling of being small again, in intimate contact to her mum. Then again, as the mother was not herself but a horse there was a different kind of companionship as compared to the normal relationship between parent and child. Although the horse was physically bigger and older than the child it was an animal, not an adult, and it carried the girl instead of telling her what to do or where to go.

The mother had a strong mind and after listening to others she made decisions as she saw fit. In the family they sometimes characterised someone, with friendly irony, as being "stubborn as a donkey". When the girl grew into a woman and had a child of her own she turned this idiom into a new version of the play. She came to her child as "the Donkey" and offered to carry him on her back. Like Bumpy, the Donkey worked mostly in evenings and mornings, and carried the child to where he had to go. But in addition, as this mother-child couple had a more heated relationship, the Donkey could come forth and lure the child into the zone of animal companionship when words, arguments and other conceivable forms of persuasion did not work.

Unlike parents these animals neither are nor pretend to be authorities. Yet they have their own will and do not necessarily obey the rider. They also seek human care. Being-with-the-animal demands an exercise in generosity, empathy and kindness, but also maturity in order to be fair to the animal whose mind is opaque in more evident, or at least different, ways than the parent's mind. The pleasure of play and make-believe softens disagreements and performs a tacit negotiation where both sides approach each other. The play provides emotional education and opportunities for intimacy and shared rhythms, like in being carried on someone's back and holding on with legs and hands, breathing with the other, or feeling the weight and trust of one's child.

Here is another example of an adult surrendering to the child's world. When the family had visited the uncle and it was time to go home, the father went to the children's room to see how they were doing. His face had an air of anticipation. He was always caught and tied up on the floor in old lace curtains. He protested but could not do anything, only miserably cry for help. When the play was over it was easier for everyone to leave. The play functioned as a ritual of transition and goodbye, but also indicated the reversibility of power. The children prevailed over the adult world, and while the victory was temporary its very existence was promising. This was in the late 1960s.

In the same period the brother and sister used to play drunks: a short play, which made them giggle. They typically stood at the bookshelf, as if in the street, and emptied a miniature bottle each, bottom up. They performed a particular kind of adult life together and for each other. Men like that were around in the streets, they had been in the war it was said. The bottles were also real; their father collected them on flights and gave them to his children to play with.[8] Being a drunk, playing drunks, was a way of crossing but also attacking the child-adult border: exposing a big person who is not responsible and in power, and who does not behave quite well.

Playing drunks is one form of performing adult life, the varieties of which are legion: playing home, doctor, school, war, police and thieves, etc. My next example of scripted play is on one hand more specific in its reference and ambiguous in its meaning on the other hand. It was created not long after Lars Vilks, the creator of the caricatures of Prophet Muhammad published in the Danish daily Jyllands-posten, was attacked at a public talk in 2010. Vilks claimed he got a head-

---

8   Here we should remember the drinking culture of the 1960s and 1970s is different
     from today's; see, for example, the television drama *Mad Men*.

butt in his chest. In the play the uncle, shaking his head and talking pensively to himself, utters the words "the prophet Muhammad was a knave". The nephew, who has been standing in the room some 3-5 meters apart then makes a rush, head first, and hits his uncle in the stomach. The uncle totters and we hear a cry of pain and surprise. Both laugh heartily, indeed "sharing funniness" (each time, I assure).[9]

This play is a replay of a real event, and was created as part of a discussion between a seven-year-old boy and his middle-aged uncle. The response to "what happened", which is hard to explain as the answer must rely on contested information, interpretations and evaluations, was answered by re-acting the situation and showing its pattern. As compared to the real event upon which the play was modelled, the uncle's role reminds of the artist's and the nephew's that of the attacker, but more general issues are involved. Simultaneously presented are a number of things to laugh at: head-butts, a child attacking an adult, reacting to words with violent acts, fundamentalism and terrorism, a prophet described as a knave as well as the very energy of a fight that is not for real. There are many borders to cross, and to laugh is to keep all possibilities open (cf. Lewis 2012: 154-173). The play is indeed a training, if not *in*, then *for* moral and political judgement. Without any given pedagogical aim it presents some of the difficulties of cultural understanding and the complexities of our reactions.

The performative aspect of the play is crucial. To perform the play is to be, for a moment, the person who reacts violently. It is not to understand or know rationally how that person thinks. To laugh is to laugh at the situation and at a borrowed self.

PARALLEL WORLDS

The kind of play that I turn to now differs from scripted play in a relative rather than absolute way. Scripted plays are limited in their range of possible events, and the number of actors and type of roles they permit are also limited. But they are not totally unlike parallel worlds, for they stand in a significant relationship to a different order, sphere or world than that of the normal or normative everyday life of the participants. The relationship between the normal or normative and the order of play is addressed, and play negotiates and transforms the everyday by appropriating elements and producing new perspectives. In this section I

---

9   Cf. Reddy 2008: 183-214. Play of this kind can evolve into identity-creating internal jokes which signal community in other situations to those who are familiar with it.

introduce examples where the parallel world is the central point of play, whether this world seeps into everyday contexts, as is often the case with imaginary companions, or constitutes a parallel world and society inhabited by an indefinite number of main and more marginal characters.

Aapo was a close friend of the boy but they met mostly at weekends. He came to their apartment on Friday and went with the family to the country house. The parents had to be reminded of setting a plate for Aapo at the table, but he could serve himself. The mother learned to ask whether Aapo was coming. As he was invisible, the rest of the family did not get to know him very well, but he seemed to be rather quiet and there was no trouble in having him around. Still in the family context the presence of Aapo changed the position of the boy who was the youngest of three siblings In Aapo he had an ally, and by looking after Aapo's needs he could take a more responsible role and ask his parents to adjust to what he was saying rather than the other way around. In the research literature on imagination and imaginary companions there is a discussion of a three-year-old boy with an imaginary pony who was unhappy on arriving at a horse show where he was taken to by his parents, "'discover[ing]' ... that the imaginary pony had made other plans and was not there" (cf. Currie/Ravenscroft 2002: 187-188).[10] But there might be other explanations of his distress than an unwanted development of the fantasy, as has been suggested. Perhaps he had not been told in good time about the plans by his parents. He could not state his discontent by staying at home, as his parents would not allow it, but the pony could. Through the pony he could make a statement although he could not change the course of things.

A parallel world may also exist in a more persistent and as it were wide-ranging way.[11] My next example shows such a world, and its presentation needs to include the historical context. The boy who created this world, the Kingdom of Ström in Ingå (a real place), was born in the spring 1918 in Finland, when the country was divided by civil war. In the 1920's the wounds were still open. The boy's father was a doctor who following his professional code of ethics did not take sides in the war, but saw himself as a monarchist. Politics was discussed at home.

From teddy bears, monkeys, tin soldiers and dolls that he got as Birthday and Christmas presents the boy created a state. It was a monarchy ruled by the royal family of bears, who did however marry other animals, such that the queen was a

---

10 They take the example from Paul L. Harris' *The Work of Imagination* (2000). For a full-length discussion of imaginary companions, see Taylor 1999.

11 For an overview of psychological research on children's imaginary worlds or "paracosms" see Root-Bernstein 2013.

hen. The monkeys who were also numerous were mostly social democrats. The fiercest of them, a small guenon, was a trade union leader and communist. The head of police was a lion with a fox detective to his side. The tin soldiers were unstable voters. The parallel world of this kingdom was created, directed and animated by the boy: it was a play basically played by a single child. Its function is thus different from that of the scripted plays described earlier. Rather than an intervention in the order of the everyday, a negotiation or a reflection on a particular event, the Kingdom of Ström and its characters provided a means to study, explore and contemplate the functioning of society. It is scarcely a coincidence that the boy became a professor of social science with special interests in the Finnish party system as well as international relations and peace and conflict research.

A special feature of this world is that it persisted through his life and even beyond. As an adult he presented the citizens of the kingdom to his children. He opened the chest where the surviving ones shared the space with pairs of pyjamas and old cloth, and introduced them as individuals with names and professions, not as old toys. They were still the persons they had once been, although now retired.[12] His children knew that these animals would have more to tell: they were definitely surrounded by the aura of their father's childhood, and generally of lived life.[13] As part of the family history the animals were also companions in the present parent-child relationship and through them the father communicated with his children from the position of the child he once had been. With regret he told them that his mother had donated some animals to charity and had thrown some away when she thought he was too old to still need them.

If imaginary companions are invisible, companions such as the citizens of Ström could be called animated. Both kinds are creatures who simultaneously inhabit everyday reality, the world we think everyone shares, and a fictional world that they bring with them and introduce into the everyday. The strength of imaginary companions is that the child has more autonomy: the child is the sole author with the privilege to act as a translator between the companion and, in most cases, the family.

In addition to single imaginary companions these can also appear as collectives. Here we have a family of four in the 1970s: a father, a mother, and two children. One of them sometimes feels that the others agree against him. This may be because he is more "childish" while the others try to act in a more mature,

---

12 Except the guenon, the former trade union activist, who in the 1990's became a banker. I foolishly invested a small sum in his bank.

13 Walter Benjamin's discussion of aura as a felt quality of a singular object with a history is definitely applicable here (see Benjamin 2007).

adult, and serious manner. At such occasions he bows towards the tablecloth or the floor and says "I'll ask what the small ones think". The small ones are an invisible, miniature people that only he can see and communicate with. The rest of the family can hear him talk to them but they do not understand the language. He cups his hand around his ear to hear their answer. With an expression of triumph he then looks up and says: "The small ones agree with me."

The creator and interpreter of the small ones was the father of the family. In his private life he continued to use play in ways that are similar to children's play: imaginary and animated companions acted as spokesmen, especially with his wife. They could exaggerate, act childishly, tease or provoke, but also function as a third voice that provided a different point of view on the matter at hand. Sometimes they just exposed the diversity of possible reactions in a situation.

REFLECTIONS

Let me end with some reflections on the similarities and differences between art and play. My starting points are the analogy between scripted play and performance arts on the one hand and on the other hand the analogy between parallel play-worlds and narrative arts. It is however worth to remember that these two kinds of play are not separate categories but rather make visible two of the dimensions where play is similar to art.

First, it is useful to discuss in what sense and in what ways children's play can be seen as an *aesthetic* mode of thought and action. For a long time "disinterestedness", implying a detached and contemplative, non-interfering stance was seen as essential to aesthetic appreciation.[14] Play, on the contrary, is mostly participatory and engaged but not so obviously contemplative. Play interferes with and changes things. Rather than aesthetic experience we might therefore use the term "aesthetic agency" when referring to children's play. Aesthetic agency captures better the simultaneously active and passive, creative and appreciative character of play (Bonsdorff, forthcoming). Other characteristics of aesthetic experience such as heightened sensitivity to sensuous and expressive qualities, and imaginative and reflective exploration of situations and objects (including one's own contribution) characterise play as well as art.[15] In the aesthetic mode – whether in art or play – we are more present to the world than usually. This is similar to

---

14 This goes back to Kant (1989).

15 I have elsewhere suggested that these are the elements of aesthetic experience (Bonsdorff 1998: 78-92).

the "lantern consciousness" of childhood that Alison Gopnik contrasts to the "spotlight consciousness" of adult life (Gopnik 2009: 126-132).[16]

Second, in both scripted play and performing arts there are works with particular qualities that carry meaning. Infant research has shown how play begins with action songs and rituals in early infancy: here intersubjectivity is both a motivation and a condition for playful exchanges. Ellen Dissanayake (2000) suggests that the rhythms and modes that are articulated and shared in early childhood are the onto-genetic forerunners of art. Rather than being entities to perceive from outside they are shared spaces to enter, and this is true of their meaning as well: communication is sharing rather than exchange. Action songs and performing arts have in common the importance of timing and rhythm, which are necessary also for successfully performing many of the scripted plays described above. Structural features together with the possibility of repetition give this kind of play the form of a work, similar to that of jokes, anecdotes, and works of performing arts (see Malloch/Trevarthen 2009; also Stern 2010).

Third, like art play is enjoyed for its own sake and provides complex rather than simple pleasure. Both have been described as "autotelic" activities that have their end in themselves. The pleasure they provide includes intellectual, emotional and sensuous aspects as well as awareness of a social context.[17] Intellectual skills, social know-how and openness are necessary in order to appreciate and perform successfully in both art and play. Humour serves as an interesting example since it involves taste – a key issue in art – as well as timing. Reddy, who prefers to describe infants' merriment in terms of "sharing funniness" suggests that one reason for their interest in humour is its fundamentally social and cultural nature: it is learnt through engagement with other people (Reddy 2008: 183-214). In her book on children's play Helle Skovbjerg Karoff describes play between several children as an exercise and practice of taste, and refers to a "sense" of play in a way that appears close to what we mean by a sense of humour (Karoff 2013: 82-95). Taste and the sense of play represent know-how that is value-laden, contextually sensitive and exists *as practiced* – just like the sense of humour.

Fourth, in play meaning is socially constituted in experimental trials to make sense of the world and make oneself understood. Making sense of things is, as it were, an existential necessity for children, since much that is self-evident for an

---

16 Describing adult consciousness as the opposite of childhood consciousness is, however, too simple. According to Iain McGilchrist (2009) a more technical vs. holistic approach rather reflects a division of labour between the two brain hemispheres.

17 The issue is not straightforward, and there is a wealth of discussion of how art can be painful or disgusting, yet pleasurable. I cannot go into these questions here.

adult is not yet known by a child. Here knowledge and imagination are indeed closely connected, which is not to say that young children would be unable to distinguish reality and fantasy (see Reddy 2008: 224 or Gopnik 2009: 30-31). To imagine or pretend is not to think that things really are like that: it is to test and explore how they might be. In play, there is further the joy of immediate response and co-creation. Now artworks are probably less open to new meanings than play; yet compared to many other cultural practices the field of art invites experiments and multiple meanings, complexities and ambiguities, and novel ways of doing things. Furthermore, also the meaning of artworks is socially and contextually constituted; the difference being that their contexts are broader than those of play.

Fifth, both play and art serve remembering and identity-building through processes of reflection, elaboration and re-production.[18] Structure, meaning and the emotional charge of the experience make it memorable. This provides opportunities for sharing the experience, for reflection and discussion, as well as for new variations. Play can become a significant part of autobiographical memory and one's life-world, where the memory is often a memory of what "we used to play" rather of one particular time. A play can sometimes be performed and transformed over generations,[19] and a three-year old can insist on a play that she later forgets but that was nevertheless an important part of her life at the time. The very form of play makes it existentially and ontologically significant: identity-forming and world-creating. This is similar to how art is discussed, critiqued and produced: we return to certain works or narrative worlds, compare them and elaborate on them. Some works in particular become central bearers of culture: conserving and/ or transforming its central elements. It is also true however that change is more intimately connected to play than to most forms of art, for play is, as it were, created again in each performance. Even in scripted play the script exists only in the minds of the participants and has no authority other than the one they consent to. While play is most of the time variation and improvisation, art is so more seldom. Yet although art is on the whole more stable, this is a relative difference.[20]

---

18 For a discussion of elaboration in art on evolutionary lines, see Dissanayake (2000: chapter 5).

19 Corsaro (2003) gives examples of play that is inherited from earlier generations of pre-school children.

20 One example from oral narrative culture is the integration of the virgin birth in the Finnish mythological world of "Kalevala". In the last part of the version that Elias Lönnroth (the collector and editor of these epic songs) published in 1849 as the *New Kalevala*, a woman, Marja (the equivalent of Mary) gets pregnant from eating a berry (*marja*) in the forest and gives birth to a king.

In addition, both historically and in contemporary culture people appropriate materials from fiction, use them in their life and model their life on fictional characters.[21]

Sixth, the imagined world and what is taken to be the real one stand in a reciprocal relationship and inform each other. The world of play and the everyday world touch: the everyday gives the materials for play and play modulates and transforms the everyday. In particular, play has the power to change our perception of the everyday and its manners and modes. Similarity and difference to the everyday are necessary in order for play to be meaningful. A similar relationship prevails between art and reality, however we understand the latter. Art is not necessarily about the everyday, but as Arthur C. Danto pointed out art is always "about" something (Danto 2000) – be it mathematics, the sacred, evil, or the human psyche.

Seventh, both play and art explore, perhaps more than any other themes, relationships and behaviours: ways of being human and living together. Both have social and political import. Above I highlighted the central role of articulations, negotiations and transformations of the child-adult relationship in play. That this relationship is central is no wonder since the order imposed by adults is the main power structure of children's life. This emphasises the importance of genuine, reciprocal and participatory play as a form of communication with and between children. To play with children is to take them seriously. Similarly the greatest part of art produced throughout human history and in different cultures deals with the human condition: with values, knowledge, actions, emotional responses, and so forth.

Eighth, in play as in art awareness of contexts and meta-knowledge (not part of the narrative itself) affects the experience. In play the actual identity and social position of the players make a difference: that the nephew attacks the uncle rather than the other way round. We find similar structures in art: in Cindy Sherman's images of herself as a female movie star the actual social position of the artist/ model is significant. These examples show how play and art give possibilities to test behaviours and attitudes through borrowed selves. In addition to the identity of the performers the audience also makes a difference. Plays are shown to people who are part of the life-world of the players, and this is often true of art as well, especially for the first shows. Another meta-insight of play and art is the recognition that humans are playful, imaginative creatures who can communicate with each other in many ways. Thus Bumpy's grandfather wrote and asked when she

---

21 This happens in fan cultures generally. Already J.W. v. Goethe's novel *Die Leiden des jungen Werthers* (1774, 1787) gave famously rise to a "Werther fiever".

and her sister would come to visit so they could "throw pillows and do other naughty things" together, and passed on an attractive model of adult-child engagement.[22]

The transformation of the everyday in play is more than a change of modality from real to fictional and back: it is substantial as well. Play is a construction of reality – as much interpretation as transformative imagination, and any simple version of truth is irrelevant in assessing it. The charm and intrinsic value of play is rather related to how much you can do: think, imagine, act.

LITERATUR

Backman, Fredrik (2013): Min mormor hälsar och säger förlåt [My grandma sends her regards and says I am sorry]. Stockholm: Forum.

Benjamin, Walter (2007): Das Kunstwerk im Zeitalter seiner technischen Reproduzierbarkeit. Frankfurt am Main: Suhrkamp. [Orig. 1939].

Berleant, Arnold (2005): Ideas for a Social Aesthetic. In: Light, Andrew/Smith, Jonathan M. (Eds.): The Aesthetics of Everyday Life. New York: Columbia University Press, S. 23-38.

Bonsdorff, Pauline von (1998): The Human Habitat: Aesthetic and Axiological Perspectives. Lahti: International Institute of Applied Aesthetics.

Bonsdorff, Pauline von (2005): Play as Art and Communication: Gadamer and Beyond. In: Knuuttila, Seppo/Turunen, Risto/Sevänen, Erkki (Eds.): Aesthetic Culture. Helsinki: Maahenki, pp. 257-284.

Bonsdorff, Pauline von (forthcoming): Children's aesthetic agency: the pleasures and power of imagination. In: Delafield-Butt, Jonathan/Dunlop, Aline-Wendy/Trevarthen, Colwyn (Eds.): The Child's Curriculum: Working with the Natural Values of Young Children. Oxford: Oxford University Press.

Bourriaud, Nicolas (1998): Esthétique relationnelle. Dijon: Les Presses du reel.

Corsaro, William A. (2003): "We're Friends, Right?" Inside Kids' Culture. Washington DC: Joseph Henry Press.

Currie, Gregory/Ravenscroft, Ian (2002): Recreative Minds: Imagination in Philosophy and Psychology. Oxford: Clarendon Press.

Danto, Arthur C. (2000): Art and Meaning. In: Carroll, Noël (Ed.): Theories of Art Today. Madison: University of Wisconsin Press, pp. 130-140.

---

22 For a recent literary articulation of a similar, although more extreme, grandparent, see Fredrik Backman, *Min mormor hälsar och säger förlåt* [My grandma sends her regards and says I am sorry] (2013).

Dissanayake, Ellen (2000): Art and Intimacy: How the Arts Began. Seattle/London: University of Washington Press.

Donaldson, Margaret (1981): Children's Minds. Glasgow: Fontana/Collins. [Orig. 1978].

Dumas, Marlene (2014): The Image as Burden. (Ed. by Coelewij, Leontine/Sainsbury, Helen/Vischer, Theodora). London: Tate Publishing.

Fink, Eugen (1960): Spiel als Weltsymbol. Stuttgart: Kohlhammer.

Gadamer, Hans-Georg (1960): Wahrheit und Methode. Grundzüge einer philosophischen Hermeneutik. Tübingen: J.C.B. Mohr.

Gopnik, Alison (2009): The Philosophical Baby: What Children's Minds Tell Us About Truth, Love, and the Meaning of Life. New York: Farar, Straus, and Giroux.

Gosetti-Ferencei, Jennifer A. (2014): The Mimetic Dimension: Literature between Neuroscience and Phenomenology. In: British Journal of Aesthetics, Vol. 54, No. 4, pp. 425-448.

Harris, Paul L. (2000): The Work of Imagination. Hoboken: Wiley-Blackwell.

Huizinga, Johan (1939): Homo ludens. Versuch einer Bestimmung des Spielelements der Kultur. Amsterdam: Pantheon. [Orig. 1938].

Kant, Immanuel (1990): Kritik der Urteilskraft. Hamburg: Felix Meiner. [Orig. 1790].

Karoff, Helle S. (2013): Om leg. Legens medier, praktikker og stemninger. København: Akademisk Forlag.

Lewis, Tyson E. (2012): The Aesthetics of Education: Theatre, Curiosity, and Politics in the work of Jacques Rancière and Paulo Freire. New York/London: Continuum Books.

Malloch, Stephen/Trevarthen, Colwyn (Eds.) (2009): Communicative Musicality: Exploring the Basis of Human Companionship. Oxford: Oxford University Press.

McGilchrist, Iain (2009): The Master and his Emissary: The Divided Brain and the Making of the Western World. New Haven/London: Yale University Press.

Merleau-Ponty, Maurice (1992): Phénoménologie de la perception. Paris: Gallimard. [Orig. 1945].

Reddy, Vasudevi (2008): How Infants Know Minds. Cambridge/London: Harvard University Press.

Root-Bernstein, Michelle M. (2013): The Creation of Imaginary Worlds. In: Taylor, Marjorie (Ed.): The Oxford Handbook of the Development of Imagination. Oxford: Oxford University Press, pp. 417-437.

Stern, Daniel N. (2010): Forms of Vitality: Exploring Dynamic Experience in Psychology, the Arts, Psychotherapy, and Development. Oxford: Oxford University Press.

Taylor, Marjorie (1999): Imaginary Companions and the Children Who Create Them. New York: Oxford University Press.

Autor*innen

BONSDORFF, PAULINE VON (PhD), Professor of Art Education at the University of Jyväskylä (Finland). Her research interests include aesthetic aspects of childhood and children's agency, imagination, theory and philosophy of art (especially architecture), art education, environmental aesthetics and phenomenological aesthetics.

BOSCH, AIDA (Dr. phil., Dr. habil.), apl. Professorin am Institut für Soziologie der Friedrich-Alexander Universität Erlangen-Nürnberg. Ihre Arbeitsschwerpunkte sind: Kultursoziologie und -theorie, Soziologie der Dinge, Bildtheorie und Bildhermeneutik, Wissenssoziologie, Ritualforschung, symbolische Praxen der Moderne.

DANGENDORF, SARAH (Dr. phil.), Kulturwissenschaftlerin, arbeitet als Wissenschaftliche Mitarbeiterin am Zentrum für Studium und Weiterbildung an der Hochschule Hannover. Ihre Arbeitsschwerpunkte sind Studierendenforschung sowie Geschlechter- und Ungleichheitsforschung.

DOLLE-WEINKAUFF, BERND (Dr. phil.), Akademischer Oberrat, Kustos des Instituts für Jugendbuchforschung der Goethe-Universität Frankfurt am Main; Honorarprof. der Gesamthochschule Kecskemét (Ungarn). Arbeits- und Forschungsfelder: Geschichte und Theorie der Kinder- und Jugendliteratur und ihrer Medien, Historisches Kinder- und Jugendbuch, Märchen, Bildgeschichte und Comic.

DUNCKER, LUDWIG (Dr. phil.), Professor für Erziehungswissenschaft mit Schwerpunkt Pädagogik des Primar- und Sekundarbereichs an der Justus-Liebig-Universität Gießen. Seine Arbeitsschwerpunkte sind Schul- und Bildungstheorie, Allgemeine Didaktik, Didaktik der Schulstufen einschließlich des Elementarbereichs und Anthropologie der Kindheit.

EFFERTZ, TOBIAS (Privatdozent Dr. rer. pol.), Postdoc-Researcher am Institut für Recht der Wirtschaft der Fakultät für Betriebswirtschaft der Universität Hamburg. In seiner Forschung fokussiert er die ökonomischen Konsequenzen gefährlicher Konsummuster und Lebensstile, insbesondere bei Kindern und Jugendlichen.

EISENTRAUT, STEFFEN (Dr. phil.), Referent für Internationales bei jugendschutz.net in Mainz sowie freiberuflicher Lektor und Berater für qualitative Forschungsprojekte (www.steffen-eisentraut.de/rmc). Seine Arbeitsschwerpunkte sind Jugendmedienforschung, Soziologie der Kindheit und Jugend sowie Methoden der qualitativen Sozialforschung.

FLASCHE, VIKTORIA, Wissenschaftliche Mitarbeiterin am Lehrstuhl für Pädagogik mit dem Schwerpunkt Kultur, ästhetische Bildung und Erziehung der Friedrich-Alexander Universität Erlangen-Nürnberg. Ihre Arbeitsschwerpunkte sind das Verhältnis von Identität und Performanz, Erziehungswissenschaftliche Medienforschung, Bild- und Raumtheorien sowie Jugend(kultur)forschung.

FLEISCHER, SANDRA (Dr. phil.), Professorin für Kindheitspädagogik und Kinderkultur an der DPFA Hochschule Sachsen. Ihre Forschungsschwerpunkte sind Sozialisation von Kindern und Jugendlichen mit Medien, Orientierungssuche von Kindern und die Bedeutung der Medien, Medienaneignung und Medienkompetenz.

FUHS, BURKHARD (Dr. phil., Dr. habil.), Erziehungswissenschaftler und Europäischer Ethnologe. Professor für Lernen und Neue Medien, Schule und Kindheitsforschung und zurzeit Dekan der Erziehungswissenschaftlichen Fakultät der Universität Erfurt. Vorsitzender des „Erfurter Netcodes" e.V. Seine Arbeitsschwerpunkte sind Kindheitsforschung, empirische Kulturforschung, Qualitative Methoden und die Technisierung des Alltags.

HEIL, CHRISTINE (Dr. phil.), Professorin für Kunstpädagogik und Didaktik der Kunst an der Fakultät für Geisteswissenschaften der Universität Duisburg-Essen. Ihre Arbeitsschwerpunkte sind offene und transformatorische Bildungsräume, forschendes Lernen und Heterogenität, Methoden qualitativer Forschung insbesondere ethnografische Zugänge in Kombination mit künstlerischen Praxen.

HENGST, HEINZ (Dr. phil. habil.), Professor für Sozial- und Kulturwissenschaften an der Hochschule Bremen (i.R.). Seine Arbeitsschwerpunkte sind zeitgenössische Kindheit, Kinderkultur und Generationenverhältnis unter besonderer Berücksichtigung der Medien, des Konsums und des internationalen Vergleichs.

HERRMANN, INA (Dr. phil.), Wissenschaftliche Mitarbeiterin an der Fakultät für Bildungswissenschaften der Universität Duisburg-Essen. Ihre Arbeitsschwerpunkte sind Jugend(kultur)forschung, informelle Bildungskontexte, raumwissenschaftliche Schul- und Bildungsforschung, Devianz- und Machttheorien in erziehungswissenschaftlichen Kontexten.

HOFFARTH, BRITTA (Dr. phil), Wissenschaftliche Mitarbeiterin am Fachbereich Erziehungswissenschaften der Goethe-Universität Frankfurt am Main. Ihre Arbeitsschwerpunkte sind Geschlecht, Jugend(kulturen), Körper und Medien in intersektionalen und machtanalytischen Perspektiven.

HUBER NIEVERGELT, VERENA (Dr. phil.), Dozentin im Fachbereich Gestalten an der Pädagogischen Hochschule Bern in der Schweiz. Ihre Arbeitsschwerpunkte sind Fachdidaktik und Fachwissenschaft Design und Technik, insbesondere im Bereich Textiles Gestalten, sowie Fotografie-, Kunst- und Kulturgeschichte.

KLEINER, BETTINA (Dr. phil.), Wissenschaftliche Mitarbeiterin an der Fakultät für Erziehungswissenschaft der Universität Hamburg. Ihre Arbeitsschwerpunkte sind Geschlechterforschung/Heteronormativitätskritik im Kontext Schule und Adoleszenz, soziale Ungleichheit und Differenz, Subjektivation und transformatorische Bildungsprozesse.

KÖNIG, ALEXANDRA (Dr. phil.), Akademische Rätin im Fach Soziologie an der Bergischen Universität Wuppertal. Ihre Arbeitsschwerpunkte sind Soziologie der Lebensphasen, Bildung/Sozialisation, soziale Ungleichheit, Kulturvergleich, Methoden der qualitativen Sozialforschung.

REISSMANN, WOLFGANG (Dr. phil.), Postdoc im Sonderforschungsbereich 1187 „Medien der Kooperation" an der Universität Siegen, Projekt „Medienpraktiken und Urheberrecht". Seine Arbeitsschwerpunkte sind Mediatisierungs- und Mediensozialisationsforschung, Bildhandeln und Bildpraxis sowie Fan- und Kooperationsforschung.

SCHINKEL, SEBASTIAN (Dr. phil.), Wissenschaftlicher Mitarbeiter an der Fakultät für Bildungswissenschaften der Universität Duisburg-Essen. Seine Arbeitsschwerpunkte sind Kindheits- und Familienforschung, Bildungs- und Ungleichheitsforschung, Soziologie des Alltagslebens.

SEIFERT, ROBERT (Dipl.-Medienwissenschaftler), bis 2015 Wissenschaftlicher Mitarbeiter an der erziehungswissenschaftlichen sowie der philosophischen Fakultät der Universität Erfurt. Seine Arbeitsschwerpunkte sind Medienaneignung, Jugendsoziologie, Jugendkulturforschung, digitale Medien, Musik und Medienpädagogik.

WELLGRAF, STEFAN (Dr. phil.), Wissenschaftlicher Mitarbeiter an der Kulturwissenschaftlichen Fakultät der Europa-Universität Viadrina Frankfurt (Oder). Seine Arbeitsschwerpunkte sind Exklusion, Migration, Populär- und Medienkultur.

Edition Kulturwissenschaft

Michael Gamper, Ruth Mayer (Hg.)
Kurz & Knapp
Zur Mediengeschichte kleiner Formen
vom 17. Jahrhundert bis zur Gegenwart

April 2017, ca. 300 Seiten, kart., zahlr. Abb., ca. 29,99 €,
ISBN 978-3-8376-3556-0

Nikola Langreiter, Klara Löffler (Hg.)
Selber machen
Diskurse und Praktiken des »Do it yourself«

Februar 2017, ca. 350 Seiten, kart., zahlr. Abb., ca. 29,99 €,
ISBN 978-3-8376-3350-4

Michael Schetsche, Renate-Berenike Schmidt (Hg.)
Rausch – Trance – Ekstase
Zur Kultur psychischer Ausnahmezustände

November 2016, 264 Seiten, kart., 29,99 €,
ISBN 978-3-8376-3185-2

**Leseproben, weitere Informationen und Bestellmöglichkeiten
finden Sie unter www.transcript-verlag.de**

Edition Kulturwissenschaft

Markus May, Michael Baumann,
Robert Baumgartner, Tobias Eder (Hg.)
Die Welt von »Game of Thrones«
Kulturwissenschaftliche Perspektiven
auf George R.R. Martins »A Song of Ice and Fire«

September 2016, 400 Seiten, kart., 29,99 €,
ISBN 978-3-8376-3700-7

Christiane Lewe, Tim Othold, Nicolas Oxen (Hg.)
Müll
Interdisziplinäre Perspektiven
auf das Übrig-Gebliebene

September 2016, 254 Seiten,
kart., zahlr. z.T. farb. Abb., 29,99 €,
ISBN 978-3-8376-3327-6

Elisabeth Mixa, Sarah Miriam Pritz,
Markus Tumeltshammer, Monica Greco (Hg.)
Un-Wohl-Gefühle
Eine Kulturanalyse
gegenwärtiger Befindlichkeiten

Januar 2016, 282 Seiten, kart., 29,99 €,
ISBN 978-3-8376-2630-8

**Leseproben, weitere Informationen und Bestellmöglichkeiten
finden Sie unter www.transcript-verlag.de**